汲古叢書106

菊池秀明著

金田から南京へ

―太平天国初期史研究―

汲古書院

フランスで描かれた洪秀全像：宣教師ジョセフ＝マリ・カレリの著作をもとに描かれたものと考えられ、同書に収められた像と同じく「天徳」の称号を用いている。この称号が反乱軍の実態とは別のところで生み出された表象であったことは第六章を参照のこと。徐宗懋図文館編『世界華人与華人世界：19世紀西洋画刊図文精選』台湾：新世語文化有限公司、2012所収。

まえがき

本書は中国近代史上の一大事件であった太平天国運動（一八五〇年〜六四年）の初期史を、清朝の公文書であった檔案史料を中心に明らかにするものである。すでに筆者は前著『広西移民社会と太平天国』において、運動発祥地の社会構造と蜂起の関係について現地で収集した族譜史料を中心に解明した。また『清代中国南部の社会変容と太平天国』では太平天国前夜の中国社会が清朝統治の行き詰まりの中で理想を欠いており、人々はキリスト教と復古主義的ユートピアを融合させた洪秀全の言説に希望を求めたことを明らかにした。

本書はこれらの成果を踏まえ、上帝会の広西金田村での蜂起から太平天国の南京占領までの歴史を描くものである。中国、台湾およびイギリスで公開された新史料に加え、筆者が行ったフィールドワークの成果を踏まえて、従来の通説を批判的に再構築することをめざしている。また本書は洪秀全がキリスト教との出会いから何を学んだのかについて、十九世紀の福音主義運動がもたらした影響を中心に考察する。それは近代社会において宗教的情熱が果たした役割という問いを提起することになるだろう。

さて二〇一二年は日中の国交回復四十周年であったが、尖閣諸島問題をめぐって日中両国が激しく対立し、双方のナショナリズムが噴出した年でもあった。前著を刊行した二〇〇八年と比べても日中関係は悪化しており、中国研究に関わる一人の日本人として事態を憂慮している。とくに日本と中国の社会をよく理解し、双方の橋渡しとなってきた中国の人々が、知日派であるがゆえに直面している困難を思う時、彼らを追いつめてしまう両国社会の排他性には憤りを感じずにはいられない。来日した外国人に日本で学び、日本と関わることが不利益になると感じさせてしまう日本の現状は、長い目で見た時に我々にとっても重大な損失になるからである。

それではどうすればよいのだろうか。すでに多くの論者が言及していることだが、政府間の対立が深刻な時ほど、個人の立場で具体的な相互理解を進めていくより他に道はない。受け入れがたい内容を含んだ論点であっても、相手の言い分に耳を傾ける粘り強さこそが対話を可能とするからである。また同時に重要なのは「あれか、これか」の二分法で物事を切り裁くことなく、多元的な視野から見つめる包容力である。二十一世紀に生きる我々がナショナリズムを議論する場合はなおさらこの視点が求められよう。

本書が扱う太平天国もまた、十九世紀中国のナショナリズムの誕生において重要な役割を演じている。かつて中国ではこの運動を中国革命につながる反封建、反帝国主義運動の先駆であると評価したが、現在こうした視点は風化しつつある。むしろ強力な中央政府による経済建設を推し進めている現在の中国にとって、辺境の下層民による挫折した王朝建設の物語などは耳障りな内容であるかもしれない。

だが聞き心地の良くない話であるほど、私たちはこれらの歴史に注目する必要がある。挫折した「革命」であったからこそ、中国社会が今なお抱える問題点が端的に表れていると思われるからである。本書は新たな史料と冷静な観察眼をもって、この運動の歴史を正、負の両面から見つめることにしたい。それは我々の中国認識を豊かにするだけでなく、中国人の近代史認識にとっても新たな貢献になると確信している。

なお本書では、月日については史料の引用を除いて西暦を用いる。また年号については中国の年号と西暦を併記することにしたい。

筆　者

目 次

金田から南京へ

――太平天国初期史研究――

序章　太平天国史研究をめぐる新動向と課題

はじめに

本書は太平天国運動の前半部分、即ち偶像破壊運動の結果馮雲山が捕らえられ、楊秀清と蕭朝貴のシャーマニズムが始まった一八四七、八年から、太平軍が南京を占領した一八五三年三月までの歴史を描くことを目的としている。本章はまず前著の内容と残された課題を確認し、近年の研究動向を踏まえて本書の目標を明らかにする。また第一章以下で分析を進める前提として、客家人（客家語を話す漢族内部のサブ・グループ）および彼らの諸習慣が太平天国に与えた影響について検討を加えたい。

一、太平天国史および中国社会史研究をめぐる新動向と課題

（a）　前著『清代中国南部における社会変容と太平天国』の到達点と新たな研究動向

筆者は前著において、十九世紀前半の中国南部における社会変容について分析を進めた。そして当時の中国社会が専制王朝の硬直した地方統治によって行き詰まり、新たに台頭した地域リーダーを活用出来なかったことを明らかにした。また漢族移民の入植した辺境では民族間あるいは同一民族内のサブ・グループ間の対立が激化したが、清朝政府はこうした紛争を調停あるいは弾圧するだけの力量と熱意を欠いていた。さらに秘密結社や民間宗教に対する執拗

な取り締まりが行われた結果、それら相互扶助組織の庇護を得られなくなった下層民は、直接的な暴力に訴えることで生き残りを図った。当時の中国社会は「理想を欠いた」時代だったのであり、袋小路を打ち破る処方箋を持てなかった人々は外来宗教と復古主義的なユートピア思想を融合させた洪秀全の言説に希望を見出したと結論づけた(1)。

前著の出版後、佐藤公彦氏が『清末のキリスト教と国際関係』において、筆者の研究について太平天国を中国社会の変化の累積、矛盾の中から考えるべきだというP.H.コーエンの示唆に基づいた研究であると評価した。また佐藤氏は歴史的事件について、長期間のゆっくりとした社会変化(内的要因)と「遭遇」とも言える急激な外的衝撃(外的要因)とのクロス点で捉えられることによって、その歴史的位置・意義が解明されるべきであると主張した。そして佐藤氏は洪秀全が中国人宣教師梁発の著書『勧世良言』を入手した年代について、J.スペンスの著作および渡辺裕子氏の博士論文を踏まえ、それは従来の通説通り一八三六年、洪秀全が満二十二歳のことで、渡したのはアメリカ人宣教師スティーブンスであると推測した(2)。

この洪秀全の『勧世良言』の入手年代については、倉田明子氏が博士論文の中で取りあげ、一八三三年の可能性の方が高いことを解明している。倉田氏によると、三六年説の有力な根拠はハンバーグ『洪秀全の幻想』に収められた洪仁玕の証言であるが、この著作が刊行される以前にハンバーグはバーゼル伝道会宛てに報告書を送った。そこでハンバーグは洪秀全が『勧世良言』を受け取った時期について、彼が数え年で「二十歳過ぎの時」とだけ記している。また『洪秀全の幻想』においても「これ(一八三六年)よりも前であったかも知れない」と註記しており、一八三六年以前の可能性を否定していない。

いっぽう一八三四年に清朝のキリスト教禁圧が強化され、三五年に筆者が前著で分析したプロテスタント布教書の摘発事件が発生すると、広州一帯で伝道を行うことは殆ど不可能になった。倉田氏は一八三六年にブリッジマンが記した報告書をもとに、当時広州では「たくさんのスパイや役人が監視」していたため、中国人が宣教師から本を受け取ることが「危険」な行為であったことを指摘している。さらに『勧世良言』の著者である梁発が本の印刷から配付までを行っていた経緯から見ても、洪秀全が『勧世良言』を受け取った可能性は一八三三年だけに絞られると結論づけている。[3]

この論争は太平天国史をめぐる基本的な事実が、いまだ謎に包まれていることを示している。スティーブンスが門衛の兵士を買収して街中へ入り、冊子を配ったとするスペンス氏の説は流麗な文章によって魅力的に映るが、当時の緊張した情勢を捉えていない。[4]また当時の宣教師の中には一八三三年説を唱える者が多く、一八五三年にメドハーストは洪秀全と接点を持ったロバーツの手紙を引用しながら、洪秀全に『勧世良言』を与えた「特異な容貌の人」が梁発であったと註記した。[5]ミードスも授受の年代について「おそらくは一八三三年」と言及し、その理由として梁発が「記述されたような形で会うことが出来た唯一の人物だからだ」[6]と述べている。簡又文氏はこれら宣教師の記録を「偏見」[7]と批判したが、布教活動の実態を知った人々による同時代の証言を疎かにすることは出来ないと思われる。

また三三年説の問題点として、佐藤氏は洪秀全に『勧世良言』を渡したのは通訳を伴った外国人風の男であったこと、この時彼が科挙を受験するには若い十九歳だったことを挙げている。前者について倉田氏は、洪仁玕が自筆で記した供述書に「長髪で道袍を来た者が、一人のお供を従えていた」[8]とあることから、後年この人物が外国人（スティーブンス）ではなかったことに気づいた可能性を示唆している。また年齢の問題は、洪秀全がなぜ二十三歳の受験失敗で熱病に倒れるほどの挫折感を味わったかという問いと関連している。

洪秀全は一八二八年に満十五歳で初めて科挙に参加した。[9]同郷の駱秉章も十五歳で歳試を受けており、この年齢で受験することは珍しいことではない。[10]その後彼は貧困のため一度科挙をあきらめたが、翌一八二九年に友人の学友として、次いで塾教師として勉学を再開した。一八三六年説を取る場合、洪秀全は八年間科挙を受けずに空白期間を過ごしたことになるが、それは「県で行われる試験では、洪秀全の名はいつも榜の首位に連なっていた」[11]とあるように、くり返し受験したことを強調する『洪秀全の幻想』の記載と食い違う。むしろ僅かな社会的上昇の可能性を短期間で実現しなければならなかった彼の精神的重圧こそが幻夢体験を生んだのであり、十九歳の時つまり一八三三年に広州の試験場に赴き、梁発から『勧世良言』を受け取ったと考えることは決して的はずれとは言えないと思われる。近年は彭澤益氏、蘇精氏など一八三三年説を主張する研究者が少しずつ増えてきている(12)。

さて『勧世良言』の授受年代をめぐる論争が示すように、近年の中国近代史研究ではキリスト教宣教師が残した史料に注目が集まっている。これは檔案を主要史料とした前著の残された課題であり、本書でも目配りをするように心がけた。また佐藤氏は中国近現代史におけるキリスト教の位置づけと太平天国、義和団および中国共産党との関係について見通しを述べている。

佐藤氏によれば、中国近現代史には一貫して反「西洋の衝撃」の伝統的な民族・国家主義思想が存在し、その精神は反キリスト教に典型的に現れ、太平天国から義和団へ通底する「ねじれた連続性」を示しているという。太平天国を中国のキリスト教化の運動と見なし、反キリスト教が伝統的な聖教防衛と考える知識人の言説は、十九世紀末の仇教闘争と「排外国反キリスト教の国家民族防衛」の運動である義和団につながった。そしてこの精神は中華人民共和国まで受け継がれ、現在も中国共産党の姿勢に影響を与えているという(13)。

近年急速に強大化が進んだ中国の国権主義的な傾向——「人権」や各国との領土問題に対する強硬な姿勢を取っても、佐藤氏のいう反外国・反キリスト教の「民族」精神は今世紀の中国が乗りこえねばならない課題であると言えるだろう。むろん洪秀全とキリスト教との接点は、彼がロバーツのもとで学んだ僅かな期間を除けば書物を媒介とした間接的なものであり、かつてリンドレーがその著書『太平天国』で記したように、太平天国におけるキリスト教の影響を過大に評価することはできない。だが結局のところ洪秀全はキリスト教から何を学び、それが太平天国にいかなる性質を付与したのかという問いは、中国革命の先駆といった評価が風化した現在こそ考え直すべきであろう。

（b）太平天国におけるユダヤ・キリスト教思想の影響について

本書はこの問いに対して一つの仮説を検証している。それは洪秀全が受容したのは十九世紀のキリスト教が海外布教を進める過程で見せた能動性と排他性であり、上帝会および太平天国に宗教的な情熱に支えられた積極的な行動力と不寛容な攻撃性をもたらしたというものである。その理由は当時中国伝道を行った宣教師たちに『旧約聖書』を重視する傾向が強く、洪秀全も偶像崇拝を禁じた十戒に代表される『旧約聖書』の前半部分（とくにモーセ五書と呼ばれる創世記から申命記まで）に強い影響を受けたことによる[14]。

十九世紀に中国での布教をめざしたプロテスタント宣教師は、福音主義運動（Evangelical Revival）とよばれる宗教復興運動に影響を受けた。この運動は十八世紀のイギリスで近代合理主義が普及し、キリスト教への批判が強まったことに対する反作用として生まれたもので、個人の回心体験（明確に体験できる激しい心の変化）やカルヴィニズムに基づく敬虔な信仰生活を重んじた。またそれは日曜学校運動などイギリス国内の労働者に対する教化活動に取り組み、キリスト教の伝道と「文明化」を使命として活動する宣教師のアジア、アフリカ派遣を生みだした[15]。

もっとも中国のキリスト教伝道は清朝の禁令と宣教師の厳格な姿勢のために成功せず、三十年間で十数名の信者を獲得したに過ぎなかった。また宣教師たちは中国を「迷信深い」社会と見なしていたため、中国の伝統諸宗教を偶像崇拝として批判することに重点を置いた。それは後の仇教運動につながる中国知識人の反発を招き、梁発も初めのうちは「神仏や菩薩の像を拝んではいけない」という教えを「邪教異端」[16]と受けとめたと回想している。

しかし偶像を拝むことが破滅につながるという宣教師の言説は、直截的であるがゆえに強いインパクトを持った。洪秀全も科挙に合格できないのは偶像を拝んだ結果であるという『勧世良言』の主張にショックを受け、偶像崇拝の否定をキリスト教理解の核心として受容した。また第二節で詳述するが、後発移民として不利な立場にあった客家はコンプレックスの裏返しとして中国文化の「正統性」にこだわる傾向を持っていた。洪秀全も例外ではなく、彼は天地創造の物語に始まる旧約の前半五書をこよなく愛した。

このように洪秀全が宣教師の旧約重視の傾向に影響を受けたことは、下層民衆への布教活動を重んじた福音主義運動の手法と相まって信徒たちの能動性を引き出した。それは客家のように社会の最末端にあって「災いや病気を除くこと」を切実に願っていた人々の心を捉え、「一人が十人に伝え、十人が百人に伝えた」という爆発的な改宗を生んだ。また洪秀全の聖書理解が旧約に偏り、『新約聖書』の「キリストによる罪の赦し」という主題に関心を示さなかった結果、上帝教はヘブライズムの厳しい戒律に強い影響を受けた。元々旧約は唯一神であるヤーヴェと人間の契約の記録であり、ヤーヴェは教えに背く者に対して「その罪を三、四代先の子孫にまで問う」（出エジプト記、第二〇章）とあるように厳しい裁きをくだす神であった。この愛憎激しい皇上帝（ヤーヴェ）の姿は「上帝を拝めば無病息災だが、拝まない者は蛇や虎に傷つけられる」という教えとなって信者の間に広まり、李秀成（後の忠王）は恐怖のあまり「他の神を拝もうとはしなかった(17)」と証言している。

いっぽう洪秀全は儒教の影響を強く受けており、正統論の立場から少数民族の恋愛神などを淫祠として排撃した。また一八四七年に洪秀全が広州でキリスト教を学んだバプテスト派のアメリカ人宣教師ロバーツは、純粋な信仰を重んじる信仰復興運動（大覚醒）のもとで高等教育を受けずに牧師となり、彼の資質に疑念を懐いた本国の反対を押し切って中国へやって来た。洪秀全が洗礼を申し出ると、ロバーツは彼が「邪悪な理由(18)」即ち教会からの経済的庇護を目的にしていると誤解して洗礼を拒否した。このロバーツの態度によって伝えられたのはキリスト教こそが「真理」「文明」であり、異文化の人々を「野蛮」な教化の対象と見なした宗教復興運動に共通する姿勢であった(19)。これに洪秀全自身の儒教的素養や偏執症的な傾向が加わり、上帝教の排他的かつ攻撃的な教義が形成されたのである。

それでは福音主義の復興運動によって伝えられたユダヤ・キリスト教思想の能動性と排他性は、太平天国にいかなる影響を与えたのであろうか。本書は金田から南京までの歴史的過程の中からこの問題に考察を加えるが、今あらかじめ見通しを示せば次のようになる。

まず取りあげるのは太平軍将兵の宗教的情熱に支えられた積極性と厳格な規律である。太平軍が中国の農民反乱史上たぐいまれな戦闘力と厳しい規律を持っていたことはよく知られている。本書も太平軍の進撃過程に関する分析でこの事実を確認するが、そこで重要なのはシャーマニズムにより易姓革命と結びついて土着化したメシア待望論が太平軍将兵の熱狂的な取り組みを生み出し、また厳格な統率のもとで高い組織性を帯びていた点である。このため太平軍は清軍や他の反乱集団に比べて掠奪が少なく、行く先々で住民の信頼を勝ち取った。

だが一方で彼らはいくつかの地点で、虐殺と呼ぶべき容赦ない殺戮を行った。本書は広西全州の戦いと南京攻略戦を取りあげ、上帝教において偶像崇拝者と見なされた人々に対する激しい敵意が、清朝官員、兵士およびその家族に対する虐殺を生んだ原因であったことを検討する。またこの事件で「王が殺された報復に住民を虐殺した」という伝承が生まれた事実に注目し、それは虚偽や保身が横行していた当時の中国社会にあって、一切の妥協を受けつけない太平軍の戦いぶりに人々が驚いた結果であったことを分析したい。

次に取りあげるのは太平天国における粛清と抑圧の歴史である。かつての太平天国史研究においては、こうした運動の暗黒面が語られることは少なかった。だが本書は永安州における周錫能の内通未遂事件を手がかりに、東王楊秀清がシャーマニズムを用いて古参会員を粛清し、宗教的な専制王朝としての太平天国の性格を決定づけた過程について検討する。

また太平軍の南京への進撃過程において忘れてならないのは、都市住民に対する抑圧的な政策である。太平天国は彼らの財産を没収し、強制的に軍へ編入した。また太平軍将兵は江南の女性に纏足をやめるように強要するなど、都市住民の習慣や発想が理解できなかった。こうした齟齬は現代中国においても深刻な都市と農村の格差を連想させるが、本書は抑圧された民の救済論であったヘブライズムが客家の屈折した自己主張に正当性を与え、彼らの都市住民に対する怨嗟を後押しした事実に注目したい。そして太平天国が主観的にどれ程「正統」な中華王朝を再生させたつもりでも、その主張は江南の人々に受け容れられなかったことを明らかにしたいと考える。

本書は上記のトピックに注目しながら、太平天国の蜂起から南京到達までの歴史を出来る限り詳細に跡づけることを目的とする。また中国近現代史全体の認識に関わる問題として、宗教的情熱を通じて見た太平天国と中国革命の連続性について注目したい。中国の革命運動に強い影響を与えたマルクス主義は、ユダヤ・キリスト教の思想的伝統を受けついでいた。また敵に対する容赦ない迫害や抑圧、内部の権力闘争や粛清といった現象は、中国共産党による革命の歴史においてもくり返された。筆者は太平天国と中国革命がもつこれらの類似点を、近代ヨーロッパが底辺にかかえた宗教的情熱の受容という側面から考察したいと考える。

これまで中国や日本の歴史学界では、こうした論点を取りあげることは少なかった。現在も太平天国を含めた宗教運動の歴史にカルト宗教（邪教）のレッテルを貼るか、近代化論の枠組みに当てはまらない歴史を排除してしまう傾向が存在している。いっぽう欧米では洪秀全のキリスト教受容を内面的に分析した先述のスペンス氏、太平天国の宗教を皇帝制度に対する挑戦と捉えたT.H.レイリー氏[20]など、キリスト教と太平天国の関係に言及した著作は多いが、それらは十九世紀のミッションが抱えた問題点とそれが太平天国にもたらしたマイナスの影響にまで踏み込んで分析していない。しかし二一世紀に入ってなお宗教対立や紛争が絶えない世界に生きる我々にとって、近代社会の宗教性という問いは重要性を高めている。本書はこうした問題を考察する手がかりを与えるものである。

（c）本書の構成および主要史料、地域社会論との関連について

本書は上帝会が金田蜂起へ向かう過程から、太平軍の南京占領に至る数年間の歴史を考察の対象としている。その

内容は多くが政治、社会および軍事面の分析に注がれ、社会経済史に重点を置く日本の研究スタイルとは異なる。また外国史の一分野である中国史研究において、時系列を重視した総合的な研究を行う必要性についても説明が必要だろう。

第一に本書がこうした構成を取った理由は、主要史料となる咸豊年間（一八五一～六一年）の檔案史料（宮中檔案および軍機処檔案、月摺檔など）において軍事面の報告が大部分を占めるためである。これらは皇帝に届けられた上奏文とその複本であるが、日常的な事務報告や幾つかの事件を除けば、ほぼ太平天国や捻軍、辺境各地の諸反乱と第二次アヘン戦争に関連する内容が中心となっている。むろん本書が扱うように、当時の中国社会の問題点を指摘する上奏も存在するが、それらは多くが反乱鎮圧の方法をめぐって出された議論であった。

筆者は一九九九年から二〇一〇年にかけて台湾の国立故宮博物院を訪問し、当該時期の檔案史料を系統的に収集、整理する作業を行った。そして圧倒的な分量の檔案を前にして、当時の社会を理解するにはまず統治の主体であった清朝の直面していた課題を把握することが第一歩であることを認識させられた。そこで本書は政治過程に偏った研究との批判は承知のうえで、あえて反乱の発生、成長の歴史に分析の重点を置くことにしたい。

第二に日本では外国史研究にあたる中国史研究において、時系列を重視した総合的な研究を行う意義はどうであろうか。かつて太平天国史の分野では大陸の羅爾綱氏、香港の簡又文氏、台湾の郭廷以氏がそれぞれ第一人者として研究を進めた(21)。しかし大陸と台湾が政治的に分断されていたため、中国人研究者が活用出来た史料には制約があった。近年大陸では新たな総合的研究が進んでいるが、史料の偏りという問題は相変わらず存在している。

例えば本書に関連する史料集として、中国第一歴史檔案館編『清政府鎮圧太平天国檔案史料』全二六冊（光明日報出版社および社会科学文献出版社、一九九〇年～二〇〇一年）がある。だが本書が検討する一八五二年の檔案史料は宮中檔案、軍機処檔案共に台湾に所蔵されており、この史料集には剿捕檔や『平定粵匪方略』稿本の引用を除くとこの時期の檔案が収録されていない。その結果大陸の研究者はこれらの檔案史料を活用出来ていない。

またこれも政治的分断の影響であるが、大陸と香港、台湾の研究では歴史認識のあり方に大きな違いがあった。大陸ではかつて太平天国を反帝、反封建の革命運動と位置づけたが、簡又文氏はこれを民族主義革命と捉え、農民運動とみなすことに反対した[22]。現在大陸では革命史の見直しが進み、太平天国の破壊的な側面が強調されるようになったが、簡又文氏の研究はある種強固な主観性を帯びている——羅爾綱氏を初めこの時代の研究者にはありがちな現象であるが——ために再評価は進んでいない。また大陸では民族関係が政治的な問題であるため、太平天国の排満主義について言及を避けようとする傾向が見られる。

次に欧米の研究を見ると、P.H.キューン氏はまだ檔案史料の閲覧が困難だった時代に、太平天国と対立した地方武装勢力について個人の文集などを駆使して綿密な研究を進めた[23]。だがスペンス氏、レイリー氏の研究は共に檔案史料の公開が進んだ一九九〇年以後の業績でありながら、問題関心の違いもあってこれらの史料を活用していない。代わって彼らがベースとしたのは一九六〇年代に簡又文氏がまとめた英文の著作および近年の研究者の研究業績であるが、時代的な制約による史実考証の誤りもそのまま踏襲されてしまっている[24]。

いっぽう日本国内の歴史学に目を向ければ、二宮宏之氏が全体性の歴史学を提唱して久しい[25]。筆者も『広西移民社会と太平天国』[26]において移民社会の共時的構造を、『清代中国南部の社会変容と太平天国』において比較的長期にわたる社会変化について分析した。本書はこれらの成果をベースに、太平天国を復古主義的傾向の強い宗教、社会運動と位置づける。また太平天国と清朝の双方を出来る限り等距離で見つめることで、この時期から二十世紀前半までの中国を基礎づけた社会変容について分析したい。それはこの運動の多様な側面を中国人、欧米人研究者とは異なる視角で考察することによって、現代の中国社会が抱える問題点を深層から理解する作業になると考えられる。

さらに日本の明清史研究との関連で言えば、一九八〇年代以降に焦点となってきた地域社会論が挙げられる。前二著はこの研究動向の中で書かれたものであった。むろん昨今の研究情況では、地域社会論への関心が低下しているとの指摘もある。[27]だが日中間の本格的な交流開始を時代的な背景として始まった地域社会史研究は、中国社会を異文化として複眼的に捉えることの重要性を強調してきた。これまでの研究成果がどこまでその課題に成功したかは反省的に問われなければならないが、こうした視点は有効性を失っていないと筆者は考える。

さて本書は大陸と台湾に分断された檔案史料を突き合わせつつ分析を行うが、まず主に活用するのは先述の『清政府鎮圧太平天国檔案史料』である。これは『平定粤匪方略』の内容を乗りこえることをめざしたもので、前半部分（一八五四年分まで）については優れた史料集であるが、後半（一八五五年分以後）は割愛された史料が少なくない。また一八五二年部分については未収録の部分が多いため、本書は読者の便宜を考え、この史料集に収録された檔案はその巻数、ページを表記し、未収録の部分については所蔵図書館の検索データを掲げた。また中国第一歴史檔案館は軍機処奏摺録副、農民運動類のマイクロフィルムを出しており、大陸に所蔵されている未収録史料はこちらの整理番号を表記した。

また本書が扱う時代、太平天国の発生地である広東、広西の統治責任を負っていた官僚として徐広縉、葉名琛がいた。彼らと関連する両広総督衙門の地方檔案は、第二次アヘン戦争中に一部がイギリスに持ち去られ、現在ロンドンの国立公文書館（National Archives）に所蔵されている。筆者は二〇〇八年、二〇〇九年に同館を訪問し、これらの史料を収集する機会を与えられた。[28]その中には中央レヴェルの檔案では窺えない、具体的な内容を含んだ供述書や稟（報告）などの史料があり、本書でも分析を行っている。

この他に本書は筆者が一九八七年から二〇〇七年までに広西各地と広東、湖南で行った実地調査と訪問において収集した族譜、碑文などの史料を活用している。また日本、中国所蔵の地方志史料、筆記史料に加えて、中国大陸および欧米で出版された史料集を利用している。とくに羅爾綱・王慶成主編『中国近代史資料叢刊続編・太平天国』全十巻（広西師範大学出版社、二〇〇四年）およびP．クラークとJ．S．グレゴリーの欧文史料集（Prescott Clarke and J. S. Gregory. Western Reports on Taiping. Honolulu: The University Press of Hawaii, 1982）を活用させて頂いた。

本書は上記の問題意識と史料を活用して分析を進めるが、第二節では太平天国が中国社会の内在的発展という視座の中でどのように捉えられていたかを、客家の諸習慣と太平天国との関係という問題を中心に考察したい。それは太平天国におけるユダヤ・キリスト教思想の影響という本書の課題にとって議論の前提になると考えられる。

二、太平天国と歴史学——客家ナショナリズムの背景(29)

はじめに

本節がテーマとするのは、広東花県出身の客家人であった洪秀全が中心となって生み出した太平天国運動である。だがこの巨大な社会運動の全貌を、限られた紙幅で語り尽くすことはもとより不可能に近い。そこで本節は①太平天国の歴史が激動の近、現代中国においてどのような文脈で取り上げられ、いかなる研究成果が生み出されたのか、②それらの成果のうち近年学界で焦点となっている「太平天国と客家の関係」について、実態はいかなるものであったかを明らかにする。さらに③これらの議論のベースとなっている客家ナショナリズムと言うべき現象を取り上げ、太平天国ひいては十九世紀の中国が抱えた歴史的特質が、こうした現象の発生にどのような影響を与えたかについて考えたい。

（a）近現代中国の激動と太平天国史研究

一八六四年に天京が陥落して太平天国が滅亡すると、この運動は清朝の官僚や文人たちによって「粤匪」「長髪賊」

と呼びならわされた。太平軍に捕らえられて従軍し、清軍や太平軍に投降した元清軍兵士の暴行を告発した知識人である李圭の体験記『思痛記』が、「本当の粤賊は情け深く穏やかで、彼ら（元清軍兵士）のように残忍ではない」(30)と記した部分を削除して刊行されたように、清末まで太平天国に好意的な評価をすることはタブーであった。

小島晋治氏、王慶成氏の研究によれば、中国で初めて太平天国に積極的評価を試みたのは辛亥革命前夜の革命派知識人であった。その代表は洪秀全と同じく広東出身の客家人だった孫文で、同志の劉成禹に『太平天国戦史』を執筆させた。これは忠王李秀成に傾倒したイギリス人であるリンドレーの著作『太平天国』や日本人曽根俊虎の書いた『清国近世乱誌』を参考に書かれたもので、太平天国を満州人王朝に対する反満革命の先駆として高く評価した。また孫文自身も「三民主義」に関する講演の中で、『天朝田畝制度』が中国古来の「大同」ユートピアを実現しようとしたと述べたという。

太平天国に農民戦争としての評価を与えたのは、中国革命の指導者たちであった。一九五九年に大躍進の失敗を毛沢東に訴え、粛清されることになる彭徳懐は、少年時代に太平軍に参加した叔父から「食物があれば皆で分ける、女の纏足をやめさせる、土地を平均に分ける」といった話を聞いて感銘を受けた。また四川出身の朱徳も、この地で敗死した翼王石達開に関する伝説を聴かされて育ったという。農民出身であった彼らの太平天国に対する親近感は、中国共産党の紅軍を「天兵」と呼んだ多くの下層農民にも共有されていた認識であったと考えられる。このため延安で書かれた范文瀾『中国近代史・上』は、太平天国を反帝、反封建革命の先駆者として高く賞賛することになった。

一九四九年に中華人民共和国が成立すると、太平天国は旧式の農民戦争の最も高度に発展したものと位置づけられ、太平天国史研究は中国近代史研究の重要なテーマとなった。史料集が精力的に編纂され、客観的な史料批判に基づく研究が可能となるかに見えた。だが現代中国の政治変動や政治と文化が密接に関わるこの国の文化的風土は、元々革命運動の進展と歩調を合わせて盛んとなった太平天国史研究に大きな影響を与えた。一九五七年に反右派闘争が発動されると、太平天国の「皇権主義（皇帝思想）」に言及した研究者は共産党の一党独裁を批判する「右派」として追放、再教育の処分を受けた。また文化大革命期には「平均主義（個の自立を欠いたまま、経済的な絶対平等を主張する農業社会主義）」の側面が強い『天朝田畝制度』が、左派の主張とマッチしたために非の打ち所のないブルジョワ民主主義革命の綱領として無条件に強調されるようになった。

さらにこの時期太平天国史研究に破壊的な影響をもたらしたのは、共産党内部における政治闘争を意図したいわゆる「影射（あてこすり）史学」であった。その嚆矢となったのは戚本禹が一九六四年に発表した李秀成の供述書に対する批判で、党書記長の瞿秋白や劉少奇への攻撃を含んでいた。翌年四人組の一人である姚文元が呉袁『海瑞罷官』を批判して「文化大革命の角笛を鳴らす」と、太平天国史研究の第一人者であった羅爾綱氏（広西貴県人で、祖先は福建寧化県出身の客家という）は左派による厳しい批判にさらされた。文革中に太平天国は現代の革命と重ね合わせて論じられ、洪秀全が毛沢東に、東王楊秀清や北王韋昌輝、李秀成が劉少奇、鄧小平、周恩来らに類推されて、前者を農民階級の革命路線、後者を地主階級の反革命路線の代表とする議論がなされたという。[31]

このように文化大革命期の太平天国史研究は不毛な人物評価論が主流を占めたが、一方で「人民の歴史学」の確立をめざした建国以来の歴史学研究は、書斎に閉じこもりがちであった中国知識人のまなざしを革命運動の発祥地である農村へと向けさせた。その代表は一九五七年に出版された陳白塵『宋景詩歴史調査記』で、聞き取り調査に基づいて太平天国期の華北で発生した白蓮教五大旗反乱を再構成した。[32] また太平天国の故郷であった広西では、一九五四年に広西省文史調査団、一九六〇年には広西区通志館による実地調査が行われ、それぞれ報告書が出版された。[33] これらの調査は「少数民族光栄」政策の影響で北伐軍の主将であった林鳳祥、李開芳の出身民族を無理矢理チワン族としたり、大躍進後の飢饉の中で郷政府や民衆に多大の犠牲を強いながら行われるという問題点を抱えていた。だが今はなき膨大な数にのぼるインフォーマントの証言を記録し、碑文など貴重な文献史料を発掘した成果は些かも損なわれるべきものではない。

さらに農村調査で発掘した史料に基づいて優れた研究業績をあげたのは、広西師範大学歴史系教授の鍾文典氏であった。[34] 氏は広西蒙山県（旧永安州）出身の客家で、曽祖父が太平軍に参加した経歴を持つ「老長毛」（広西では太平天国に親しみをこめてこう呼ぶ）の後裔であった。北京大学を卒業後、故郷における人材育成のために広西へ呼び戻された鍾文典氏は、一九五六年から実地調査を踏まえた太平天国初期史の研究を進めた。当時は交通手段がなく、食糧を持参して農家に泊まり込んだ。また文革中は人々が批判を恐れていたため、長い時間をかけて説得作業を行ったという。

こうした地道な作業に基づいて描き出された太平天国像は、マルクス主義の理論を当てはめて分析した当時の主要な見解と異なるものであった。例えば太平天国運動の性質についてある論者はプロレタリア階級の指導を欠いた旧式の農民戦争であるといい、「農民が深くとらわれている保守主義、セクト主義、享楽主義といった問題点を克服することが出来ず、長期にわたり革命の紀律を維持出来なかった」と述べた。これに対して太平天国をブルジョワ民主主義革命と評価しようとするある論者は、紫荊山で炭焼業や藍栽培に従事した楊秀清、蕭朝貴（後の西王）らを「炭工」「藍工」即ち萌芽的なプロレタリア階級と評価し、「農民の狭隘さや保守性を持っていなかった」と主張したが、上帝会の多数を占めた農民それ自体を遅れた存在と貶めた点では同じであった。

だが鍾文典氏は紫荊山での度重なる調査の結果、炭焼業、藍栽培に従事した人々は平野部で耕地を獲得出来なかった農民であり、彼らの存在をもって太平天国をブルジョワ革命と評価することは不可能であると考えた。また太平天国を旧式の農民戦争とした場合、李秀成が「民家の門に右足を入れた者は右足を斬った」と記した、共産党の『三大紀律、六項注意』にも似た太平軍の厳格な規律は理論的解釈のつかない不都合な現象であった。だが広西各地の調査で同じ証言を得た鍾文典氏は、永安州時代の太平軍がどのように食糧を確保したかを分析しながらこれらの記載、証言が事実であることを確認した。また氏はその理由を『天条書』『太平条規』など太平天国自身の「革命理論」に求め、皇上帝を全能とする上帝会の思想、宗教が人々の行動を律したと不十分ながらも考えたという。

今日我々の目から見ればおよそ穏当なこれらの見解を、政治闘争が優先された当時の社会情勢の中で提起出来た理由は、鍾文典氏が多くの知識人の間で「低俗」とみなされた農村調査から多くを学び、農民達の証言と文献史料を対照させながら分析を進めた点にあった。氏自身の言葉を借りれば、氏の研究は「文献研究と実地調査を通じての考察を結びつけた歴史学研究」であり、調査とはつまるところ大衆とどのように接し（待人問題）、自らがどのように人間らしくあるかの問題（做人問題）であるという。(35) 古来中国の知識人は「官」と「民」の厳しい区別の中で大衆と一線を画し、官僚予備軍の地位に甘んじることで自らのアイデンティティを満足させて来た。「大衆と一体になる」ことをめざした建国後の歴史学は、農村社会に身を置くことで自らの問題意識を鍛え、農村に生きる人々の生活の中からその答えを模索する研究方法の重要性を彼らに認識させたのである。

（b）太平天国と客家の関係――太平天国史研究をめぐる新動向

文化大革命の終結後、中国の太平天国史研究では左派路線の評価をめぐって「平均主義」に関する激しい論争が行われた。だが鄧小平の改革、開放路線が進むにつれて、中国近現代史研究の分野でも洋務、変法運動などの改良運動、上海などの都市史に関心が集まり、太平天国を初めとする民衆反乱史の研究は「老問題（古い問題）」とみなされて低調となった。また建国後の歴史学が生み出した実地調査の伝統や農村からの視点も、経済効率を第一とする近年の社会風潮の中では却って敬遠され、一部の良心的かつ研究条件に恵まれた研究者によって継承されるに止まった。

こうした中で、最近の太平天国史研究において焦点となっているのは「太平天国と客家の関係」である。この問題が提起されたのは古く、一九三三年に客家研究の創始者である羅香林氏（広東興寧県出身の客家）が、一九三六年に羅爾綱氏がそれぞれ客家研究、太平天国史研究の立場から初めて言及した。(36) 建国後の中国では階級闘争が重視されたために研究は深められなかったが、一九八一年に小島晋治氏が問題提起を行うと、王慶成氏、鍾文典氏などの中国人研究者がこれに応える形で論文を発表した[37]。

以下では右の諸氏の論考と筆者の一九八七年から九六年までの広西、広東における農村調査の成果を踏まえて、①太平天国における客家の参加情況とその特徴、②上帝会の発展と客家の移住ルート、同郷及び同族ネットワークの関係、③客家の諸習慣が太平天国に与えた影響、特に彼らの祖先崇拝と上帝教の関係について考えてみたい。

まず①について。上帝教の創始者である洪秀全が客家であった事実は良く知られている。彼の祖先は十八世紀初めに広東東部の客家集住区である嘉応州（梅県）から花県に移り、開墾事業に従事して自作農となった。洪秀全は周囲の期待を背に科挙受験を繰り返したが挫折し、熱病に冒されて「至尊の老人（天父ヤーヴェ）」「中年の男（天兄キリスト）」から啓示を受けるという「幻夢」を見たが、この夢が彼のキリスト教受容の前提となった。貧困の中で「読書して官となる」ことをめざした洪秀全の青年時代は、広東人に比べて遅く入植したため往々にして山間部に定着し、有力な商業ネットワークも持たなかったために、農業に従事しながら科挙合格者を生むことに社会的上昇の希望を託した客家の一般的な特徴を良く示している。

プロテスタントの伝道パンフレット『勧世良言』と出会って上帝教を創設した洪秀全は、一八四四年に同郷の客家人で読書人だった馮雲山（後の南王）らと広西へ布教の旅に出た。馮雲山は桂平県紫荊山で上帝教に現世利益的要素を取り入れ、上帝会を創設するが、この時会員の多数を占めたのが楊秀清を初めとする客家であった。紫荊山における客家の入植活動は十八世紀後半に盛んとなったが、その多くは原籍地広東で「立錐の余地がなく」「東奔西走[38]」した流動性の高い下層移民であった。彼らの一部は先住民族であるチワン族の耕地を奪取したり、ヤオ族と肉桂などの交易を行って経済的基盤を整えたが、大多数は金田などの平野部に住んだ有力移民の佃戸となるか、炭焼業、藍栽培などの雑多な生業に従事して生計の安定を求めざるを得なかった。蜂起直後に清軍に捕らえられた会員李進富（原籍

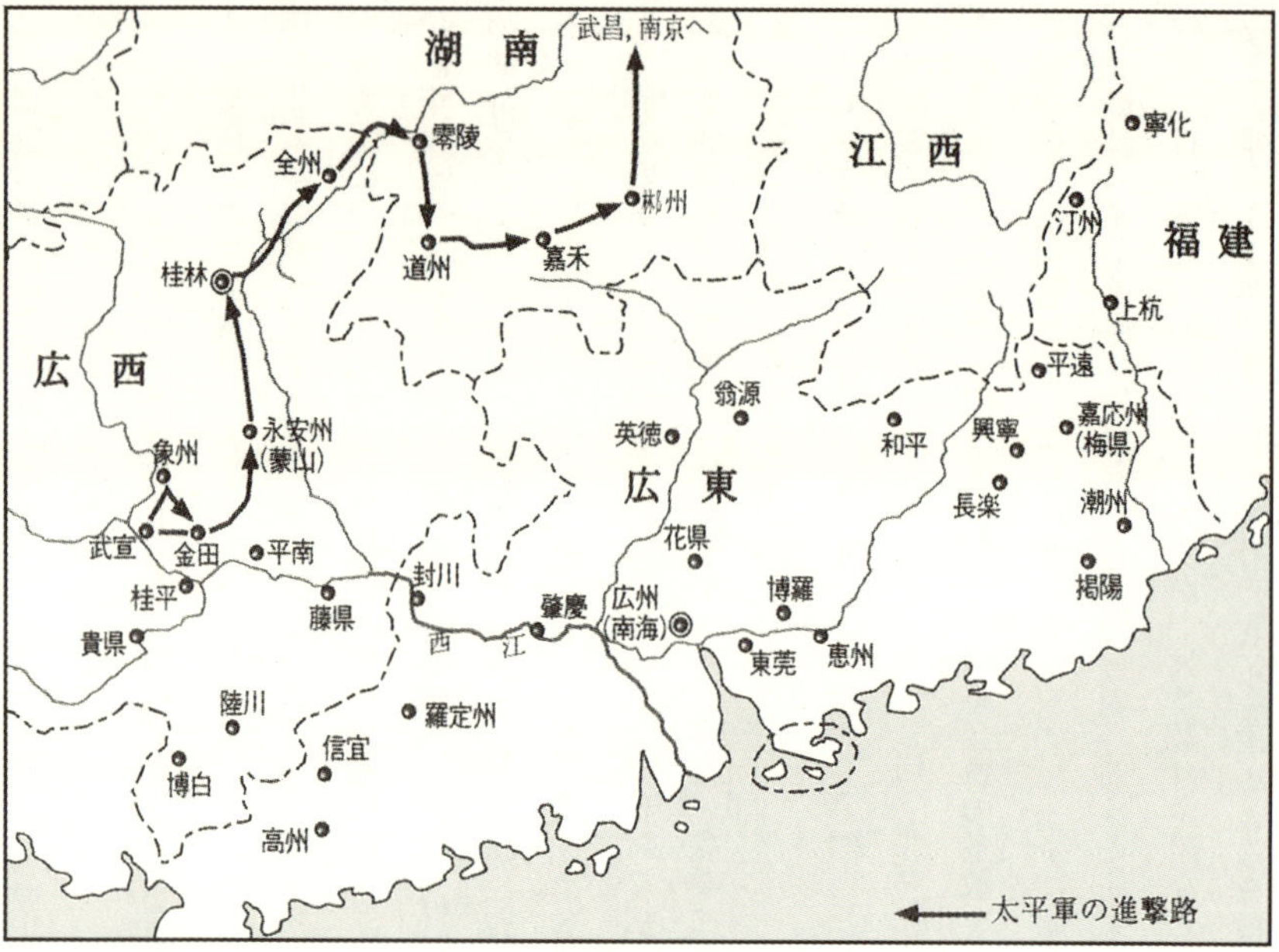

図１　太平天国時期の華南
譚其驤主編『中国歴史地図集』清時期、地図出版社、1987年より作成。

広東嘉応州）の供述書には「毎日飯を食う度に、上帝のお恵みにより、衣食を与えられたことを感謝いたしますと唱えた」(39)とある。また李秀成も「貧乏で食うものがなかったからこそ、彼ら（太平軍）についていった」(40)と述べている。劣悪な条件下で入植した下層移民の不安定な生活こそが、彼らが上帝会に結集した理由であったことが窺えよう。

一八五〇年に金田村で蜂起した太平天国は、半年以上のあいだ桂平県を中心に武宣県、象州、平南県を転戦した。これらはいずれも客家の多い地方で、太平軍は金田団営に参加出来なかった会員を多く吸収した。また一八五一年に太平軍は永安州を占領して東西南北翼王の五人からなる王制を立てたが、その主要拠点であった東平里は客家の集住区であった。多くの場合有力移民の小作人であった彼らは、刈り取った収穫物を折半する太平軍の政策を支持し、清軍や有力移民の率いる団練と半年にわたる戦闘を続けた太平軍に協力した(41)。

さらに一八五二年に湖南へ入った太平天国は、天地会員を初めとする多くの参加者を得て全国的な運動へと発展した。小島晋治氏がロンドンで発見した供述書によれば、この時加わった兵士にも広東興寧県出身の客家がいたという。(42)ハンバーグ『洪秀全の幻想』が「上帝教の信徒の大部分は客家人(43)」と述べたように、初期太平軍は多くが客家によって占められていたのである。

次に②について。広西における上帝会の布教活動は、同郷、同族などの社会的ネットワークを活用することによって進められた。一八四四年に洪秀全らは貴県賜谷村に移住していた親戚の王盛均を頼って広西に入り、桂平県へ至った馮雲山は広東嘉応州出身の客家張永秀の紹介で、彼の同族である紫荊山高坑冲村の張家に逗留した。一八四六年に馮雲山は大冲村の曽開文一家に塾教師として迎えられたが、この曽家も広東掲陽県から移住した客家であった。彼はここを根拠地として多くの会員を獲得したが、その一人金田茶調村の曽天養（広東恵州府出身の客家で、後に西征軍の猛将となった）一家は大冲村曽家と同姓結合を結んでいたという。(44)これら同郷、同姓、同族から姻戚関係に至る様々な社会的結合は、客家が危険を伴う入植活動を円滑に進めるために発達させた相互扶助のネットワークであった。

上帝会の勢力拡大は、経済的成功のためには出稼ぎや再移住を厭わない客家の移住ルートに沿って進んだ。元々紫荊山の客家は多くが「紫荊桂」と呼ばれた肉桂栽培に従事したが、十九世紀にその生産量が減って「平南猺山の桂が盛ん(45)」になると、彼らの多くは平南県鵬化山へ出稼ぎに出た。平南県における上帝会の布教はこの客家労働者の足跡を追う形で進み、水均村を中心とする鵬化山内の客家村落で多数の会員を獲得した。紫荊山や金田の客家には武宣県東郷や象州へ族人が再移住した例があり、これらの地に上帝会が広まったのは桂平県の同族会員の仲介があったと考えられる。

また貴県龍山の上帝会首領である石達開の一族（広東和平県出身の客家）は、桂平県白沙地方を経て奇石那帮村に入植した。白沙は上帝会蜂起の契機となった一八五〇年の「耕牛事件」（客家会員の耕牛を奪った「土人」即ち先住の漢族早期移民に対して、会衆が報復攻撃を加えた事件）の舞台であり、秦日綱（後の燕王）、林鳳祥（後の北伐軍主将）を生んだ上帝会の重要拠点であった。石達開も少年時代に白沙で「読書」した経験があったといい、龍山における上帝会の活動は白沙の動向と密接に関わりながら進んだと見られる[46]。

さらに興味深いのは陸川、博白県と広東信宜県の事例である。広西における客家の移住には広州方面から西江（珠江）を溯るルートと、南シナ海沿岸の広東高州府一帯から北上するルートがあった。後者の移住年代は明代末期と相対的に早く、右の三県では比較的大きな客家集住区が成立して人口が飽和状態となり、潯州府各県への再移住が行われた。信宜県上帝会の首領凌十八（別名凌才錦、原籍広東平遠県の客家）はその典型で、弟の凌二十八と平南県に藍の栽培に出かけ、ここで学んだ上帝教を信宜県に伝えた[47]。また陸川県古城村の客家頼世挙（即ち頼九、原籍広東翁源県）、博白県文地の黄文金も、貴県龍山に出稼ぎに出た結果上帝会とめぐりあった[48]。このように上帝会は客家が生活の安定と上昇を求めて繰り返した移住のうねりに乗って、両広各地の客家居住区へと勢力を伸ばしたのである。

最後に③について。客家の出身である鍾文典氏は、太平天国の作成した文書や諸制度において客家の言語、習慣が大きな影響を与えた事実を指摘している。例えば『天兄聖旨』に見える「心腸激爛」（はらわたが煮えくり返る程に怒ること、北京語の気壊肝腸）、「鋼手橋」（腕相撲の意）といった表現は客家語特有の単語であり、『天情道理書』に引かれた「煙草で腹を満たすのは、田を耕すのに屁を放つようなもの」といった言い回しは客家の俗語であった。また男女均等に田を割り当てられることを明記した『天朝田畝制度』は、女性が纏足せず、男性と同じく農作業に従事する客家の習慣を基礎にしていたという。さらに鍾文典氏は当時の文人達が太平天国の文書を「田舎訛りや俗語を避けず、野暮なさまは見るに堪えない」と酷評したり、女性兵士を「大脚蛮婆」と呼んで蔑んだこと、これに対して洪秀全らが「語句は装飾を加えず、明解でわかりやすいことを旨としなければならない」と述べて文人が好んで作成する空文、巧言を批判したことを紹介した。そして太平天国が口語である客家語を多用した事実こそは、運動自身の民衆的な性格を示すものであると述べている[49]。

実際のところ、客家の生活習慣は太平天国の制度、思想に大きな影響を与えた。例えば太平軍の将兵は「犬を食うことを重んじ、戦いに勝つ度に犬の肉を食った[50]」と言われるが、一年を通じて犬の肉を食べるのは客家の習慣（広東人は冬場のみ犬の肉を食べる）であった。また上帝会の入会儀礼は「懺悔の後、彼は跪き、清らかな水をたたえた大きな水盤から、コップに一杯ずつの水が各人の頭に注がれ、「今までの罪悪を洗い清め、古きを除き、新しきを生む」の文句が唱えられる。再び起ちあがって、例に従って茶を飲み、各々水で胸及び心臓の部分を洗い、もってその心の中を洗い清めたことを示す」というもので、入会後も信徒たちは「水ごり」を好んだという[51]。これは屢々「瘴気の地」と呼ばれた辺境に入植し、マラリアなどの熱病に対する予防措置を講ぜざるを得なかった客家の衛生重視と関連があり、「古きを除き、新しきを生む」という文句も毎年除夜にユズ湯で体を清める沐浴の時に唱えるものであった。さらに客家の清潔好きは蜂起後の太平天国に影響を与えた。太平軍の陣地や首都天京では清掃が重んじられ、「独り街道は完全を愛し、箒《ほうき》や鋤を携えて命令に逆らわず。腹飢えて昼過ぎに僅かな憩いを窃《ぬす》めば、竹の板や鞭が雨の如く降る[52]」と詠われたように厳しい衛生管理がなされたという。

だが太平天国と客家の諸習慣との関係の中で最も重要なのは、上帝教の一神教と客家の「帰宗《グイゾン》」観念の関係であった。帰宗とは宗族に帰属することを指し、現世では先祖から受け継がれた祖先祭祀を実行し、死後は子孫から歴代祖先の一人として祀られることによって、個体の死を乗り越えようとする中国人特有の死生観であった。

この帰宗観念を良く示すのは祖先を祀る祠堂の位牌であるが、広東人の祠堂では男性の祖先一人ごとに一個の位牌を置き、祭壇に位牌が林立する形態を取った。これに対して客家の場合は通常「某氏堂上始高曽祖考／妣之神位」と記された大型の位牌を一つ置くだけで、原則として個人の位牌は作られなかった。また客家の場合、死者の霊は初め各家の正庁（香火堂ともいう）に祀られるが、一定期間（三年から数世代）の後に霊魂は祠堂の大型位牌に送り返された。

これを「夾香火《ジィアシャンフォ》」というが、人々は祠堂の前で死者の顔を洗う仕草をするなどして、「祖先の霊魂と一体となる」ことを祝った(53)。

客家と広東人に見る位牌の形態の違いは、中国の農民反乱史上すぐれて統一的な組織を持った上帝会と、「山堂分峙《じ》」の言葉が示すように各組織が連携を欠いたまま乱立する傾向が強かった天地会の姿を象徴的に示している。また大型の位牌に全ての宗族成員の霊魂を帰属させる帰宗観念は、洪秀全を含む客家の人々がキリスト教を受容し、上帝教を創設ないし信仰する上で重要な基礎になったと考えられる。

上帝教における帰宗観念の影響を最もよく示すのは、『天条書』の「皇上帝はこの世のすべての人の共通の父である」という言葉に代表される太平天国の「大家庭」思想であった。王慶成氏の研究によれば、この大家庭思想は皇上帝（ヤーヴェ）と人間の関係を親子関係になぞらえて理解しようとするもので、「四海の内はみな兄弟であり……、共に魂の父（ヤーヴェを指す）が生んだものだ。どうして自分と他人を分け隔て、区別をつける必要があろう。服があれば共にこれを着、飯があれば共にこれを食うのだ」とあるように、上帝会が追求した「大同」ユートピアの理論的基礎となった(54)。また洪秀全は大家庭について『原道覚世訓』の中で次のように述べている。

各人のうつせみの身から言えば、各人はそれぞれの父母、家族、姓を持っていて、自他の家の区別があるように見える。しかし万姓は一姓から出、一姓は一祖から出たもので、その大本は始めはみな違いはなかったのだ。各人の霊魂から論ずれば、各人の霊魂が何から生まれ、どこから出てきたのかと言えば、みな皇上帝の一元の気を受けて生まれ出たのだ。つまり一本の本《もとい》が分かれて無数の異なったものとなったのであり、無数の異なったものは皆一つの本に帰着する(55)。

ここでヤーヴェは「万姓は一姓から出、一姓は一祖から出た」とあるように、黄帝（中国人の祖とされる伝説上の王）や各宗族の始祖になぞらえて「本」と表現されている。人間はヤーヴェの「一元の気」によって霊魂を与えられ、

「皆一つの本に帰着する」とされたが、この時ヤーヴェは宗族が一人の始祖を源とするのと同じ意味で唯一神であった。また『天条書』には「[信者は]この世にあっては皇上帝の加護を受け、死んでは皇上帝の恩愛を受けて、天上で永遠に福を受けることが出来る」(56)とある。そこでヤーヴェは一つの大型位牌に代表される客家の歴代祖先と良く似た構造を持っており、人間は現世でその「加護」を受け、死後はそれと一体となることで「永遠の福」を得られると約束されていた。上帝教の一神教は「一つの本」を強調する客家の祖先崇拝をベースに形成されたのである。

この上帝教と客家の帰宗観念の関係において興味深いもう一つの問題は、王慶成氏が「小家庭」と表現した洪秀全を中心とする太平天国指導者の特異な家族観念である。これによれば洪秀全はヤーヴェを父とする大家庭の中で「有能な長子」であると共に、ヤーヴェを父、キリストを長子とする小家庭の中では次男であった。また洪秀全の子洪天貴福はヤーヴェの孫であり、楊秀清や馮雲山、韋昌輝、石達開らもこの小家庭の成員に数えられた。さらに『天兄聖旨』によると洪秀全は地上の妻（又正月宮）の他に天上の妻（正東宮）を持ち、天上には彼女との間に生んだ十二歳の子がいたという。

王慶成氏はこの太平天国の小家庭を神学的に矛盾した存在と考え、洪秀全が「真命天子」としての権威を強化するために、ヤーヴェとの特殊な家族関係を作り出す必要があったと述べている(57)。だが客家の帰宗観念も始祖を頂点とする宗族全体の団結を訴える一方で、「房《ファン》」と呼ばれる分節の結束を強化し、特定の分節成員を対象とした共有財産や祠堂を設けるなどの二重構造を抱えていた。つまり上帝教は客家の帰宗観念と現実の同族組織との間に横たわるギャップをその内部に抱え込み、ヤーヴェを「天下万国人民の父」とする理念形としての宗族と、洪秀全を「天媽（ヤーヴェの妻）が生んだ子」とみなす天上の分節を作り出した。洪秀全はこの分節における「嫡子」の地位を強調することで、太平天国の大家庭という宗族の中でリーダーシップを握ったのである。

このように客家の諸習慣は太平天国の思想、制度に大きな影響を与えたが、一方で我々は太平天国がひとり客家による運動ではなかった点にも注意を向けなければならない。例えば羅香林、羅爾綱両氏が客家とした李秀成（藤県大黎郷人）は先祖が肇慶府封川県から移住した広東人であり、[58]彼に上帝教を伝えた胡以晄（後の豫王、平南県山人村人）も原籍広州府南海県の広東人であった。[59]また鍾文典氏は『太平天国開国史』で李秀成と韋昌輝を客家としたが、金田村韋氏は太平天国前夜に客家と交渉を重ねて客家語を習得していたものの、元々は貧困の中でチワン族と同化した漢族下層移民（恐らく広東人）であった。[60]右の諸氏とくに長年の調査によって李秀成、韋昌輝一族の歴史を熟知している筈の鍾文典氏が、あえて彼らを客家であると主張した背後には、客家出身の歴史研究者に往々にして見られる強固な主観性が存在することを否定出来ない。そこで次節ではいわゆる客家ナショナリズムの形成と太平天国の関係について検討することにしたい。

（c）　客家ナショナリズムの成立と太平天国

改革開放後の中国では、華僑の投資を促進するという政治的要請から客家研究が盛んとなった。この客家研究を代表する古典的著作が羅香林氏の『客家研究導論』である。

氏によると客家は古代中原を起源とする正統な漢族の子孫であり、五胡十六国や黄巣の乱、モンゴルの侵入を避けて南方へ移住し、福建、広東、江西三省の交界地帯に客家集住区を形成した。客家という漢族内のサブ・グループ（羅香林氏の用語では「民系」）が成立したのは宋代のことで、以後彼らは広東、広西、湖南、四川、台湾及び東南アジアへの移住を繰り返しながら中国古来の文化的伝統を維持し続けた。それを証明するのが客家語の言語学的考察で、客家語の中には古代中原漢語の要素が多く残存しているという。[61]

右記の羅香林氏の所論については、すでに中川学氏がその「客家的正統論」[62]を、周達生氏が「レイシズム的偏向」[63]を批判している。また瀬川昌久氏は従来の客家研究の殆どが「客家という明確なまとまりをもった実体が存在するということを、全く疑念の余地がない大前提としてなされてきた」と述べ、客家と他の漢族、少数民族との境界線を柔軟に捉え直すことの重要性を強調した(64)。さらに客家というサブ・グループの成立時期については、近年王東氏が明代中期とする新説を提起している。それによれば「客家」という他律的な呼称が登場したのは彼らが三省交界地帯から広東東部の潮州、恵州へ移住を開始した時期のことで、最初に彼らを客家と呼んだのは閩南人であるという(65)。

筆者は客家とは中国文化の正統意識に支えられつつ、中国世界の膨張に奉仕した漢族移民の一種の社会的結合に対する呼称であると考える。その前提は歴代王朝が版図拡大のために繰り返した画一的な辺境政策であり、彼らは往々にして国家権力を背景に少数民族地区へ入植し、これを弾圧して地方政府の統治に貢献した。また客家は屢々少数民族と雑居し、これと通婚を重ねることで少数民族の「漢化」を準備したが、彼ら自身も少数民族地区の安定的支配をめざす国家政策によって影響を受けた。

少数民族漢化策の核心として進められた科挙受験奨励はその好例であり、客家は冒籍生員と呼ばれる漢族の越境入学者や少数民族生員の活動に刺激されて子弟教育に熱心に取り組んだ。また『聖諭広訓』の講読と解説を主内容とする「宣講」によって勤勉、質素や倹約といった体制イデオロギーが宣伝されると、客家は彼らが入植、定着過程で見せた自発的な行動様式をこれらの道徳項目によって意識化し、家訓や族人の教育を通じて自らの伝統的習慣を作り上げた。つまり羅香林氏が客家の特徴として挙げたこれらの諸習慣は辺境の「中国化」をめざす国家政策によって規定されていたのであり、客家知識人が自認する古代中原の文化的伝統とは入植過程で人為的に再生産された「正統」意識だったのである(66)。

清代に入ると屈大均『広東新語』が「興寧、長楽人を哎《ンガイ》子という(67)」と記したように、客家という漢族内のサブ・グループが明確に意識されるようになった。十九世紀初頭に広東東莞、博羅県で客家と広東人の械闘が発生すると、恵州の豊湖書院で教鞭を執っていた徐旭曽（広東和平県人）は「客家の祖先は宋代中原の衣冠旧族である」「礼譲を尊び、廉恥を重んじ、苦労に良く耐えて、質素ながらも教養がある」[68]と述べて、後代の議論に連なる客家の中原起源説や文化的伝統を初めて主張した。

だが羅香林氏によれば、客家が正統なる漢族の子孫という自己認識を主張する契機となったのは太平天国であった。『客家研究導論』第八章は次のように述べる。客家の歴史は清初までが幼年期で、その間は「居住地区の経営と子孫の繁殖」に努めたに過ぎなかった。だが「嘉慶、道光年間以後、情勢は日に変わり、客家民系もようやく発育を遂げた時期を迎えた。年若く勢いが盛んで、ほとばしる情熱を持ち、ひとたび動き出すと自制が効かない程だった。そして洪秀全、楊秀清らはその最も試されるべき資質をもって革命を起こし、太平を建国したが、それは客家が元服の儀礼を行ったに等しいのである」[69]と。

実際のところ、現在伝えられている太平天国文書の中で客家について直接言及した記載は、『福音敬録』の「真の君主はあらゆることに公正である。客家と本地（広東人）は皆同じように遇される」[70]という一箇所に過ぎない。右の史料から見て、洪秀全が客家のアイデンティティと客家に対する周囲の差別的風潮を自覚していたことは間違いないが、彼が羅香林氏と同じ次元で客家を中原地方を故郷とする古代漢族の子孫と考えていたかどうかは必ずしも明らかではない。

むしろ太平天国において特徴的なのは、満州人王朝だった清朝への批判の中で表明された中国文化の正統性に対するこだわりであった。例えば一八五二年に楊秀清、蕭朝貴の連名で発布された「天を戴いて胡を討つ檄」には次のような一節がある。

中国には中国の姿かたちがある。しかるに今満州はすべての中国人の髪を剃って、一本の長いしっぽを後ろに垂れ下げるように強制している。これは中国人を禽獣に変えるものだ。中国には中国の衣冠がある。しかるに今満州はこれとは別に頂戴《ディンダイ》（官僚の位を示すために冠の頂上につけた珠玉）を設け、胡の衣、猿の冠を強制して、先代の服飾、冠の形を破壊している。これは中国人にその根本を忘れさせようとするものだ……。中国には中国の言語がある。しかるに今満州は京腔《けいこう》（北京訛り、北京語）を作って、中国語の音を変えてしまった。これは胡言、胡語をもって中国を惑わすものだ(71)。

このうち弁髪に対する批判は「嘉定屠城」事件で知られる清初の満州人に対する抵抗運動を起源とするもので、それに代わる長髪は太平天国将兵の外見的な特徴となった。清末の革命派知識人は「反満」主義の観点から太平天国の長髪に共鳴し、自ら弁髪を切り落とす者が多かった。だが干王洪仁玕が「髪は上帝が与えられたもので、肌、皮膚から生え、母胎の中で育まれる。その重要性は出生後に身にまとう衣服の比ではない。上帝が与えられようとするものを、勝手に削ぎとってしまうのは、天にそむくことではないのか……。薙髪《ちはつ》は華人たる身を忘れ、甘んじて韃妖《だつよう》のために天を欺き、不孝の行いをすることだ(72)」と述べたように、太平天国が弁髪に反対した直接の理由はヤーヴェに対する「不孝」、言い換えればキリスト教の形を取った儒教的正統から逸脱した点にあった。

また右の史料で興味深いのは、「京腔」すなわち北京語（現在の標準中国語）に対する批判である。現代中国語が北方民族の華北進入後に成立した新しい言語であることは、すでに言語学者の研究によって明らかにされているが、北京語が「中国語の音を変えてしまった」とする太平天国の主張は、客家語こそが古代漢語の痕跡を最も良く留めていると主張する羅香林氏らの議論と表裏一体の関係にあった。一般に辺境に入植することが多かった客家は「祖先の田は売っても、祖先の訛りは失うな」という諺があるように、自らを少数民族と区別する指標となる漢族的な言語、習慣を固持することに熱心であった。太平天国の北京語批判も「根本を忘れる」こと、言い換えれば中国文化のあるべき姿――それは歴代王朝が宣伝した体制イデオロギーの産物であり、瀬川昌久氏の言葉を借りれば文人的な「理想モデル」――から遊離したことに対してなされていたのである。

それでは客家の人々がこのように中国文化の正統性に固執した理由は何であったのだろうか。筆者はその原因を中国専制王朝の暴力性とその結果もたらされる恣意的な国家政策にあると考える。例えば明代後期の両広南部では、羅香林氏が倭寇討伐の英雄と称えた客家軍人陳璘（広東翁源県人）を初めとする客家が多数入植して開墾事業に従事した。だが広東人の有力移民が入植して彼らの手による安定的統治のメドが立つと、地方政府は客家が持つ、社会的上昇のためには出稼ぎや再移住を厭わない流動性の高さを「流悪」や「亡命」と認定し、「翁源、英徳県の流民を駆逐、殺害」とあるように客家に対する弾圧を実行した。この時客家は「邪教」即ち宗教結社に結集し、「地方官と紳士が我々を駆逐、殺害しようとしている」[73]と唱えて抵抗したという。

ここで客家が地方政府やその庇護を受けた有力移民と対立したことは、この地で発生した凌十八の上帝会蜂起と同じ構造を持つ点で注目される。だがより重要なのは国家政策により入植し、これに奉仕した客家が、利用価値を失うと同時に専制王朝によって切り捨てられ、恣意的な処分を受けたという事実であろう。こうした過酷な運命は客家が上帝会などの宗教結社が説く救済の言説に接近する前提となると共に、洪秀全や羅香林氏らの客家知識人が彼らを弄んだ筈の中国文化の正統性に異常なまでにこだわり、自分達こそがその継承者であるとする屈折した感情を生んだのである。

つまり客家とは中国社会が持つ暴力性と恣意性に翻弄され、その結果残された欠乏感を「あるべき中国文化」即ち古典に記された文人的な生活様式によって埋めようと試みた人々であった。この文人的な生活様式は政治と文化が密接にからむ社会的土壌においては、科挙官僚に代表される成功の象徴であったが、ひとたび科挙受験によってエリートの地位を手中に収めようと試みる者は、洪秀全がそうであったように厳しい競争原理を前に拝跪せざるを得なかった。いわゆる客家正統論は、辺境の下層移民には殆ど現実性がなかった政治、経済的成功の可能性を、自らが「中原の衣冠旧族」であると宣言することにより独占的に恢復しようとする論理であった。それはアヘン戦争の敗北によって中華世界の伝統的価値が揺らいだ当時の中国において、現実社会が抱えた諸矛盾を告発し、正統なる「根本」への回帰を要求する抵抗の言語として大きなインパクトを持ったのである。

このように太平天国は客家ナショナリズムの形成に大きな役割を果たしたが、中国文化の正統性へのこだわりは太平天国運動そのものを硬直化させ、新たな専制国家を再生産するという限界を生んだ。これを良く示すのは洪秀全の思想と行動に現れた、キリスト教の形を取った儒教的正統論である。

例えば一八四四年に広西貴県賜谷村を訪ねた洪秀全が、最初に取り組んだのはチワン族の信仰を集めていた六烏廟（歌垣をした男女が恋に落ち、昇天したとする劉三姐と同種の神）を「淫乱な妖魔」と排撃することであった。太平天国自身の歴史から見た場合、彼の行動は上帝会と有力移民の対立を尖鋭化させた偶像破壊運動の第一歩であったが、チワン族の側から見れば、少数民族の文化を「男女の事については甚だ分別がない(74)」と見なした漢人官僚の偏見と異なる所はなかった。さらに洪秀全の思想は客家が少数民族を駆逐し、中華文明の伝統を守ったとする客家正統論と相通じる側面を持っている。結局賜谷村一帯のチワン族は上帝会に参加せず、洪秀全の布教活動は却って客家とチワン族間の反目が激化するという皮肉な結果を生んだ。太平天国はその中国文化の正統性へのこだわりゆえに、中国社会とりわけ儒教文化が持つ抑圧的な体質をその内部に抱え込むことになったのである。

おわりに

本節は太平天国運動をめぐる中国の歴史研究と客家ナショナリズムの関連について検討した。その結果太平天国史研究は近、現代中国の政治動向と密接に関連しながら進められたこと、その最大の成果は革命の発祥地である農村へのまなざしであり、現在太平天国と客家の関係について注目が集まっているが、羅香林氏に代表される客家研究そのものが、太平天国を契機に主張された中国文化の正統性に関する議論をベースとしていることが明らかになった。

この客家正統論それ自体は辺境に入植し、社会的上昇の可能性が少なかった下層移民の異議申し立てに他ならなかった。だがヨーロッパ勢力の侵出を前に社会矛盾が吹き出した十九世紀中葉の中国において、読書人洪秀全の唱えた正統なる中国への回帰という主張は客家、広東人や一部の少数民族を含む多くの人々の共感を得、あれだけの大運動を生み出した。いわゆる「客家ナショナリズム」とは玉皇大帝、無生老母といった中国古来の神々を降臨させ、その庇護（刀槍不入信仰）を得ることで中華世界の再生をめざした義和団運動と並んで、ヨーロッパ近代に直面した中国における原初的なナショナリズムの一形態であったと考えることが出来よう。農村社会に入り込むことで問題意識を鍛えた、建国後の良心的な知識人が客家正統論に出会った事実は、この種のナショナリズムが近、現代中国の歴史において粘り強い影響力を持っていた事実を示しているのである。

【註】

（1）汲古書院刊、二〇〇八年。

（2）佐藤公彦『清末のキリスト教と国際関係』汲古書院、二〇一〇年。また渡辺祐子「近代中国におけるプロテスタント伝道——「反発」と「受容」の諸相」（東京外国語大学大学院総合国際学科、二〇〇五年）。

（3）倉田明子「十九世紀南中国におけるプロテスタント布教の発展と「開港場知識人」の誕生——洪仁玕と『資政新篇』の位置づけをめぐって」（東京大学大学院総合文化研究科地域文化研究専攻、二〇一〇年）。

（4）Spence, Jonathan, God's Chinese Son: The Taiping Heavenly Kingdom of Hong Xiuquan. New York: W. W. Norton, 1996（佐藤公彦訳『神の子・洪秀全——その太平天国の建設と滅亡』慶応義塾大学出版会、二〇一一年、四〇頁。また中国語版は朱慶葆等『〝天国之子〟和他的世俗王朝—洪秀全与太平天国』上海遼東出版社、二〇〇一年）。

（5）Medhurst, W. H. Connection between Foreign Missionaries and the Kwangse Insurrection. North China Herald, vol.160, Aug.20, 1853（羅孝全著、簡又文訳「洪秀全革命之真相」、中国近代史資料叢刊『太平天国』六、神州国光社、一九五二年、

八二一頁所収)。この記事はメドハーストがI・J・ロバーツの手紙を転載したもので、メドハーストは洪秀全に『勧世良言』を手渡した人物について「疑いなく中国人伝道師の〔梁〕亜発である」と述べている。また彼はロンドン伝道会の報告をもとに、梁発と二人の仲間が一八三三年十月に広州院試で『勧世良言』を配付したことを紹介している。なおこのロバーツの手紙は一八五二年十月にロンドンで発行されたThe Chinese and General Missionary Gleanerからの引用とされてきたが、実際に同誌に掲載されたのは一八五三年二月に発行された十一期九号(vol.11, No.9)の六七頁であった。

(6) Meadows, Thomas Taylor, The Chinese and Their Rebellions, Viewed in Connection with Their National Philosophy, Ethics, Legislation, and Administration. London: Smith Elder, 1856. Reprint, Stanford University Reprints, 1953, pp75. またフィッシュボーンもカルカッタ・レビューの記事を引用して洪秀全が『勧世良言』を受け取ったのは一八三三年であると述べている(Fishbourne, E.G. Impression of China, and the Present Revolution: Its Progress and Prospects, London, 1855, pp41)。

(7) 簡又文『太平天国典制通考』第十八篇、宗教考(上)、猛進書屋、一九六二年、一六〇四頁。

(8) 洪仁玕親書供詞、同治三年九月二十七日、軍機処檔案一〇〇二三八号、国立故宮博物院蔵(羅爾綱、王慶成主編『中国近代史資料叢刊続編・太平天国』二、広西師範大学出版社、二〇〇四年、四〇七頁)。

(9) Hamberg, Theodore, The Visions of Hung-Siu-Tsuen, and Origin of the Kwang-si Insurrection. Hongkong: China Mail Office, 1854(青木富太郎訳『洪秀全の幻想』生活社、一九四一年、並木頼壽等編『新編　原典中国近現代思想史』一、開国と社会変容、岩波書店、二〇一〇年、一四五頁)。また先に紹介したロバーツの手紙も「十五、六歳から試験に参加するようになった」(The Chinese and General Missionary Gleaner, Vol11, No.9, pp.67)と述べており、満十五歳の一八二九年までに科挙受験を始めたことは間違いないと思われる。なお洪秀全の年齢は、彼が一八一四年一月一日(嘉慶十三年十二月初十日)に生まれたとの説に基づくことにする。

(10) 駱秉章自注『駱公年譜』。また羅沢南(湖南湘郷県人)は満十八歳で初めて科挙を受けている(郭嵩燾編『羅忠節公年譜』上巻)。

（11）ハンバーグ『洪秀全の幻想』（並木頼壽等編『新編　原典中国近現代思想史』一、一四五頁）。

（12）彭沢益「洪秀全得『勧世良言』考証――兼論太平天国与基督教的関係」中国社会科学院近代史研究所編『近代史研究』一九八八年五期。蘇精『上帝的人馬』基督教中国宗教文化研究社、二〇〇六年。

（13）佐藤公彦『清末のキリスト教と国際関係』五四二頁。

（14）E. P. Boardman, Christian Influence Upon the Ideology of the Taiping Rebellion. Madison: University of Wisconsin Press, 1952, pp54. ここでBoardmanは蜂起から南京到達までの段階について述べており、南京到達後には宣教師との接触や論争によってキリスト教色が強まったとの見方をしている。また夏春濤『天国的隕落――太平天国宗教再研究』中国人民大学出版社、二〇〇六年、二八八頁以下も「モーセ五書」と呼ばれる旧約聖書の前半五書の影響を重視している。

（15）駒込武「「文明」の秩序とミッション――イングランド長老教会と一九世紀のブリテン・中国・日本」（近代日本研究会編『地域史の可能性――地域・日本・世界』年報・近代日本研究・一九、山川出版社、一九九七、一頁）。杉本良男編『福音と文明化の人類学的研究』国立民族学博物館調査報告三一、国立民族学博物館、二〇〇二年。並河葉子「世紀転換期のミッションとイギリス帝国」（木村和男編著『世紀転換期のイギリス帝国』イギリス帝国と二〇世紀、二、ミネルヴァ書房、二〇〇四年、三二七頁）。

（16）梁発『勧世良言』巻六、熟学真理各論（並木頼壽等編『新編　原典中国近現代思想史』一、一一六頁）。

（17）李秀成の供述書（並木頼壽等編『新編　原典中国近現代思想史』一、開国と社会変容、二一七頁）。

（18）M. M. Coughlin, Strangers in the house: J. Lewis Shuck and Issachar Roberts, First American Baptest Missionaries to China (PH.D. Thesis, University of Virginia, 1972), pp257.

（19）菊池秀明「太平天国における不寛容――もう一つの近代ヨーロッパ受容」（川島真等編『東アジア近現代通史』一、岩波書店、二〇一〇年、三〇〇頁）。リンドレーは一八六〇年から南京に滞在したロバーツについて「寛容を欠き、バプテストの教義にこだわり、短気で、気むずかしく、矛盾だらけで、考えがよくぐらつく――著しく無学な男で、性格は安定せず、態度は無愛想である――彼が南京に来たことは害が多く、益は少なかった」と酷評している（A. F. Lindley, Ti-Ping Tien-Kwoh:

The History of the Ti-ping Revolution, Including a Narrative of the Author's Personal Adventures 2vols. London: Day & Son (Limited), 1866, pp567. 増井経夫、今村与志雄訳『太平天国――李秀成の幕下にありて』第三冊、平凡社東洋文庫、一九六四年、二六三頁）。当時の宣教師には中国人に回心体験を要求する者が多く、その意味ではロバーツだけが「寛容を欠」いていた訳ではない。むしろ彼の問題点は福漢会の活動に関わり、積極的に洗礼を施す一方で、Rice Christian（キリスト教の飯を食う輩）に対しては厳しい態度で臨むダブル・スタンダードにあった。それはロバーツの激しやすい性格もさることながら、彼のような人物の活躍を可能にした福音主義運動の問題点であったように思われる。なおロバーツについては王慶成「洪秀全与羅孝全的早期関係」『太平天国的文献和歴史――海外新文献刊布和文献史事研究』社会科学文献出版社、一九九三、三九八頁を参照のこと。

（20）T. H. Reilly, The Taiping Heavenly Kingdom: Rebellion and the Blasphemy of Empire, University of Washington Press, 2004（李勇等訳『上帝与皇帝之争――太平天国的宗教与政治』世紀出版集団・上海人民出版社、二〇一一年）。

（21）羅爾綱の代表的著作としては『太平天国史稿』中華書局、一九五七年。同『太平天国史』中華書局、一九九一年があり、簡又文氏については先述の『太平天国典制通考』の他に『太平軍広西首義史』商務印書館、一九四四年および『太平天国全史』香港猛進書屋、一九六二年が挙げられる。また郭廷以氏には『太平天国史事日誌』商務印書館、一九四六年（上海書店再版、一九八六年）がある。

（22）簡又文『太平天国与中西文化』香港猛進書屋、一九六八年にこうした視点はよく現れている。

（23）Philip A. Kuhn, Rebellion and its Enemies in Late Imperial China: Militarization and Social Structure, 1796–1864, Cambridge, Mass.: Harvard University Press, 1970（謝亮生等訳『中華帝国晩期的叛乱及其敵人』中国社会科学出版社、一九九〇年）。

（24）その一例として太平軍の人数がある。一八五二年に桂林を急襲し、さらに湖南へ向かった太平軍について、スペンス氏は四万人前後という数字を挙げている（佐藤訳二一一頁）。だが本書が明らかにするように、永安州の脱出作戦で多くの犠牲者を出した太平軍は桂林撤退時に一万人程度で、うち戦闘可能な将兵は数千人に過ぎなかった。スペンス氏はこの時太平軍は全州攻撃に執着せず、長沙へ急行すべきだったと述べている（同書二二四頁）が、こうした誇大な数字に基づく推論からは何故蕭朝貴が僅か数千の兵力で長沙を攻撃したのかが理解できない。実のところ当時の太平軍には湖南の平野部へ進出する力はなく、よしんば長沙の占領に成功しても一八三二年の趙金龍らによるヤオ族反乱軍のように清軍に包囲、殲滅されてしまった可能性が少なくないと思われる。

(25) 二宮宏之『全体を見る眼と歴史家たち』木鐸社、一九八六年。

(26) 風響社刊、一九九八年。

(27) 地域社会論に対する関心の低下については、『史学雑誌』「二〇〇六年の歴史学界――回顧と展望」の大野晃嗣氏による明・清部分（『史学雑誌』第一一六編五号、二三二頁）、同二〇〇七年の山崎岳氏による明・清部分（『史学雑誌』第一一七編五号、二二三頁）において率直に語られている。

(28) 菊池秀明「英国国立公文書館所蔵の太平天国史料」東北大学文史哲研究会編『集刊東洋学』102号、二〇〇九年。

(29) ナショナリズムは近代国家を前提とした用語であり、ここで扱う内容は日清戦争や義和団事件で日本や列強に敗北した屈辱を起点とした近代中国のナショナリズムとは異なる。むしろそれは十八、十九世紀に東アジア各国で台頭した「小中華」思想の代替物であり、客家というローカルな社会的結合のアイデンティティ――その点ではパトリオティズムという表現の方がふさわしい――であった。だがそれは正統なる中華文明の継承者を主張する点で客家という漢族サブ・グループの範疇を超え、主観的には全ての漢人を包摂する「中国人」という概念に結びついたため、ここではあえてナショナリズム（愛国主義）という表現を用いることにしたい。なお関連する論考として菊池秀明「太平天国の客家正統論と「中国」ナショナリズム」（瀬川昌久編『近現代中国における民族認識の人類学』昭和堂、二〇一二年、二二七頁）を参照のこと。

(30) 李圭『思痛記』巻上（中国近代史資料叢刊『太平天国』四、神州国光社、一九五二年、四八〇頁。また水盛涼一訳が並木頼壽等編『新編　原典中国近現代思想史』一、開国と社会変容、二六九頁にある。なおここで言う「本当の粤賊」とは一八五二年に湖南、湖北で太平軍に参加した将兵のことで、蜂起以来の広西出身者は前線から殆ど姿を消していた。

(31) 小島晋治「太平天国研究と現代中国」『太平天国運動と現代中国』研文出版、一九九三年、三頁。王慶成「太平天国研究的歴史和方法」『太平天国的歴史与思想』中華書局、一九八五年、六一五頁。

(32) 陳白塵撰述『宋景詩歴史調査記』人民出版社、一九五七年（佐藤公彦氏による邦訳『黒旗軍――十九世紀中国の農民戦争』研文出版、一九八七年）。
(33) 広西省太平天国文史調査団『太平天国起義調査報告』三聯書店、一九五六年。広西区通志館編『太平天国革命在広西調査資料選編』広西人民出版社、一九六二年。
(34) 鍾文典『太平軍在永安』三聯書店、一九六二年。同『太平天国人物』広西人民出版社、一九八四年。同『太平天国開国史』広西人民出版社、一九九二年および広西師範学院史地系『太平天国起義史調査資料』油印本、一九七三。また広西社会科学専家文集『鍾文典集』線装書局、二〇一〇年。
(35) 以上の内容は鍾文典『太平軍在永安』および一九八八年から九六年までに筆者が行ったインタビューに基づく。
(36) 羅香林『客家研究導論』広州希山書蔵、一九三三、台北衆文図書再版、一九八一。羅爾綱「亨丁頓（Elis-worth Huntinton）論客家人与太平天国史考釈」『国聞週報』第十三巻、第十九期、一九三六年五月（『中国近代史論叢』第一輯第四期――太平軍、一九五六、台湾正中書刊に再録）。
(37) 小島晋治「拝上帝教、拝上帝会と客家人の関係――一つの試論」『太平天国運動と現代中国』五一頁。王慶成「客家与太平天国起義」『太平天国的文献和歴史――海外新文献刊布和文献史事研究』社会科学文献出版社、一九九三、三六八頁。鍾文典「客家与太平天国革命」『広西師範大学学報』一九九一年一期（『鍾文典集』九七頁。拙訳は『中国研究月報』五三四号、一九九二年八月）。
(38) 石人村王氏「達瑞公遺嘱」『王氏族譜』撰修年代不明、石人村王万寧氏蔵。合水村曽氏「曽梅西公伝――遷西源流序」『武城曽氏族譜』民国三十三年修、合水村曽家寧蔵。なおいずれも菊池秀明「金田団営の前夜――桂平県紫荊山区における移住と拝上帝会」『広西移民社会と太平天国』本文編、四四九頁以下を参照のこと。
(39) 李進富の供述書、咸豊元年六月、F．O．九三一　一〇四一号、英国国立公文書館蔵。
(40) 李秀成の供述書（並木頼壽等編『新編　原典中国近現代思想史』一、開国と社会変容、二六九頁）。
(41) 鍾文典『太平軍在永安』三九頁。同『太平天国開国史』二二七頁。また本書第三章を参照のこと。

(42) 謝五姉の供述書、咸豊二年七月十九日、F.O.九三一 一三七五号。また小島晋治「初期太平天国兵士十名の供述書」『太平天国運動と現代中国』一一六頁。
(43) ハンバーグ『洪秀全の幻想』(並木頼壽等編『新編 原典中国近現代思想史』一、開国と社会変容、一五四頁)。
(44) 鍾文典「客家与太平天国革命」。また菊池秀明「金田団営の前夜――桂平県紫荊山区における移住と拝上帝会」および一九八九年の桂平県古林社村訪問記録。
(45) 民国『桂平県志』巻十九、紀地、物産下。
(46) 菊池秀明「太平天国前夜の広西における移住と民族――貴県の場合」(神奈川大学中国語学科編『中国民衆史の視座』新・シノロジー、歴史篇、東方書店、一九九八年、八三頁)。
(47) 菊池秀明「両広南部における客家移民と国家――広東信宜県凌十八蜂起の背景」『広西移民社会と太平天国』本文編、二九七頁。
(48) 菊池秀明「太平天国前夜の広西における移住と民族――貴県の場合」。また黄文金については『廉江上県黄氏族譜』巻十(広西区通志館蔵)。
(49) 鍾文典「客家与太平天国革命」。
(50) 同治『潯州府志』巻二七、平寇略。
(51) ハンバーグ前掲書三五頁(青木訳書八九頁)。渡辺祐子氏は洪秀全がロバーツからバプテスト派の「浸礼(水中に入る洗礼の儀式)」について学ぶ一方で、上帝会の入会儀礼ではキリスト教本来の洗礼にはない「胸を洗う」という所作が加わり、独自の性格を強めたと指摘している(同「キリスト教伝道と太平天国」、東京外国語大学海外事情研究所編『クヴァドランテ:四分儀・地域・文化・位置のための総合雑誌』三、二〇〇一年)。ここで言う「胸をかきむしるようにする」行為は、客家の沐浴の習慣と関連するというのが筆者の見解である。上帝会におけるバプテスト派の影響については、すでにボードマン氏、簡又文氏が『天条書』の賛美詩を手がかりに分析を加えており、百瀬弘氏によって日本にも紹介されている(Boardman 前掲書九六頁、簡又文『太平天国典制通考』第十八篇、宗教考(上)、一七一五頁、百瀬弘訳、坂野正高解説『西学東漸記――

容閎自伝』平凡社、東洋文庫一三六、一九六九年、九九頁)。また本来バプテスト派の特徴は幼児洗礼を否定することにあり、「浸礼」は重要ではあるが絶対的なものではなかった。だがリンドレーが一八五九年以前の太平天国では成人のみが洗礼を受けられたと記している(Lindley 前掲書、増井・今井訳書、二、一六七頁)のを除くと、上帝会で幼児洗礼が否定されていたようには思われない。蜂起前夜には数百人単位で一族ぐるみの入会儀礼が行われており、陳玉成のように未成年で上帝会に加わり、童子軍に編制された例もあった。スペンス氏はロバーツが熱心に中国人信者に「浸礼」を施していたことを紹介しており、伝道地域の開拓と人々の改宗を重んじる開拓型伝道を示すものとして興味深いが(Spence 前掲書、佐藤訳書一二六頁)、ここから佐藤氏のようにバプテスト派の影響のみを強調してしまうと、十九世紀の宗教復興運動のもとで中国へ派遣されたミッションの問題点が見えなくなってしまうと思われる。ちなみに南京到達後の太平天国も、楊秀清がイギリス人の質問に答えた三十一条の回答書で「敬拝上帝、論在洗心洁浄、不論浸水沐体」と述べたようにバプテスト派の「浸礼」を行わなかった(太平天国歴史博物館編『太平天国文書彙編』中華書局、一九七九年、二九九頁)。

(52) 馬寿齢『金陵癸甲新楽府』掃街道(中国近代史資料叢刊『太平天国』四、神州国光社、一九五二年、七三三頁)。

(53) 一九九六年十二月広東台山市赤溪鎮調査記録。

(54) 王慶成「太平天国上帝的大家庭与小家庭」『太平天国的歴史与思想』三七三頁。

(55) 洪秀全「原道覚世訓」(並木頼壽等編『新編　原典中国近現代思想史』一、開国と社会変容、一六〇頁)。

(56) 『天条書』(並木頼壽等編『新編　原典中国近現代思想史』一、開国と社会変容、一六九頁)。

(57) 王慶成「太平天国上帝的大家庭与小家庭」。

(58) 菊池秀明「広西藤県北部の移住と太平天国」『広西移民社会と太平天国』本文編、四九三頁。

(59) 菊池秀明「平南県における中流宗族の動向と国家」『広西移民社会と太平天国』本文編、二二三頁。

(60) 鍾文典『太平天国開国史』九九頁。また韋昌輝一族がチワン族と同化した漢族下層移民だった点については菊池秀明「広西チワン・漢両民族の移住と「漢化」」『広西移民社会と太平天国』本文編、三五七頁。

(61) 羅香林『客家研究導論』(広州希山書藏、一九三三)南天書局有限公司再版、一九九二年。

(62) 中川学「中国客家史研究の新動向」『一橋論叢』七七巻四号、一九七七年。中川学編『客家論の現代的構図』アジア経済学会、一九八〇。
(63) 周達生「客家文化考」『国立民族学博物館研究報告』第七巻一号、一九八二。
(64) 瀬川昌久『客家――華南漢族のエスニシティーとその境界』風響社、一九九三、三一頁。
(65) 王東『客家学導論』上海人民出版社、一九九六、一三一頁。またその後出された客家関連の研究成果の中で、示唆深いのは蔡驎『汀江地域の地域文化と客家――漢族の多様性と一体性に関する一考察』風響社、二〇〇五年および飯島典子『近代客家社会の形成――「他称」と「自称」のはざまで』風響社、二〇〇七年である。前者は汀江・梅江流域の地域文化とくに鉱業との関連に注目し、明代以後に科挙受験を通じて「山客」から離脱したことが客家の形成をもたらしたと論じる。また後者は客家の存在に気づいたヨーロッパ人は太平天国とも関わりの深いギュツラフであり、一八六〇年以後に客家という呼称が定着していくこと、西江流域で土客械闘が発生した一八五〇年代に清朝の地方官憲が客家の人々に対して持っていた認識は統治の難しい鉱山労働者というもので、政府が「客家」という集団を認識したのは一八八〇年代であったと述べている。
(66) 菊池秀明「両広南部における客家移民と国家――広東信宜県凌十八蜂起の背景」を参照のこと。
(67) 屈大均『広東新語』巻十一、土言（中華書局版、一九八五年、三三七頁）。
(68) 徐旭曽『豊湖雑記』（羅香林『客家史料匯編』香港中国学社、一九六五年、南天書局有限公司再版、一九九二年、二九七頁）。
(69) 羅香林『客家研究導論』二四八頁。
(70) 洪仁発・洪仁達『福音敬録』（『太平天国』二、五一六頁）。
(71) 楊秀清・蕭朝貴「天を戴いて胡を討つ檄」（並木頼壽等編『新編　原典中国近現代思想史』一、開国と社会変容、一七九頁）。
(72) 洪仁玕『英傑帰真』（『太平天国』二、五八〇頁、西順蔵等編『原典中国近現代思想史』一、アヘン戦争から太平天国まで、一九七六年、四一一頁）。
(73) 康熙『羅定州志』巻一。また菊池秀明「両広南部における客家移民と国家――広東信宜県凌十八蜂起の背景」を参照。
(74) 趙翼『簷曝雑記』巻三。また菊池秀明「太平天国前夜の広西における移住と民族――貴県の場合」。

第一部　広西における太平天国の蜂起（一八四七年～五二年）

第一章　広西における上帝会の発展と金田団営

はじめに

近年における中国史研究の変化は、新史料の発掘による歴史像の再構築という動きであろう。なかでも清朝政府の公文書であった檔案史料の公開は、従来編纂された史料集や地方志レヴェルでしかわからなかった歴史の具体像を我々に開示した。また中国近代史研究における新史料の発見は、それぞれの時代の政治的要請に基づいた一面的な歴史認識の見直しを可能にした。かつて中国革命の先駆者として称えられ、現在はその破壊的側面が強調されることの多い太平天国運動も例外ではなく、今こそ客観的な立場からこの運動の実像を解明する必要性が高まっている。

さて太平天国史研究において最も難しいのは、残された史料が少ない初期の歴史である。かつて筆者は広西東南部におけるフィールドワークの成果に基づき、移民社会のリーダーシップを握った科挙エリートと非エリート間の対立が、この運動を生んだ基本原因であったことを明らかにした(1)。また前書では洪秀全の青年時代における広東の社会矛盾を分析し、学政李泰交の自殺事件は洪秀全に科挙試験の公正さに対する疑問を抱かせ、彼の見た「幻夢」は広東社会にその祖型となる物語が存在したこと、モリソンによる伝道書の出版事業はかなりの規模で行われ、洪秀全が『勧世良言』を入手したのは禁圧強化前の一八三三年であったと考えられることを指摘した。さらに洪秀全が『原道醒世訓』で提起した大同ユートピアは他の読書人にも類例が見られ、洪秀全は「私心」の現れとして広東の械闘や排外事件を批判的に見ていたこと、広州の外国人居住区外で行われたロバーツの布教は厳密に言えば条約違反であり、上帝会がカトリック解禁の事例にならって禁圧を免れたのは全くの幸運であったと述べた[2]。

本章は広西における上帝会の勢力拡大と金田団営（団営とは会員が集結することをさす）に至る経緯の分析を目標としている。初期太平天国史の核心部分であるこの時期の歴史については中国人研究者による業績がすでに多くあり[3]、王慶成氏による『天兄聖旨』の発見によってその内容も豊富となった[4]。また鍾文典氏は長年にわたる実地調査の成果をもとに、広西各地における上帝会の発展過程を具体的に描き出した[5]。さらに日本では小島晋治氏、市古宙三氏がこの時期の歴史にしばしば言及しており[6]、アメリカのJ．スペンス氏は「神の中国における息子（God's Chinese Son）」というユニークな観点から洪秀全の聖書理解と上帝会の活動を解釈しようと試みた[7]。

本章はこれらの先行研究に学びつつ、筆者が一九八九年から二〇〇七年までに行ったフィールドワークの知見と一九九九年から台湾の国立故宮博物院で収集した檔案史料を手がかりに検討を進めたい。具体的には①一八四七年の偶像破壊運動と王作新による上帝会告発事件、②楊秀清と蕭朝貴による天父天兄下凡と洪秀全の思想的変化、③武装蜂起の準備と来土械闘、④上帝会と団練の衝突事件と天地会蜂起、団営令の発布について取り上げる。これらの分析を通じて太平天国の誕生について、その真実の姿に迫りたいと考えている。

一、神々の相克――偶像破壊運動と天父天兄下凡

（a）　洪秀全の偶像破壊運動と王作新の告発事件

一八四七年三月に洪秀全は広州にいたアメリカ人宣教師ロバーツのもとで聖書を学んだが、経済的庇護を目当てにしているとの誤解を受けて洗礼を拒否された[8]。科挙受験に続く二度目の挫折を経験した洪秀全は再び広西をめざし、八月に桂平県紫荊山で上帝会を組織していた盟友の馮雲山と再会した。この時洪秀全が目にしたものは、紫荊山内の

客家人を中心に数県の範囲におよぶ二千人余りの信者の姿であった[9]。

この上帝会の成立についてはなお幾つかの疑問が残されている。うち重要なのはプロシア人宣教師ギュツラフが一八四四年に組織した中国人を中心とする伝道団体である福漢会（漢会）との関係である。ロバーツもこの福漢会と関わっており、洪秀全の広州滞在中および広西への出発に当たって彼を経済的に支援した周道行も福漢会のメンバーであった[10]。J．G．ルッツ氏の研究によれば、一八四五年に福漢会のメンバーは広西で活動を開始し、翌四六年にギュツラフは「我々の手助けを得ずに成立したキリスト教徒の集団がある[11]」と報告した。これはちょうど馮雲山が紫荊山内で布教活動をしていた時期にあたり、ギュツラフが上帝会の存在について情報を得ていた可能性を示唆している。

だがそれはギュツラフの証言が示すように、福漢会が上帝会の創設に直接関与したことを意味しない。太平天国の福漢会出身者として羅大綱（広東掲陽県人）、呉如孝（広東嘉応州人）および王豊慶なる人物が知られるが、羅大綱は一八四七年に平楽県の羅三鳳反乱に加わった天地会首領で、一八五〇年末になって上帝会へ加わった[12]。また呉如孝はかつて広州十三行で会計の仕事をしていたが、交易のため広西へ行って上帝会に入り、金田団営に参加した[13]。だが彼は一八四七年にイギリス人が広州で礼拝堂を建設するのを手伝った可能性があり、蜂起以前の記録には名前が見あたらない[14]。王豊慶も一八五一年に貴州伝道へ向かう途中、消息を絶って太平軍に加わった[15]。ここから見る限り福漢会出身者が上帝会で重要な役割を演じるようになったのは蜂起直前と考えられる。

さて馮雲山による布教活動の成果に自信を深めた洪秀全は、新たに各地の神仏像を破壊する行動に出た。この偶像破壊運動は太平天国の蜂起後も継続され、曽国藩が「鬼神も共に怒るところ[16]」と記したように人々に社会秩序の破壊者としてのイメージを深く刻み込んだ。それではこの運動はいかなる背景のもとに生まれたのであろうか。

それは言うまでもなくキリスト教とくに『旧約聖書』の出エジプト記に収められた十戒の影響であった。洪秀全がプロテスタントと接触するきっかけとなった『勧世良言』は、中国人が「無数の神仏像を造って拝んでいる」ことをくり返し批判し、「死物に向かって庇護を求めるとは、まことに笑うべきであり、実に哀れむべきである」[17]と述べている。この偶像崇拝批判は十九世紀に中国伝道をめざした宣教師が強調した内容で、直截的であるがゆえに強いインパクトを持った。洪秀全が科挙に合格出来ないのは偶像崇拝の結果であると述べた『勧世良言』の内容にショックを受けたのはこのためであった。

また偶像破壊運動に直接的な影響を与えたのは、洪秀全がロバーツのもとで読んだ聖書の知識であった。『天条書』は『勧世良言』には概略しかなかったモーセの十戒について、「皇上帝以外はみな世人を迷わしそこなう邪神であり、決して拝んではならない。一切の邪神を拝む者はみな天条を犯す者だ」[18]とあるように、自らの解説も交えて詳細に語っている。またそれは罪を悔いる祈り、朝晩、食事、病難にあった時などの様々な祈禱文と共に、安息日の礼拝にうたう讃美の歌として「天にましますわれらが聖なる父を讃えん。われらが救い主であるイエスを讃えん」[19]というバプテスト派の賛歌を収めている。これら具体的な戒律や祈りの言葉は信者たちの能動性を引き出し、「偶像を拝まなかったばかりか、常に偶像を愚弄、軽蔑した」[20]という積極的な行動へつながった。

ここで興味深いのは、洪秀全のキリスト教理解が『旧約聖書』の前半部分に偏りがちだった事実である。一八六〇年に南京を訪問したウォールスレイは、洪秀全が引用した聖書の箇所は多くがモーセ五書と呼ばれる旧約の前半五書（創世記から申命記まで）からであり、それが太平天国の専制的な政治制度や習慣に重要な影響を与えたと述べている。[21]また初期の信者であった李正高によると、洪秀全は新約の主題である「キリストによる罪の贖い」に対する関心が薄く、神の全能と偶像崇拝の否定というテーマに強く影響されていたという。[22]偶像崇拝への批判に確信を強めた洪秀全が、由緒正しき「正統」にこだわる客家の諸習慣に影響され、天地創造の物語に始まる旧約の前半五書に関心を寄せたのは自然な結果であった。

それでは洪秀全はなぜ偶像崇拝を否定するにとどまらず、神仏像を破壊するという行動に出たのだろうか。『旧約聖書』は元々ユダヤ教の経典であった。それは唯一神であるヤーヴェと人間の契約の記録であり、ヤーヴェは時として激しく不寛容な存在として立ち現れた。太平天国は南京到達後に『欽定旧遺詔聖書』を刊行したが、そこでは「皇上帝は汝の上主、すなわち烈気の上帝である。もし朕を恨む父親がいれば、朕はその罪を三、四代先の子孫にまで問う」[23]とある。また同書巻三、利未書（レビ記）は再び偶像崇拝を禁じたうえで、これを守らない者に次のような制裁を加えると記している

　朕の言葉を聞かず、反抗するならば、朕は激しい怒りをもって立ち向かい、なんじらの罪に七倍の懲らしめを加える。なんじらは自分の息子や娘の肉を食べるようになる。朕はなんじらの聖なる高台を破壊し、香爐台を打ち壊し、倒れた偶像の上になんじらの死体を捨てる。朕の心がなんじらを退けているからだ。またなんじらの町々を廃墟とし、聖所を荒らし、なんじらがそこで献げる宥めの香りを受け入れない[24]。

ここに現れる愛憎激しい皇上帝の姿は、後述する天父、天兄下凡のシャーマニズムが「朕の性格は天上において烈である」[25]というお告げを下したことによって信者の間に広まった。その一人であった李秀成（藤県大黎郷人）は「上帝を拝む者は救われるが、拝まない者は蛇や虎に襲われる」と教えられ、恐怖のあまり「あえて別の神を拝まなかった」[26]と供述している。またこうした制裁を免れるためには、自らを神の意志の代行人と位置づけ、偶像崇拝を否定する直接的な行動を起こすことが不可欠と考えられた。

さらに読書人出身の洪秀全は儒教の強い影響を受けており、彼は貴県で少数民族の恋愛神だった六烏廟を排撃する詩を作った。儒教も偶像崇拝に対しては否定的で、正統論の立場から異文化の習慣に対して批判を加えることが多かったためである[27]。これに洪秀全の偏執症的な傾向や「教義にこだわり頑固」[28]と評されたロバーツの激しやすい性格、回心体験を重んじる福音主義運動の厳格な姿勢が加わり、上帝教の「邪を斬り、正を留める」という排他的かつ攻撃的な教義が形成されたと考えられる。いわば偶像破壊運動はユダヤ・キリスト教と儒教という二つの正統論が生んだ産

物であり、キリスト教的「真理」や近代ヨーロッパ、儒教的「文明」の優位を疑わない立場から、異文化である中国の民間信仰を「野蛮」な偶像崇拝と見なして排撃したのである。

それでは洪秀全らが攻撃の対象とした神々は、いかなる特質を帯びていたのであろうか。鍾文典氏の研究によれば、桂平県に存在した大小の廟宇、寺院は二九七ヶ所に上った(29)。一八四七年十月に洪秀全らが破壊したのは象州三江口の甘王廟であったが、同じ甘王廟は紫荊山の南に位置する南木郷の弩灘にも存在した。民国『桂平県志』によると、この地域では三年から五年に一度催される「斎醮《さいしょう》」が盛んであり、県城付近では甘王や三界（金田新墟の三界廟に祀られた主神）、チワン族の多い西部地区では六烏娘を担いで村々を巡り、疫病を追い払う儀礼が行われた(30)。唐暁濤氏の調査によれば、これらの神々は科挙エリートを含む地域社会の信仰を集めたもの、十数ヶ村からなる村落連合によって崇拝されたものと様々であったが、必ずしも明確なヒエラルキーが形成されていた訳ではなく、一つの廟に複数の神々が祀られるケースも多かったという(31)。

次にこれらの神々は、人々のいかなる想いや社会関係とつながっていたのだろうか。象州における甘王廟破壊の後、洪秀全と馮雲山らは紫荊山蒙冲の三聖宮を打ち壊した。この三聖宮は雷廟と五穀廟を併せ祀ったもので、一八二一年（道光元年）に建てられた『始建三聖宮碑記』は次のように述べている

およそ名だたる師を生んだ豊かな郷を見れば、立派な祠や壇が建造されていない場所はない。その庇護によって幸福を与えられ、人材が生まれて富貴になるのである。わが蒙冲は先祖が五穀諸神を水辺に祀り、雷神を木山（即ち鵬隘山）中に祀った。この二廟は□勝でもなく、長年の傷みが進んでいた。私（総理の王東城）は愚かであったが、父老たちに経営を委ねられ、あちこち見て回った結果この場所を得た……。父老は皆この地が気に入ったので、酒を並べ記名をして共に事業を助けた。時に嘉慶乙亥（二十年、一八一五）の冬に工事が始まり、丙子（二十一年、一八一六）の夏に落成した(32)。

ここでは辺境の入植地を人材の多い豊かな場所に変えたいという人々の願いが告白されている。この時「総理」としてリーダーシップを握ったのは紫荊四富の筆頭であった石人村王氏の三代王東城であり、「経理」となって補佐したのは大冲村曽氏の三代曽開文（原籍広東掲陽県の客家人）であった。やがて石人村王氏と大冲村曽氏は蒙冲にある耕地の所有権をめぐって争った[33]。また紫荊山に入った馮雲山を塾教師に迎えたのは曽開文の甥にあたる四代曽玉珍であり、象州甘王廟の破壊に同行した五代曽雲正は曽玉珍の息子であった。さらに象州からの帰還後、洪秀全を貴県賜谷村へ送った四代曽玉璟は曽開文の子で、金田団営に参加して永安州まで至ったが、密かに帰郷して家族を連れ出そうとしたところを「仇家（恐らくは石人村王氏）」に捕らえられて殺された[34]。上帝会の活動が神々をめぐる地域の社会関係に否応なく関与していった様子が窺われる。

象州における甘王廟の破壊は、「噂は遠くまで広がり、信従する者がますます多くなった[35]」とあるように上帝会の知名度を高め、神々の庇護からしめ出されていた多くの下層民が大挙して入会する現象を生み出した。だがその代償として、上帝会は廟信仰に結集していた有力移民たちの反発を買った。蒙冲三聖宮の総理を担当した石人村王氏の四代王作新（武宣県生員）はその代表で、彼は一八四七年十二月と翌年二月の二度にわたって馮雲山を捕らえ、「上帝を拝めとの妖書に借りて社稷神明を踏みにじっている」「ヨーロッパの旧約聖書に従い、清朝の法律に従おうとしない[36]」などと桂平県へ訴えた。

石人村王氏も原籍広東嘉応州の客家人で、一七五四年に紫荊山へ移住した。彼らは山内の開墾事業を手がけて経済的基礎を整えたが、大冲村曽氏との違いは科挙エリート育成の努力にあり、石狗村に住んだ四代王大作（王作新の堂兄）は廩生、その息子王徳欽は同治年間挙人となった。また言い伝えによると、初め王作新らは馮雲山と付き合いがあったが、私塾の門に張られた対聯に「逆謀」の気配を感じ取り、以後交際を絶ったという[37]。その実王作新らは、一八三〇年代に紫荊山麓の金田で保甲組織である安良約を作った古程村の黄体正（嘉慶年間挙人）と同じく、社会の変動を敏感に察知して対応を試みた地域リーダーだったと言えるだろう[38]。

この王作新の告発事件については太平天国の蜂起後に清朝側の調査が行われ、ほぼその全容が明らかになっている。初め桂平県知県の王烈は、王作新が馮雲山らを陥れるために「捏飾」の訴えを起こしたと見なし、双方を呼び出して取り調べることにした。一度は上帝会員に救出された馮雲山は再び捕らえられ、王烈の尋問を受けたが、「悖逆」の形跡は見あたらなかった。また王作新は外出を理由に召喚に応じず、この間に共に捕らえられた会員の盧六が獄中で病死した。

すると五月に今度は馮雲山が王作新を潯州府へ訴え、知府顧元凱らの取り調べを受けた。この時馮雲山は中国の古典を引用しながら上帝崇拝の正当性を説き、広東のカトリック教会にキリスト教解禁の告示が張り出されていると主張した。また彼は王作新が生員資格を武器に横暴を働いていると訴えた。結局馮雲山は中国内地のカトリック信者を処分した前例にならい、「無籍游蕩」との理由で広東へ送り返された。またこの判決を知った王作新は、曽玉珍が江口司巡検の王基に賄賂を送ったと署広西巡撫周天爵に訴えたが、それは王作新の誤解であったことが明らかになったという[39]。

この王作新の告発事件は上帝会が初めて体験した外部との摩擦であり、実質的な創設者であった馮雲山が長期にわたって監禁されたことは会衆の間に動揺を引き起こした。また三月に洪秀全はキリスト教解禁の交渉を務めた両広総督耆英に馮雲山の釈放を訴えようと広東に向かい、その資金獲得のために科炭と呼ばれる会員の相互扶助制度が作られた。一八四九年から平南県と広東信宜県で上帝会員の投獄事件が発生すると、次節で検討する蕭朝貴（後の西王）が中心となって科炭による救出活動が行われている[40]。

（b）　楊秀清、蕭朝貴の天父天兄下凡と洪秀全の思想的変容

馮雲山が捕らえられ、洪秀全がその救出に奔走していた一八四八年四月と十月に、広西の上帝会には重大な変化が発生した。楊秀清と蕭朝貴による天父、天兄下凡すなわちヤーヴェとイエス・キリストの降臨の始まりである。

後に東王となる楊秀清は原籍広東嘉応州の客家人で、紫荊山の奥にある鵬隘山の東旺冲に住んだ。両親を早く失った彼は貧しく、炭焼業を営んでいた(41)。また蕭朝貴は元々武宣県の人であったが、蕭玉勝の養子となって鵬隘山に移り、楊秀清の隣人となった。蕭玉勝は安良約に献金をしてその名を碑文に刻まれるなど一定の経済力を持っていたが、蕭朝貴は蕭玉勝の実の息子である蕭朝隆との間に争いが絶えなかったという(42)。

当初無名の会員に過ぎなかった二人が注目を集めたのは、馮雲山の逮捕によって「兄弟達の間に騒動と軋轢が起こった(43)」時期のことだった。『天情道理書』によると、四月に初めて下凡した天父は、「東王（楊秀清）の尊い口に托して兄弟姉妹を教え導いた(44)」とある。また『天兄聖旨』はキリストが最初に降臨した様子を次のように記している。

> （一八四八年十月）天兄は心を痛めて下凡され、憐れみを垂れて世を救おうとされた。鵬隘山でのことである。蕭朝隆が罪を犯し、処罰すべきことを一つ一つ洪秀全に示そうとされて、蕭朝貴の尊い口を通して告げられた。「朕はイエスである。指示を聞きたい者がいれば、蕭朝貴を通じて、お前の面前で話をしよう」……。
>
> 十月二十四日（十一月十九日）、鵬隘山で天兄は洪秀全を諭して言われた。「弟洪秀全よ、おまえは朕を知っているか」。洪秀全は答えた。「存じております」と(45)。

ここで天兄は自己紹介し、洪秀全に「おまえは朕を知っているか」と尋ねて蕭朝貴の天兄下凡を承認するよう求めている。かつて広西では降僮、三姑などと呼ばれる南方系シャーマニズムが盛んに行われた。光緒『貴県志』によれば、これらのシャーマンは「寡婦に代わって死んだ夫を尋ね、若死にした子供の魂を探す」と宣伝した。そして信者が供え物を献げて焼香すると、「両手をテーブルに乗せ、首をうなだれてつぶやく。しばらくすると首を伸ばし額にしわを寄せ、何ごとか唱え始める」という。シャーマンが何か言い当てると人々は驚いて真実と思い込み、「死者の魂と対面するや、夫と死に別れた者は泣き出し、失った子供を思う者は嗚咽して一言も発せられない」[46]と記している。

また王慶成氏の調査によれば、紫荊山の降僮は如来仏や甘王、譚公爺爺（清初にこの地方を平定した軍人）などの中級神を降臨させ、病気の治療法や男の子の出産方法などを伝授した。僮子と呼ばれたシャーマンは普通専業の男性で、降僮を行う時には上半身裸となり、地面に激しく叩頭を繰り返してトランス状態に入った。このため僮子は皆額に瘤があり、瘤が大きい程霊験あらたかとされたという[47]。

これらのシャーマニズムは台湾の童乩と同じく非エリートの基層文化であり、漢族移民と少数民族が衝突と融合をくり返した辺境の多民族社会において漢人集団の統合の中核になった。台湾では「蕃婆鬼」と呼ばれる少数民族（平埔族）の呪術者が童乩と「法術くらべ」を行って敗れた伝承が残されており、少数民族の多くはキリスト教に入信したという[48]。初めのうち洪秀全は『原道救世歌』で「第五の不正は巫覡なり[49]」としてシャーマニズムを禁じていた。だが信徒たちがしばしば「霊に乗り移られて勧めの言葉、預言等々を発」すると、彼は楊秀清と蕭朝貴のそれを「まことなり[50]」と公認した。それでは洪秀全はなぜ上帝教の教義を変えてまでシャーマニズムを容認したのだろうか。

近年多くの研究者が指摘しているように、明清時代の中国には扶鸞とよばれる下層知識人の加わった降神儀礼があり、王朝政府の民衆教化政策であった宣講と結びついて貴州、四川の抗糧暴動や宗教結社の活動を支えた。清末には広東、台湾でも扶鸞結社が広がり、善行を積むことで「末劫」からの救済を説いた[51]。十九世紀前半の広東でも「扶乩」によって降臨した宋代の文人蘇東坡と詩文を競ったエリートの物語が残っている[52]。

また当時の知識人のあいだで神意を問うという行為が広がりを持っていたことを示す例として、一八五六年に発生した徐徴の「菩薩賜諭」事件がある。徐徴は江蘇金匱県人で、捐納によって浙江の官員となり、嘉興府通判提挙銜に叙せられた。この年太平軍が江南大営への攻勢を強めると、徐徴は浙江巡撫何桂清が杭州知府王有齡の意見を盲信し、戦局を悪化させていると考えた。そこで彼は北伐軍を敗退させた僧格林沁らの軍を江浙に派遣するように求める上書を提出した。また日頃から信心深かった徐徴は、夢の中で「観世音菩薩」から降されたお告げをその付録に添えた。現在台湾の国立故宮博物院には、徐徴が提出した「菩薩賜諭」の抄本が残されている。そこで観音は「現在人々の心には善が少なく悪が多く、淫貪奸詐の念が重すぎて、誤った道に陥った……。このため天は刀兵水火、瘟疫凶荒の災害を降し、すでに数年になる。また巧数は均しく三塗地獄の劫に入り、苦海は無辺で、これを悔いても及ばない」と述べている。また「忠孝節義」の人々だけが情勢を挽回できるとしたうえで、官民の区別なく「天に対して過ちを改め善に向かうとの誓いを立て、毎朝香を焚いて聖人大学の書を跪いて読み……、女子は南無阿弥陀仏を一百二十回唱えれば、一切の劫難地獄の苦しみを免れることが出来る」と告げている。さらに人々が「人の道を行えば、国は治まり民が安んじる日が訪れ、共に太平の福を楽しむことが出来るのだ」[53]と諭している。

この徐徴が見た夢のお告げは、天京事変によって楊秀清が死亡した後の太平天国において洪秀全がしばしば下した「夢兆の詔」[54]に通じる部分を持っている。だがエリート、非エリートの区別なく、当時の人々のあいだに混乱した世界を生き延びる術として神々の託宣を求める傾向が強く存在したことは否定できない[55]。天父、天兄下凡が始まった当時、上帝会の中には「イエスの教えに悖ったことを言」って除名された黄姓（黄二妹）[56]や「妖魔の托降」によって処罰をうけた象州の李来得[57]など、多くのシャーマンが活動していた。洪秀全はこれら会内の混乱を収拾するために、中級神が附体するのが一般的な降僮に唯一神であるヤーヴェが降臨して「聴衆に深い印象を与えた」[58]楊秀清らの活動を公認する必要があったと言えよう。

ところで天父、天兄下凡の開始は、上帝会の組織と洪秀全の思想に大きな変化をもたらした。一八四八年十一月に下凡した天兄は、洪秀全の「太平の時の軍師は誰か」という質問に対して、「馮雲山、楊秀清、蕭朝貴はともに軍師である」「馮雲山は三つ星の出であり、楊秀清も三つ星、蕭朝貴は二つ星だが、楊秀清と蕭朝貴は双鳳朝陽である」[59]と述べている。一般に降僮や童乩の出身階層は低く、憑霊が終われば信者の尊敬を集めることもなかったが、楊秀清と蕭朝貴が巧みな託宣によって自分たちの存在意義を主張し、上帝会の創設者である馮雲山と並ぶ指導的地位を獲得したことを示している。

また二人のシャーマニズムには違いがあり、楊秀清の天父下凡は「荘重な、かつ人を怖れさす態度」によってヤーヴェの無上の権威を強調した。これに対して蕭朝貴の天兄下凡は「言辞は楊秀清よりも穏やか」であったといい[60]、『天兄聖旨』を見る限り洪秀全や会員たちの日常生活について細々とした指示を与えている。さらに楊秀清は一八四八年と一八五〇年の二度にわたり、「つぶさに苦しみをなめ、口はきけず、耳は聞こえず」「耳から膿が流れ、目からも絶えず涙が流れ出した[61]」という病気に冒された。だがその結果彼は「自ら進んで他人の病気を引き受け」「病を治す力があると信じられていた[62]」とあるように、特殊な能力を帯びた異人と考えられるようになった。

この身体的異常を抱えた救済者が人々の苦難を贖うというモチーフは、中国の民間宗教に広く見られる現象で、嘉慶白蓮教反乱ではあばたのある醜男が弥勒仏の生まれ変わりである牛八に選ばれた[63]。日本の一向一揆でも平家語りとよばれる盲目の琵琶法師が、信者集団の中核として大きな役割を果たしたという[64]。偶像破壊運動によって既成宗教に鋭い批判を突きつけた上帝教は、天父天兄下凡を通じて漢人社会の非エリート文化にとらえられ、中国ひいては東アジア社会の習慣に根ざした土着宗教へと変質したのである。

天父、天兄下凡に伴う上帝会の変化において、次に指摘すべきは後に北王となる韋昌輝（桂平県金田村人）の登場であった。韋昌輝はチワン族と同化した漢族移民の子孫で、経済的には豊かであったが、購入した監生身分をめぐって冤罪事件に巻き込まれるなど有力移民の差別と迫害に悩んだ[65]。一八四九年十月に下凡した天兄は、韋昌輝の父親であった韋源玠に「なんじの子韋正（韋昌輝をさす）の身体はなんじが生み育てたものだが、天にあっては朕の弟であり、なんじは彼を馬鹿にしてはならぬ[66]」と命じている。以後韋昌輝は蕭朝貴と行動を共にして下凡の場に立ち会い、天兄が命じた処罰の執行や蜂起の具体的準備を担った。金田団営後に彼は「天王の軍師[67]」と呼ばれたという。

だが天父、天兄下凡が上帝会にもたらした最大の変化は、洪秀全をヤーヴェの次子、キリストの弟としてその絶対的権威を強調すると共に、彼が来たるべき新王朝の君主であると主張して、上帝会の活動を宗教運動から政治運動へと変質させたことにあった。

一八四八年四月に初めての天父下凡を行った楊秀清は、洪秀全こそはヤーヴェが人々を救済するために派遣した「天下万国の真の主」(68)であると述べた。また同年十二月に下凡した天兄は洪秀全と次のような対話を交わしている

天王は尋ねた「私が天に昇り（洪秀全の幻想を指す）、天父、天兄が私を地上に遣わした時に、家の門首に『天王大道君王全』と記された紙が掛かっていましたが、これはどういう意味なのでしょうか?」。

天兄は答えた「おまえは忘れたのか、この七字は天よりもたらされたものだ。あの時天父と朕は（おまえに兵権を与え、この七字を門首に掛けて証拠としたのだ。おまえは天で悪魔と戦い、天父はおまえを天王大道君王全に封じたのだ」……。

天兄キリストはまた天王を諭して言われた「わが弟洪秀全よ、およそ天兵天将が妖魔の頭を殺すには、天父上主皇上帝の命令、救世主キリストの命令、天王大道君王全の命令を受けなければならない。ただしお前は王を名乗っても、帝を名乗ってはならない。天父だけが帝を名乗ることが出来るのだ(69)」。

ここで下凡した天兄キリストは洪秀全を「わが弟」と呼び、彼とヤーヴェが洪秀全を「天王大道君王全」即ち新王朝の君主に封じたのだと宣言している。また洪秀全は「妖魔の頭」を殺す「兵権」つまり清朝を打倒する地上の王権を与えられたこと、その時に彼は王の称号を名乗って良いが、皇帝を名乗ることは許されず、「帝」の称号は天父のみに与えられるものであることが語られている。

古来中国では易姓革命の思想があり、天から命令を受けることは旧王朝に代わって王権を与えられることと考えられて来た。このため洪秀全の幻夢とヤーヴェからの受命について聞いた楊秀清らは、彼が単に偶像破壊と人々の倫理

的覚醒を命じられた者とは受け止めなかった。彼らは洪秀全こそは民間宗教において繰り返し説かれた「真の君主」であり、「天父、天兄がおまえ（洪秀全）に権威を与える。おまえは兄弟達を率いて、共に天下を平定して人々に見せなければならない[70]」とあるように、地上の天国を樹立する使命を受けた者と考えたのである。この上帝会の政治結社への変容は、ユダヤ・キリスト教のメシア待望論が中国社会の文脈で読みかえられた結果であった[71]。

こうした上帝会の変化と歩調を合わせるように、洪秀全は『原道覚世訓』を執筆して激しい歴代王朝批判を展開した。ここで洪秀全は人々が「閻羅妖」への崇拝をやめ、上帝への信仰を回復することを訴えた。また彼は始皇帝以来の歴代皇帝がヤーヴェを敬わず、神仙や玉皇大帝を崇拝したことを「水源の汚れ」「皇上帝を冒瀆するもの」として激しく批判した。またヤーヴェだけが「帝」を名乗ることが出来るという先の主張に基づき、皇帝の称号を用いた彼らを「身の程を知らぬ尊大な奴」であると断じた。この洪秀全の論理に従えば、時の清朝皇帝であった道光帝も「永遠に地獄の災いを求める者[72]」であった。

それでは洪秀全の思想的変容は、楊秀清と蕭朝貴のシャーマニズムに引きずられた結果であったのだろうか。洪仁玕『欽定英傑帰真』は、青年時代の洪秀全が時勢を論じる度に悲憤慷慨し、清朝の支配とアヘン交易によって「中国の民は豊かな者でも貧しくならざるを得ず、貧者が法を守れなくなるのは当然ではないか[73]」と語ったと述べている。だがそれは太平天国建国後の言説であって、そのまま鵜呑みにすることはできない。

ここで注目すべきは、太平天国当時の広東におけるエリートたちの抗官風潮であろう。一八五一年に広東南海、東莞二県で科挙の受験生が試験をボイコットし、試験が中止されるという事件が発生した。

檔案史料によると、南海県では仏山鎮にある義倉の経費を西湖書院の経費に一部充てることになったが、異論が出たため、広州府知府の張百揆は貧民救済を優先してこの経費を義倉に戻すことにした。するとこの決定に不満な西湖書院の学生たちは張百揆を告発する「匿名の紅帖」を両広総督徐広縉の轎に投げ入れ、張百揆が更迭されない限り科挙試験に応じないという「合府士子の公咨」を貼り出した。

また東莞県の事件は一八五〇年に納税の督促のために農村へ赴いた知県邱才顒が、「抗糧不完」だった生員の黎子驊を役所へ連行して尋問したところ、罪を恐れた黎子驊が狂人を装い、自らうなじを切って死亡したことがきっかけだった。黎子驊の遺族が役所の虐待を訴えると、「積欠があって完納していない者」たちが試験をボイコットするように呼びかけた。事態の悪化を恐れた政府が邱才顒を解任したところ、「士民たちはついに試験をボイコットすれば官吏を更迭させることが出来ると信じた」(74)という。

こうした広東の抗官風潮について、両広総督徐広縉は次のように述べている

道光二十一年（一八四一）に夷務が起こって以来、官民はややもすれば齟齬が多かった。士習は日に壊れ、民も騒がしくなり、もはや習慣となって挽回は容易ではない……。道光二十七年（一八四七）以前では、廉州府知府の余保純がイギリスの攻撃を受け、将軍や参賛〔大臣――補足、以下同様〕の命を奉じて城を出て講和した。この時に士民は何も言わなかったが、府試を行うと突然役所に詰めかけて試験を妨害し、ついに知府を解任させた。現嘉応州知府の文晟が番禺県知県だった時には、受験生が答案用紙の価格を下げるように求めて役所に詰めかけ、試験を妨害したが、調停して事なきを得た。前徳慶州知州の馮晋恩が東莞県知県だった時に、雨乞いの効果があがらないと、士民たちは祈り方が悪いと言って香火で彼のヒゲを半分焼いてしまい、解任に追い込んだ。

その他にも官に抵抗して役人を殴る者は、他の者を派遣しても同じなので、上司に隠して言わないか、無かったことにしてしまう。こうした悪習は日一日と激しくなっているが、その抵抗の理由を考えてみると、試験の妨害はその一端にすぎず、実はこれに借りて圧力を加え、抗糧の計を遂げようとしているに過ぎない。

さらに徐広縉によると、一八五一年に長年未納の銭糧を免除することになったが、前年の分は「民欠」とは言えないので、例年通り徴収しようとした。だが東莞県の人々は後から出された命令が「地方官の捏造」だと言って、納税

の告示を取り去ってしまった。また「役人が下郷して納税を督促したら、これを縛って殴れ」と命じる流言が飛び交った。さらに東莞県の受験生が試験をボイコットすると、南海県の人々もこれに従ったという。そして徐広縉は「このように法をもてあそんで教化をはばみ、意地を張って抵抗するとは、全く話にならない[75]」と結んでいる。

ここからはアヘン戦争と広州入城をめぐる清朝、イギリス間の衝突事件をきっかけとした、広東のエリートたちの地方政府に対する強い不信感が確認できよう。むろん彼らの批判はあくまで「抗官」すなわち地方官への抵抗や納税拒否、科挙試験のボイコットに止まり、清朝支配の正当性そのものに疑問を投げかける動きは起こらなかった。楊秀清と蕭朝貴の天父、天兄下凡が洪秀全に与えた思想的影響とは、こうした体制内の枠組みに収まることの必然性を相対化したことにあった。いわばシャーマンたちの「神の手」は、政府への怒りに満ちた知識人の背中を後押しする役割を演じたのである。

二、地上の胎動――武装蜂起の準備と金田団営

(a)　武装蜂起の準備と来土械闘

上帝会がいつごろ武装蜂起をめざすようになったのか、『天兄聖旨』の記載は必ずしも明確ではない。一八四九年一月に下凡した天兄は洪秀全のいとこたちに、「洪秀全を早く金竜殿に坐らせる[76]」ように天父に懇願せよと命じている。またその後も天父は会衆に「堅耐」「遵正」すなわち辛抱強く耐え、正しい道に従うべきことをくり返し命じた。例えば十二月に平南県で下凡した天兄は、「外人の勒索」によって散財した林大端（路三里平田村人、後の章王林紹璋の一族）に「天父を敬うのはどんな良いことがある？[77]」と問いかけ、その心を試している。また「男は馮雲山に学び、女は胡九妹に学べ[78]」というスローガンが唱えられたのもこの時期であった。

一八五〇年に入ると、蜂起の準備が始まったことを示すいくつかの事実を確認できる。例えば二月に紫荊山に多くの会員が集まり、下凡した天父から「逐一超升して、それぞれの魂は天堂に昇った」とあるように、一種の催眠術によって教えを受けた。その集まりで天兄は四百人を入会させた曽天養（後に秋官正丞相として西征軍を率いた。桂平県宣二里古林社人）を賞賛し、「天堂に上りし時には、なんじを頂上の頂に封じる」(79)と約束した。また四月に下凡した天兄は、譚順添に「太平の事は決まった」(80)と宣言している。

むろん挙兵の準備は極秘裏に進められた。四月に洪秀全が黄袍を試着すると、天兄は「身を隠せ。外部の者に見せてはならず、大事な計画を知られてはならない」(81)と洪秀全にクギをさした。また二月に平南県の上帝会を主催していた胡以晄（後の豫王、鵬化里山人村人）が財産を売り払って上帝会へ献げようとすると、天兄は「このことは秘密にする必要があり、軽々しくやるな」(82)という指示を与えている。

だが上帝会が地域社会への影響力を拡大するにつれて、様々な対立に巻きこまれるのは不可避のことだった。そのうち深刻な影響を与えた事件が、洪秀全が最初に活動の拠点とした貴県の混乱であった。『天兄聖旨』によると、一八四九年一月に賜谷村を訪れた洪秀全らは、夜中に「妖魔」の襲撃を受けた(83)。また九月には「真の道を信じない者が乱語を伝揚」したため、天兄が洪秀全と馮雲山に金田へ避難するように命じている(84)。

また一八五〇年二月に発生したのが「六屈軍務」と呼ばれる武力衝突であった。この時に上帝会を率いたのは後に翼王となる石達開（貴県龍山下里那幇村人）で、六屈村のチワン族であった周鳳鳴が率いる団練と戦い、「大軍で周鳳鳴の巣穴を破壊し、彼は恐れて逃れ去った」(85)とある。この戦いは李秀成が「上帝を拝む者は彼ら同士で、団練も団練でひとまとまりになり、それぞれ張り合って強さを競った」(86)と述べた上帝会、団練間の勢力争いの一つであり、貴県で発生した来土械闘の序曲をなす事件だった。

すでに別書で指摘したように、貴県の来土械闘は県城に住む広東移民の政治、経済的優位のもとで、客家、土白話

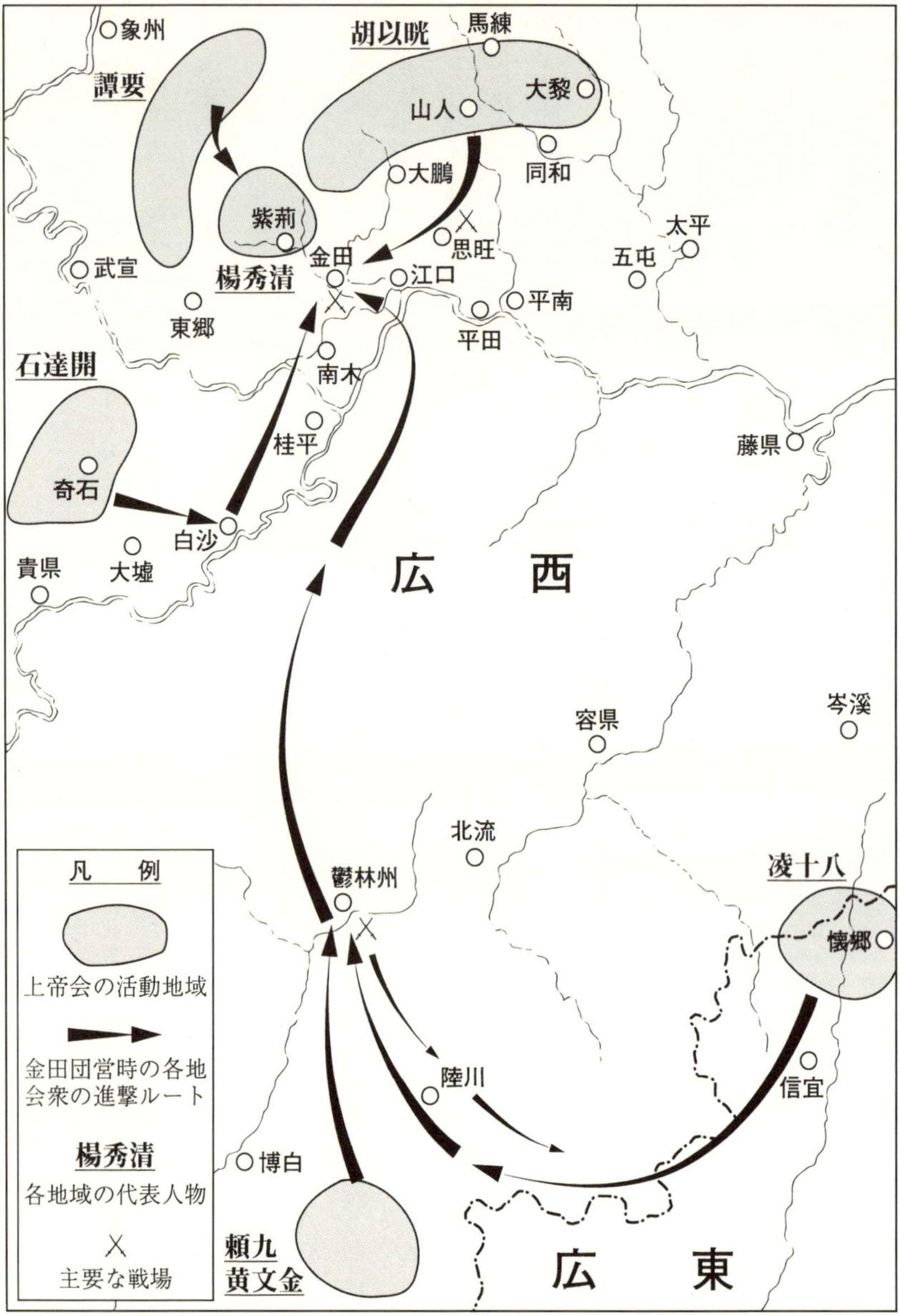

図２　太平天国の金田団営図（1850年）
郭毅生主編『太平天国歴史地図集』中国地図出版社、1988年より作成。

（漢族の早期移民）、チワン族という三つのエスニック・グループが残された利益をめぐって衝突した結果であった[87]。また檔案史料は太平天国前夜の広西における械闘の事例として、一八四一年に西部の陽万土州で発生したチワン族黄卜能らの客家村落に対する襲撃事件について報じている。

広西巡撫周之琦の上奏によると、黄卜能の父親は一八二四年に「広東恵潮の客民」すなわち客家である黄徳亨から年五十パーセントの利息で銭五千文を借り、その後五万文余りを支払ったが、なお利息分数千文が足りないと取り立てを受けた。また李卜洸は一八二二年に恵州出身の客家である方老三から銭二千文と米二石（銭五千文に換算）を年三十パーセントの利息で借り、一八四〇年までに五万文余りを支払ったが、やはり利息分を全額返済出来なかった。やむなく李卜洸は家や耕牛を抵当に入れて雲南土富州へ出稼ぎに行ったが、結局財産を取り戻すことが出来ず方老三を恨んだ。さらに黄亜寅の父も黄徳亨から金を借り、黄徳亨に殴られた経験を持っていた。

この年十一月に黄徳亨が仲間を率いて黄卜能の家に至り、未払い分の抵当として牛や豚を連れ去った。すると黄卜能は黄亜寅らと相談のうえ五十六名を集め、黄徳亨の家がある石村を襲って黄徳亨ら七名を殴り殺した。また黄卜能らは土富州へ逃げる途中に李卜洸と遭い、再び九十六人を集めて客家移民を襲撃した。彼らは蜜村で方老三ら十七名を殺したほか、各地で客民が借金の抵当に奪った家を焼き払い、全部で五十六名の客家を殺害した。さらに彼らは取り締まりのために出動した官兵に抵抗し、三名を死傷させた。

このとき捕らえられたチワン族は、地方官の取調べに対して「陽万地方は恵潮の客民がやって来て以来、土人の財産で奪い取られたものは数え切れない。客民は田地を占拠し、土人に土地税を押しつけたが、その凶悪な勢いに押されて、あえて事を構える者はなかった。その結果財産をもつ土人はみな搾取の被害を受け、貧しい者も余った利益を受けることが出来なくなって、人々はみな長く恨みを抱いてきた。このため一度殴って恨みを晴らそうとの声を聞けば、従わない者はなかった[88]」と述べている。

だが広西西部へ進出した客家は、多くが広東人の優勢な東部地域に定着できずに再移住した人々であり、彼らが必ずしも成功者であったとは言えない。じじつ百色庁に「寄居」していた広東監生の方際清は、地方政府の処理に対する不満を広州の両広総督衙門に訴えたが、その訴えは斥けられた[89]。また一八五四年に械闘が発生した広西東部賀県の客家たちは、その「偽示」の中で「なんじら土着の紳耆士民は、賀県に住むこと数百年、良い田やきれいな屋敷を独占している。兄弟たち（客家をさす）は僻地に住み、衆寡敵さずで、田を借り受けては重い小作料を払い、戸籍を得るために銀を支払うなど、様々な場面で辱めを受けてきた[90]」と主張している。つまりこれらの械闘は下層民の生き残りをかけた競争関係を示すものだったのであり、その故にこそ信者に「農夫の家、寒苦の家[91]」が多かった上帝会と無関係では済まなかったと言えよう。

ところで六屈村における上帝会と周鳳鳴の衝突は、エスニック・グループ間の対立の中にも交流と融合が進んでいたことを示している。もともと石達開の母親周氏は六屈村周文朝（五房）の家出身であり、二房出身の周鳳鳴とは同族の仲であった。また『天兄聖旨』には石達開の兄弟たちと並んで周氏五房である周鳳善の名前が見えている[92]。こうした民族対立のさなかに進んでいた漢族と少数民族の融合関係を示す事例として、檔案史料は一八三三年の広東海南島の黎族だった黎亜義らによる市場襲撃事件を挙げている。

黎亜義は儋州牙和村に住む「生黎」で、儋州で「木材の販売」をしていた「熟黎」の符元興らと面識があった。この年旱魃のために早稲が収穫できず、米価が高騰すると、黎亜義は符元興ら数名と黎族居住区で掠奪を働いた。だが途中恩平県や儋州出身の漢族で、黎族地区で雑貨売りや乞食をしていた楊亜四らと会い、互いの「貧難」について語ると、黎亜義は彼らに仲間に入るように勧めた。この時符元興は田頭墟の「客民」である許可安が木材の代金を払っていないことを思い出し、彼の店を襲撃して鬱憤をはらそうと提案した。そこで彼らは黎族の村々で二百名余りを集め、九月にまず王五墟にあった陳順興の店を襲った。だが墟民の抵抗に遭い、知州莫春暉の率いる官兵によって黎亜

義は射殺された。また符元興と楊亜四ら「漢奸」二十数名も捕らえられて処罰された。(93)

この事件は木材の代金支払いをめぐる漢族、黎族間のトラブルと並んで、少数民族地区に入り込み、黎族側に立って行動する漢族商人や移民がいた事実を伝えている。すでに筆者は別書において、台湾の「番割」とよばれる同様の冒険商人について検討した。(94)また海南島では一八五一年に「土匪」の劉文楷らが「九姓の黎人」二千名余りを動員し、儋州城を攻撃するという事件も発生したという。(95)

六屈事件後まもない一八五〇年二月、貴県で天兄下凡を行った蕭朝貴は「遠方の兄弟が仲間に加わろうとしており、天兄は天王がこれらの人々を安撫すべきで、疑う必要はないと考え、ここに天王を教え諭した」(96)とある。ここでいう「遠方の兄弟」とは来土械闘に敗北して避難した客家をさすと考えられるが、その中には六屈村の周鳳善らや六合村熊氏（石達開の妻の一族）などチワン族も混じっていた。(97)むろんその数を過大に評価することは出来ないが、械闘と連動した上帝会の蜂起準備は新たな民族あるいはサブ・グループ間の境界を生み出す過程でもあったと言えるだろう。

（b）　各地の衝突事件から天地会の蜂起、そして金田団営へ

さて貴県が来土械闘で揺れている間にも、各地の上帝会をとりまく情勢は緊張の度を増していた。平南県では投獄された会員の救出が進まず、一八五〇年四月には新たに中心人物である胡以晄が「団紳」の李炳章（鵬化里石門村人）に訴えられる事件が起きた。(98)また地方政府を含む団練との激しい衝突が発生したのは広東信宜県であった。

信宜県の上帝会指導者は凌十八（新図燕古村人）で、出稼ぎ先の平南県で学んだ上帝会を持ち帰った。彼は大寮村薛氏、蓮塘村羅氏、林垌村葉氏、河壩村李氏など新図の客家人を集め、旧図に住む陸敏務、陸達務兄弟（共に生員、水口村人）などの有力宗族と対立した。(99)一八五〇年五月に凌十八に不穏な動きがあると知った信宜県知県宮歩霄は「罪を悔いれば追及しない」との勧告を行い、七月には凌十八の弟である凌二十四を監禁して解散を命じた。だが凌

十八はこれに屈せず、かえって宮歩霄と陸達務らが「良民に変を逼まっている[100]」と告発する掲帖を貼り出した。八月に知県宮歩霄が再び役人を派遣して上帝会員の欧品荘を捕らえると、凌十八らはこれを奪回して逮捕に協力した邱賢参（懐郷河背村人）の家を焼いた。事態を重くみた宮歩霄は科挙試験を中止し、陸達務、余士楨（従九品、洪冠高寨村人）、孔伝東（銭排竹垌村人）など新、旧両図の団練を動員して燕古村を包囲した[101]。『天兄聖旨』には指示を仰ぎに来た上帝会員の「外小（会員以外の者をさす。ここでは陸達務ら）が団練や妖（清朝のこと）の兵差らと協力して燕古村へ至り、各地を封鎖した。おそらく本月中には一度交戦することになろう[102]」という報告が記されている。

また九月に入ると桂平県の白沙地方でも上帝会と団練の衝突が発生した。この地区の上帝会首領は秦日綱（後の燕王、祝多塘村人）で、「嶺尾村の賊」が後に丞相として北伐軍を率いる林鳳祥の預かっていた牛を奪ったことがきっかけだった。林鳳祥が牛を奪い返すと、翌日から嶺尾村の団練が二度にわたり報復のため林鳳祥の家へおしかけた。秦日綱らは一八〇名の会員を集めてこの攻撃を斥けたという[103]。

こうした武力衝突に対して、天兄の指示は慎重であった。信宜県の会衆に対しては「現在は忍耐することが先であり、人に三尺まで譲れ」と命じ、白沙の事件についても十数名を残して撤兵させた。さらに十月に下凡した天父は次のように述べている

洪秀全に伝えよ。くれぐれも秘密にし、先に名前を出すな。いまは旗をあげるべきではない。多くの兄弟が集まることが出来なくなってしまうからだ。近くの団（すなわち団営）はいまや新参者でいっぱいだ。また遠方の兄弟にあらかじめ多くの火薬を購入しておくように密かに伝えよ。一度知らせが届いた時に、すぐに集まれるようにしておくのだ[104]。

ここからは各地の会衆を確実に金田村へ集結させるべく、蜂起計画を極秘に進めていたことがわかる。また金田付近では新入会員を中心に団営が始まっていたが[105]、遠隔地ではまだ動員令が出されていなかった。その後信宜県では九

月に凌十八らが団練を撃退して余士楨を敗死[106]させるなど、エスカレートした衝突を完全に抑えることは出来なかった。しかし清代の多くの反乱において計画が事前に洩れ、失敗に終わった事実を考えると、上帝会の蜂起準備は周到だったと言わねばならない。九月に天兄は韋昌輝に対して、「今や各地で団営が始まっているが、おまえは常に臨機応変に対処し、何かあれば柔軟に物事に当たれ[107]」と命じている。こうした上帝会の柔軟な活動を可能にしたのは、各地で天兄下凡をくり返し、会員の掌握につとめた蕭朝貴の存在が大きかったと考えられる。

さて上帝会の金田団営に至る歴史の中で、一つの画期となるのは広東に住む洪秀全らの親族を広西へ呼び寄せた時期である。それは七月二十八日のことで、この日下凡した天兄は桂平県白沙旧合村に到着した洪仁達（洪秀全の次兄）に「何事につけおまえの弟がいる。おまえは彼の話を信じて、共に天下を取るのだ」と命じた。また洪秀全の妻頼氏には「太平主の妻」となることは容易ではないと説き、天条を守って子供の教育に努めるように諭している[108]。その後八月下旬に洪秀全とその家族は金田村へ移り、九月初めには迎えに来た胡以晄に連れられて平南県山人村に身を隠した[109]。それは各地で上帝会員が結集し始めた時期と重なり、蜂起に向けての動きが本格化したことを示している。

団営令の発布に影響を与えたもう一つの要因は、広西における天地会蜂起の動向だった。一八五〇年六月に下凡した天兄は、「妖と妖が殺し合って疲れ切るのを待って、天父天兄が聖旨を各地に発して事をなす[110]」と述べている。ここで「妖と妖が殺し合う」とは清軍と天地会軍の戦闘をさしていた。

別書で述べたように、太平天国前夜の両広では各地で天地会が蜂起し、騒然たる状況になっていた。その被害を北京の都察院へ訴えた李宜用（南寧府挙人）らによれば、一八四九年五月に張嘉祥（後の江南提督張国樑）が左江一帯で蜂起してから、一八五〇年六月に楊撈家（貴県橋墟人）が柳州右江一帯を襲うまで被害は数十県に及んだ[111]。また七月には広東英徳県の胡黄毛五軍が賀県に入り、知県鶴年を自殺に追い込んだ[112]。だがこれらの中で太平天国と関係が深かったのは陳亜貴の活動である。

陳亜貴は武宣県東郷平嶺村の人で、一八四六年から李観保（桂平県旧峡村人）、覃香晩（広東欽州人）らと活動して「広西艇匪の始まり」となった。[113] 一八四九年に入ると彼らは勢力を拡大して各地を荒らし回り、一八五〇年八月には修仁、荔浦両県城を陥落させた。[114] 陳亜貴は「大王を名乗り、匪賊数千を擁して、頭に紅巾を包み、順天行道の文字を記した旗を立てた」[115]といい、荔浦県では「富室」を掠奪して福建商人の組織した団練と交戦した。[116] 十月に貴県に入った陳亜貴軍は、武宣県三里墟で潯州府知府顧元凱の率いる清軍に敗北した。[117] 十一月に覃香晩の部隊と合流した陳亜貴は貴県黄練墟で再び敗北し、猪仔紫金山に逃れたところを桂平県の団長黎建勲に捕らえられたという。[118]

ハンバーグ『洪秀全の幻想』は「匪賊の頭目に陳亜貴なる者があった。彼ははるか以前から地方を騒がしていたが、ついに洪秀全の軍に自分の軍を合流させたい旨を、進んで伝えた。しかしこれが実行に至らぬ中に……、陳は事によって西へ赴き、台村の民衆のために捕らえられ、政府側の役人に引き渡された」[119]と述べている。陳亜貴が上帝会との連合を図ったのが事実かどうかは、太平天国自身の文献からは不明である。しかし『天兄聖旨』は一八五〇年十二月初めのこととして、次のような内容を載せている

天兄は天父の命令によって兄弟たちに粥を食べさせ、その心を試そうとされた。図らずも大頭妖（すなわち大頭羊の張釗）に従って変心する者が現れた。そこで降臨して人々の前で次のように諭した……。今日の事業は天父が主催し、天兄が引き受けているのである。大頭妖の仲間になろうとする者は、悪魔の道に引き入れられる者だ。お前たちが本当に修練を積めば、粥を食うのも天により、食わないのも天によると考えるようになる。天に順うものは必ず栄える。いつも大頭妖のことを戒めとせよ。天父は必ずや大いなる栄光をお前たちに与えるだろう。[120]

ここで上帝会との連携を図った天地会首領は張釗、田芳（大鯉魚）、邱二嫂らで、新任の広西提督向榮と欽差大臣李星沅による反乱軍の鎮圧に脅威を感じていた。[121] だが彼らは上帝会の「粥を食う」規律の厳しさに耐えられずに離反し、

やがて清軍に投降するか殺された[122]。ただ先述の福漢会員だった羅大綱と蘇三娘（広東高州人）[123]だけが上帝会に加わり、太平天国の猛将として活躍したことは有名である。

こうして見ると太平天国の金田団営は、様々な勢力がうごめき、しのぎを削る混乱の中から、周到かつ慎重な準備と行動によって進められたことがわかる。すでに楊秀清は天父下凡によって「大災難を世に降す」という預言をくだし、「八月以降は田があっても耕す人はいなくなり、家屋があっても住む人はいなくなるだろう。おまえたちは家族や親戚をつれて、この地に来たらしめよ[124]」との指示を会員たちに与えていた。

はたして一八五〇年秋に入ると「八方に炎が起ち、もはや止むことはない[125]」という天兄の言葉が現実になった。八月に石達開の率いる貴県の上帝会は桂平県の白沙墟に移動し、秦日綱ら白沙の会衆と共に九月に金田村へ到着した[126]。陸川県の上帝会も八月に頼世挙（即ち頼九、陸川県陸茵村人）の指導のもとで北上を開始し、車田墟で黄文金（博白県旱坳村人）が率いる博白県の会衆と合流した[127]。彼らは鬱林州知州顧諧庚の率いる練勇を蛤母垌で打ち破り[128]、十一月に桂平県大洋墟を経由して潯江を渡り金田へ入った[129]。さらに象州の会員たちも譚要（石龍村人）を中心に行動を開始し、九月に紫荊山へ向かった[130]。

いっぽう洪秀全らが身を隠していた平南県では、十月に入って会衆の動員が始まった。山人村と花洲には陣地が築かれ、後に天王の側近となる蒙得恩親子（平南県馬嶺村人）や陳丕成（後の英王陳玉成）を初めとする藤県大黎郷の会員もここに集結した[131]。こうした上帝会の動きに反応したのは車旺村の翁振三で、団練を率いて上帝会に対抗したが敗北した[132]。知らせを受けた平南県知県の倪濤は、十二月四日に各地の団練や猺丁に花洲を攻撃させた。だが胡以晄はこれを打ち破り、上帝会の勢力はかえって拡大した[133]。

また潯州府城から副将李殿元が平南県思旺墟に進撃すると、十一月に突如健康を回復した楊秀清が指揮を取って迎撃作戦を展開した。十二月二十七日に金田村から派遣された上帝会軍三千名は思旺墟に至り、李殿元の軍を撃退して

写真１　金田営盤から見た紫荊山

写真２　金田営盤に残る「旗杆石」
（ここで旗を祭る儀礼を行った）

署秦川郷巡検の張鏞を殺害した。翌日には洪秀全らが思旺墟に入り、会衆の護衛のもとで金田村に到着した。(134)いわゆる「迎主の戦い」は団営がひとまず完成したことを示す事件だったと言えよう。

ところで金田村に集まった上帝会について、同治『潯州府志』は次のように述べている

さきに賊に従った者は、おおむね皆が自ら望んで去ったが、上帝を拝んでいた者は必ず家族全員を引き連れ、財産を安く売り払った。その理由を尋ねたところ、「おらは太守だ、将軍だ！おめえたちどん百姓とは訳が違うだ！」と答えた。その妻たちも周囲に微笑んで「私は貴婦人よ。あなたたち村の女と一緒にしないで！」と言った。これを聞いた人々はバカバカしさに笑いが止まらなかった。

だが彼らは妖書に記された教えを厳しく守り、違反した者は家族であろうと殺す。最も犬を食うことを重んじ、戦いに勝利する度に犬の肉を食って祝う。賊の首領は頭に紅巾を巻き、旗は紅あるいは黄色である。五人、十人が一隊となって、五人のうち四人が倒れても、残る一人はなお勇敢に突撃して退くことを知らない。その教えに死ねば仙人になれるとあるためである。(135)

蜂起にあたって成功後に官僚となることを約束するのは、中国の宗教反乱にしばしば見られた傾向であり、太平天国も南京到達後に金田団営の参加者に多くの褒賞を与えた。また参加時に会員たちが財産を処分したのも事実で、凌十八が結んだ契約書(136)が発見されているほか、李秀成は「陣営に加わる時は、上帝を拝んだことのある者は皆、家に火をつけて焼いてしまった(137)」と述べている。

いっぽう天条を守らない者に加えられた厳しい処罰については、『天兄聖旨』にいくつかの事例を見いだすことができる。九月に紫荊山で下凡した天兄は、「団営で天条を守らない者がいたら、杖数百の刑にすべきだ(138)」と宣言した。そして蜂起後の一八五一年三月にアヘンを吸った李庚祥を「重打一千」と打ちすえ、「雲中雪」すなわち死刑にするように命じた。また李庚祥の上官であった韋志顕（韋昌輝の一族）を監督不行届の罪で鞭打ちの刑にしたうえ、全軍

に「今後反逆して命令を守らない者がいれば、先に殺して後に報告せよ」[139]との指令を出している。

金田村に到達した洪秀全は、一八五一年一月に五ヶ条からなる軍律を取り決めた[140]。だが下凡した天兄による会員の処罰は、はるかに厳しくかつ些細な理由によって行われた。例えば一八五〇年四月には「乱言」をした謝享礼が「打一千」のうえ石の上に跪かせられ[141]、九月には「辯言乱真」「失礼で言葉も不順」だった范世光が「重責一百七十板」「重責一百」の刑に遭った[142]。また九月に象州の何連川らが指示を仰ぎに来たところ、天兄の質問に適切に答えなかったという理由で「板打一百」の罰を受けた[143]。さらに一八五一年四月に陳来が羅大綱の妻の金銀を盗むと、天兄はこの事実を暴いて激しく怒り、「もち米の土鍋ごはんを陳来に食べさせたら、地獄に落としてしまえ！」[144]と命じている。

いっぽう金田団営の時期には五軍（五旗）からなる軍制も作られ、会員たちは男女に分かれて五人を基礎単位とする戦闘集団に配属された。一八五一年三月の天兄下凡には軍長、百長、営長なる職名が挙がっており、前軍先鋒長の張瑲進は五百名の兵を率いていた。さらに天兄は彼に対して「妖を殺す時は、決して二人、三人で先に行ってはならず、必ず一斉に度胸を据えて前に進め。敵前で退くことは許さない」[145]と命じた。一八五一年六月に清軍に捉えられた李進富は「もし逃げて陣地に戻る者がいれば、頭目が探し出して直ちに殺した。毎回戦うたびに二、三十人が殺されたので、このため皆が必死で戦うようになった」[146]と供述しており、この命令が実際に行われていたことがわかる。

これら上帝会軍の厳しい軍規と旺盛な戦闘力は、会員に対する過酷な処罰や干渉と表裏一体の関係にあった。それらはカルヴィニズムの禁欲主義の影響であると共に、『旧約聖書』に強い影響を受けた洪秀全の律法重視の姿勢が深く関わっていた。そして既存の宗教、社会的秩序を否定した上帝教の排他的な能動性は、これから誕生する太平天国に宗教的情熱に支えられた積極性と抑圧的な体質を刻み込むことになるのである。

小結

本章の内容は次のようにまとめられる。一八四七年に紫荊山を訪ねて上帝会の発展ぶりを知った洪秀全は、十月に偶像破壊運動を開始した。その背景には彼の『旧約聖書』に偏った聖書理解があり、福音主義運動がかかえた「文明化の使命」観と儒教的正統論の影響によって偶像崇拝の否定を神仏の破壊という行動に結びつけた。この運動は廟信仰に結集していた有力移民たちの反発を買い、一八四八年に王作新が馮雲山を捉えて告発する事件に発展した。結果は王作新の敗訴に終わったが、その実王作新は社会の変動を敏感に察知して対応を試みた地域リーダーとして評価出来ることを指摘した。

馮雲山が獄中にいた一八四八年に始まったのが楊秀清、蕭朝貴による天父、天兄下凡であった。この事件は既成宗教を排撃した上帝教が漢人社会の基層文化にとらえられ、土着化していく上で重要な転機となった。また当時はエリート、非エリートの区別なく神意を問うという行為が広がりを持っており、その例として一八五六年の徐徴による菩薩賜諭事件を取り上げた。さらに天父、天兄下凡がもたらした最大の変化として、上帝会の宗教結社から政治結社への変質があった。本章は広東における科挙エリートの抗官風潮を手がかりに、天父、天兄下凡が洪秀全に与えた思想的影響について考察した。そしてそれらは地方政府への不信感を強めていた知識人に清朝支配の正当性について疑問を抱かせ、体制内に止まることの必然性を相対化させたことにあると指摘した。

続いて本章は上帝会の武装蜂起にむけての準備と、その過程で発生した様々な政治勢力との対立について分析した。その一つとして貴県で発生した来土械闘があり、本章は一八四一年に広西西部の陽万土州で発生した客家とチワン族の衝突事件を分析した。その結果客家が高利貸によってチワン族の耕地を奪取したのは事実だが、客家も広東人の優位の中で成功を収められなかった人々であり、両者の対立には下層民の生き残りをかけた競争という側面が見られることを指摘した。また海南島で発生した黎亜義らの市場襲撃事件から、民族対立のただ中に漢族と少数民族が融合した事例が見られることを指摘し、石達開の母や妻に代表される少数民族の上帝会参加は、新しい民族的境界を生み出す過程として捉えることが出来ると述べた。

さらに本章は上帝会と団練の衝突、陳亜貴に代表される天地会反乱を分析し、金田団営が洪秀全の親族が広西へ到着した七月末以後に段階的に進められたことを確認した。この団営は一八五〇年十二月に平南県思旺墟で発生した「迎主の戦い」によって一つの区切りを迎えたが、上帝会員に参加をうながす活動は蜂起後も続けられた。また本章は団営時期の上帝会において会員に対する厳しい処罰や干渉が行われ、それが「勇敢に突撃して退くことを知らない」と言われた上帝会軍の戦闘力の高さと不可分の関係にあることを指摘した。それらはプロテスタンティズムの禁欲主義と律法を重んじる旧約聖書の内容が上帝教にもたらした影響の一つであり、太平天国に積極的な行動力と厳格な規範をもたらしたのである。

こうして見ると上帝会の金田団営へ至る歴史とは、一見相矛盾する要素を抱えた会員たちの活動が、一つに合流して大きなうねりを作りだした過程とまとめることが出来よう。上帝会は偶像破壊運動によって既存の社会秩序と対立しながらも、シャーマニズムの登場によって中国社会の基層文化と融合した。またその教えはヘブライズムと並んで儒教的「大同」ユートピアへの回帰をめざす復古主義的傾向を色濃く持ち、近代の非ヨーロッパ諸国におけるキリスト教の中でも長く「文明」の中心であった中国ならではの特徴を持っていた。(147) さらに武装蜂起が成功した背景には、様々な政治勢力がしのぎを削る混乱の中で慎重かつ周到な準備を進めた洪秀全らの努力があった。また各地で天兄下凡をくり返し、会員の掌握に努めた蕭朝貴の功績も小さくなかったと思われる。李秀成は「道光三十年十月（一八五〇年十一月）に金田、花洲、陸川、博白、白沙で、約さずして同じ日に起義をした」と述べたうえで、「この時に天が与えたもうた情勢の変化は、実に言い尽くせない程であり、このゆえ上帝会の人々はなおさら深く信じた」(148)と回想している。綿密に準備された金田団営は人々の結束を強め、太平天国に緒戦の勝利をもたらすことになったのである。

【註】

（1）菊池秀明『広西移民社会と太平天国』【本文編】【史料編】風響社、一九九八年。

（2）菊池秀明「洪秀全の挫折と上帝教——檔案史料からみた太平天国前夜の広東社会」『清代中国南部の社会変容と太平天国』汲古書院、二〇〇八年、二二三頁。

（3）簡又文『太平軍広西首義史』商務印書館、一九四四年。同『太平天国全史』香港猛進書屋、一九六二年。広西師範学院歴史系『金田起義』編写組『金田起義』広西人民出版社、一九七五年。羅爾綱「金田起義史実考」北京太平天国歴史研究会編『太平天国史論文選』上冊、三聯書店、一九八一年、二二四頁。同「金田起義前夜」北京太平天国歴史研究会編『太平天国学刊』第一輯、中華書局、一九八三年、二八頁。王慶成「金田起義記——関於它的準備、実現和日期諸問題」『太平天国的歴史和思想』中華書局、一九八五年、六五頁。茅家琦主編『太平天国通史』上、南京大学出版社、一九九一年。崔之清主編『太平天国戦争全史』第一巻、太平軍興（1850–1853）、南京大学出版社、二〇〇二年。

（4）王慶成編註『天父天兄聖旨——新発現的太平天国珍貴文献史料』遼寧人民出版社、一九八六年。

（5）鍾文典「拝上帝会闘争基地的創建」広東、広西太平天国史研究会編『太平天国史論文集』広東、広西人民出版社、一九八三年。同「論太平天国革命発生在広西的原因」（広西太平天国史研究会編『太平天国史研究文選』広西人民出版社、一九八一年、三八頁。同『太平天国人物』広西人民出版社、一九八四年。同『太平天国開国史』広西人民出版社、一九九二年）。

（6）小島晋治『太平天国革命の歴史と思想』研文出版、一九七八年。同『洪秀全——ユートピアをめざして』中国の英傑、第十巻、集英社、一九八七年（のち『洪秀全と太平天国』岩波現代文庫、二〇〇一年として再版）。同『太平天国運動と現代中国』研文出版、一九九三年。市古宙三『洪秀全の幻想』汲古書院、一九八九年。

（7）Jonathan Spence, God's Chinese Son: The Taiping Heavenly Kingdom of Hong Xiuquan. New York: W. W. Norton 1996

（朱慶葆等訳『天国之子和他的世俗王朝――洪秀全与太平天国』上海遠東出版社、二〇〇一年、佐藤公彦訳『神の子・洪秀全――その太平天国の建設と滅亡』慶応義塾大学出版会、二〇一一年）。

（8）M. M. Coughlin, Strangers in the house: J. Lewis Shuck and Issachar Roberts, First American Baptest Missionaries to China (PH.D Thesis, University of Virginia, 1972), pp.254-261. 王慶成「洪秀全与羅孝全的早期関係」『太平天国的文献和歴史――海外新文献刊布和文献史事研究』社会科学文献出版社、一九九三年、三九八頁。菊池秀明「近代中国の二つの悲劇――宣教師ロバーツと太平天国」『歴史と地理』五七九号、山川出版社、二〇〇四年。

（9）Theodore Hamberg, The Visions of Hung Siutshuen and Origin of the Kwangsi Insurrection. Hongkong 1854, pp.34.（青木富太郎訳『洪秀全の幻想』生活社、一九四〇年、八五頁。また青木訳の一部は並木頼壽等編『新編　原典中国近現代思想史』一、開国と社会変容、岩波書店、二〇一〇年に再録されている）。

（10）Jessie Gregory Lutz, Opening China: Karl F. A. Gützlaff and Sino-Western Relations, 1827-1852. Grand Rapids, Michigan: William B. Eerdmans Pub 2008, pp.306-307. 周道行は一八四四年から広州でロバーツの助手として働き、一八四七年には花県にいた洪秀全にロバーツを訪ねるように手紙を送った（Hamberg 前掲書三一頁、青木訳書七七頁）。

（11）ルッツ前掲書二六八、二六九頁。この時福漢会は広西に五ヶ所の拠点を設けて活動し、Wang Shizhang（王士章か）は紫荊山麓の桂平県城で布教書の頒布や説教を行った。また一八四八年には桂林で『新約聖書』の印刷を計画しており、これらのルートを通じてギュツラフ訳の聖書が上帝会に届いた可能性があるという。

（12）鍾文典『太平天国人物』羅大綱、四一九頁。菊池秀明「動乱の幕開け――太平天国前夜の広西における下層移民と天地会系結社の活動」『清代中国南部の社会変容と太平天国』一二三頁。

（13）張徳堅『賊情彙纂』巻二、劇賊姓名下（中国近代史資料叢刊『太平天国』三、神州国光社、一九五二年、六四頁、以下『太平天国』と表記）。

（14）大英欽命駐劄広州管理英国事務馬為伸陳事（一八四七年四月十五日、F. O. 七五四、英国国立公文書館蔵）。これはイギリス商人が広州新荳欄街の店舗を購入し、礼拝堂を建設することを求めた史料で、欽差大臣両広総督耆英が「照復」を送っている。呉如孝らは一八五三年四月にイギリス公使ボンハム（S. G. Bonham）に宛てた書簡の中で、「かつて広東省でブレーマー、エリオット、ワンキングらの諸君と共同して、一つの教会を建て、ともにわれらの天兄イエスを拝んだ」（『新編　原典中国近現代思想史』一、二〇六頁）と述べているが、これが上記の教会堂建設に当たると推測される。当時は宣教師たちが競って広州へ進出した時期であるが、ブレーマーらは商人だったらしく、この教会堂がどの教派と関係するものかは確定できない。なお史料には「聞玉章、姚金、章勝従」の三名の名前が記されている。

（15）ルッツ前掲書二六三頁。王豊慶（Wang Fengqing）は Joseph Edkins, Religion in China, Containing a Brief Account of the Three Religions of the Chinese, 2nd ed（Rondon: Trübner & Co.,1878）, pp195-6 に「Wang-Fung-tsing」の名で記載があり、渡辺祐子氏もこの人物について言及している「キリスト教伝道と太平天国」、東京外国語大学海外事情研究所編『クヴァドランテ：四分儀・地域・文化・位置のための総合雑誌』三、二〇〇一年）。またLutz氏によると、彼は福漢会の広西伝道に参加していたという（Lutz 前掲書二六九頁）。

（16）曽国藩「粤匪を討すべき檄文」（『新編　原典中国近現代思想史』一、二八六頁）。

（17）梁発『勧世良言』巻一、真伝救世文、論世人迷惑于各神仏菩薩之類（中国社会科学院近代史研究所編『近代史史料』三九号、一九七九年、三頁）。

（18）『天条書』『太平天国』一、七八頁（『新編　原典中国近現代思想史』一、二八六頁）。

（19）E. P. Boardman, Christian Influence Upon the Ideology of the Taiping Rebellion. Madison: University of Wisconsin Press, 1952, pp.96 また百瀬弘訳、坂野正高解説『西学東漸記――容閎自伝』平凡社、東洋文庫一三六、一九六九年、九九頁。渡辺祐子「キリスト教伝道と太平天国」。

（20）洪仁玕『太平天日』『太平天国』二、六四六頁（西順藏編『原典中国近代思想史』第一冊、アヘン戦争から太平天国まで、岩波書店、一九七六年、一八九頁）。

（21）G. J. Wolseley, Narrative of the war with China in 1860（London, 1862）, Ch. XⅣ, pp.343（中国近代史資料叢刊続編『太平天国』九、広西師範大学出版社、二〇〇四年、三二六頁、以下続編『太平天国』と表記）。また夏春濤氏によると、上帝教は洪秀全が旧約を重んじたためにユダヤ教との近親性が強かった。むろん洪秀全は新約聖書の四福音書およびヨハネの黙示録から多くの内容を取り入れたが、彼は三位一体論を否定し、山上の説教に代表されるキリスト教的倫理観も太平天国の外には適用されなかった（夏春濤『天国的隕落太平天国宗教再研究』第六章、上帝教与西方基督教、中国人民大学出版社、二〇〇六年、二九五頁）。

(22)　李正高の証言についてはJessie G.Lutz and Rolland Ray Lutz, Hakka Chinese Confront Protestant Christianty, 1850–1900: With the Autobiographies of Eight Hakka Christians, and Commentary: New York, M. E. Shape, pp.123に「洪秀全はイエスの愛について語り、彼は我々の罪を赦したまいし天上の兄であると述べた。しかしそれは彼の主な関心事ではなく、少なくとも彼の心には届いていなかった。彼は神が全能であり、偶像は偽物であるという主題に強く影響されていた」とある。また K. Smith, Notes of Friends and Relatives of Taiping Leaders（王慶成「拜上帝会釈論」『太平天国的歴史和思想』五六頁）を参照のこと。

(23)　『欽定旧遺詔聖書』出麦西郭伝巻二、第二十章、続編『太平天国』二、七七頁。またスペンス氏は『原道覚世訓』に偶像崇拝の禁止を説いた『詩編』第一一五篇の一節が引用されていることを明らかにしている（佐藤訳書一三二頁）。

(24)　『欽定旧遺詔聖書』利未書巻三、第二十六章、続編『太平天国』二、一二九頁。

(25)　『天兄聖旨』巻一、戊申年十一月中旬の条、続編『太平天国』二、二四八頁。また『天父下凡詔書』二には下凡した天父に対する洪秀全の上奏として「我転高天之時、天亜爺之性還過烈也」という表現がある（『太平天国』一、三八頁）。

(26)　李秀成の供述書（並木頼壽等編『新編　原典中国近現代思想史』一、開国と社会変容、二一七頁。また羅爾綱『増補本李秀成自述原稿注』中国社会科学出版社、一九九五年、一〇一頁）。

(27)　本書の序章「太平天国と歴史学——客家ナショナリズムの背景」を参照のこと。

(28)　A. F. Lindley, Ti-Ping Tien-Kwoh: The History of the Ti-ping Revolution, Including a Narrative of the Author's Personal Adventures 2vols. London: Day & Son (Limited), 1866, pp.567.（増井経夫、今村与志雄訳『太平天国——李秀成の幕下にありて』第三冊、平凡社東洋文庫、一九六四年、二六四頁）。

(29) 鍾文典「太平天国起義与郷土宗教」『広西師範大学学報』一九八八年一期、一頁。
(30) 民国『桂平県志』巻一五、紀地、壇廟。同書巻三一、紀政、風俗。
(31) 二〇〇七年桂平市調査記録。この調査には唐暁濤氏（中山大学歴史人類学系）が同行し、多くの教示を得た。それによると桂平市北岸では現在も三界廟、甘王廟、玉皇廟、劉大姑、盤古廟、三宝寺、赤峰廟、古到廟、谷山廟、賓山寺などで遊神儀礼が行われているという。なお唐暁濤「三界神形象的演変与明清西江中游地域社会転型」『歴史人類学学刊』第六巻、第一・二期合刊、二〇〇八年を参照のこと。
(32) 『始建三聖宮碑記』道光元年（一八二一）立。この碑文はもと紫荊郷長田村雷廟内にあったが、一九七六年に金田の太平天国起義記念館に移された。碑文は保存状態が悪く、広西省文史調査団の報告書『太平天国起義調査報告』（三聯書店、一九五六年、一〇九頁）は本文部分を収録しなかった。今回は唐暁濤氏が判読したものを活用させて頂いた。記して感謝したい。
(33) 菊池秀明「金田団営の前夜――桂平県紫荊山区における移住と拝上帝会」『広西移民社会と太平天国』【本文編】四四九頁。また『始建三聖宮碑記』の寄付者リスト部分。
(34) 合水『武城曽氏族譜』民国三三年修、合水村曽家寧蔵。また王慶成「訪問金田、紫荊」『太平天国的歴史和思想』五〇八頁。
(35) ハンバーグ前掲書三八頁（青木訳書九四頁）。
(36) 方玉潤「星烈日記」『太平天国史料叢編簡輯』第三冊、中華書局、一九六一年、八二頁。
(37) 光緒『潯州府志』巻四九、列伝、武宣県、王徳欽、広西区図書館蔵。また広西師範学院史地系『太平天国起義調査資料』（油印本）一九七三年、三三頁。
(38) 黄体正については菊池秀明「客籍エリート集団の形成と変容」『広西移民社会と太平天国』【本文編】六三頁。
(39) 周天爵奏、咸豊元年四月二十二日、中国第一歴史檔案館編『清政府鎮圧太平天国檔案史料』第一冊、光明日報出版社、一九九〇年、四二三頁（以下『鎮圧』と表記）。鄒鳴鶴奏、咸豊元年十一月初五日、『鎮圧』第二冊、四八二頁。またこの時の馮雲山の訴状は李孟羣「鶴唳集」に紹介されている（方玉潤「星烈日記」『太平天国史料叢編簡輯』第三冊、八三頁。）
(40) 『天兄聖旨』巻一、己酉年九月十一日の条に「天兄因黄為政、吉能勝在平南受苦、欲安衆等之心、使之科炭救護」とある。

この時天兄は吉能勝の親族らに対して、「朕当日在番郭被人釘死十字架、有誰人知乎？越苦越好、爾們不必慌也。總要兄弟齊心、科銭米救護政、勝二人也」（続編『太平天国』二、二五八頁）とあるように、イエス・キリストの受難になぞらえながら会員たちに苦難の二人を支援するように命じている。吉能勝は北伐軍主将の一人である吉文元の同族とも考えられるが、詳細は不明。また同書巻二、七月二十二日の条では、信宜県で会員数名が捕らえられたことを報告した葉芸亭に対して「現回去科炭流連、救被捉数人莫致飢餓先」と指示している（同書二九〇頁）。なお王慶成「『天父聖旨』、『天兄聖旨』和太平天国歴史」中国社会科学院近代史研究所編『近代史研究』一九八五年一期（小島晋治等訳、中国民衆史研究会編『老百姓の世界』三、四号、一九八五年、八六年所収）を参照のこと。

(41) 鍾文典『太平天国人物』楊秀清、一一五頁。菊池秀明「金田団営の前夜」『広西移民社会と太平天国』【本文編】四六二頁。

(42) 鍾文典『太平天国人物』蕭朝貴、一六八頁。菊池秀明「金田団営の前夜」『広西移民社会と太平天国』【本文編】四七七頁。なお蕭朝貴の生父は蔣万興といい、武宣県上武蘭村の人。幼王詔旨、太平天国歴史博物館編『太平天国文書彙編』中華書局、一九七九年、七一頁を参照のこと。

(43) ハンバーグ前掲書四五頁（青木訳書一一六頁）。また『新編　原典中国近現代思想史』一、一五二頁）。

(44) 『天情道理書』『太平天国』一、三六五頁。

(45) 『天兄聖旨』巻一、戊申年九月間、続編『太平天国』二、二五八頁（『新編　原典中国近現代思想史』一、一三五頁）。

(46) 光緒『貴県志』巻八、紀文、梁慶祥「闢邪説」。

(47) 王慶成「訪問金田、紫荊」『太平天国的歴史和思想』五〇五頁。

(48) 劉枝萬「台湾のシャマニズム」（桜井徳太郎編『シャーマニズムの世界』春秋社、一九七八年、八〇頁）。鈴木満男「台湾漢人社会と tangki の構造的関連」（桜井徳太郎等編『シャーマニズムとは何か――国際シンポジウム・南方シャーマニズム』春秋社、一九八三年、七二頁。ここでキリスト教とはカナダおよびイングランド長老派のことで、鈴木氏は童乩の支配領域が厳密に漢人住民の間に限られると指摘している。筆者は上帝会でシャーマニズムが発生したのは偶然ではなく、中国社会が外来宗教をその内部に抱え込んでいく過程であったと考える。

(49)『原道救世歌』『太平天国』一、八九頁。
(50) ハンバーグ前掲書四五頁（青木訳書一一六頁）。
(51) 武内房司「清末四川の宗教運動――扶鸞、宣講型宗教結社の誕生」『学習院大学文学部研究年報』三七号、一九九〇年。山田賢「世界の破滅とその救済――清末の〈救劫の善書〉について」『史朋』三〇、一九九九年。志賀市子『近代中国のシャーマニズムと道教――香港の道壇と扶乩信仰』勉誠出版、一九九九年。同「近代中国の扶鸞結社運動――台湾の「鸞堂」を中心に」（野口鐵郎等編『講座道教』五、道教と中国社会、雄山閣出版、二〇〇一年、二三七頁。これらの研究成果を見る限り、天父天兄下凡後の上帝会は広義のシャーマニズムという点で清末の扶鸞結社につながる中国伝統文化の再生運動という側面を持っていると考えられる。
(52) 劉世馨『粤屑』巻三、扶乩論詩文。
(53) 徐徴稟、月摺檔、咸豊六年八月中、一〇三頁。「菩薩賜諭」、同一〇六頁。徐徴履歴、同一〇九頁、共に国立故宮博物院蔵。
(54) 収得城池地土夢兆詔および打死六獣夢兆詔『太平天国文書彙編』四九頁、五〇頁。
(55) 例えば一八六五年の広東嘉応州で、太平軍の攻撃を前に軍中にいた「降童」がお告げを降し、動揺する人々に援軍の到着日時を知らせた（朱用孚『摩盾余談』巻一、潮嘉防剿紀略『太平天国史料叢編簡輯』第一冊、一〇〇頁）。顧汝鈺『海虞賊乱志』も人々が太平軍の攻撃について「扶乩」に問いかける場面を記している（『太平天国』五、三五三頁）。興味深いのは台湾の事例で、鈴木満男氏は日本の植民地統治が終わり、国民政府の統治が始まった一九四〇年代後半に童乩が急増したことを指摘している。また政治変動が民衆の童乩に対する要望を大きくした例として、一九一二年の林杞埔事件で著名な童乩に鄭成功が降臨し、日本人の駆逐を唱えた例を挙げている（鈴木満男「台湾漢人社会と tangki の構造的関連」および王育徳『台湾――その苦悶する歴史』弘文堂、一九七九年、一一一頁）。さらに王見川氏によると、一九一五年の西来庵事件は王爺廟に附設された鸞堂の鸞生余清芳が神仙の乩示を受け、信徒や地域住民と率いて日本人の駆逐を図ったものであるという（王見川「西来庵事件与道教、鸞堂的関係――兼談其周辺問題」『台北文献』直字第一二〇期、一九九七年）。
(56) ハンバーグ前掲書四六頁（青木訳書一一七頁）。その原文は「One of the Wang clan」とあり、黄姓か王姓か確定できない

（客家語ではほぼ同じ発音となる）。しかし『天兄聖旨』巻一、戊申年九月間に「黄二妹自外入庁、西王見有一妖跟入。西王奮身戦妖、連戦数場」（続編『太平天国』二、二四五頁）とあり、恐らくは同一人物であろう。
(57)『天兄聖旨』巻二、庚戌年七月二十九日・八月初七日、続編『太平天国』二、二九二・二九七頁。
(58) ハンバーグ前掲書四六頁（『新編　原典中国近現代思想史』一、一五三頁）。
(59)『天兄聖旨』巻一、庚戌年九月間、続編『太平天国』二、二四六頁（『新編　原典中国近現代思想史』一、一三六頁）。ここで「双鳳朝陽」は高貴なる者の意と思われるが、詳細は不明。
(60) ハンバーグ前掲書四六頁（『新編　原典中国近現代思想史』一、一五三頁）。
(61)『天情道理書』『太平天国』一、三六六頁。
(62) ハンバーグ前掲書四六頁（青木訳書一一七頁）。
(63) 小島晋治「十八世紀末〜十九世紀中葉の民間宗教、民衆宗教の思想——日本と中国」『太平天国運動と現代中国』一四五頁。
(64) 神田千里『信長と石山合戦——中世の信仰と一揆』吉川弘文館、一九九五年。
(65) 鍾文典『太平天国人物』韋昌輝、一九六頁。菊池秀明「広西チワン・漢両民族の移住と漢化——桂平県「講壮話」韋昌輝の拝上帝会参加」『広西移民社会と太平天国』【本文編】三四七頁。
(66)『天兄聖旨』巻一、己酉年八月二十三日、続編『太平天国』二、二五七頁（『新編　原典中国近現代思想史』一、一三六頁）。
(67)『天兄聖旨』巻二、辛開年十月二十日、続編『太平天国』二、三三〇頁。
(68)『天情道理書』『太平天国』一、三六六頁。
(69)『天兄聖旨』巻一、戊申年十一月中旬、続編『太平天国』二、二四九頁（『新編　原典中国近現代思想史』一、一三六頁）。
(70)『天兄聖旨』巻一、庚戌年六月二十日、続編『太平天国』二、二八四頁（『新編　原典中国近現代思想史』一、一三九頁）。
(71) 王慶成「拝上帝会釈論」『太平天国的歴史和思想』五八頁。小島晋治『洪秀全と太平天国』九四頁。夏春濤「八面焼起、起不復息・金田起義的爆発——兼論上帝教与中国民間宗教的融合」『天国的隕落』三五頁を参照のこと。
(72)『原道覚世訓』『太平天国』一、九七頁（『新編　原典中国近現代思想史』一、一六〇頁）。なお『原道覚世訓』は洪秀全が

ロバーツを訪問した一八四七年以後、『太平天日』が記された四八年冬までに書かれたが、内容から見て一八四八年の可能性が高いと考えられる（王慶成「論洪秀全的早期思想及其発展」『太平天国的歴史和思想』三三頁）。

(73) 洪仁玕『欽定英傑帰真』『太平天国』二、五七〇頁。

(74) 徐広縉等奏、咸豊元年三月初九日、反清項八九四六－一七号、中国第一歴史檔案館蔵。同奏、咸豊元年七月初二日批、月摺檔六〇三〇〇〇一四七号、国立故宮博物院蔵。また英国国立公文書館にはこの事件の発生後に自首した已革挙人何仁元らに対する調書（案略清摺）が残っている。それによると一八四四年に東莞県城西の社学では防禦公局が設けられ、挙人の何琨、生員張金鑾が中心となって治安維持や訴訟の調停をしていた。だが一八四九年に何琨らが紛争の当事者に私的な制裁を加える事件が起こり、知県邱才顥は何琨らの呼び出しを命じた。たまたま黎子華が獄死すると、何琨らは邱才顥を解任に追い込もうと図り、一八五一年正月に試験のボイコットを呼びかけた掲帖を貼りだしたという。ここからは太平天国前夜の広東でも既存の統治機構に満足せず、地域の問題を自ら調停、解決しようとする地域リーダーが登場して、彼らの台頭を取り締まろうとする地方政府と対立していたことが窺われる（F.O.九三一　一二三五号）。

(75) 徐広縉等片、咸豊元年七月初二日批、月摺檔六〇三〇〇〇一四七号。国立故宮博物院蔵。

(76) 『天兄聖旨』巻一、戊申年十二月初七日、続編『太平天国』二、二五二頁（『新編　原典中国近現代思想史』一、一三七頁）。

(77) 『天兄聖旨』巻一、己酉年十一月二十七日、続編『太平天国』二、二六三頁。

(78) 『天兄聖旨』巻一、己酉年十二月初一日、続編『太平天国』二、二六四頁。胡九妹は盧賢抜（平南県花洲人）の妻で、一八五四年に陳宗揚らと共に夫婦密会を告発されて処罰された。

(79) 『天兄聖旨』巻一、庚戌年正月十六日、続編『太平天国』二、二七二頁（『新編　原典中国近現代思想史』一、一三九頁）。

(80) 『天兄聖旨』巻一、庚戌年二月二十七日、続編『太平天国』二、二七七頁。

(81) 『天兄聖旨』巻一、庚戌年二月二十三日、続編『太平天国』二、二七六頁（『新編　原典中国近現代思想史』一、一三九頁）。

(82) 『天兄聖旨』巻一、庚戌年二月初五日、続編『太平天国』二、二七五頁。

(83) 『天兄聖旨』巻一、己酉年正月十八日、続編『太平天国』二、二五三頁。ちなみにこの時は「天将天兵」の力によって難を免れたとある。
(84)『天兄聖旨』巻一、己酉年八月初六至初十日、続編『太平天国』二、二五五頁。また九月二十七日の条は、王玉綉（洪秀全のいとこ）は洪秀全らの避難という措置に「嗟怨之意」があり、下凡した天兄が彼をたしなめたことが記されている（同書二五九頁）。
(85)『天兄聖旨』巻一、己酉年十二月二十七日および二十九日、続編『太平天国』二、二六六・二六七頁（『新編　原典中国近現代思想史』一、一三八頁）。
(86) 李秀成の供述書（羅爾綱『増補本李秀成自述原稿注』一〇七頁、『新編　原典中国近現代思想史』一、二一八頁）。
(87) 菊池秀明「太平天国前夜の広西における移住と民族――貴県の場合」神奈川大学中国学科編『中国民衆史への視座』東方書店、一九九八年、八三頁。
(88) 周之琦奏、道光二十二年六月二十三日『宮中檔道光朝奏摺』第十一輯、七六四頁。国立故宮博物院蔵。
(89) 光緒『百色庁志』巻八、補録。
(90) 賀県客匪擾害情形、附録客匪偽示、咸豊四年六月十二日、F.O.九三一　一五七〇、国立公文書館蔵（佐佐木正哉編『清末の秘密結社』近代中国研究委員会、一九六七年、二四〇頁）。この他に貴県での械闘のきっかけをつくった大墟教子嶺村の温汝玉は、一八世紀末に同姓結合に頼って入植した下層移民の子孫であった（菊池秀明「太平天国前夜の広西における移住と民族――貴県の場合」）。
(91) 李秀成の供述書（羅爾綱『増補本李秀成自述原稿注』一〇二頁、『新編　原典中国近現代思想史』一、二一七頁）。
(92)『天兄聖旨』巻一、己酉年十二月二十九日、続編『太平天国』二、二六七頁には「周鳳善遭劫」とあり、彼の家が周鳳鳴らに襲撃されたことを伝えている。また石達開の母周氏と周鳳鳴の関係については菊池秀明「太平天国前夜の広西における移住と民族――貴県の場合」。
(93) 盧坤奏、道光十三年十二月初八日・十四年三月初一日、軍機処檔案〇六六七〇九号・〇六七五九八号、共に国立故宮博物院蔵。

(94)　菊池秀明「太平天国前夜の台湾における反乱と社会変容——張丙の乱と分類械闘を中心に」『清代中国南部の社会変容と太平天国』八九頁。
(95)　徐広縉等奏、咸豊元年七月二十二日批、月摺檔六〇三〇〇〇一四七号、国立故宮博物院蔵。
(96)　『天兄聖旨』巻一、庚戌年正月初二日、続編『太平天国』二、二六八頁。一般に来土械闘は一八五〇年夏に始まったとされるが、「石達開自述」は「道光二十九年因本県土人趕逐客人、無家可帰」と述べている（『太平天国』二、七八〇頁）。
(97)　菊池秀明「太平天国前夜の広西における移住と民族——貴県の場合」。
(98)　『天兄聖旨』巻一、庚戌年二月二十三日の条に「李炳章又在平南妖官揑告胡以晃等」とある（続編『太平天国』二、二七六頁）。李炳章は広東嘉応州出身の客家で（一九九〇年平南県調査記録）、光緒『平南県志』に「武庠、加千総職銜」とある。一八五五年に天地会軍に敗れて死んだ（巻二一、伝記）。
(99)　抄呈信宜懐郷司巡検陳栄親呈凌十八始末縁由各片、F.O.九三一　一一九〇B（『清末の秘密結社』一八三頁）。抄呈茂名胡令交呈凌十八節略、F.O.九三一　一一九〇C（同一八一頁）。
(100)　光緒『信宜県志』巻八、記述三、兵事。朱用孚『摩盾余談』『太平天国史料叢編簡輯』一、一三八頁。
(101)　抄呈信宜懐郷司巡検陳栄親呈凌十八始末縁由各片、F.O.九三一　一一九〇B（『清末の秘密結社』一八四頁）。光緒『信宜県志』巻八、記述三、兵事。ここで邱賢参、余士楨、孔伝東一族はいずれも客家または客家に同化した漢族移民であり、新図内部のリーダーシップをめぐって凌十八一族と競争していた（菊池秀明『広西移民社会と太平天国』【史料編】六四一頁）。
(102)　『天兄聖旨』巻二、庚戌年七月二十二日、続編『太平天国』二、二八九頁（『新編　原典中国近現代思想史』一、一四〇頁）。
(103)　『天兄聖旨』巻二、庚戌年八月十三日、続編『太平天国』二、二八九頁。この事件は耕牛事件と呼ばれ、来土械闘の性格をも帯びていた（ハンバーグ前掲書五一頁、『新編　原典中国近現代思想史』一、一五四頁）。
(104)　『天兄聖旨』巻二、庚戌年七月二十二日および九月二十五日、続編『太平天国』二、二八九・三〇五頁（『新編　原典中国近現代思想史』一、一四〇・一四一頁）。
(105)　張徳堅『賊情彙纂』巻四、偽軍制上、偽家冊式には「梁立泰、年三十四歳、広西潯州府桂平県白沙墟人、庚戌年七月在金

田入営、八月封前営長東両司馬」とあり、一八五〇年八月に金田で団営に参加した事例があることを伝えている（『太平天国』三、一二六頁）。

(106) 抄呈信宜懐郷司巡検陳栄親呈凌十八始末縁由各片、F.O.九三一　一一九〇B（『清末の秘密結社』一八四頁）。光緒『信宜県志』巻八、記述三、兵事。また『洪寨余姓族譜』（同治十年修、洪冠洪上村余昌材蔵）には「道光三十年庚戌歳秋、遭凌逆猖獗、□士禎奉命進剿陣亡、我賊祠宇房屋被焚三十餘家、殺斃練勇並族人十餘命」とあり、余士禎一族が大きな被害を出したことを伝えている（菊池秀明『広西移民社会と太平天国』【史料編】六四四頁）。

(107) 『天兄聖旨』巻二、庚戌年八月二十二日、続編『太平天国』二、三〇三頁（『新編　原典中国近現代思想史』一、一四〇頁）。

(108) 『天兄聖旨』巻一、庚戌年六月二十日、続編『太平天国』二、二八四頁。

(109) 『天兄聖旨』巻二、庚戌年七月十九日・七月二十四日、続編『太平天国』二、二八七・二九〇頁。

(110) 『天兄聖旨』巻一、庚戌年四月二十二日、続編『太平天国』二、二八〇頁（『新編　原典中国近現代思想史』一、一三九頁）。

(111) 広西南寧府宣化県挙人李宜用等呈文、花沙納等奏附件、道光三十年八月二十九日『鎮圧』一、三五頁。

(112) 軍機大臣、道光三十年八月初九日『鎮圧』一、一七頁。李星沅奏、咸豊元年三月初十日、同一八九頁。民国『賀県志』巻七、宦績。

(113) 民国『武宣県志』巻五編、前事。

(114) 鄭祖琛等奏、道光三十年七月二十七日『鎮圧』一、一五頁。徐広縉奏、道光三十年八月初七日、同一八頁。

(115) 広西慶遠府生員莫子升等呈文、花沙納等奏附件、道光三十年八月二十九日『鎮圧』一、三六頁。

(116) 民国『茘浦県志』巻三。

(117) 鄭祖琛等奏、道光三十年九月二十六日『鎮圧』一、六二頁。また光緒『潯州府志』巻五六、紀事、広西区図書館蔵。

(118) 諭内閣、道光三十年十月十七日『鎮圧』一、八〇頁。民国『桂平県志』巻三三、紀事下編。

(119) ハンバーグ前掲書五四頁（青木訳書一三五頁）。

(120) 『天兄聖旨』巻二、庚戌年十一月初旬、続編『太平天国』二、三〇五頁（『新編　原典中国近現代思想史』一、一三九頁）。

なお天地会首領たちの殆どが上帝会の厳格な規律について行けず、離反したというエピソードはハンバーグ前掲書五五頁（青木訳書一三七、八頁）にも記されている。また李秀成によると、張釗、田芳らは「到金田見拝上帝之人不甚強壮、非是立事之人、故未投也。後投清朝向提臺」とあるように、上帝会の人々がひ弱であると感じて清軍に投じたという（羅爾綱『増補本李秀成自述原稿注』一〇八頁、『新編　原典中国近現代思想史』一、二一八頁）。

(121) 清朝は一八五〇年十月に元広西提督閔正鳳を「畏葸無能、縦賊養寇」の罪で北京へ送り、十一月には広西巡撫鄭祖琛を解任した（諭内閣、道光三十年九月二十二日『鎮圧』一、五六頁および軍機大臣、道光三十年十月初四日、同八四頁）。また一度は林則徐が欽差大臣に任命されたが、赴任途上の十一月に病死した（徐継畬奏、道光三十年十月二十五日、同八六頁）。

(122) 張釗、田芳らの清軍投降については徐広縉奏、咸豊元年三月初九日『鎮圧』一、二八一頁。また「広西遊匪投誠稟稿」は「蟻等生逢盛世、悉属良民……、以頻年水患、力農則粒米難求、貿易無資工作、則投身匪党、邇来西省、欲覓枝棲」「可恨者、邇年兵差需索郷間、又仮名設立壮勇、以啓良善之禍胎、開凶孽之悪隙、名雖美極、罪不容誅。彼以奉官結党、任意苛求、横行詐索、或因私怨而架捏会匪、或因重賞而捏造通詳、焚屋抄家、劫罪勒命。是以聚衆投生……、非行劫掠、無以営生、不抗王師、何以保命」とあるように、彼らは生計の道を求めて広西へ至ったが、地方政府の悪政によって追いつめられ、造反するに至ったと述べている（『清末の秘密結社』一頁）。なお邱二嫂は一八五〇年九月に貴県で団練に殺され（光緒『貴県志』巻六、紀事）、張釗、田芳も一八五三年までに粛清された。

(123) 鍾文典『太平天国人物』羅大綱・蘇三娘、四一九頁・四七〇頁。

(124) ハンバーグ前掲書四七頁（青木訳書一二〇頁）。

(125) 『天兄聖旨』巻二、庚戌年九月初十日、続編『太平天国』二、三〇三頁。

(126) 光緒『貴県志』巻六、紀事。民国『桂平県志』巻三三、紀事下編。それらによると上帝会は白沙で武器の鋳造を行ったが、広西当局が来土械闘の処理を行っていたため、白沙の団練は手出し出来なかったという。

(127) 民国『陸川県志』巻二一、兵事編。頼世挙は別名を頼九といい、出稼ぎ先の貴県で上帝会に入った（菊池秀明「太平天国前夜の広西における移住と民族――貴県の場合」）。『天兄聖旨』巻二、庚戌年六月二十日の条は、頼世挙らが洪秀全、馮雲山を陸川県へ連れて行こうとしたが、天兄の許可が下りなかったことを伝えている（続編『太平天国』二、二八三頁）。また黄文金については『廉江上県黄氏族譜』巻十に「文金：太平天国堵王、配李氏」とある（広西区通志館蔵）。昭王黄文英（族譜では黄文玉）の供述も「身是広西博白県人、年二十六歳、黄文金是我胞兄」と述べている（続編『太平天国』二、四三九頁）。

(128) 光緒『鬱林州志』巻十八、紀事。それによると顧諧庚の軍が蛤母垌へ至ったところ、団練を装っていた上帝会軍の奇襲を受けて大敗し、福綿団団総の唐桂攀が戦死した。

(129) 鄭祖琛奏、道光三十年十一月十三日『鎮圧』一、一〇三頁。この上奏によると陸川、博白の上帝会員が金田からの支援を受けて潯江を渡河したのは十一月二十一日から二十四日のことだった。

(130) 覃元蘇「象州乱略記」太平天国革命時期広西農民起義資料編輯組『太平天国革命時期広西農民起義資料』上冊、中華書局、一九七八年、一三〇頁。ただしこの時全ての会員が金田に結集した訳ではない。蜂起後に太平軍が武宣県、象州に進出した理由の一つは、李秀成が「移営上武宣東郷、三里、招斉拝上帝之人、招斉武宣之人、又上象洲招斉拝上帝人馬」（羅爾綱『増補本李秀成自述原稿注』一〇八頁、『新編　原典中国近現代思想史』一、二一九頁）と述べたように、団営に間に合わなかった上帝会員を糾合することにあった。なお王慶成「金田起義記」『太平天国的歴史和思想』一五九頁を参照のこと。

(131) 「幼賛王蒙時雍致二叔上国等家書」に「九月十三日（太陽暦十月十七日）花洲団営、姪於是月十八日（同十月二十二日）由花黄水之紫微村張五家起行赴花洲。十月初一日（同十一月四日）打大仗」とある「（『太平天国文書彙編』四七二頁）。また蒙得恩親子が上帝会に参加した理由については鍾文典『太平天国人物』蒙得恩、三一一頁。陳玉成については菊池秀明「広西藤県北部の移住と太平天国」『広西移民社会と太平天国』【本文編】四九三頁。

(132) 同和田貴村『翁氏族譜』に「（第三十一代翁）振三、監生、妣陳孺人、生七子、朝夢、朝球、道光三十年洪逆乱殉難」とある（翁昌玉蔵）。なお彼らは原籍広東興寧県の客家で、胡以晄は彼らに食料を供出するように命じたが、従わなかったという（一九九〇年調査記録）。

(133) 光緒『平南県志』巻十八、団防録。それによると倪濤は兵丁および恵政里の団練、猺丁を動員して攻撃したが、五十六名の死者を出して敗北した。また上帝会は十二月二十三日に花良村の団総である陳宗淮の家を襲い、三十日には羅掩村を攻撃して団長の覃展成を殺害した。ここで陳宗淮は太平天国に参加した陳宗揚（雷廟村人）の族人で、覃展成の弟である覃展虎らも上帝会に入っていた（鍾文典『太平天国人物』胡以晄、二九六頁および同『太平天国開国史』一〇六・一三四頁）。

(134) 労崇光等奏、道光三十年十二月初八日『鎮圧』一、一一七頁。また光緒『平南県志』巻十八、団防録。

(135) 同治『潯州府志』巻二七、平寇略。

(136) 菊池秀明「両広南部における客家移民と国家」『広西移民社会と太平天国』三三二頁。陳啓著、陳坤中「凌十八出売家産与大寮起義」（記念太平天国起義一四〇周年太平天国史国際学術研討会参加論文、一九九一年）。

(137) 李秀成の供述書（『新編　原典中国近現代思想史』一、二二〇頁。また『増補本李秀成自述原稿注』一一七頁）。

(138) 『天兄聖旨』巻二、庚戌年八月初五日、続編『太平天国』二、二九六頁。

(139) 『天兄聖旨』巻二、辛開年二月二十八日、続編『太平天国』二、三〇八頁。

(140) 五大紀律詔、庚戌十二月初旬『太平天国文書彙編』三二頁。その内容は「一、遵条命、二、別男行女行、三、秋毫莫犯、四、公心和儺、各遵頭目約束、五、同心齊力、不得臨陣退縮」。

(141) 『天兄聖旨』巻二、庚戌年八月初九日、続編『太平天国』二、二九九頁。

(142) 『天兄聖旨』巻一、庚戌二月二十八日、続編『太平天国』二、二七八頁。

(143) 『天兄聖旨』巻二、庚戌八月十九日、続編『太平天国』二、三〇一頁。

(144) 『天兄聖旨』巻二、辛開年三月十八日、続編『太平天国』二、三〇九頁。

(145) 『天兄聖旨』巻二、辛開年二月二十八日、続編『太平天国』二、三〇八頁。

(146) 李進富の供述書、咸豊元年六月、F.O.九三一　一〇四一号、国立公文書館。また続編『太平天国』三、二七二頁。

(147) 上帝会の特質を非西洋社会におけるキリスト教と比較する場合、二十世紀初めのビルマとタイで発生したラフ族の集団改宗は興味深い。西本陽一氏、片岡樹氏の研究によれば、バプテスト派宣教師が伝道を試みると、山地民のラフ族はこれを仏教的メシア運動における預言の成就と捉え、洗礼を永遠の命を得るための秘儀的な儀式と見なして宣教師のもとへ殺到した。また宣教師が配布した聖書はシャン語で書かれていたが、彼らはこれを「神の書の回復」と受けとめて宣教師に「王」の称号を与えた。さらにラフ族は宣教師が到達しない地域で自ら偶像破壊を行ったという。ここでバプテスト派の千年王国主義的側面を指摘することも可能だが、同じ宣教師が平地民であるシャン人の布教には失敗した。むしろラフ族が清末の中国で抑圧を被り、救世主の出現を待ち望んでいたというコンテキストが爆発的な改宗につながったと見られる（西本陽一「北タイ・クリスチャン・ラフ族における民族関係の経験と自嘲の語り」『民族学研究』六四－四、二〇〇〇年。同「山地少数民族ラフにおけるキリスト教」『金沢大学文学部論集』行動科学・哲学篇、二五、二〇〇五年。片岡樹「東南アジアにおける「失われた本」伝説とキリスト教への集団改宗――上ビルマのラフ布教の事例を中心に」東京外国語大学アジア・アフリカ研究所編『アジア・アフリカ言語文化研究』五六号、一九九八年。同「悪魔の神義論――タイ国の山地民ラフにおけるキリスト教と土着精霊」『民族学研究』六八－一、二〇〇三年）。また上帝会の場合、宣教師が聖書翻訳の過程で「上帝」の語を選んだことが太古の中国でキリスト教が信仰されていたとする洪秀全の解釈を生んだが、シャーマンと並んで儒教知識人による読みかえがなされた点に古典文明を持つ中国社会らしさがあると言えよう。

(148)　李秀成の供述書（『新編　原典中国近現代思想史』一、二一八頁。『増補本李秀成自述原稿注』一〇八頁）。

第二章　金田団営後期の太平天国について

はじめに

本書第一章は上帝会の偶像破壊運動から金田団営に至る歴史を分析した。そして福音主義運動と『旧約聖書』の十戒に影響された上帝会の偶像破壊運動が社会に大きな衝撃を与えたこと、これに反発した有力移民との訴訟の中で始まった楊秀清らのシャーマニズム（天父天兄下凡）は、中国の非エリート文化が外来宗教であるキリスト教を包摂していく過程であったことを指摘した。またこの天父天兄下凡によって旧約のメシアニズムは中国的な易姓革命の文脈で読み替えられ、上帝会の活動は宗教運動から復古主義的色彩の強い政治運動へと変容したこと、上帝会は移民社会の民族抗争や武装集団の活動など社会矛盾の高まりをしめす事件と否応なく関わりながら、慎重かつ周到な準備によって武装蜂起を準備したことを指摘した[1]。

本章は太平天国の団営後期における活動について検討する。具体的には金田村付近で清軍との戦闘が始まった一八五一年一月から、平南県官村の戦いで清軍に勝利し、永安州へ向かった一八五一年九月までの時期を扱う。この時期の歴史については中国人研究者の多くの業績があり、簡又文氏[2]、羅爾綱氏[3]、王慶成氏[4]、鍾文典氏[5]、茅家琦氏および崔之清氏[6]がそれぞれ詳細な分析を行った。またスペンス氏は簡又文氏の業績に依拠しつつ、キリスト教の影響に焦点を当てて運動の再評価を試みた[7]。

だが中国第一歴史檔案館編『清政府鎮圧太平天国檔案史料』の刊行によって史料をめぐる情況は大きく変化した。

筆者は一九九九年から台湾の国立故宮博物院で当該時期の檔案史料を系統的に収集、整理し、上記史料集に収められなかった内容を補完しつつ分析を進めた。また二〇〇八年と二〇〇九年にはイギリスの国立公文書館を訪問し、両広総督衙門の地方檔案から中央の檔案では知ることの出来ない幾つかの事実を発見した(8)。

本章はこれらの新史料を活用して、太平天国初期の活動と清朝政府の対応を出来る限り客観的に分析してみたい。長く日本の歴史学界ではマルクス主義の影響を受けた社会経済史や階級闘争史がオーソドックスな歴史研究と見なされ、軍事面を含んだ政治過程の分析は軽視される傾向が強かったが、特定の分野をいつまでも等閑視することは許されない。また強力な中央集権体制のもとで大国化の道を歩み、政府の腐敗と圧政に対する不満が高まっている現在の中国にあって、下層民衆による騒擾事件を新たな視点で取りあげる必要性は急務となっている。本書の目的は太平天国の歴史を近代ヨーロッパ「文明」の優位に疑問を抱かなかった十九世紀的な歴史観から解き放って理解することなのである。

一、上帝会の金田、江口における活動と武宣県進出

(a)　上帝会の金田、江口における活動と清朝政府の対応

一八五〇年十二月までに金田村への会員集結に一区切りをつけた上帝会は、翌年一月の蔡村江の戦いを皮切りに清軍と本格的な戦闘を開始した。一月中旬には江口墟へ進出し、石頭脚村を拠点に一ヶ月半にわたって清軍と対峙することになった。

清朝官史の報告に太平天国に関する記載が現れたのは、十二月八日と十六日の広西巡撫鄭祖琛の上奏からである。ここで鄭祖琛は「桂平県属の金田村、白沙、大洋並びに平南県属の鵬化、花洲一帯および鬱林州属には、いま当該州

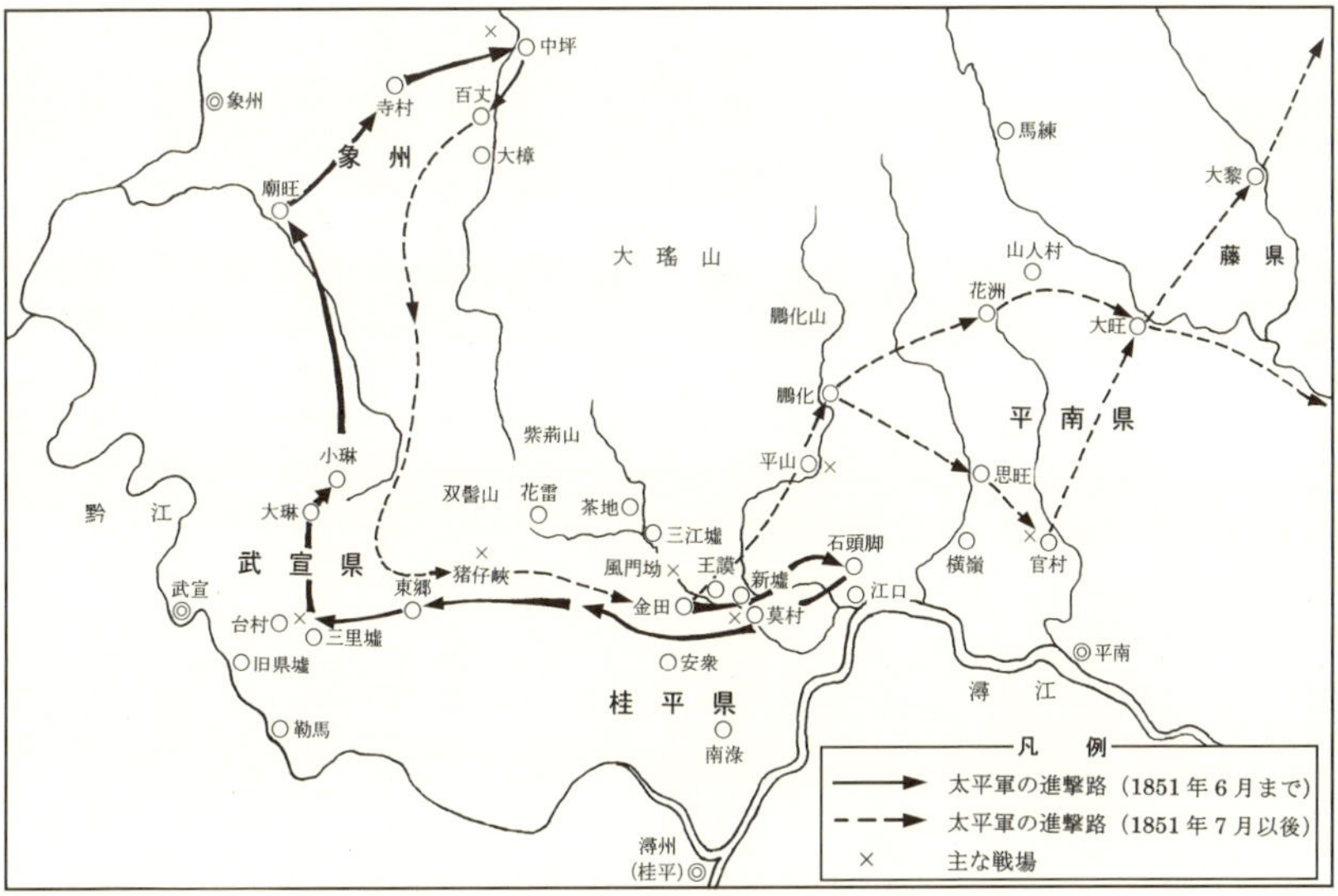

図3　金田団営後期の太平天国活動図
郭毅生主編『太平天国歴史地図集』中国地図出版社、1988年より作成。

県の報告によると匪徒が集まっている」「聞くところでは匪徒は人々を集めて拝会しており、人数は多い。その中には老人や子供、女性もおり、誘い脅されて従っている」[9]と述べ、梧州と柳州にいた清軍二二〇〇名を潯州へ向かわせた。ただしこの段階で清朝は上帝会が天地会と異なる集団であるとは認識していなかった。鄭祖琛は江口墟付近における張釗ら天地会軍の活動を同時に報じている。また彼の解任後に護理巡撫となった広西布政使労崇光は、按察使楊彤如を潯州へ向かわせたが、その目的は天地会軍の梧州方面への進出を阻止することにあった[10]。

清朝が上帝会の存在に注目したのは、蔡村江の戦いで清軍が敗北したことがきっかけだった。一八五一年一月一日に貴州署総兵周鳳岐が率いる清軍一二〇〇名は、候補知府劉継祖の率いる壮勇、団練と共に金田村に攻勢をかけた。上帝会はこれを迎え撃ち、「突然手に紅巾を持った賊数人が、髪をふり乱し剣を携え、口に呪文を唱えながら匪衆を率いて命がけで突撃」して来た。驚いた壮勇が敗走したために清軍と上帝会軍の戦闘になったが、清軍は包囲されて副将伊克坦布が戦死した。周鳳岐は救援に向かったが、上帝会軍は「拒戦すること一日一夜」の後に思宜渡口に撤退したという[11]。

一月三日に省都桂林に到着した欽差大臣李星沅は、上帝会を「群盗の尤（最たるもの）」と考えてその弾圧に重点を置くことにした。彼は「桂平県の金田村賊首である韋正（韋昌輝のこと）、洪秀全らは密かに尚弟会を結成し、勝手に偽号、偽示を貼り、游匪万余を招集して、ほしいままに不法を行っている[12]」と述べ、伊克坦布が戦死したとの知らせに驚いたと報じた。また「金田村の一股は人数が最も多く、必ず厚く兵力を集めて大いに剿辦を加えれば、各地の匪賊は震えあがり、次第に殲除することができる[13]」とあるように、まず上帝会を鎮圧することが広西反乱軍平定の第一歩であると主張した。そして李星沅は布政使労崇光らと相談のうえ、湖南提督向栄の率いる湖南兵および雲南兵四千名を増援軍として潯州へ派遣することにした[14]。

また二月に上帝会の弾圧方法を上奏した李星沅は、金田村が明代ヤオ族反乱の根拠地だった羅淥洞に近く、数万人を動員してようやく鎮圧した要害の地であると指摘した。そして「該匪は万余を聚集しているが、官兵は六千で、その半分に満たない」と述べて兵力不足を訴えた。また「賊巣に至るや……、入口にはみな槍炮を隠し、落とし穴を掘るなど、群盗の竄擾とは比べものにならない[15]」とあるように、上帝会が防禦を固めて清軍の攻撃を阻んでいると指摘した。そして上帝会の食糧と弾薬が不足しているとの認識に立ち、兵力の整備と冬の悪天候が回復するのを待って攻撃をかけると述べた。

以上の内容からは、清朝がまず上帝会の人数の多さに警戒感を持っていたことが伺われる。それでは金田団営当時の上帝会軍はどの程度の規模だったのだろうか？　清軍に捕らえられた李進富は「およそ男女二万人が初めから加わり、うち戦えるのは三千人[16]」と供述した。また李星沅は三月の上奏で次のように述べている。

犯人の供述によると（上帝会軍は）二十五人を一旗とし、全部で二百八十五旗ある。また三百旗という者もおり、一千営と答えた者もいる。確実に調べたところでは、賊中の強寇および脅されて従った男女の総数は二万内外である。西匪の韋正、韋元玠（韋昌輝の父親韋源玠をさす）、東匪洪秀全すなわち洪雲山が伝えられて逆首となり、残りは流匪が多い[17]。

ここでは洪秀全が広東出身者であり、上帝会軍が『太平軍目』に示された旗制を実施していたことを初めて指摘している[18]。むろんそれらは洪秀全と馮雲山を同一人物と混同するなどの誤りを含んでいる。しかし団営当初の人数が二万人程度だったという部分は清朝側の関心事だったこともあって、かなり正確な数字と考えて良いと思われる。

次に清朝側が注目したのは、上帝会軍の旺盛な戦闘意欲と巧みな戦術であった。これが証明されたのは、上帝会が江口に進出した後の二月十四日に発生したいわゆる「牛排嶺の戦い」であった。向栄は湖南、貴州、雲南兵六千名を率いて石頭脚村に進攻し、水勇すなわち張釗ら投降した天地会軍に江口墟を攻撃させた。だが向栄軍は上帝会の「偽り敗れる」という誘いに乗り、水勇の到着を待たずに石頭脚村へ近づいたところで地雷が爆発した。また伏兵の攻撃を受けて雲南、貴州兵が総崩れとなり、将校二十名、兵士一百名余り（一説には三百名）が戦死したという[19]。

この敗戦を報じた両広総督徐広縉は、石頭脚村の上帝会陣地が「堅固なること異常」であり、会員たちが「槍炮、藤牌、旗幟を持ち、九隊に分かれて迎撃してきたが、その勢いは凄かった[20]」と述べている。また二月に赴任した署広西巡撫の周天爵は、反乱軍が地形を活かしたゲリラ戦を展開しているのに対して、清軍の装備は大砲を除けば簡略で、勝利を得ることは難しいと指摘した[21]。さらに四月に周天爵は次のように述べている。

現在の賊の情勢を見ると……、頭目は数十から百人いるが、洪泉（即ち洪秀全）、馮雲山がその代表である。洪泉は西洋の天竺教を伝えた者で、その戦い方は初め静かだが、突然兵を出し始め、やがて兵が多くなり、ついで大軍が至る。一度の敗北で二度の勝利を得るあたりは、けだし孫臏（戦国時代の兵法家）による三駟の法を用いている……。馮雲山はすこぶる文章に通じており、夷法を用いながらも古の兵法を参考にしている。およそ神壇廟宇があれば、立ちどころに焼いてしまう……。その陣地がみな散らばり、戦闘でも兵を散開させるのは、宋人による撤星陣の法に倣っている。このため負けても大敗に至らず、ずる賢さは一番である[22]。

ここでは上帝会がキリスト教の影響を受け、偶像破壊を行ったことを指摘すると共に、下層知識人であった洪秀全と馮雲山が中国の兵法に通じていたと述べている。反乱軍鎮圧のブレインとして派遣された湖北塩法道の姚瑩も「（洪秀全らは）三国演義や水滸伝を良く知っているため、用兵はすこぶる的確で、詭計百出である」「兵法を諳んじ、人心を手なづけており、尋常の小寇とは全く比べものにならない」と評しており、彼らが奇策を用いるだけでなく、他の反乱軍に比べて行動が組織的であったことを伝えている。

さらに上帝会は蜂起当初から新王朝建設という明確な目標を掲げていた。姚瑩は洪秀全らが「太平天国を自称し、イエスを皇兄とし、王号を僭称して髪を伸ばし、服を改めた[23]」と述べている。上帝会がいつから太平天国を名乗ったかについては、金田村での団営期間や江口牛排嶺の戦いの後とする説[24]、三月二十三日に武宣県東郷で洪秀全が正式に天王へ即位した「登極節」の時とする説[25]があり一定しない。だが李星沅が報じたように、上帝会は金田村において新王朝の象徴である「偽号、偽示」を用いていた。さらに象州の紳士であった覃元蘇は、一八五一年五月のこととして「その偽太平天国王は新寨村に住んだ[26]」と述べている。少なくとも上帝会が象州進出までに太平天国を名乗ったのは確実で、以後我々は上帝会軍を太平軍と呼ぶことにしたい。

さて太平軍が江口に進出した第一の目的は、「覓食[27]」すなわち流通の要所であるこの地を押さえることで食糧を確保することにあった。また鍾文典氏が指摘するように、広東に残された洪仁玕ら初期の信者や馮雲山の家族、凌十八が率いる信宜県の部隊との合流を図ったと考えられる[28]。さらに李進富の供述によると、洪秀全らは「東省と東京、ここを西京として、出かけて勢いを増せば、みんなで幸福になれると言っていた[29]」という。当時の太平天国が広州へ進出するチャンスを伺っていた可能性は充分にあるだろう。

だが江口に進出することは、ここを拠点としていた張釗ら天地会軍との対立を不可避なものにした。李星沅の一月の書簡は、太平軍が「大黄江（江口）で大頭羊（張釗）と戦端を開いた[30]」と述べている。また労崇光の「毒をもって毒を制する」という招撫政策を受けた張釗らは、二月および三月初めの戦闘に参加して「奮いて身を顧みず、先に火箭を放って賊巣を焼き払った[31]」という戦果をあげた。さらに三月七日の戦闘では、向栄の陣地を攻撃した太平軍部隊が大砲によって撃退され、「身に紅袍を着た賊首一人と手に藍旗を持った賊目一人を轟斃[32]」とあるように幹部クラスの死者を出した。もはや太平軍にとって江口に長く留まることは危険となりつつあった。

三月十日に太平軍は江口を撤退し、紫荊山を経由して武宣県東郷へ向かった[33]。その途中一部の兵士は金田王謨村の劉星旋、劉上珍が率いる団練に捕らえられて木に吊された。これを知った太平軍は王謨村に報復攻撃を行い、劉星旋ら十数名を殺害した[34]。またハンバーグ『洪秀全の幻想』によると、江口墟に進駐した清軍は「店舗を焼き払い、掠奪しうるものはことごとく掠奪」した。この時江口墟の住民に対して行われた虐殺行為は「民衆を激昂させ、このようなことさえなければ静かに家庭内に留まり、叛乱に加わりもせず、ただ神を崇めていた多数の者が、ついにその家庭を離れて洪秀全の軍に加わった[35]」という。こうした光景はその後も太平軍の行く先々でくり返されることになる。

（b）　武宣県における太平軍の活動と清軍内部の不和

太平天国が武宣県と象州で活動した時間は約四ヶ月に及んだ。その目的は李秀成（後の忠王、藤県大黎郷人）が「陣地を武宣東郷、三里に移したのは、上帝会の人を招くためであり、武宣の人を集め終えると、今度は象州に行って上帝会の人馬を集めた[36]」とあるように、金田村での団営に間に合わなかったこの地の上帝会員を吸収することにあった。

いっぽう太平軍が武宣県東郷に進出した時、清軍は防戦の準備が整っていなかった。三月十四日に署広西巡撫周天爵が兵勇二百名を率いて武宣県城に到着し、知県劉作肅に防衛体制について訊ねたところ、劉作肅は自殺用の縄を執りだして、「この一縄のみ」と言って泣き崩れたとある[37]。そこで周天爵は平南県にいた候補知府張敬修の広東勇一二〇〇名を武宣県に向かわせ、前線に到着した福建勇、猺勇（ヤオ族の壮勇）一千名を三里墟に駐屯させた。まもなく提督向栄が太平軍を追って武宣県城に到着し、柳州にいた李星沅も鎮遠鎮総兵秦定三の率いる貴州兵二二〇〇名を増援に派遣した(38)。

武宣県で太平軍と清軍が最初に交戦したのは三月十九日であった。太平軍が東嶺村で活動中との知らせを受けた周天爵と向栄は、副将和春（後の江南提督）率いる湖南兵や張敬修の率いる広東勇などを率いて出撃した。清軍が台村へ到着すると、太平軍は「五色の大旗を執り、擡槍や砲をかつぎ、三股に分かれて進んで抵抗」した。太平軍が壮勇に攻撃を集中すると、指揮官を殺された福建勇が敗走した。周天爵は逃げようとする福建勇二名を斬り、張敬修の広東勇と反撃したところ、太平軍も撤退した。この知らせを受けた李星沅は、勝利出来なかったものの敗北ではないと清朝中央に報告した。だが実質的な敗戦にショックを受けた周天爵は「老衰」を理由に更迭を求めた(39)。

二度目に両軍が戦ったのは四月三日であった。この日清軍は軍勢を分け、広東勇と福建勇が台村を攻め、劉継祖の率いる壮勇が東嶺村に向かった。また向栄率いる湖南兵が中央から三里墟の西を、秦定三率いる貴州兵が左側から三里墟の北を攻めた。太平軍は数千人で応戦し、清軍を分断したためにまず台村の壮勇が退いた。向栄の軍は砲撃によって数十名を殺害したが、「逆匪はいよいよ多くなり、砲火も猛烈で、官兵は四面に敵を受けて勝利を得ることは難しくなり、徐々に撤退せざるを得なかった」とあるように、包囲攻撃によって撤退した。さらに山道を進撃した秦定三の軍は、平地に出たところを太平軍の待ち伏せ攻撃を受け、多くの死者を出して敗退した(40)。

この二度の戦いの間、太平軍は「会匪の人数は実に多く、聞くところでは東郷の七十余村では多くが誘われるか脅されて従い、このため賊焔はいよいよ盛んとなった(41)」とあるように、多くの会衆を吸収することに成功した。このため李星沅は太平軍が「凶悪かつ獰猛なること異常」であり、清軍は「二度進攻したものの、未だその逆焔を挫くことは出来なかった」と述べるなど、太平軍の実力を強調して敗北を認めざるを得なかった。また彼は清軍や壮勇の戦力が当てにならず、湖南兵も長期間の出征で疲労していると指摘した。そして李星沅は自らの能力では荷が重いと述べたうえで、別に総統将軍を派遣して反乱軍の鎮圧に当たらせるように求めた。(42)

また二度の敗戦は、清軍内部の不和を表面化させた。四月十一日に周天爵と向栄は「我々は李星沅と意見が同じではない(43)」と述べて李星沅の戦略を批判した。すでに述べたように李星沅は上帝会の弾圧を広西反乱軍平定の第一歩と位置づけ、桂平県に到着した向栄に速やかな攻撃を要請した。彼は二月に向栄への書信で「兵勇は万余人を動員し、相持すること数十日、支出も十数万両を越えている。さらに掃蕩が遅れるなら、悪天候の影響はやむを得ないとはいえ、どうやって陛下のご懸念を解くことが出来ようか。五臓は焼け焦がれ、針のじゅうたんに座っているようだ(44)」と述べて攻撃を促した程だった。

これに対して周天爵と向栄は、李星沅が反乱軍出現の情報に振り回され、豊かな地を防衛して反乱軍を飢餓に追いこみ、決戦を挑んだところを殲滅するといった戦略を持っていないと指摘した。また明確な方針が欠如しているため文武各官に士気がなく、虚偽や責任逃れの報告をするばかりで、結果として将兵も反乱軍を恐れて作戦活動ができないと訴えた。そして二人は「坐戦の法」によって武宣県、象州各地の要所の守りを固め、包囲網を縮めることで太平天国を山内に追いこむべきこと、役に立たない雲南、貴州兵や疲労した湖南兵に換えて華北から新たに二万人の精鋭を送り、これと広東の兵勇に南寧、梧州を防衛させつつ潯州を攻撃するべきだと主張した。(45)

すでに清朝は二月の段階で周天爵と向栄が血気にはやり、「軽進疏失」の誤りを犯しがちであること、逆に李星沅が慎重すぎることを指摘して、「三人が一人の如く、協力同心せよ(46)」と命じていた。だが実際は現場で太平軍の手強さを認識して持久戦を唱えた二人と、二八〇万両に増大した支出を抑えるべく反乱軍鎮圧を急いだ李星沅の対立となって現れた。(47)さらに五月には周天爵と向栄が対立し、周天爵は向栄が息子の向継雄（花翎一品廕生）への情実に囚われて将兵を叱責し、戦略を誤って事態を悪化させたと告発した。(48)

また当時は清朝内でも広西の反乱平定策について議論がなされていた。その代表的な論者は協辦大学士の杜受田であり、軍紀の引き締めと戦闘力の高い広勇の派遣、堅壁清野による団練の結成、脅されて従った者の解散による反乱軍の孤立化などを提案した(49)。また後に北伐軍の好敵手となる勝保（国子監祭酒）、漕運総督として捻軍と対峙する袁甲三（兵科掌印給事中）も、団練の結成や堅壁清野の実施、そのために必要な知識をもつ江淮揚道厳正基（『三省辺防備覧』の著者である厳如熤の子）の派遣などを訴えた(50)。

だがこれらの提言にもかかわらず、清朝の方針ははっきりしなかった。四月に清朝は李星沅らの再三の要請に応え、大学士賽尚阿（蒙古正藍旗人）を欽差大臣に任命して湖南で「防堵事宜を辦理」させることにした(51)。すると工科掌印給事中の蘇廷魁は、この決定が人々のあいだに様々な憶測を生んでいることを指摘し、官僚や将兵の動揺を招きかねないとして、賽尚阿派遣の意図を広く宣言するように求めた(52)。この上奏を受けた清朝は、賽尚阿の湖南派遣は反乱軍の他省進出を防ぎ、派遣される清軍部隊の管理にその目的があり、李星沅らは引き続き反乱軍の弾圧に努め、賽尚阿の到達以前に鎮圧に成功した場合には褒美を与えるという内容の上諭を出した(53)。しかし清朝は賽尚阿に対して、湖南到着後は直ちに広西へ赴いて李星沅と交代すべきこと(54)、新たに鄒鳴鶴を広西巡撫に任命し、周天爵を賞加総督銜に任命して向栄と共に軍務に専念させることを命じた(55)。

結局内外の圧力を受けた李星沅は四月に病気をおして武宣県の前線へ向かい(56)、五月には病状を悪化させて死亡した(57)。林則徐に続く欽差大臣の病死は清軍の指揮系統を混乱させ、太平天国にとって有利な情況を作り出したのである。

ところで太平軍の武宣県への進出は、新たな敵対勢力の出現をもたらした。その一つは武宣県挙人の劉季三、劉孟三兄弟（東郷蓮塘人）が率いる団練で、台村の戦いやスパイの摘発に功績をあげて藍翎千総に任命された(58)。象州出身の挙人である韋仁元も猺勇を率いて戦闘に参加した(59)。さらに五月には向栄と並んで太平天国の好敵手となる広州満洲副都統の烏蘭泰が武宣県に到着した。彼は広西反乱軍の現状について「ただ武宣東郷の会匪は叛逆の謀をなし、すでに偽王、偽官の名目をたて、髪を伸ばし服を変え、万余の人を集めている。その凶暴さは鬼蜮《きいき》のようで、この賊匪こそは実に広西腹心の害である」とあるように、太平天国の弾圧がまず先決であるとの認識を示した。また武宣東郷の六十ヶ村が太平軍の勢力下にあると報告した。

　この頃周天爵と向栄は過去の戦闘が敗北に終わった経験から「再戦は無益[60]」との立場を取り、増援が到着するまで防衛に努めるとの考えを持っていた。また清軍が水路を制圧して張釗らの水勇にこれを守らせると、「食塩と煙硝ははたして山郷に入ることが出来なくなり、現在賊は食塩とアヘンの不足に苦しんでいる」とあるように、太平軍は食塩の不足に陥った。さらに四月に太平軍が旧県墟および勒馬村から黔江を渡河し、凌十八の部隊を迎え入れようと図っているとの情報を得た周天爵は、水勇にこれを迎え撃たせた。戦闘は四月十一日と十五日の二度行われ、いずれも張釗軍の勝利に終わった[61]。また清軍は毒を混入した食塩を太平軍に売ったため、太平軍に多くの死者が出たという[62]。

　この敗戦からまもない四月二十一日に蕭朝貴は武宣県三里墟で天兄下凡を行い、羅大綱の妻の金銀を奪った陳来を処罰した。続いて天兄は全軍将兵を部隊ごとに呼び集め、その心を昇天させた。ここで天兄は天条を守り、命令に従い、兄弟同士で協力せよと述べると共に、「村に入って他人の家を物色するな。戦闘の時は退いてはならぬ。金銀を持っていても見破られるのだから、他人の物と自分の物を分けてはならぬ。心を合わせて共に天下を取り、天国への道をしっかりと認識せよ。いま些か苦しみがあっても、それは将来高い位に封じられるためなのだ」と教え諭した。

　翌二十二日に天兄は「各営の兄弟がいまだ一心となっていない」ために再び下凡し、部隊ごとに昇天の儀礼を二日間続けた。また天兄は「妖魔と大戦」し、戦いが終わると「閻羅妖はすでに十八重の地獄へ落ち、もはや悪さは出来なくなった[63]」という宣言を行った。これら蕭朝貴の行動は命令違反者を厳しく罰することで会衆の動揺を抑え、軍内部の結束を強化することで困難な戦局を乗りこえる意図が込められていたと考えられる。

二、象州、金田における戦闘と官村の戦い

(a)　太平軍の象州進出と烏蘭泰・周天爵の清軍批判

五月十五日に太平軍は武宣県東郷から北へ向かい、二十一日に象州東部の中坪、百丈、新寨各村を占領した。以後太平軍は西北の羅秀（烏蘭泰）、桐木（向栄）、寺村（張敬修）に陣地を構えた清軍と対峙し、六月末までに三度にわたって戦闘を交えた。

この太平軍の象州進出は、周天爵の将校たちに対する非難と共に始まった。彼の上奏によると三月から四月にかけて、太平軍は屢々武宣県北部の大琳、小琳地方を窺っていた。密偵から「数日以内に賊は必ず北走する」「行き先は象州の廟旺であり、女たちが日夜乾飯を作っている」との報告を受けた周天爵は、貴州総兵秦定三に急使を送り、大琳、小琳の防備を固めるように要請した。しかし秦定三は一人の兵も送らなかった。

十六日朝に周天爵、向栄、烏蘭泰が軍議を開いていると、太平軍が北進を始めたとの知らせが入った。周天爵は劉季三の率いる練勇、張敬修の広東勇に追撃させると共に、秦定三に出兵を求めた。しかし秦定三は周天爵が貴州兵の陣地に行って催促するまで出発しようとしなかった。また貴州副将の周鳳岐は「固執して肯んぜず」とあるよう出撃を拒否した。やむなく周天爵は広西兵と向栄、烏蘭泰の兵を増援に送った。

その後報告が入り、十六日夕方に劉季三の軍は官橋塘で太平軍と遭遇したが、太平軍は「恋戦の心がなく、大砲二門を棄てて逃げた」とあるように抵抗の構えを見せなかった。やがて秦定三の兵が到着したが、「まさに敵を分断して中央の輜重婦女を攻撃し、戦いは有利に展開していたが、秦定三は兵が飢え渇いていることを理由に追撃せず、他の軍もこれに従った」とあるように、秦定三は突然攻撃を中止して撤退した。さらに周天爵は張敬修の軍を率いて官

橋塘へ向かったが、太平軍はすでに廟旺に到着した後だった(64)。

また十七日に太平軍は四千名の兵力で象州古城村を攻めた。貴州署総兵の李瑞は一六〇〇名を率いて迎え撃ったが、太平軍を追尾してきた筈の広西兵は逃亡した。太平軍は「風車扇」を用いて清軍陣地に石灰をまき散らして攻撃した。李瑞は「鏖戦すること一夜、火器が熱を持つと水で冷やし、冷えたら再び使ったが、水がなくなり、弾薬も底をついた」とあるように防戦に努めたが、二百名以上の死者を出して象州城へ撤退した(65)。

この戦いの後、周天爵は秦定三と周鳳岐を「戦いに怯えてわざと逗留」した罪によって処罰するように求めた。また彼は貴州、湖南の将校たちをしばらく全員解任し、功績をあげて罪を贖わせると共に、今後は烏蘭泰に貴州兵を統率させると述べた(66)。この報告に対して咸豊帝は、太平軍を包囲して山内に追いこむという計画が成功せず、その象州進出を許したのは司令官である周天爵、向栄、秦定三の責任であると述べた。また「今回の賊匪の竄逸は、主将の不和に咎があり、将校たちの傍観を生んだ」と述べたうえで、烏蘭泰に清軍各将の不和について調査するように命じた(67)。

さて命令を受けた烏蘭泰は五月二十七日に最初の報告を行い、これまでの清軍の戦いぶりが「烏合の野戦」であったと批判した。周天爵も五月に賽尚阿に宛てて広西の情況を記した書簡を送っており、両者を比較することで清軍の実態を伺うことができる。

まず烏蘭泰は現在軍が弱く、命令に従わないのは、平和が長く続いて軍備を疎かにした結果であり、兵ばかりか将校にも戦いを知っている者は少ないと分析した。またアヘン戦争以来、清軍の士気劣弱を指摘する声があり、にわかに信じられなかったが、今回その現実を目の当たりにして「焦灼」に堪えないと述べた。

その一例として烏蘭泰は、兵士が指揮官の命令を待たずに行動してしまうことを挙げ、象州古城村の戦いの直後に彼が兵を牛欄塘に駐屯させようとしたところ、向栄と秦定三麾下の将兵は命令に逆らって象州城に向かったこと、向栄もやむなく陣地を石磨村に据えざるを得なかったことを指摘した。また各部隊の統制が取れず、命令も不統一で、

「敵陣で銃声が一声響けば、兵たちは驚き慌て、たまたま一人、二人が負傷すると、全軍が退却しようとする」と述べ、これでは勝利できる筈がないと訴えた。

また烏蘭泰は両広の反乱軍について、アヘン戦争で清軍が無様な敗北を喫したために官兵を恐れなくなり、壮勇だった無頼で帰郷せずに盗賊になった者が多いと指摘した。そして今こそ兵士を訓練して軍全体の改革を行わなければ士気は益々低下し、反乱軍が盛んになって手がつけられなくなると述べた。また戦場で兵を鍛えても急場に間に合わないという意見に対しては、戦場での訓練こそ最も効果が上がるのであり、彼が広東から携行した擡槍、鳥槍などの火器を貴州兵二千名に支給し、二十日間で訓練を完了させるつもりだと主張した(68)。

次に烏蘭泰は八旗、緑営などの正規兵以外にも、民間人の兵として郷勇（団練）、壮勇（傭兵）、賊勇（投降した反乱軍）の三種類を挙げ、その活用法と問題点を論じている。とくに壮勇について、反乱発生地では防衛力強化のため募集する必要があるが、彼らは利益目当ての者が多く、戦意があって統率可能な期間は長く続かないとした。また現在広西で活動している壮勇のうち、宿営の装備を持っているのは広東勇だけで、その他は付近の民家に分住するため、暴行が絶えないばかりか、召集をかけてもなかなか集合出来ないと述べた。加えて壮勇の中には失業を恐れて反乱軍平定を望まない者もおり、経費が正規兵よりもかかることを考えると、壮勇の募集は正規兵の増援に及ばないと分析した。

さらに烏蘭泰は「投誠贖罪の賊勇」すなわち投降した反乱軍兵士について、常に正規兵によって威嚇しないと活用出来ないと述べた。また彼らを解散させることは壮勇よりも難しいと述べたうえで、著名な匪賊の首領を投降させ、これに官位を与えたのでは、人々に盗賊となることを勧めているようなものだと指摘した。そして反乱軍の招撫政策は「目前の急」をしのぐための便法であり、罪の重い者の投降は認めるべきではないと主張した。

そして烏蘭泰は広西の現状について、太平軍鎮圧のために動員された清軍将兵は五千名、壮勇は六千名であり、他地区でも壮勇が多いことを指摘した。そして現在の壮勇は解散できないが、正規兵の欠員を壮勇の優秀な者によって埋めることを提案した(69)。

いっぽう周天爵の見解はどうであろうか。彼は広西の清軍が「十戦して九敗」と敗北を重ねたのは、みな「烏合」であることが原因で、攻撃が千篇一律なのは人材不足によると述べた。また動員された兵七千名のうち、「瘟瘴」つまり風土病の影響もあって実戦で使える兵力は半数に過ぎず、兵力不足を補うために投入された壮勇はさらに烏合の衆で、連敗するほどに兵は畏縮し、反乱軍は増長したとふり返った。

次に周天爵は清軍諸将の不和について、李星沅の過ちを多く語っている。太平天国の蜂起当初、李星沅は事態を軽く見て支出を惜しみ、攻撃を急がせて敗北を招いた。また太平軍には船がないにもかかわらず、潯江南岸の防衛を重視して紫荊山に兵を配置しないという戦略的な誤りを犯し、太平軍の武宣県進出を招いたと述べた。さらに彼は李星沅の催促を受けた向栄が江口で無理な総攻撃を行い、向栄自身も雲南、貴州兵を軽んじたために、軍内部に亀裂が生じたと指摘した。

また周天爵によると、向栄が息子の向継雄を溺愛し、他の将兵に褒美を与えなかったため、署貴州総兵の周鳳岐が向栄を謗り、湖南兵も戦闘意欲を失った。三月の武宣県の戦いで貴州兵が真っ先に撤退したのは、向栄を殺害しようと図ったためであり、戦闘後に向栄は周鳳岐を非難した。続く四月の戦闘で貴州兵は善戦したが、向栄は彼らが出陣しなかったと責め、逆に周鳳岐に言い負かされて両者の対立が深まったという(70)。

この部分について烏蘭泰は異なる見方をしている。向栄が息子を重んじる余り部下の信頼を失ったのは事実だが、諸将の対立が深まったのは四月の戦闘後に周天爵が誤解から秦定三を叱責し、足で蹴り上げ罵ったことが原因だった。その後周天爵は秦定三に謝罪したが、誤解の責任を向栄に向けたため、今度は向栄と二人の関係が悪化したという(71)。

だが調査が進む間に、今度は周天爵と烏蘭泰の二人が衝突した。そのきっかけは烏蘭泰が周天爵らの持久戦術に疑問を呈したところ、周天爵が兵力不足を理由に貴州兵を烏蘭泰に訓練させず、「軍中の一切の問題について、およそ耳を貸そうとしなくなった」ことだった。(72)また五月二十七日に貴州兵が太平軍の攻撃を斥けると、周天爵は報告の中で烏蘭泰が人夫の不足を理由に前線への到着が遅れたと暗に批判した。(73)さらに周天爵が六月八日、九日の象州中坪の戦いで清軍が太平軍に勝利したと上奏すると、烏蘭泰はこれが全くの虚構であり、実態は敗北であったと主張した。

周天爵はこの戦闘で清軍が伏兵攻撃によって二百名の死者を出したが、烏蘭泰率いる砲兵の活躍で一千名以上の太平軍兵士を殺害したと報じた。(74)しかし烏蘭泰によると、太平軍に打撃を与えたのは事実だが、たまたま生き残った太平軍兵士七名が烏蘭泰の訓練を受けていない貴州兵（威寧兵）の陣地に向かって走りだした。烏蘭泰は彼らに迎撃を命じたが、一千名の威寧兵はみな陣地を棄てて烏蘭泰の陣地へ逃走した。これを見た太平軍は反撃に転じ、清軍は将校十五名、兵士二五〇名の死者を出したという。

烏蘭泰は「一千名の官兵が七人の賊にかなわないというのは、実に情理の外」と憤慨し、戻ってきた威寧兵に対して「男だったら陣地を奪回してみろ。さもなくば皆殺しだ」と檄を飛ばした。彼らは他の清軍将兵から罵倒されても動こうとしなかったが、満洲旗兵と貴州鎮遠兵が先頭に立って攻撃したところ、ようやく陣地を取りもどした。

この戦いの後に烏蘭泰は、軍中には敗北を勝利と報じたり、殺害した敵の数を誇大報告して功績を偽ったり、死傷した将兵の数を少なく報じて処罰を免れようとする弊害があると述べて周天爵を批判した。また今後は戦闘で功績のあった者を記録しておき、反乱軍の平定後に褒美を与えれば、将兵は油断することなく力を尽くすだろうと提案した。(75)

結局周天爵と烏蘭泰の論戦は、清朝が周天爵の総督銜を取り消して欽差大臣の任務から外し、北京への帰還を命じたことで決着がついた。(76)だが清軍内部の弊害と諸将の不和はその後も続き、烏蘭泰と向栄の対立という形で現れることになる。

このように清軍が内部対立でもめていた頃、広西反乱軍の弾圧計画について意見を述べたもう一人の人物がいた。

後に湘軍を率いて太平天国鎮圧の立役者となる礼部侍郎の曽国藩（湖南湘郷県人）である。彼は広西へ派遣された人材は多いが、その配置は適当でなく、現状では姚瑩や厳正基がその能力を発揮するのは難しいと述べた。また広西の地理的条件を勘案すれば、現在反乱軍鎮圧のために派遣されている清軍は三方面（それぞれ太平天国と広西西部、東部の天地会軍に対処）に分けるべきであり、欽差大臣は三者の中間に位置する横州に駐屯すべきであると指摘した。

続いて曽国藩は軍事物資の補給路について触れ、広西東部の梧州に糧台を設置すれば、支出に便利であるばかりでなく、反乱軍の掠奪に遭う可能性も少ないと提案した。また李星沅らは省都桂林に「捐輸分局」を設けて反乱軍鎮圧の経費を捻出しようとしたが、曽国藩は戦場近くに捐局を設けて寄付を募るのは逆効果になると訴えた(77)。

この曽国藩の提言は、後に重責を担った立場での上奏と一概に比較できないものの、客観的な条件から冷静な分析を進めたという共通点を持っている。清朝はこの上奏を賽尚阿に送り、反乱軍の鎮圧に役立てるように命じた(78)。

ところで象州で活動していた太平軍は、いかなる問題を抱えていたのだろうか。蕭朝貴は中坪の戦い直後の六月十一日と十五日に天兄下凡を行っている。十一日の下凡では「兄弟の中に敵に怯える者がいた」ため、新たに藍茂青を先鋒長に任命して、それぞれが「尽忠報国(79)」するように命じた。李秀成は中坪の戦いについて「清軍の死者は多かったが、天朝（太平軍）の死者も少なくなかった(80)」と述べており、太平軍の損害が大きかったことが伺われる。また十一日の下凡で蕭朝貴は「附馬」すなわち馬にまたがって「大いに妖魔と戦」い、三度目の戦いが終わると次のように言ったという。

　韋正（韋昌輝をさす）よ、[石]達開よ、安心せよ。あの尚姓の大妖頭は私の手で殺した。尚妖頭の首とはらわたを私は引きちぎった……。妖魔はもはや悪さをすることは出来ない。安心せよ、安心せよ(81)。

ここで登場する「尚妖頭」について、六月に周天爵は賽尚阿の湖南派遣が決まると、太平軍内部に数万の清軍が弾圧に向かっているとの噂が広がり、動揺を生んだと報じている(82)。この事実から見る限り「尚」は「賽尚阿」を指すと考えられるが、あるいは向栄の「向」かも知れない[83]。いずれにせよ象州での戦いは太平軍にとっても試練となり、蕭朝貴は会衆を安心させ、戦意を鼓舞する必要に迫られていたと言えよう。

(b) 太平軍の紫荊、金田への再進出と官村の戦い

一八五一年七月二日に太平軍は象州から軍を三つに分けて武宣県、桂平県へ向かった。七月七日に馮雲山の軍は武宣県東郷で清軍を打ち破って紫荊山に入り、八日に楊秀清の部隊は桂平県金田新墟に到達した。以後太平軍は紫荊山と金田を根拠地に、清軍と数回にわたり戦火を交えた。そして九月十一日に太平軍は清軍の包囲網を突破して北進し、十五日には平南県官村で向栄の軍を大敗させて、永安州へ向けて進撃することになる。

象州の太平軍に武宣県東郷へ転進する計画があることは、清軍も六月下旬の段階で情報をつかんでいた[84]。だが六月二十三日に太平軍は中坪の北にある湖南兵の陣地を攻撃し、新たに前線へ投入された候補知府陳瑞芝の率いる潮州勇との間で激戦となった。この知らせを受けた賽尚阿は「いま該匪は塩と食料が不足し、六排を経由して石牆、修仁に向かおうとしている[85]」とあるように、太平軍が北進して柳州、桂林を襲う可能性があると述べて警備を強化した。

だがこれは太平軍の陽動作戦であり、はたして太平軍は七月二日から防備の手薄な南に向かって移動を始めた。それに気づいた向栄と烏蘭泰が追撃し、八日に武宣県三里墟へ至ると、九日に東郷にいた太平軍二千名が攻勢をかけた。烏蘭泰は火箭を放って応戦したが、突如清軍陣地の火薬が爆発し、太平軍は清兵が動揺した隙をついて突進した。このとき潮州勇が救援にかけつけ、太平軍は東郷から紫荊山へ退いたが、すでに金田新墟も三千名の太平軍によって占領され、王謨村、界垌村、安衆村、莫村など団練を組織した有力移民の村が襲撃を受けた[86]。さらに一部の部隊は思盤渡を南下して桂平県城を伺おうとしたが、桂平県知県の李孟群が率いる香山勇によって阻止されたという[87]。

それでは何故太平軍は紫荊山、金田に軍を返したのだろうか。言うまでもなくこれらの地域は上帝会の根拠地であ

り、半年間の戦闘で少なからず消耗した太平軍は地理を熟知したこの地で将兵を休ませ、有利に戦いを進めようとしたと考えられる。また当時は早稲の収穫期に当たり、金田村一帯の平原を占領することは、食糧を獲得するうえで必要なことだった。さらに広東信宜県の凌十八や花県の会員たちと合流するという課題は果たされていなかった。実際は鬱林州城の攻撃に失敗した凌十八は信宜県に引き返し、桂平県にたどりついた洪仁玕も厳重な警備に阻まれて金田へ到達できなかった。[88] しかし武宣県や象州で上帝会員を吸収した太平軍の行動から見て、この段階で広東の会員たちとの合流をあきらめてはいなかったと推測される。

しかし蜂起地点である紫荊、金田に戻ることは、これを弾圧する清朝側にとっても作戦を立てやすいという欠点を抱えていた。太平軍は紫荊山内の茶地村に大本営を置き、洪秀全と女性を含む八千名がここに駐屯した。また金田新墟付近の莫村に前線司令部を構え、楊秀清や蕭朝貴、韋昌輝らが新墟、安衆村、盤龍村に数千の兵を配置した。さらに紫荊山と武宣県の境である双髻山、猪仔峡は馮雲山が守りを固め、清軍の進攻を阻んでいた。[89]

これに対して清軍は七月二日に桂林へ到着した賽尚阿を総司令官に、半年前の失敗に学んで包囲網の形成に努めた。まず烏蘭泰と新たに北京から派遣された満洲副都統達洪阿が桂平県南涤に陣を構え、金田の太平軍と対峙した。また武宣県東郷には向栄と蒙古都統巴清阿が駐屯し、紫荊山への圧力を強めた。さらに金田の東には署右江道張敬修、雲南総兵経文岱が、東南には鬱林州から移動してきた総兵李能臣、副将王錦繍らが布陣し、上瑤十八村の団練と共に太平軍の進出を阻んだ。[90]

むろん清軍の布陣は、総司令官である賽尚阿が曽国藩の提言を聞きいれず、「省城は決して兵が多くない[91]」という理由で省都桂林に留まるなど中途半端なものだった。また桂平県南涤に到着した副都統達洪阿は「性格が激しく狭量で、時として将兵を罵倒し、賞罰に規則がなく、命令も一定しないため、軍心はすでにバラバラとなった[92]」とあるように、指揮官として不適格とされて病気を理由に休養を言い渡された。だが咸豊帝は「朕は毎日勝利の知らせが届くのを待ち望んでおる」と述べ、賽尚阿らに二首の「盼信詩」を作って送るなど大きな期待を寄せた[93]。

はたして七月二十五日の戦いでは、烏蘭泰が秦定三の貴州兵など一九〇〇名を率いて莫村を攻め、張敬修、李能臣らの軍三四〇〇名、上瑤十八村の団練一千名も莫村、新墟に向かって進撃した。秦定三の兵が太平軍の攻撃を退けると、烏蘭泰は「兵勇を激励して闘うほどに勇気を奮い、まっすぐに莫村の巣穴に至った」とあるように一度は莫村を占領した。太平軍が新墟に逃げ込んで抵抗したため、烏蘭泰は夕方に軍を陣地まで引き揚げさせた[94]。

続く八月十一日の戦いでは、向栄が数千の兵力で紫荊山の西にある双髻山、猪仔峡を攻撃した。まず劉孟三の率いる郷勇と湖南兵が山を越えて双髻山の北に回り、総兵劉長清の四川兵も間道を猪仔峡に向かった。また潮州勇と総兵成安の率いる安徽、湖南兵が中央から猪仔峡を攻め、後方から向栄と巴清阿が進んだ。さらに別の一隊は南の冷田、黄茅嶺を攻撃した。巴清阿は太平軍の銃撃をやり過ごしてから一斉に攻撃するように指示し、「前進する者には重賞を与え、後退する者は直ちに処刑する」と檄を飛ばした。やがて後方に回り込んだ湖南兵、四川兵が攻撃を開始すると、支えきれなくなった太平軍は双髻山、猪仔峡を放棄して花雷村へ退いた[95]。また紫荊山内から撤収して兵を金田に集中させ、洪秀全の大本営も金田村に近い茶調村へ移動した[96]。

さらに八月二十八日の戦いでは、向栄が紫荊山の麓にある要所の風門坳を急襲した。ここでも向栄は軍を三つに分け、劉孟三の郷勇と湖南兵が東側の山上から、潮州勇と四川、湖北兵が中央から、広西兵が西側から攻撃した。太平軍は大砲を放ち、石を投げつけて抵抗したが、百名以上の死者を出して敗走した。風門坳を占領した向栄の軍は金田村に近い平山村まで前進したが、古林社方面から出撃した太平軍に撃退された[97]。

これらの戦闘によって太平軍は紫荊山の拠点を全て失い、金田村、古林社から新墟、莫村に至る数キロの範囲内に包囲された。賽尚阿は「現在逆匪は腹背に敵を受け、聞くところではその火薬もまさに尽きようとしている。前月二十七日（七月二十五日）に賊が敗れて後、多くの匪が地に跪き、天に向かって上帝の救いを求めた。ひそかに逃げ出す者も三百人ほどおり、該匪は彼らを連れ戻して殺した。その追いつめられた様子は明らかである」[98]と述べている。また幹部クラスの戦死者も相次ぎ、韋昌輝の弟と言われる韋亜孫、韋十一[99]、「勇悍なること異常で、軍中の人はみな屢々彼を見た」と評された黄短鬚（短いヒゲの黄）[100]などが殺された。

当時の太平軍の切迫した様子は、太平天国自身の文献の中からも窺うことができる。『天兄聖旨』によると、七月二十四日に新墟で下凡した天兄は李寿暉を鎖でつなぎ、「反草通妖」すなわち心変わりして敵に通じた曽顕芳をさらし首にした[101]。また八月二十二日に下凡した天父は「陣中で二心があり」「度々命令に逆らった」罪で黄以鎮を処刑した[102]。さらに李秀成は「双界嶺（双髻山をさす）の戦いでは、双方に多くの死者が出た。駐屯すること数ヶ月、まさに清朝の兵に包囲された。あの新墟の苦境は清の向提台（向栄）と張敬修が我々を包囲したのである」[103]と述べている。大きな犠牲と狭まる包囲網によって会衆のあいだに動揺が広がり、楊秀清と蕭朝貴が天父、天兄下凡による厳罰を通じて規律の維持に苦心していたことがわかる。

だがこうした困難の中で、最も効果をあげたのは洪秀全自らが示した明確なヴィジョンだった。彼は八月十五日に紫荊山茶地村で次のような詔を発している。

各軍各隊の将兵に告ぐ。大胆に喜び勇んで、共に天父、天兄の道理をいただこう。およそ慌てるには及ばない。全てはみな天父天兄の御心によっている。あらゆる困難は天父天兄が我々の心を試されているのであり、それぞれが心を強くしてしっかりと天父天兄と結びつこう。かつて天父はこう言われた「寒ければ寒いほど、衣服を脱ぎ捨てよ。強い心さえあれば苦しみも感じないのだ」と。兵士たちよ、目覚めよ！

報告によれば現在塩がないという。ならば陣地を移すがよい。また病人や負傷者が多いという。彼らへの看護を強化せよ。兄弟姉妹の中のただ一人でも我々が守り得ないなら、天父天兄に辱めが及ぶことになる……。行軍や野営にあたっては、つねに各隊間の距離を整えて連絡を密にし、先頭から最後までが協力し合い、老人や子供、病気やケガをした男女を守る努力をせねばならない。一人一人がよく守られて、共に小天堂（地上の天国）の栄光に浴するようにしなければならない。

続いて洪秀全は前、中、後、左、右の五軍の主将として蕭朝貴、楊秀清、馮雲山、石達開、韋昌輝を任命し、それぞれ総制、監軍、軍帥などの指揮官を率いて作戦に当たるように命じた(104)。また風門坳が占領された翌日の八月二十九日には金田莫村で再び詔を発し、「全てのことには天父、天兄の配慮と導きがある。決して慌ててはならぬ」と命じることで人々の動揺を抑えた。さらに彼は「まことの神は天地を創りたもうた。いかなる妖魔でも来るなら来い……。岳飛は五百人で十万の敵を打ち破った。ましてや滅びると決まっている妖魔など物の数ではない(105)」とあるように、確信に満ちた勝利宣言を行った。こうした洪秀全の思想的リーダーとしての毅然とした態度は、全滅の危機に瀕した太平軍に大きな力を与えたのである。

九月十一日に太平軍は夜に乗じて新墟、莫村を退出し、新墟東北の水梘頭、李村渡口で清軍の包囲網を突破して山道を平南県鵬化里へ向かった。数日前から「塩と糧食がまさに尽き」ようとしていた太平軍は竹牌をつないで筏を作り、南涤、石嘴から貴県、鬱林州方面へ進出する構えを見せた(106)。それは太平軍の陽動作戦であったが、彼らの脱出劇が可能となったのは「各営の強弱が異なり、諸将の意見が合わず、責任を転嫁するのでなければ嫉妬して、戦場に臨んでも互いに助け合おうとしなかった(107)」とあるように、清軍内の不和と戦意の低さにあった。

例えば八月二十八日の戦闘で平山村へ進出した向栄は烏蘭泰に応援を求める手紙を送ったが、向栄の手柄となることを嫌った烏蘭泰は体調不良を理由に応じなかった(108)。また太平軍が北進を始めると、近くの古城村、王挙村に駐屯していた副将李瑞と王夢麟の軍は「その兎脱に任せ、虚なること無人の如し」とあるように見て見ぬふりをした。また鄧塘水にいた総兵経文岱も「もとより兵が少なかったが、賊が山を埋めているのを見て、あえて抵抗しようとしなかった」という。

翌十二日になって太平軍が新墟を脱出したことを知った清軍主力は、それぞれ連携を欠いたまま追撃を始めた。南側に布陣していた烏蘭泰は太平軍を追って北進し、平南県の平山村で太平軍と交戦した。しかし花洲に到着した太平軍は迎撃の準備を進めており、烏蘭泰軍は「飢えと渇きがすでに極まった」ために黄茅界、登高廟に後退せざるを得なかった。また東側にいた張敬修、李能臣らは水梘頭で太平軍の後衛部隊を捕捉したが、張敬修が新羅村で負傷したためにそれ以上の追撃は出来なかった。

いっぽう西側にいた向栄と都統巴清徳は地理的に近い北上のルートを取らず、東進して平南県横嶺村をめざした。太平軍が軍を分け、蕭朝貴、馮雲山の部隊が思旺墟に進出したとの情報を入手したためであった。九月十五日に向栄らは平南県官村墟に到着し、陣地を構築していたところ突然の雷雨に見舞われた。すると思旺墟にいた太平軍三千人がこの隙をついて奇襲攻撃をかけた。清軍は「火薬が湿ったために抵抗できず」「営盤がいまだ定まらなかった」ために、太平軍の「四面からの衝殺」を受けて総崩れとなった。千総楊成貴が戦死し、向栄、巴清徳らはようやく平南県城へ逃げ込んだ(109)。清軍は全ての武器や食糧、将兵の衣装、宿営用の設備まで失う大敗であった(110)。これを官村の戦いとよぶ。

官村での勝利後、平南県大旺墟に集結した太平軍は、ここから陸路、水路に分かれて進撃を開始した。すでに洪秀全は船中で「天の命令に従い、天の福を享けよ(111)」という詔を発しており、彼と楊秀清を中心とする水路軍は藤県三江口で覃瀚元率いる団練の抵抗を退け、永安州へ向かった(112)。また蕭朝貴、韋昌輝率いる陸路軍は山道を越えて藤県大黎郷へ入った。この時の様子を李秀成は自身の生い立ちを交えて次のように述べている。

家計の苦しさは、一日を無事に過ごすのも困難なほどで、一ヶ月暮らすのはさらに難しく、山を耕し人に雇われて食にありついた……。二十六、七歳のとき、洪先生が上帝を拝めと教えているのを知った。上帝を拝むようになってからは、その教えに決して背かず、ひたすら信じた。蛇や虎に襲われるのが怖かったからである。

てしまった。

天王は思旺［墟］から大旺墟に至ると、水陸の両軍に分かれて永安州に向かい、途中大黎を通過した。大黎は四方を高い山に囲まれ、平地は数百里ほどしかない……。西王、北王は陸路の兵を率いて大黎に五日間駐屯したが、村々の食糧や衣服を見つけるとすぐに取ってしまった。人々は食糧を山奥深くに隠したが、それでも取られてしまった。

西王はわが家の近くに駐屯し、「上帝を拝む者たちは恐れて逃げるには及ばぬ。家中が飯を食えるようになるのだから、どうして逃げる必要があろうか？」という伝令を出した。わが家は素寒貧だったので、飯を食えれば逃げることはなかった。軍に加わるにあたり、上帝を拝んでいた者たちは家を焼き払ってしまった。貧しく食い物がなかったから、彼らに従ったのである(113)。

ここからは貧しい山村に生まれ育った李秀成が不安定な生活にさいなまれていたこと、偶像崇拝を否定する上帝教に入ってからは、「（教えに背いた者は）蛇や虎に殺される」という厳しい戒律に恐怖を抱き、ひたすら信じたことが窺われる。太平軍が大黎に入った時、蕭朝貴らは徹底した食糧の捜索を行い、山中に隠された食糧まで探し出して没収した。小島晋治氏も指摘しているように、大黎の人々にとって残された選択肢は軍に加わること以外になかった(114)。また賽尚阿の上奏によると、平南県思旺墟でも「かつて入会した者数百人が後に従って軍に入った(115)」という。その手法は甚だ強圧的であり、金田禾寮村の呉国俊親子など途中で逃亡する会員も少なくなかった(116)。だが各地の上帝会員に参加を促すという金田団営以来の目標は、ここでひとまず達成されたのである。

小　結

本章は金田団営後半における太平天国の活動について検討した。まず上帝会は蜂起当初から新王朝建設という明確な目標をかかげ、旺盛な戦闘意欲と巧みな戦略を持っていた。清軍がこれに気づいたのは早く、二万人という規模に注目した李星沅は広西反乱軍の中で第一に鎮圧すべき対象として重視した。

太平軍が江口から武宣県東郷に進出すると、容易に鎮圧出来る相手ではないと知った周天爵らは包囲網を形成し、太平軍を山内に追いこむ持久戦を主張した。だが清軍が敗北を重ねた背後には、速やかな反乱軍鎮圧を焦る李星沅と周天爵、向栄の対立に代表される諸将の不和と、賽尚阿の派遣に見られた清朝中央の曖昧な態度があった。

太平軍が象州に進出した頃、烏蘭泰は清軍の戦いぶりを「烏合の野戦」と批判してその問題点を分析した。彼は指揮官の命令が徹底されない清軍の現実を指摘し、兵士の再訓練による軍の改革が不可欠であると主張した。だが烏蘭泰も周天爵と衝突し、烏蘭泰は周天爵が彼の提案を拒否したために清軍は象州中坪で無様な敗北を喫したこと、周天爵はこの敗戦を勝利と偽る虚偽の報告を行ったことを告発した。

清軍が内部対立でもめていた間、太平軍の戦いも決して楽ではなかった。金田団営に間に合わなかった上帝会員を糾合するために行われた武宣県、象州への進出は、清軍の包囲網によって塩と食糧の不足に苦しんだ。また広東信宜県の凌十八軍や広東の会員との合流は実現せず、半年間の戦闘で疲弊した軍を立て直すために紫荊山、金田へ戻った太平軍は、向栄と烏蘭泰による前後からの攻撃によって新墟周辺の山麓地帯に追いつめられた。

このとき紫荊山の拠点を失って動揺する会衆を奮い立たせたのは、洪秀全のリーダーシップであった。彼は勝利への確信に満ちた詔をくり返し発することで、人々に具体的な行動の指針を与えた。足並みの揃わない清軍を尻目に包囲網を突破した太平軍は、官村の戦いで向栄軍に決定的な打撃を与え、水陸両軍に分かれて永安州に向かった。それは上帝会の本来の活動地域から離れることを意味しており、太平天国は一年余りにおよぶ会衆動員の時期を終え、新たな活動を始めたのである。

さて大黎郷新旺村の家を焼いて太平軍に参加した李秀成と弟の李明成（後の揚王）、いとこの李世賢（侍王）は、すでに参加していた陳玉成（英王）、陸順徳（来王）と共に羅大綱の先鋒隊に配属された。彼らに与えられた最初の任務は、永安州を急襲してこれを占領することだった。のちに李秀成は「田舎の人間は遠路を知らず、百里も過ぎれば帰り道もわからなかった」「団練に逼られて、迷えるごとくついて行った[117]」と回想している。だが民国『藤県志稿』の陳玉成伝、李秀成伝は「道案内を担当し、天国の兵を導いて大黎峒から永安州を攻めた」「その献策は多くが奇抜で、的中したためについに賞賛を得た[118]」とあるように彼らの活躍を頌えている。それらは一見矛盾した記載のようだが、姚瑩は永安州攻撃に活躍した羅大綱の部隊について「皆大黎の党だった[119]」と述べており、その実どちらも真実の姿だったように思われる。

初めての城を占領し、新王朝のひな形を整えた永安州時代の太平天国については、章を改めて詳述したい。

【註】

（1）菊池秀明『広西移民社会と太平天国』【本文編】【史料編】、風響社、一九九八年。菊池秀明『清代中国南部の社会変容と太平天国』汲古書院、二〇〇八年および本書第一章。
（2）以下は代表的なものを挙げるに止める。簡又文『太平軍広西首義史』商務印書館、一九四四年。同『太平天国全史』香港猛進書屋、一九六二年。
（3）羅爾綱「金田起義史実考」北京太平天国歴史研究会編『太平天国史論文選』上冊、三聯書店、一九八一年、二二四頁。同『李秀成自述原稿注』増補版、中国社会科学出版社、一九九五年。
（4）王慶成「金田起義記——関于它的準備、実現和日期諸問題」『太平天国的歴史和思想』中華書局、一九八五年、六五頁。
（5）鍾文典「拜上帝会闘争基地的創建」広東、広西太平天国史研究会編『太平天国史論文集』広東、広西人民出版社、一九八三年。同『太平天国人物』広西人民出版社、一九八四年。同『太平天国開国史』広西人民出版社、一九九二年。
（6）茅家琦主編『太平天国通史』上、南京大学出版社、一九九一年。崔之清主編『太平天国戦争全史』第一巻、太平軍興（1850-

1853)、南京大学出版社、二〇〇二年。

(7) Jonathan Spence, God's Chinese Son: The Taiping Heavenly Kingdom of Hong Xiuquan. New York: W. W. Norton 1996(朱慶葆等訳『天国之子和他的世俗王朝——洪秀全与太平天国』上海遠東出版社、二〇〇一年、佐藤公彦訳『神の子・洪秀全——その太平天国の建設と滅亡』慶応義塾大学出版会、二〇一一年)。

(8) 中国第一歴史檔案館編『清政府鎮圧太平天国檔案史料』第一冊~二六冊、光明日報出版社および中国社会科学出版社、一九九〇年~二〇〇一年(以下『鎮圧』と略称)。また筆者のイギリスにおける史料調査については菊池秀明「英国国立公文書館所蔵の太平天国史料」東北大学文史哲研究会編『集刊東洋学』一〇二号、二〇〇九年を参照のこと。

(9) 鄭祖琛奏、道光三十年十一月初五日・十一月十三日『鎮圧』一、九四頁・一〇三頁。

(10) 労崇光奏、道光三十年十一月十七日『鎮圧』一、一〇七頁。

(11) 労崇光等奏、道光三十年十二月初八日『鎮圧』一、一一七頁。

(12) 李星沅等奏、道光三十年十二月二十日『鎮圧』一、一三一頁。

(13)『李文恭公文集』巻九、粤西軍書、徐仲紳制軍、道光三十年十二月十四日。

(14) 李星沅奏、道光三十年十二月初五日・十二月二十日『鎮圧』一、一一五頁・一三一頁。

(15) 李星沅奏、咸豊元年正月初四日『鎮圧』一、一四七頁。

(16) 李進富の供述書、咸豊元年六月、F.O.九三一 一〇四一号、英国国立公文書館蔵。また小島晋治「初期太平天国兵士十名の供述書——PUBLIC RECORD OFFICE OF LONDON 所蔵史料」『太平天国運動と現代中国』研文出版、一九九三年、八七頁。

(17) 李星沅奏、咸豊元年二月十一日『鎮圧』一、二二二頁。なお史料集に収録された上奏文は中国第一歴史檔案館所蔵の軍機処檔案(農民運動類八四三七-九号)を底本に、「犯供三十五人為一旗」と記しているが、『李文恭公奏議』巻二一所収の上奏では「二十五人」となっている。国立故宮博物院の宮中檔案にこの上奏は見あたらず、原件を確認できなかったが、軍機処檔案の誤記という可能性が高いと思われる。また註(18)で述べるように、清朝側は早い段階で『太平軍目』を入手したため、ここでは二十五人としておきたい。

(18) 周天爵奏、咸豊元年三月初十日『鎮圧』一、二八五頁によると、清軍は江口の戦闘で「逆書一巻」を獲得した。周天爵が調べたところ「皆倣照周礼司馬之法、旗幟尺寸顔色均僭擬摹」であった。この書物が従来一八五二年の刊行と考えられてきた『太平軍目』を指すことは間違いないであろう。なお周天爵は一八五一年四月に湖北巡撫龔裕に送った手紙でも一軍一三二七〇人、旅帥、師帥などの軍職名を記した「逆書」について言及している（王慶成「『太平軍目』的歴史内容」『太平天国的文献和歴史』中国社会科学出版社、一九九三年、一七二頁）。

(19) 李星沅等奏、咸豊元年正月二十八日『鎮圧』一、一八七頁。なお牛排嶺は石頭脚村付近の小さな地名に過ぎず、この戦闘は「石頭脚村・江口墟の戦い」と呼ぶのがふさわしい。石頭脚村は陳開天地会反乱の時にも戦場となったが、両広総督葉名琛は牛排嶺という地名を屢々使ったため、この名前が定着したと考えられる。石頭脚村陳氏の原籍は福建漳州府龍溪県で、嘉慶年間に経済的に成功し、社嶺村の陳子紹（附貢生）と陳秀彪（武生、営千総）が中心となって太平軍と交戦した。だが敗北した彼らは石頭脚村を占領されて陳世業ら多くの族人が死亡し、陳子紹の父親である陳仲理も永安州に連行された（菊池秀明『広西移民社会と太平天国』【史料編】三八三頁）。

(20) 徐広縉奏、咸豊元年二月初八日『鎮圧』一、二一三頁。

(21) 周天爵奏、咸豊元年正月初十日『鎮圧』一、一五八頁。

(22) 周天爵奏、咸豊元年三月二十三日『鎮圧』一、三三七頁。

(23) 姚瑩『中復堂遺稿』巻5、覆貴州黎平府胡および致江蘇巡撫楊（太平天国革命時期広西農民起義資料編輯組編『太平天国革命時期広西農民起義資料』上、中華書局、一九八七年、一七四頁）。

(24) 金田説は主として洪仁玕の「合到金田、恭祝万寿起義、正号太平天国元年、封立幼主」という供述（洪仁玕自述、中国近代史資料叢刊『太平天国』二、神洲国光社、一九五二年、八五〇頁）による。また一八五一年一月十一日に太平天国が正式に蜂起したという通説もこれが根拠になっている。いま金田蜂起をこの日に特定できると考える研究者は多くないが、『天兄聖旨』巻一、己酉年十二月二十九日の条によると蜂起前から洪秀全は「太平王」を名乗っていた（羅爾綱、王慶成主編、中国近代史資料叢刊続編『太平天国』二、広西師範大学出版社、二〇〇五年、二六七頁、以下続編『太平天国』。また並木頼壽等編『新編　原典中国近現代思想史』一、開国と社会変容、岩波書店、二〇一〇年、一三八頁）。従って李星沅のいう偽号に「太平」の二文字は確実に入っていたと考えられる。また江口説は牛排嶺の戦いの後に洪秀全が太平王を名乗り、石頭脚村を王府としたという内容であった（光緒『潯州府志』巻五六、紀事）。しかし彼が蜂起前から太平王を名乗っていた事実から見て、現在この可能性は殆どないと考えて良いであろう。

（25）　武宣説の最大の根拠は、一八五九年に洪秀全が発布した「天暦毎四十年一斡旋詔」の中で「二月二十一日是太兄暨朕登極節」と記したことである。太平天国自身の文献だけに信憑性は高く、羅爾綱氏はこの説を採っている（羅爾綱「太平天国在何時何地建国」『太平天国史叢考甲集』三聯書店、一九八一年）。また鍾文典氏は金田団営の段階では洪秀全が太平王を名り、旗幟に「太平」の二文字を掲げたが、武宣県で彼が正式に「天王」に即位したのに伴い、国号も太平天国に固まったと主張している（『太平天国開国史』一六七頁）。

（26）　覃元蘇「象州乱略記」『太平天国革命時期広西農民起義資料』上、一六九頁。

（27）　『李文恭公文集』巻九、粤西軍書、楊中晛廉訪、道光三十年十二月二十日。

（28）　鍾文典『太平天国開国史』一七五頁。また馮雲山の弟である馮亜戊の供述によると、一八五一年二月に袁亜二が広西から迎えに来て、彼らは太平軍が江口にいた三月八日に出発した。だが仏山鎮で袁亜二から金田蜂起の事実を知らされた馮亜戊は、恐ろしくなって広州へ引き返したとある（F．O．九三一　一二七九号、英国国立公文書館蔵。また続編『太平天国』三、三〇三頁）。

（29）　李進富の供述書、F．O．九三一　一〇四一号。なお蜂起当初の太平天国が広州への進出を意図していたことは、一八五二年に永安州で捕らえられた洪大全（即ち焦玉昌、湖南興寧県人）も「我們原想由古東去昭平、梧州逃上広東的」と述べており、確度の高い事実であろうと考えられる（洪大全供、咸豊二年二月二十七日『鎮圧』三、五一頁）。

（30）　『李文恭公文集』巻九、粤西軍書、楊中晛廉訪、道光三十年十二月十八日。

（31）　徐広縉奏、咸豊元年三月初九日『鎮圧』二、二八〇頁。

(32) 李星沅等奏、咸豊元年二月十一日『鎮圧』一、二二八頁。
(33) 李星沅等奏、咸豊元年二月十七日『鎮圧』一、二三四頁。
(34) 光緒『潯州府志』巻五六、紀事。王謨村『劉氏族譜』(菊池秀明『広西移民社会と太平天国』【史料編】一五頁)。金田を代表する有力宗族だった王謨村劉氏は、韋昌輝一族や加級村彭氏(原籍広東潮州の客家人)などを抑圧し、それが太平軍による報復攻撃の伏線となった。また彼らが団練結成に取り組み、太平軍兵士を捕らえた背景には、一八一〇年に十五代劉歩瑤が挙人に合格して以後は科挙合格者を出せず、政治的発言力が低下しつつあったことへの焦りがあった。現在も王謨村では毎年旧暦二月初九日に「大忌辰」を行っている。
(35) Theodore Hamberg, The Visions of Hung Siutshuen and Origin of the Kwangsi Insurrection. Hongkong 1854, pp.53(青木富太郎訳『洪秀全の幻想』生活社、一九四〇年、一三四頁)。
(36) 李秀成の供述書(『新編　原典中国近現代思想史』一、二一九頁。また羅爾綱編『李秀成自述原稿注』増補本、中国社会科学出版社、一九九五年、一〇八頁)。
(37) 周天爵「致周二南書」(太平天国歴史博物館編『太平天国史料叢編簡輯』六、中華書局、一九六三年、三頁)。
(38) 李星沅等奏、咸豊元年二月十七日『鎮圧』一、二三四頁。
(39) 李星沅等奏、咸豊元年三月初二日『鎮圧』一、二五七・二六二頁。
(40) 李星沅等奏、咸豊元年三月初十日『鎮圧』一、二八六頁。
(41) 李星沅等奏、咸豊元年三月初十日『鎮圧』一、二八八頁。その中には太平天国の武科試験で状元となった覃貴福(那沙村人)、蕭朝貴の前軍に加わって戦功を立て、南京雨花台の攻防戦に活躍した節王覃瑞麒(大椄村人)などがいた(民国『武宣県志』第七編五八章、男列伝)。
(42) 李星沅等奏、咸豊元年三月初十日『鎮圧』一、二八六・二八八頁。
(43) 周天爵等奏、咸豊元年三月初十日『鎮圧』一、二九一頁。
(44) 『李文恭公文集』巻十二、粤西軍書、向欣然提軍、咸豊元年正月十七日。

(45) 周天爵等奏、咸豊元年三月初十日『鎮圧』一、二九一・二九二頁。
(46) 軍機大臣、咸豊元年正月二十二日『鎮圧』一、一七二頁。
(47) 軍機大臣、咸豊元年四月初六日『鎮圧』一、三六五頁。
(48) 周天爵奏、咸豊元年四月十九日『鎮圧』一、四一九頁。
(49) 杜受田奏、咸豊元年二月初八日『鎮圧』一、二〇六頁。
(50) 勝保奏、咸豊元年二月初二日『鎮圧』一、一九三頁。袁甲三奏、咸豊元年二月二十二日、同二四三頁。
(51) 諭内閣、咸豊元年三月初九日・初十日『鎮圧』一、二七五・二八二頁。
(52) 蘇廷魁奏、咸豊元年三月十六日『鎮圧』一、三〇四頁。
(53) 諭内閣、咸豊元年三月十六日『鎮圧』一、三〇六頁。
(54) 軍機大臣、咸豊元年四月初二日『鎮圧』一、三五八頁。
(55) 諭内閣、咸豊元年三月二十六日『鎮圧』一、三四四頁。
(56) 李星沅奏、咸豊元年三月十三日『鎮圧』一、二九五頁。
(57) 周天爵奏、咸豊元年四月十四日『鎮圧』一、四〇六頁。また李星沅の遺摺（四月十四日）は、彼が軍事費の調達と有能な武将の任用に重点を置き、武宣県へ向かうことで将兵を激励し、反乱軍を鎮圧して咸豊帝の期待に応えたいと願ったが、いま病気によって死ぬのは不忠であると述べている（『鎮圧』一、四〇八頁）。
(58) 周天爵奏、咸豊元年三月二十三日『鎮圧』一、三三〇頁。諭内閣、咸豊元年四月十一日、同三九六頁。その後劉季三は南京へ従軍して総兵となり、巴図魯の称号を与えられたが、浙江富陽県で戦死した（民国二三年『武宣県志』第七編、列伝）。また一八五七年に武宣県で来土械闘が激化すると、彼と陳歩高（禄富村人、浙江副将）は故郷に争いを止めるように諌める手紙を送ったという（民国四年『武宣県志』巻十二、紀事、風俗、付東郷風俗、広西区図書館蔵）。
(59) 杜受田奏、咸豊元年二月初八日『鎮圧』一、二〇六頁によると、韋仁元は猺練を組織して陳亜貴軍との戦闘に貢献したが、地方官が褒美を惜しんだために「哄散」となった。李星沅は彼の姻戚を通じて説得に当たり、「功牌」を与えて武宣県と象州の境界防衛に当たらせた（『李文恭公文集』巻十、粤西軍書、向欣然提軍、十二月二十五日および李星沅奏、咸豊元年三月二十八日『鎮圧』一、三五六頁）。また太平軍が象州に進出すると、韋仁元は大樟地方の防衛を任された（賽尚阿奏、咸豊元年六月初七日『鎮圧』二、七二頁。）

(60) 烏蘭泰奏、咸豊元年四月十四日『鎮圧』一、四〇五頁。

(61) 周天爵奏、咸豊元年三月二十三日『鎮圧』一、三二七頁。またこの報告を受けた清朝は張剣に六品頂戴、藍翎を与えた（諭内閣、咸豊元年四月初十日『鎮圧』一、三九二頁）。

(62) 周天爵等奏、咸豊元年四月十四日『鎮圧』一、四〇九頁。

(63) 『天兄聖旨』巻二、辛開元年三月十八日および十九日、続編『太平天国』二、三一二・三一三頁。

(64) 周天爵等奏、咸豊元年四月十九日『鎮圧』一、四一七頁。

(65) 周天爵等奏、咸豊元年四月二十五日『鎮圧』一、四三八頁。

(66) 周天爵等奏、咸豊元年四月十九日・四月二十五日『鎮圧』一、四一七・四三八頁。

(67) 軍機大臣、咸豊元年五月初二日『鎮圧』一、四七一頁。

(68) 烏蘭泰奏、咸豊元年四月二十七日『鎮圧』一、四五二頁。

(69) 烏蘭泰奏、咸豊元年四月二十七日『鎮圧』一、四五〇頁。

(70) 周天爵致賽尚阿信鈔件、咸豊元年四月初二日・四月二十五日『鎮圧』一、四七六・四七八頁。

(71) 烏蘭泰奏、咸豊元年五月二十七日『鎮圧』二、四九頁。その後賽尚阿が提出した「鎮将不和」の原因に関する上奏によると、初め向栄は勝利の度に銀一両の褒美を与えて士気を鼓舞した。だが李星沅がこの金額を三銭に減らすと軍内は騒然となり、兵士たちは真剣に闘わないことを誓った。その後金額を再び一両に戻したが、もはや効果はなかった。また向継雄に花翎を与えるように求めたのは李星沅で、向栄が息子を贔屓した訳ではなかったという（賽尚阿奏、咸豊元年七月十三日『鎮圧』二、一四九頁）。

(72) 徐広縉奏、咸豊元年四月三十日『鎮圧』一、四六六頁。

(73) 周天爵奏、咸豊元年五月初一日『鎮圧』一、四六七頁。
(74) 周天爵等奏、咸豊元年五月十七日『鎮圧』二、四頁。
(75) 烏蘭泰奏、咸豊元年五月二十七日『鎮圧』二、三八頁。
(76) 諭内閣、咸豊元年五月初一日・五月十九日『鎮圧』一、四七〇頁および『鎮圧』二、十頁。
(77) 曽国藩奏、咸豊元年四月二十六日『鎮圧』一、四四一頁。
(78) 軍機大臣、咸豊元年四月二十六日、同四四二頁。
(79) 『天兄聖旨』巻2、辛開元年五月十二日、続編『太平天国』二、三一四頁。
(80) 李秀成の供述書（『新編　原典中国近現代思想史』一、二一九頁。また『増補本李秀成自述原稿注』一〇八頁）。
(81) 『天兄聖旨』巻二、辛開元年五月十二日、続編『太平天国』二、三一五頁。
(82) 周天爵致賽尚阿信鈔件、咸豊元年四月初二日『鎮圧』一、四七六頁。
(83) 王慶成「『天父聖旨』、『天兄聖旨』和太平天国歴史」中国社会科学院近代史研究所編『近代史研究』一九八五年一期（小島晋治等訳、中国民衆史研究会編『老百姓の世界』三・四号、一九八五年・八六年）もこの二つの解釈を可能性としてあげている。
(84) 賽尚阿奏、咸豊元年六月初七日『鎮圧』二、六六頁。
(85) 賽尚阿奏、咸豊元年六月初七日『鎮圧』二、七二・七四頁。
(86) 賽尚阿奏、咸豊元年六月二十日『鎮圧』二、一〇二頁。太平軍が占領した莫村の傅氏は道光年間に台頭した新興宗族の一つで、八代傅鈞超（挙人傅銓超の弟）が中心となって団練を組織した。だが同族内の格差も大きく、傅氏の族人で上帝会員だった「先生八」が太平軍の莫村占領を援助した。また太平軍が最も敵視したのが安良約の中心人物だった古程村の黄体正（嘉慶年間挙人）一族で、「新墟生員黄懋勲（黄体正の兄黄体誠の孫）、曽経該府派往大営嚮導、匪恨入骨、所有房屋十数間、悉被焼燬」（賽尚阿奏、咸豊元年七月十三日『鎮圧』二、一五四頁）とある。なお黄懋勲は一八五〇年に広西按察使楊彤如の道案内役となり、六月に団練を率いて紫荊山の警備を担当した。太平軍が象州から金田に戻ると、彼は烏蘭泰の道案内役として永安州に行っている（古程『黄氏族譜』咸豊八年本、『広西移民社会と太平天国』【史料編】一一一頁）。
(87) 賽尚阿奏、咸豊元年七月初六日『鎮圧』二、一三六頁。光緒『潯州府志』巻五六、紀事。
(88) 凌十八は五月に鬱林州から撤退し、六月には信宜県に戻った。また洪仁玕は桂平県蒙墟古城村の侯姓宅に四十日間逗留したが、太平軍に合流できなかった（洪仁玕自述、『太平天国』二、神洲国光社、八四六頁。また『新編　原典中国近現代思想史』一、二四四頁。）。
(89) 賽尚阿奏、咸豊元年七月初六日『鎮圧』二、一三三頁。
(90) 賽尚阿奏、咸豊元年七月十三日『鎮圧』二、一五四頁。
(91) 賽尚阿奏、咸豊元年七月十三日『鎮圧』二、一五二頁。
(92) 賽尚阿奏、咸豊元年八月初五日『鎮圧』二、二〇八頁。
(93) 軍機大臣、咸豊元年七月二十五日『鎮圧』二、一九八頁。また咸豊帝の作った「盼信詩」は「壮哉烏（蘭泰）向（栄）謀兼勇、嘉爾賽（尚阿）鄒（鳴鶴）才濟忠」などと、烏蘭泰や向栄の武勇を頌え、賽尚阿と鄒鳴鶴の才能を評価する内容だった（咸豊元年七月二十四日『鎮圧』二、二〇〇頁。）
(94) 賽尚阿奏、咸豊元年七月初六日・七月十三日『鎮圧』二、一三三・一五四頁。
(95) 賽尚阿奏、咸豊元年七月二十一日『鎮圧』二、一八三頁。光緒『潯州府志』巻五六、紀事。
(96) 賽尚阿奏、咸豊元年八月初五日『鎮圧』二、二一〇頁。
(97) 賽尚阿奏、咸豊元年八月十五日『鎮圧』二、二三一頁。
(98) 賽尚阿奏、咸豊元年七月二十一日『鎮圧』二、一八三頁。
(99) 賽尚阿奏、咸豊元年八月十五日『鎮圧』二、二三一頁。
(100) 賽尚阿奏、咸豊元年八月二十四日『鎮圧』二、二五一頁。
(101) 『天兄聖旨』巻二、辛開六月二十七日、続編『太平天国』二、三一五頁。
(102) 『天命詔旨書』『太平天国』一、六二頁。

(103) 李秀成の供述書（『新編　原典中国近現代思想史』一、二一九頁）。また『増補本李秀成自述原稿注』一〇八頁。
(104) 洪秀全「行営舗排詔」、太平天国歴史博物館編『太平天国文書彙編』中華書局、一九七九年、三一頁。
(105) 洪秀全「歓喜踴躍向前詔」『太平天国文書彙編』三二頁。
(106) 賽尚阿奏、咸豊元年閏八月初三日『鎮圧』二、二七三頁。また英国国立公文書館にはこの上奏文のベースとなった署右江道張敬修の稟が残されている（F．O．九三一　一三〇九号）。
(107) 半寓居士「粤寇起事紀実」『太平天国史料叢編簡輯』一、六頁。
(108) 賽尚阿奏、咸豊元年八月十五日『鎮圧』二、二三一頁。
(109) 賽尚阿奏、咸豊元年閏八月初三日『鎮圧』二、二七三頁。
(110) 丁守存「従軍日記」『太平天国史料叢編簡輯』二、二八八頁。また烏蘭泰は向栄を支援するべく秦定三の軍を送ったが、太平軍に阻まれて前進できなかったという。
(111) 洪秀全「諭衆兵遵天令詔」『太平天国文書彙編』三三頁。
(112) 賽尚阿奏、咸豊元年閏八月十四日『鎮圧』二、三〇三頁。
(113) 李秀成の供述書（『新編　原典中国近現代思想史』一、二二〇頁）。また『増補本李秀成自述原稿注』一一四頁。
(114) 小島晋治『洪秀全と太平天国』岩波現代文庫、二〇〇一年、一二〇頁。
(115) 賽尚阿奏、咸豊元年閏八月初三日『鎮圧』二、二七三頁。
(116) 金田禾寮村「呉国俊公家伝」（一九三二年立）『広西移民社会と太平天国』【史料編】二七八頁。
(117) 李秀成の供述書（『新編　原典中国近現代思想史』一、二二〇頁。『増補本李秀成自述原稿注』一一七・一四三頁）。
(118) 民国『藤県志稿』巻六、第十一章人物、第二節、忠義節孝。
(119) 『烏蘭泰函牘』巻下、『太平天国』八、七一三頁。

第三章　永安州時代の太平天国をめぐる一考察

はじめに

本書第一章はキリスト教にとくに『旧約聖書』の影響を受けた上帝会の偶像破壊運動が社会に大きな衝撃を与え、シャーマニズム（天父天兄下凡）の登場を転機として慎重かつ周到に武装蜂起が準備されたことを分析した。また第二章では江口、武宣、象州を転戦した太平軍が団営に間に合わなかった会員を糾合し、清軍の士気の低さや諸将の不和に助けられて金田一帯の包囲網を脱出したことを指摘した。

本章は永安州（現在は蒙山県）時代の太平天国について検討する。具体的には太平軍が永安州を占領した一八五一年九月から、清軍の包囲を突破して桂林へ向かった一八五二年四月までを扱う。この時期の歴史については簡又文氏(1)、羅爾綱氏(2)、茅家琦氏ら(3)が言及しており、鍾文典氏は長年の調査をふまえて本格的な分析を行った(4)。また地元蒙山県の研究者による研究成果が存在することも一つの特徴で、史料集の編纂や遺跡の保存が積極的に行われている(5)。さらに近年は崔之清氏が軍事史的な観点から検討を進め(6)、J．スペンス氏は洪秀全とキリスト教との対話に焦点を当てて新たな解釈を試みた(7)。

筆者は一九八六年および一九八七年、一九九六年、二〇〇七年に蒙山県を訪問し、簡単なフィールドワークを行った(8)。また中国第一歴史檔案館編『清政府鎮圧太平天国檔案史料』が刊行されると(9)、その不足分を補うべく一九九九年から台湾の国立故宮博物院で当該時期の宮中檔案、軍機処檔案、月摺檔（軍機処檔案の複本）を系統的に閲覧、収集した。さらに二〇〇八年、二〇〇九年にはイギリスの国立公文書館を訪問し、両広総督衙門に残された太平天国史料を閲覧した[10]。

そこで本章はこれらの新史料を活用して、永安州時代の太平天国の活動と清朝政府の対応を出来る限り客観的に分析してみたい。長く日本の歴史学界では軍事面を含んだ政治過程の分析は軽視される傾向が強かったが、特定の分野をいつまでも等閑視することは許されない。また大国化が進む一方で腐敗と圧政という問題を抱える現在の中国を見れば、下層民衆による騒擾事件を新たな視点で取りあげる必要性は大きい。本章の目的は太平天国史を「革命の先駆者」あるいは「破壊者」という従来の評価を越えて、十九世紀中国の社会変容という視点からとらえ直すことなのである。

一、太平軍の永安州占領と王朝体制の創建

(a)　太平軍の永安州占領とその後の軍事的措置

一八五一年九月に太平軍は桂平県新墟を退出し、平南県官村の戦いで広西提督向栄の軍を大敗させると、大旺墟から水陸両軍に分かれて永安州へ進撃した。うち蕭朝貴率いる陸路軍は藤県大黎里を経由し、九月二十三日に永安州南部の水秀（水竇とも呼ぶ）村に進出した。水秀村には平楽協副将阿爾精阿の率いる清軍四百名が駐屯していたが、羅大綱の先鋒隊が姿を見せると永安州城へ後退した。翌日羅大綱は州城の東に陣を布き、二十五日にこれを攻撃して陥落させた[11]。光緒『永安州志』には「賊は市場の爆竹を全て集め、城の西南隅に山のように積んだ。西南の風が吹いたため、燃やした爆竹の煙が辺りを蔽い、城上は視界が失われて、ついに支えられなくなった。賊は陳姓の門楼から梯子をかけて城壁を登り、ついに城は破られた[12]」とあり、太平軍が奇抜な戦法で清軍の守備隊を混乱に陥れたことがわ

かる。この戦いで団練を率いていた蘇保徳（生員）、湯慎武（廩生）らが戦死し、知州呉江と阿爾精阿は捕らえられて殺された[13]。

永安州は太平天国が占領した最初の城であった。明代に築かれ、清初に改修された州城の規模は周囲が二四八丈（約八百メートル）、高さは一丈六尺（約五メートル）で、蒙江（湄江）、通文江という二つの川に挟まれていただけで濠はなかった。その後城垣は「崩れて不全」であったが、一八四四年に知州張輔世が紳士たちの寄付を集めて改修工事を行った[14]。今も一部現存している城壁には、「道光」の二文字が刻まれた焼きレンガが用いられている。この「小さな山城」を拠点とした太平天国は、それまで「一夜のうちに三度居所を移す[15]」といった流動生活に別れを告げ、新王朝のひな形を摸索することになった。

楊秀清らの率いる水路軍は藤県三江口で覃翰元[16]率いる団練などの抵抗に遭い、永安州城に到着したのは十月一日であった。この日洪秀全は「籠に乗って城に入[17]」り、知州の衙署に居を構えた。入城にあたって洪秀全は「およそ一切の妖の殺害や城の奪取において、獲得した金宝、絹布、宝物などは私蔵を許さない。ことごとく天朝の聖庫に納めよ[18]」と命じた。また一八五三年にパリで出版されたジョセフ＝マリ・カレリ（Callery, Joseph-Marie）らの著書によれば、太平軍は「我々は決して大頭羊（張釗らの天地会軍をさす）のように水上で船を襲ったり、至るところで掠奪を働いたりしない」と述べ、兵士に掠奪と殺害を禁じて人々に「各々生業に安んじる[19]」ように呼びかけたという。

それでは初めて出現した太平天国王朝の風景はどのようなものだったのだろうか。欽差大臣賽尚阿の随員として従軍していた丁守存は、太平軍の退出後に永安州城の様子を克明に記録している。それによると州署の外側には多くの「偽示（告示）」が張り出され、将校たちの「風帽（風よけの帽子）」による階級の区別を示したものや、軍師の命令などがあった。その内壁には黄色い紙が貼り巡らされ、二朝門、三朝門、四朝門と記した額が掲げられていた。内門も黄色で、一対の竜の絵が描かれていた。さらに広間へ進むと竜、鳳凰が描かれた洪秀全専用の車が置かれており、紗

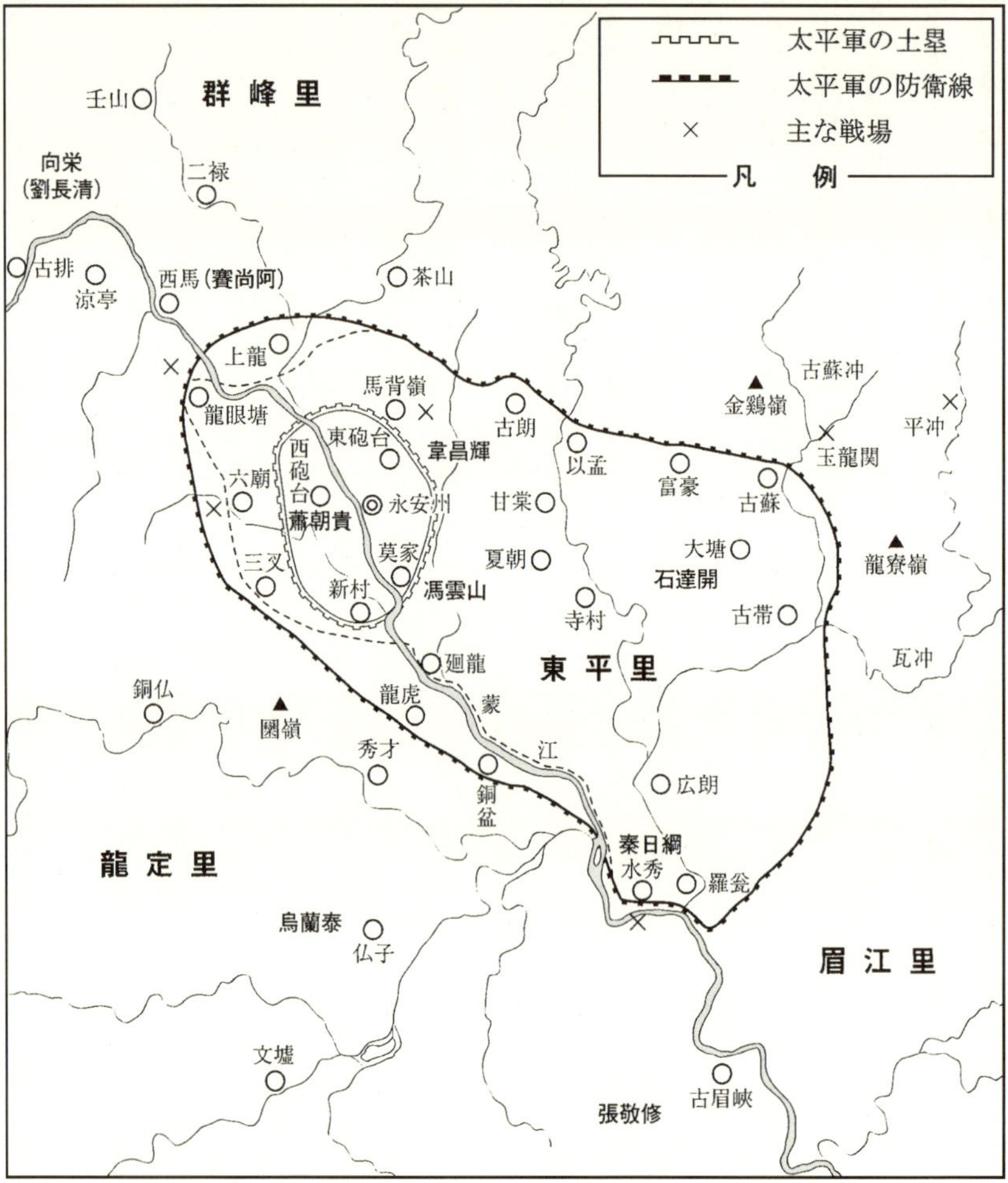

図4　永安州地図（1851年 9 月～52年 4 月）
郭毅生主編『太平天国歴史地図集』中国地図出版社、1988年より作成。

張りの灯籠には黄地に紅字で軍師や王府と書かれていた。また広間の前には植木鉢が置かれ、紅い絨毯が敷かれていたという。小規模ながら威厳のある空間が演出されていたことがわかる。

永安州城の周囲には、清軍の攻撃に備えて防禦体制が整えられた。その中心は東西に設けられた砲台で、瞭望嶺に置かれた東砲台には韋昌輝が、団冠嶺に置かれた西砲台には蕭朝貴がそれぞれ陣取った。丁守存は「西砲台へ行って賊が設けた望楼、砲台、砲眼および一切の竹、木、土で作った障害物を見たが、門は方向を変えて作られ、溝の幅も広く、その拠点は実に要害の地で、どこでも敵を防ぐことが出来た」[20]とあるように、太平軍が優れた陣地構築を行っていたことを認めている。また州城を中心に東西の砲台、馮雲山が二千名を率いて駐屯した城南の莫家村を囲むように土塁が築かれ、清軍の州城接近を防いだ。さらに戦略の要地だった南部の水秀村には秦日綱が一千名の「精鋭」[21]を率いて守りを固め、東部の大塘には石達開が駐屯して東平里一帯の支配を進めた。

いっぽう清軍の動きであるが、太平軍が永安州を占領した時に広州副都統の烏蘭泰は平南県の馬練にいた。九月二十六日に永安州西南の文墟に到着した烏蘭泰は、昭通鎮総兵経文岱と楚勇の首領江忠源（湖南新寧県人）が率いる兵三千名と共に州城から六キロの仏子村へ向かった。また二十七日に賽尚阿は按察使姚瑩、漳州鎮総兵長寿を兵二百名と共に永安州の北にある陽朔、茘浦県へ派遣し[22]、十月三日に川北鎮総兵劉長清、臨元鎮総兵李能臣の率いる四川、雲南兵四二〇〇名も桂平県から永安州西北の古排塘に到着した[23]。

これら清朝側の措置は太平軍を永安州に包囲して殲滅しようとするものだった。姚瑩は太平軍が全て永安州に入ったのは「絶好の機会」だと述べたうえで、「賊にとって有利なのは流動戦であり、かつ左右の地に手助けしたり従ったりする者が必要である。一つの城を孤守するのは土地が狭く食糧もなく、援軍も得られないため、賊にとって不利だ。いま大兵が四面から包囲攻撃をすれば……、一撃のもとに成功することが可能だろう」[24]とあるように、太平軍の殲滅に楽観的な見通しを述べていた。

九月二十八日に仏子村に到着した烏蘭泰は、各地の兵が揃うのを待たずに永安州城へ進攻した。太平軍は團嶺にいた守備隊八、九百名がまず迎撃し、州城と水秀村から出撃した二千名がこれに続いた。このとき太平軍の防備はまだ充分でなく、水路軍も到着していなかったため、烏蘭泰軍は「撃ち殺した者は実に四、五百人、まことに大勝利だった」(25)と善戦した。しかし「兵が少なく砲もなく、包囲攻撃することが出来なかったため、やむなく撤兵して陣地へ戻った」(26)とあるように、兵力不足のため仏子村に引きあげた。

その後烏蘭泰は太平軍と小競り合いをくり返したが、姚瑩が「賊は屢々文墟へ行き、みな官兵に敗北したが、孤軍であるため深入りすることは出来なかった」(27)と報告したように、他の清軍部隊との連携を欠いていたために戦果をあげられなかった。清軍が初めて本格的な攻勢をかけたのは十月十四日のことで、烏蘭泰配下の鎮遠鎮総兵秦定三が水秀村を、侍衛開隆阿が莫家村を攻めて太平軍を引きつけ、その間に古排村の劉長清、李能臣が一気に永安州城を攻略するという作戦だった。

ところがこの日劉長清、李能臣は共に病気で出撃できず、部下の将校に統率を任せた。はたして清軍は州城西門に迫ったが、「該匪は先に山頂に砲を置き、柵を設け、関所を立てて攻撃を阻み、大砲が雨のごとく降り注いだ」(28)とあるように西砲台の守備隊による抵抗にぶつかった。この時委員州牧の王啓秀らが荔浦県で組織した福建勇は前進したが、四川兵、雲南兵が「戦わずして退いた」ため、福建勇も撤退して清軍の攻撃は失敗した(29)。さらに十月十八日には向栄の派遣した綏靖鎮総兵李伏の軍が、昭平県から永安州東部の古蘇冲口まで進撃したところ、石達開率いる太平軍の奇襲を受けて敗走した(30)。

これら戦闘の結果を知った姚瑩は、太平軍について「よく兵を用いる者であり、小寇と見なすことは出来ない」(31)と認識を改めた。また永安州の地形を調べた結果、現状では太平軍の方が有利だと分析し、その理由として「第一にわが方は兵が戦いに怯え、将は心が揃っていない。第二に大兵が分かれて駐屯し、劉［長清］、李［能臣］は州城の西北に、烏［蘭泰］は西南におり、向［栄］は東から来るものの、どこに駐屯するのかわからない。もし気脈が通じれば、もとより犄角の勢いとなるのも可能だが、もし齟齬があれば、互いに応じることができない」と指摘した。さらに姚瑩は省都桂林から補給物資を送るルートが確立していないことを挙げ、「これを地元の者に尋ねたところ、餉道はみな賊によって塞がれており、甚だ憂慮すべきである」[32]と述べている。

その後清軍は十一月二日と十一日に南北から攻撃をかけたが、いずれも太平軍に撃退された[33]。この時に「賊を見ればすぐ逃げる」と非難されたのは四川兵で、「渡河しようとせず、州城から二里ほど離れたところで遥かに鬨《とき》の声あげ、鉄砲を放って勝利報告をするだけ」[34]と酷評された。いわば清朝は太平軍の永安州進出という情勢の変化に迅速に対応できず、太平天国は相対的に優位な立場で永安州の経営を進めたのである。

（b）　太平天国の永安州統治と王朝体制の創建

永安州が置かれたのは十五世紀のことで、かつては「民は三、猺獞（ヤオ族とチワン族）が七」[35]と言われた少数民族の居住区であった。龍定里の秀才三石村関氏[36]、大龍村楊氏[37]などの漢族有力移民は多くが十七世紀に永安州へ入植したが、土着の有力宗族として大きな影響力をもったのが馮雲山の駐屯した莫家村を中心とする莫氏であった。彼らは宋代に河南から移住したといい、永安州城の建設で土地を提供したり、一五九八年の反乱時にヤオ族を降伏させた功績によって「子孫代々の夫役を免除」される特権を与えられた。この特権を活かして所有地を拡大した莫氏は、十一代莫遜仕が万暦年間挙人となったのを初めとして多くの科挙エリートを生み、清代中期には「蒙山一邑について論じれば、富貴の二字を語る者はみなわが莫氏を第一に挙げる」[38]と言われたように勢力を拡大した。

永安州で漢族移民が増加したのは清代中期のことだった。何秉氏の調査によると、乾隆年間から道光年間にかけて六十二戸の移民が東平里へ入植したが、うち三十八戸が広東広州府、肇慶府、嘉応州から移住した客家であったという。[39]筆者が収集した史料からも同じ傾向を見ることができ、東平里古鑿村孔氏の始祖孔広球は十九世紀初めに広東恩平県から永安州へ移住した。[40]また甘棠村の李春栄一家は嘉慶年間に広東掲陽県から広西昭平県へまず移り、一八六二年に東平里へ入植した。[41]初期の太平天国において客家が多数を占めたことはよく知られているが、東平里一帯に多くの客家が住んでいた事実は、永安州占領後に太平天国が安定的な統治を行ううえで重要な条件となった。

太平軍が永安州に入った当初、まず問題となったのは食糧の確保であった。幸い十月は晩稲の収穫期に当たり、太平軍が占拠した東平里は「土田は肥沃で、農穀は最も優」[42]と言われたように永安州随一の穀倉地帯だった。このため太平軍は「聞くところでは賊匪は現在毎日のように出ては近くの村荘を搶掠している」[43]とあるように、稲の強制的な刈り入れを行った。その結果「その糧食は昨年秋に賊がやってきた時に、州民は刈り入れをしていなかったため、州城附近の稲はすべて賊に収穫され、このため充足した」「逆匪の米は昨年閏八月に搶割した後は倉庫に満ち、昨年捕らえた者の供述によると、今年正月、二月（一八五二年二月、三月）までの食をまかなえるとのことだった」[44]とあるように、当面必要な量を確保することに成功した。

広西で長年にわたる実地調査を行った鍾文典氏は、このとき太平軍が多くの場合小作農だった客家移民と収穫物を折半したと指摘している。氏によれば、太平軍は収穫量の多寡は問わず、田ごとに竹ざおを立てて半分に分け、一方を太平軍将兵が、一方を小作人たちが刈り入れを行った。この方法はシンプルで実行が容易であったばかりか、収穫の半分以上を小作料として納めていた客家移民にとって有利であり、速やかに食糧を確保しながら人々の支持を勝ち取るうえで有効な方法であったという。[45]

李秀成は蕭朝貴の陸路軍が藤県大黎郷を通過した時の情況について「村々の食糧や衣服はすぐに取られてしまい、人々が山奥にかくした食糧もやはり取られてしまった」[46]とあるように、食糧を全て奪われたために太平軍に同行せざるを得なかったと回想している。この事実を見る限り、太平軍が農民と収穫を折半したという話はにわかに信じがたい。だが『天朝田畝制度』によると、収穫物のうち自家用の消費分は人々の手元に置くことが認められていた[47]。また余った穀物は全て聖庫に納められることになっていたが、水秀村北側の中営嶺に作られた聖庫の跡からは現在も炭化した米が大量に出土しており、太平軍がかなりの分量の食糧を確保していたことがわかる[48]。さらに後代のことになるが、曽国藩も「粤匪が初め興ったときは、荒削りながらも規則があり……、民に耕作をさせて占拠した県を安んじ、人々が収穫すると、それを民と半分に分けた[49]」と記している。初めての占領地であった永安州で、太平軍が安定的な統治を実現するために収穫物を地元の下層民と分け合った可能性はあると考えられる。

むろん太平軍が収穫物を小作人たちと折半したことは、この地を支配していた有力移民たちに大きな打撃を与え、彼らの反発を生んだ。何秉氏の調査によれば、莫家村莫氏の十五代莫譲仁兄弟は乾隆、嘉慶年間に三千畝の水田を所有し、「最も著名な富翁」だった十七代莫若高は「粟を積むこと巨万に至り、田産を置買すること五、六千石」であった。比較的豊かだった東平里では地主による土地所有が進み、米穀の広東搬出を目的とした農業経営が行われていたからである。莫家村の蒙江沿いには埠頭が築かれ、毎年小作料として集められた米七十、八十万斤が梧州戎墟に送られたという。

有力移民はこれらの富を独占し、遅れて入植した客家移民と対立していた。一八〇一年に東平里夏朝村に入植した劉貴忠（原籍地広東）の場合、莫家村莫氏は彼らが荒地を開墾することを認めず、他所へ追い払おうとした。すると夏朝村劉氏は営潘村李氏（広東恩平県人）と協力して対抗し、さらに夏朝村の古響嶺に住む張氏と劉氏（共に広東興寧県人）が加勢して械闘の準備を進めた[50]。太平軍が永安州を占領すると、莫家村莫氏の十八代莫世熙（増生）は団練を組織して太平軍に抵抗した[51]。これと対照的に夏朝村劉氏は三代劉玉球が太平軍に参加し、夏朝村の人々を稲の刈り入れや陣地構築に動員したという[52]。

次に興味深いのは東平里寺村姚氏の事例である。『姚氏族譜』によると、彼らは広東嘉応州出身の客家で、明末に龍定里秀才村に入植し、康熙年間に寺村へ移住した。彼らは十四代の姚体行が道光年間武挙人となり、十四代姚体備、十五代の姚延年など数名の生員を生んだ。莫家村莫氏と夏朝村、営潘村の客家連合が械闘の準備を進めると、姚氏の人々は客家でありながら「土人」即ち土着勢力の一員として莫氏に味方した。そして太平軍が永安州に入ると、十六代の姚受爵（廩生、挙人姚廷珠の父）は団練を組織し、十六代の姚明新（庠生）は湄江里大沙村で戦死した。(53)姚氏の客家か、土着民かというアイデンティティが入植時期や科挙合格者の有無など様々な要因によって変化し、それが太平天国に対する態度にも影響している点が特徴的である。

さらに永安州北部の群峯里西馬村に住む陸氏について見たい。彼らは広東翁源県から移住した客家で、藤県大黎郷古制村に定着した同族からは陸順徳（後の来王）、陸十三（陸順徳の兄、永安州攻撃の時に戦死）が太平軍に参加した。だが西馬村では「家境は困難」だった十三代陸健文が一八五一年十二月に「賊（太平軍をさすと思われる）に傷害」されて死亡した。また太平軍の退出後、何村莫氏（莫家村莫氏の同族）が陸氏の所有する山場を占拠しようと図った。この時彼らは「族勢が弱く、莫姓という巨族には対抗出来ないと恐れて、ついに過程村に住む陸正公の後裔と連絡を取り、宗族団体を結合して外から侮られるのを防いだ」(54)とあるように、同じ永安州内に住む同族と結束して有力宗族に対抗したという。ここから貧しい客家移民がみな太平軍に参加した訳ではないが、彼らは有力宗族の圧力に対抗すべく同族結合を強化する必要に迫られており、そうした選択肢の一つとして太平軍に参加または協力する可能性があったと言えよう。

なお漢族による開発が遅れた山郷の永安州では、有力移民の支配力には限りがあり、彼らが組織した団練も弱体だった。太平軍が永安州を占領すると、陳培桂（州城南門外人）は「都統烏蘭泰の軍に投じ、戦いでは士卒の先頭に立って、頭を負傷しても恐れなかった」(55)と言われた。また平峝堡土舍（茶山土司）の李清華は、土兵を率いて太平軍の密偵を捕らえたが、太平軍の報復攻撃によって家を焼かれたという。(56)だがこれ以外に永安州の団練で目立った抵抗はなく、姚瑩も「示諭永安州士民文」において「どうして永安一ヶ所だけは、州城が破られて文武官員が犠牲になったのに……、いまだ団練で賊を防いだり、これを殺して褒美を求める者が現れないのか」[57]と嘆いたほどだった。

このため永安州の有力移民の中には太平軍にあえて抵抗せず、その要求に従って物資を提供する者も現れた。龍定里秀才村の梁文著（生員）は一八四四年に永安州城の修築工事で銀数百両を寄付した富豪であったが、太平軍が永安州を占領すると、「独自に数万擔（の米）を寄付して軍需に充てた」[58]という。また東平里広朗村の陸広平は「少し財をなしたばかり」の新興地主で、太平軍に物資の供出を命じられたが、恐怖のあまり夜中に金銭を持って逃亡した。すると太平軍は彼の家に残された財産を没収し、焼きレンガの家を壊して陣地構築に使ってしまった[59]。このように有力移民に目立った抵抗がなかったことは、太平天国が永安州を安定的に支配することを可能としたのである。

さて永安州において太平天国が創った制度の中で、最も有名なのは五王制に代表される世襲的な等級制度であった。一八五一年十二月十七日に天王洪秀全は詔を発し、正軍師だった楊秀清（紫荊山茶地では中軍主将）を東の国々を支配する東王に、蕭朝貴（同じく前軍主将）を西王に、副軍師だった馮雲山（後軍主将）を南王に、韋昌輝（右軍主将）を北王にそれぞれ封じた。また左軍主将だった石達開を翼王として「天朝を羽翼《ほさ》」させることにした。この詔は皇上帝だけが「真の神」であり、地上の支配者が皇帝を名乗ることは許されないという『原道覚世訓』の主張を踏まえたうえで、「主」たる天王に続く各王を楊秀清の統率のもとに封じたところに特色があった[60]。

これより前を見ると、太平天国の統治制度は必ずしも内外に対して明確にされていなかった。十月に賽尚阿は上奏の中で次のように述べている。

　大股の会匪が永安に入って後、各路の偵察やスパイ……から送られた報告は、あまり一定しない。あるものは太平王が胡以洸で、一万歳が洪秀全、九千歳が馮雲山、八千歳が羅亜旺（即ち羅大綱）、七千歳が范連得、六千歳が韋正（韋昌輝）であり、偽左輔正軍師が楊秀清、偽右弼又正軍師が粛朝貴（蕭朝貴）であると述べている……。

また太平王は韋正だという者もいる。

馮雲山は道士の衣服を着て、軍師を偽称している。胡以洸はまたの名を胡二妹といい、共に三十余歳である。各地のスパイは誰もまだ洪秀全の顔を見たことがない。聞くところでは洪秀全は一日中伏せ隠れており、人に会おうとしない。天父天兄を詐称し、七文字からなる意味不明の詩を作り、天父天兄が作ったものだと言って、人々を惑わしている。(61)

このように清朝が曖昧な情報しか入手出来なかった理由は、一つは賽尚阿らの努力不足であり、一つは太平天国の厳重な警戒により多くの密偵が殺されたためであった。だが洪秀全が人前に姿を見せなかったのも原因の一つであり、十一月の上奏でも賽尚阿は「金田の逆匪は太平天国を自称しており……、その首領は確かに太平王であるが、その太平王が果たして韋正であるのか、洪秀全であるかは往々にして供述によって一定しない(62)」とあるように、捕らえられた上帝会員が正確な知識を持っていなかったと指摘している。つまり五王制の発布は、太平天国が皇上帝（ヤーヴェ）を戴き、洪秀全を君主とする宗教王国であることを確認しながら、楊秀清以下の五人のリーダーを明確に序列づけ、それを会衆に周知させることが目的であったと考えられる。

また十一月に洪秀全は全軍に戦闘時の功績と罪を記録、伝達させる詔を出し、十二月初めには戦死者と功績のあった将校に対して官職の世襲を認めると宣言した。そこでは挙兵当初に見られた軍長、百長、営長などの職名に代わり、『太平軍目』に見られる両司馬から総制に至る階級制度が明確に示された。これらは太平軍内の組織が整備されたことを示すと共に、「小天堂に到達した時に、もって官職の高低を定める」「（功績が）大きければ丞相に封ぜられ……、小さくとも軍帥職を代々世襲し、天朝で龍袍や角帯を身につけることが出来る……。これほどの威風が他にあるだろうか？(63)」とあるように、地上の天国を建設した後の栄光を約束することで人々を鼓舞する意図が込められていた。

小島晋治氏はこうした太平天国の「官」志向についてドイツ農民戦争と比較し、農民が農民として解放されず、農民であることを放棄して官への上昇をめざす点で農民戦争とは評価できないと指摘した。また日本の百姓一揆では農民が大名や武士への身分的上昇を要求することは考えられないと述べたうえで、科挙制度によって社会的身分が流動性を帯びた中国社会の特質が、中国の農民反乱に「官となって財産を築く（昇官発財）」という官界への強い上昇志向を刻み込んだと述べている[64]。言いかえれば太平天国は漢族移民（客家）が持っていた中国（漢）文化の正統性に対するこだわりを背景に、自分たちの官界進出を可能とする伝統王朝の創設をめざした復古主義的な運動だったと言えるだろう。

太平天国のこうした伝統的な王朝としての性格は、キリスト教の影響を受けた上帝教の教義とある意味で矛盾していた。それが端的に表れたのは儒教的倫理をめぐる評価であった。第一章で述べたように、上帝教は洪秀全が偶像崇拝の否定をキリスト教理解の核心として受容した結果として、中国既存の諸宗教に対して排他的な攻撃性を帯びていた。それは一八四七年から各地の廟を打ちこわす偶像破壊運動となって現れ、永安州でも学正（教官）の役所や各地の廟が破壊された[65]。

いっぽう永安州において洪秀全は盧賢抜（平南県花洲人）など知識人の協力を得て、青少年の教育を目的とした『幼学詩』を出版した。そこでは「天朝は厳しきところ、眼前に威厳あり。生かすも殺すも天子の御意、諸官はなべてそむき得ず」とあるように、洪秀全の絶対的な権威を強調していた。また臣下、親子、兄弟、夫婦のあるべき姿について儒教的倫理をもとに解説し、「妻の道は三従にあり。おまえの夫君に逆らうな[66]」などと述べていた。これは同じ時期に出版された『三字経』が、スペンス氏が指摘するように『旧約聖書』出エジプト記の内容を詳細に語っているのと比べて対照的である[67]。

さらに洪秀全が人々に厳格な遵守を求めたのは『天条書』第七条に記された男女隔離の思想であった。一八五二年二月二十九日に洪秀全は「もし第七の天条を犯す者がいれば、発覚次第すぐに捕らえて斬首してさらし首とし、決して赦してはならない[68]」という詔を発した。男女別営は軍事上の必要から金田団営期から行われた措置であったが、洪秀全がこの禁令にこだわった背後には、中国の民間宗教を「男女混雑」と呼んで貶めてきた儒教知識人の偏見があったと考えられる。

なお永安州時代の太平天国は『太平礼制』『太平詔書』『天命詔旨書』など多くの書籍を出版あるいは編纂した。それらは文中に客家語の口語表現を多く含んでいために、江南の文人たちに「鄙びていて荒唐無稽[69]」と嘲笑されたが、自分たちの主張を書籍という形を通じて広めようとする努力は、清代の他の農民反乱に見られない特徴だった。また太平天国独自の暦である天暦を作成したのもこの時期で、それは新王朝の創設に不可欠な事業であった[70]。このように太平天国はキリスト教の影響を受けながら、同時に儒教および儒教的知識人の影響を中国農民反乱史の中でも突出させつつ、その統治体制を固めていったのである。

二、永安州における包囲戦と太平軍の北上

（a）清軍包囲網の問題点と周錫能の粛清事件

さて清朝が太平軍の永安州占領を知ったのは十月十三日のことで、太平軍を追撃出来なかった向栄と都統巴清徳の頂戴を取りあげ、賽尚阿の処分を命じた[71]。また咸豊帝の叱責を恐れた賽尚阿が、みずから陽朔県へ向かうと報じた上奏の中で向栄、巴清徳が病気を理由に進撃しようとしないと告発すると、十一月十日に清朝は一度向栄の提督職を取りあげた[72]。だが提督代理となった劉長清は将兵を統率出来なかったため、十二月に賽尚阿は向栄を永安州西北の古排村へ派遣し、「疲弱」が目立っていた北路軍の再編に当たらせた。また塩法道許祥光、署右江道張敬修の率いる潮州勇が前線に到着すると、十二月十日と二十七日に烏蘭泰は水秀村の太平軍陣地に攻勢をかけ、一時的に村を占領して

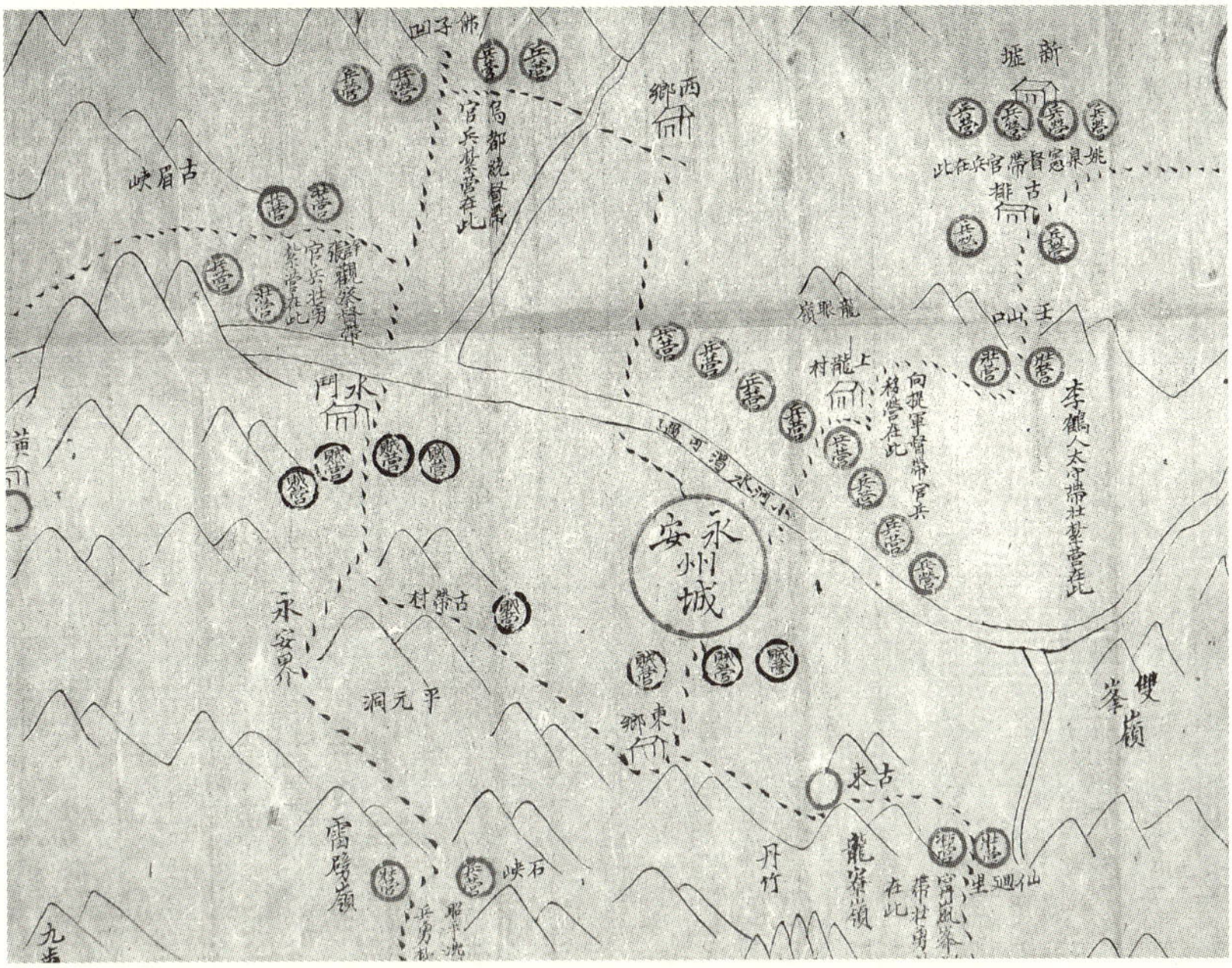

図5　永安州における太平軍と清軍の配置図（F.O.931 1891）

食糧貯蔵庫である「聖庫」などを焼いた[73]。またこの戦いで清軍は蕭朝貴を負傷させた[74]。

その後も清軍は増派を続け、北路軍には巴清徳が率いる四川、広西兵と天津鎮総兵長瑞（総兵長寿の兄）の率いる湖南兵、署徐州鎮総兵松安の率いる安徽兵、候補知県陳瑞芝の率いる潮州勇などが派遣された。また候補知府劉継祖の率いる張釗らの水勇が藤県の濛江口に配置され、桂平県知県李孟群が率いる香山勇、貴県挙人の黄鶴飛が率いる壮勇も戦線に加わった[75]。この結果兵の総数は「四万人余りを下らない」と言われたが、江忠源が「わが軍は官兵と壮勇の気が合わず、兵と将の心が通じず、将軍たちまで仲違いをしている。わが方には死ぬまで力を合わせようという気持ちがなく……、現在の兵で賊を討っても、恐らくは三ヶ月以上経たないと平定出来ないだろう[76]」と述べたように、清軍の足並みは相変わらず揃わなかった。また姚瑩は清軍の実情を次のように分析している。

中堂（賽尚阿をさす）から昨日「諸軍に陣地

を攻めると見せかけて、隙に乗じて州城を襲い、首領たちを捕らえて城を回復せよ。守ってばかりいる必要はない」という命令が届いた。まことに妙計であるが、目下諸軍の将に適当な人材はおらず、怯えた病気の兵を率いて毎日戦っても、局地的な勝利を収めるので精一杯である……。

烏［蘭泰］の軍は最も精鋭で、兵力も五、六千いることになっているが、実際は二千七百人に過ぎない。一軍だけで水竇、莫家村両営の賊に対するのは、実に容易なことではない。昨日潮［州］勇二千人を増援に送ってほしいという手紙が来た……。およそ戦いでは兵力のうち五分の二を留守に置かねばならない。そこから兵を二つに分けて水竇を攻めるなら、また一部の兵を莫［家］村の救援に送らねばならず……、実際に戦闘に参加できるのは半分に過ぎない。これは前線に来たことのない人間にはわからないことだ。

このため烏［蘭泰］が潮［州］勇の増援を求めると、［賽尚阿の］側近たちは実情を察せずに、「南北の兵勇が万余人もいるのに、どうして賊を殲滅できないのだ？」と言った……。賊は現在ただ陣地を死守して出ず、わが兵が飢え疲れるのを待って、出てきてわが方をからかうなど、実に兵の用い方を知っている。この戦法は「逸をもって労を待つ」といい、わが兵は往復に疲れ、戦闘で疲れてしまうが……、書生たちはこれを知らず、軽々しくそう言うのだ。[77]

ここからは清軍が「疲労」と「病気」のため額面通りの働きが出来なかったこと、烏蘭泰が増援を要請しても、前線の実情を知らない賽尚阿の周囲がこれを認めず、かえって永安州城の奪回を性急に命じたことがわかる。清軍将兵の間に風土病が流行したのも事実で、「疫病にかかった者が多く、なお出撃が可能な者は十分の五、六に過ぎない」[78]と言われた。また十二月には北路軍の都統巴清徳が「瘴気を積受」[79]したために軍中で病死した。さらに最高司令官である賽尚阿に軍を率いた経験はなく、姚瑩は「時におかしな指示があったが、従わない訳にいかず、事が成功しないのは明らかだった」[80]と述べている。咸豊帝は賽尚阿に対して、北京出発時に与えた遏必隆刀を用いて命令に従わない

写真３　永安州城壁

写真４　水秀村を望む

写真5　聖庫跡

者を斬り、軍紀を粛清するように命じた[81]。だが賽尚阿本人の「奇策を出して勝利することが全く出来ず、ひたすら誤魔化しばかり。今日は勝利を報じ、翌日は褒美を与えるように求めるが、おおむね虚構[82]」と言われた無策ぶりに対しては認識が甘かった。

なお烏蘭泰が派遣を要請した潮州勇や広東勇は、清軍内でも紀律の悪い部隊として知られた。十二月に広西学政孫鏘鳴は「壮勇はみな統制と指揮に従わない」と述べたうえで、彼らが戦闘で前へ進まないばかりか、「密かに賊と通じる者」もいると告発した。また役に立たない壮勇を解散したところ掠奪をくり返し、代わりに募集した潮州勇も次々と事件を起こしたため、梧州では被害を避けるため「城を閉じること数日[83]」だったという。

実際のところ、九月に水路軍を追撃していた張敬修の広東勇は太平軍と遭遇しないうちに「紛々と四散」した[84]。また水秀村南方の古眉峡に陣を構えた彼らは、指揮官に分からないように「土音」で太平軍将兵に話しかけ、軍需物資の横流しを含む交易を行った[85]。さらに壮勇は清軍正規兵や他の壮勇とのトラブルが絶えなかった。丁守存によると、一八五二年三月に潮州勇の二陣地で賭博をきっかけに争いが起こり、「叫び声があがり、鉄砲を撃ち合って負傷者が出」た。また広東勇と潮州勇の間でも械闘が発生したという[86]。

賽尚阿は壮勇について「この連中は利益目当てであり、飢えれば他人を頼り、飽きれば逃散する。張敬修の東勇はその良い証拠だ」と述べつつも、「勇は兵よりも勝る」[87]すなわち彼らの戦闘力が正規兵よりも高いため、彼らを用いざるを得なかったと指摘している。また烏蘭泰は増援の潮州勇が役に立たず、ひそかに太平軍と通じていると考え、彼らが名誉回復のために太平軍陣地を攻撃したいと申し出ても許可しなかった。結局彼らは昭平県の防衛に回され、やがて北路軍に投入されたという[88]。

いっぽう太平軍はいかなる問題を抱えていたのであろうか。永安州東部の穀倉地帯を占領した太平軍が、籠城戦に耐えるだけの食糧を確保していた点はすでに述べたが、彼らはいくつかの物資の不足に苦しんだ。その一つは火薬と弾丸で、「十二月から今まで、槍炮を放つことは稀となり、もって火薬を省いた」[89]とある。これらは古い土壁を用いた硫黄の製造や清軍の警備が手薄だった昭平県の商人との取引[90]によって補給されたが、李秀成が「永安に囲まれていた時は、斤両の火薬も持たなかった」[91]と供述したようにその不足に苦しんだ。また姚瑩は戦いが終わる度に太平軍兵士が陣地から出てきて、清軍が放った弾丸を拾っては攻撃に用いたと指摘している[92]。

もう一つ不足したのは食塩だった。すでに太平軍は武宣県、象州を転戦していた時に塩の不足に苦しんだが、永安州でも事態は深刻だった。姚瑩によると「数百人を率いる頭目は、食事のたびに少しの塩があったが、残りは塩気のない食事だった」といい、州城内にあった塩館の土を煎じて塩を取ったが、僅かな量にしかならなかったという[93]。また一八五二年二月に賽尚阿も、「(太平軍の)米はなお不足していないが、塩、油、おかずや野菜は実にすでに多くない」[94]と報じていた。

それでは太平軍が物資の不足に苦しみながら、半年以上にわたり永安州に留まった目的は何だろうか。それは広東および広西各地に残された上帝会員との合流であったと考えられる。ハンバーグ『洪秀全の幻想』によると、一八五二年初めに洪秀全は江隆昌を広東へ派遣し、上帝教の信者たちに永安州に来るように促した[95]。そのうち清遠県の穀嶺で蜂起した李興元らは清軍の弾圧を受けて敗北したが[96]、洪秀全の学生であった李瑞生(誉王)は永安州に到着して官職に封じられた。李瑞生は洪秀全が「しばしば手紙と旅費を送ってきた[97]」と述べており、太平軍が永安州に駐屯した重要な目的の一つが彼らとの合流にあったことは間違いない。

また広東信宜県の凌十八が率いる上帝会軍は、本隊との合流を果たせないまま羅定州の羅鏡墟で清軍に包囲されていた。結局凌十八軍は一八五二年七月にここで壊滅し、後に『天情道理書』で「兄弟と和睦せず、ついに博白、高州でそれぞれ領域を分けた[98]」と批判された。だが太平天国首脳部が永安州を離れるまで、彼らとの合流に望みを捨てていなかった可能性はあると思われる。ちなみに広東に残された馮雲山の親族は清軍に捕らえられた[99]。また穀嶺での蜂起に間に合わなかった洪仁玕（後の干王）が、潜伏先の香港でハンバーグから洗礼を受けたことは良く知られている[100]。

ところで戦況が膠着する中で、清軍は密偵を用いた内応工作をもくろんだ。すでに十月二十日に清朝は「機に乗じて密かに度胸と智恵のある者を城内に潜入させ、賊情を探ると共に……、内外夾攻のはかりごとをなせ[101]」という指示を送っていた。そのターゲットとなったのは胡以晄で、彼の弟である胡以暘（生員）は使いの者に手紙を持たせて永安州へ派遣し、胡以晄に投降するように勧めた。だが胡以晄は「頑迷」で従わず、その手紙を洪秀全に提出したうえで「狂悖」な返事を送りつけた。そこで烏蘭泰は手紙の中に爆薬を仕込み、胡以晄と洪秀全らを殺害しようと図った。やがて洪秀全が死亡し、胡以晄も自殺したとの情報が流れたが、確認が出来なかったため上奏はされなかったという[102]。

もう一つ永安州における内応工作として、有名なのが周錫能の事件である。この事件は太平天国自身の文献である『天父下凡詔書』『天情道理書』に記載され、下凡した天父（楊秀清）の全知全能ぶりを強調し、「天に逆らった」裏切り者の末路を示すことで会衆に結束を促す宣伝材料として用いられた。それによると太平軍が象州新寨にいた一八五一年六月に、軍帥の周錫能は博白県に戻って金田団営に間に合わなかった信徒たちを動員するように命じられた。彼は故郷で一九〇名を集めたが、清朝側の警戒が厳しかったため、「妖壮」すなわち清軍の壮勇になりすまし、永安州新墟の清軍陣地に入った。そして周錫能はまず二人の部下を連れて永安州城に戻り、太平軍の本隊と連絡をつけようとした。

ところが十二月二十一日に天父が下凡し、周錫能は監軍朱錫琨（後に丞相）、巡査黄文安（後の昭王、博白県人）を誘って「妖魔のために内攻外応」しようとしていると暴いた。周錫能は初めこれを否定したが、天父の厳しい追及を受けて「妖頭に惑わされ、結託してはかりごとをなし、天朝に戻って軍心を誘惑し、外からの攻撃に応じる」つもりだったと供述した。そして周錫能と彼の妻である蔡晩妹、息子の周理真は公開斬首刑に処せられ、朱錫琨も周錫能の計画をすぐに通報しなかった罪で処罰を受けた。

『天父下凡詔書』には処刑を前にした周錫能夫婦が天父の権威をたたえ、人々に自分たちのような誤りをくり返さないように忠告した部分があるが、いかにも作為的で、そのまま事実とは受けとめられない。周錫能は清軍の陣地で「咸豊妖の舅叔」である賽尚阿に会ったと供述している[103]。九月に賽尚阿は太平軍の金田脱出を報じた上奏で「偽軍師周錫能」を殺したと報じたが、その元となった張敬修の報告には周錫能の名前がない[104]。賽尚阿が別途捕らえられた周錫能の名を挙げて敗戦の責任を免れようとしたのかも知れないが、いずれにせよ清朝側の史料からは内応工作の痕跡は見いだせない。

また金田団営まもなく清軍に捕らえられた李進富の供述によると、博白県から参加した上帝会員は三百名ほどで、韋昌輝に率いられていた。厳しい戦いが続く中、博白県や平南県花洲の会員には「心では頭目を恨み」「逃げ出して官兵や団練を助け、彼を殺してやりたいと思っている」者が少なくなかったという[105]。とくに博白県や陸川県は楊秀清や蕭朝貴が直接訪れて天父、天兄下凡を行ったという記録がなく、彼らがリーダーシップを握ることを快く思わない会員も多かったと推測される。

結局永安州で周錫能が処罰されて以後、彼の告発に協力した朱錫琨、黄文安らは引き続き太平軍内で活躍したが、陸川県の上帝会首領だった頼世挙（即ち頼九）は太平天国の歴史から姿を消してしまった[106]。同じことは紫荊山で馮雲山の布教活動を支え、楊秀清らの台頭に反発したとされる大冲村曽氏の人々にも当てはまり、曽玉璟（曽開文の子）が永安州から家族を呼び寄せようと帰郷したところを団練に殺されると、以後彼らの足跡は太平天国の中に見出すことができなくなった(107)。

このように考えると、永安州時代の太平天国は統治体制の基礎を固めると共に、楊秀清のイニシアティブを明確にし、それに異を唱える古参会員を粛清した時期だったと見ることが可能であろう。現在周錫能の内応計画が事実だったか、冤罪だったのかを確認する術はないが、「天父のあらざるところなく、知らざるところなく、能わざるところなし(108)」と人々に痛感させたこの事件は、宗教的な専制王朝としての太平天国の性格を決定づけたのである。

（b）　太平軍の永安州脱出作戦と洪大全問題

さて一八五二年に入ると、太平軍に比較的有利だった戦局は変化し始めた。その第一の理由は北路軍の再編に乗りだした向栄が「はっきりと条理があり、軍容はこれがために一振」という成果をあげ、古排村から涼亭、石龍口へ陣地を前進させたことにあった(109)。この過程で向栄は太平軍陣地に近すぎることを理由に前進を渋った総兵李能臣を解任した(110)。また李孟群の香山勇、黄鶴飛の壮勇を永安州城北の壬山村、二禄村へ派遣し、「専ら東平里一路を攻め(111)」させた。さらに向栄の部下で綏靖鎮総兵に昇進した和春（後の江南提督、満洲正黄旗人）や長瑞、長寿兄弟の活躍などもあり、永安州北面における清軍の重圧は強まった(112)。

次に戦況に変化をもたらしたのは大砲の威力だった。向栄が取り寄せた二千斤の大砲は一月二十八日に戦線へ到着し、翌日から早速実戦で用いられた。二月には烏蘭泰の率いる南路軍にも二千斤、二千五百斤の大砲が配備された(113)。これらの大砲は「装塡した火薬がやや多く、弾丸がやや大きかったために、一門が破裂して兵五名が死傷した(114)」とあるように、必ずしも充分な性能を持っていた訳ではなかった。しかし「十発放ったところ、六、七発は賊巣に届いた。

賊匪をなぎ倒すところは見えなかったが、捕らえた賊の供述によれば、城内が大砲の攻撃を受けて以来、賊衆は大変驚き慌てた。街中に木の板を使って覆いをかぶせたが、民家数軒が破壊された」という報告から見て、太平軍将兵に与えた心理的影響は小さくなかったと思われる。また南路では太平軍が大砲の設置を阻止しようと図ったが、清軍に撃退されたという[115]。

第三に挙げられるのは、賽尚阿が永安州の前線に自ら赴いたことであった。太平軍の鎮圧が進まないことに苛立った咸豊帝は、一月十五日の上諭で「該大臣は陽朔に駐屯しているが、永安州とは一百余里も離れており、これまでの軍情に関する報告は確実なのか[116]」と苦言を呈した。これを受けた賽尚阿は直ちに永安州に向かい、二月十五日に州城から三キロ北の上龍横嶺に陣を構えた。彼は「向栄および各鎮将と密かに作戦会議を開き、攻撃の策を練った[117]」とあるように州城の早期奪回をめざし、春節期の長雨が一区切りついた三月十八日から大砲の威力に物を言わせて攻勢をかけた[118]。

これらの攻撃は「烏蘭泰は揆帥（賽尚阿）が戦闘を催促したため、大いに強弁をほしいままにした[119]」とあるように、清朝中央の意向に沿って攻撃を急ぐ賽尚阿と現場の意見が合わなかった。また烏蘭泰が太平軍の完全包囲を提案したのに対して、向栄は包囲網の一角を空けて太平軍を誘き出すという戦略を主張し、「（烏蘭泰は）もとより向栄と合わなかったが、ここに至って互いに益々水火の如き[120]」になるなど主将同士の意見対立も深刻だった。さらに南北の清軍陣地は「各々嫉妬心を抱き、やや模様眺めをしたために成功しなかった[121]」とあるように連携を欠いていた。だがこうした制約にもかかわらず、「三方面から合計一千余発を撃ち込み、命中したのは七百余り。家屋で破壊されていないものはなく、撃ち殺した賊匪はその数を知れない[122]」という結果を生んだのである。

切迫する事態を前に、ついに太平天国首脳部は永安州の脱出を決意した。すでに清軍の攻勢を前に、太平軍は戦線を縮小して戦闘力の維持に努めていた[123]。またそれまで清軍の防備が手薄だった州東の古蘇冲では、三月二十九日から封鎖強化のために派遣された参将王夢麟らの兵勇と太平軍の戦いが始まり、三十日には馬背嶺、蓮塘で増援の清軍と激戦になった[124]。そして四月四日に洪秀全は全軍の男女に対して次のような詔を出した。

天は妖魔を誅するためになんじらを派遣されたのであり、天父天兄がいつも顧みておられる。男将、女将は悉く刀を持ち、いま着ている服を着替えたら、心を一つにして大胆に妖魔を殺せ。金銀財宝の包みは捨て、俗情をすべて振り払って天を支えよ。さすれば光り輝く黄金の家がお前たちを待っている。高天で福を享け、この上ない威光を身に帯びることが出来るのだ……。各自全力を尽くして忠臣となれ[125]。

ここでは清朝打倒の使命と皇上帝の加護を訴えると共に、全ての財産と私情を捨てて前進するように命じている。この命令が出ると、兵士たちは「遺した輜重、軍械、衣服は数え切れない」「米糧、油塩も多く遺棄されており、倉庫の穀物も動かされていなかった」とあるように、多くの物資を捨てて軽装となり行軍に備えた。太平軍の永安州退出後に「潮勇が多くの衣物を捜獲したところ、黄色い緞子の鞋があり、上には竜と雲が描かれていた。偽太平王の履いた靴であった[126]」といい、洪秀全らも例外ではなかったことがわかる。そして遺棄された物資は、これを拾おうとする清軍兵士の追撃を鈍らせた。

四月五日の夜、おりからの暴風雨に紛れて太平軍の脱出作戦が始まった。その先鋒となったのは羅大綱の率いる兵二千名で、古蘇冲の玉龍関をめざした。ここは一騎当千と言われる天然の要害で、清軍は安徽寿春兵が守りを固め、元貴州署総兵の李瑞を増援に派遣していた。しかし李瑞軍の陣地構築が間に合わないうちに太平軍の急襲を受け、「賊は悉く精鋭で進攻したため、攻撃は甚だ鋭く、辰刻から酉刻（午前七時から午後五時）に至り、官兵は支えられなくなった[127]」とあるように敗走した。こうして突破口を作った太平軍は、楊秀清の率いる本隊も古蘇冲口を無事に通過した。

いっぽう水秀村の守備に当たっていた秦日綱の兵二千名は、後衛部隊として主力の古蘇冲口通過を支援した。だが彼らは四月七日に古蘇冲の東にある平冲で清軍に捕捉され、大きな損害を受けた(128)。この知らせを受けた洪秀全らは報復を決意し、夜のうちに平冲から崩冲に至る谷あいの両山頂に全軍を配置した。この時向栄は兵が二日間の追撃戦で疲れており、十月に総兵李伏がこの地で太平軍に敗北した経験から、慎重に軍を進めるように主張した。だが勝利に興奮した烏蘭泰はこれを聞きいれず、みずから貴州兵を率いて山を下り、兵を進めた。向栄らの各軍も彼に続かざるをえなかった(129)。

はたして四月八日の早朝、烏蘭泰は前方の村に煙が上っているのを発見した。すると太平軍が山上から「必死になって一死戦を決せん」と攻撃を開始した。このとき大雨に加えて辺りは霧が立ちこめ、清軍将兵は「一寸先も互いに顧みることができず、数丈も離れれば人の叫び声だけで、敵味方の区別がつかなかった」とあるように混乱に陥った。後続の湖南兵は救援に向かったが、「道幅が狭く、雨のため泥でぬかるみ、下に降りることは出来ても登ることは難しかった。前隊の兵は次々と傷つき倒れ、援軍もただ命を捨てて前進することしか出来なかった」と苦戦した。向栄と烏蘭泰は軍を返そうとしたが、曲がりくねった道の「上は絶壁、下は深い谷であり……、行動は迅速にいかなかった。賊衆が追いすがり、わが兵で崖の下に転落する者が続出」したという。

結局この戦いで清軍は長瑞、長寿兄弟と河北鎮総兵董光甲、鄖陽鎮総兵邵鶴齢の四名の総兵を失い、向栄の北路軍を中心に一千名以上の死者を出した。烏蘭泰は一度谷底へ転落し、なんとか自力で脱出したが、もはや太平軍を追撃する余力は残っていなかった(130)。その後太平軍が三妹山のヤオ族地区に入ったとの情報が入り、東の平楽あるいは梧州へ進出することが予想された。四月二十日に両広総督徐広縉は広東巡撫葉名琛に送った手紙の中で、太平軍が府江を渡って賀県に入り、広東へ進出することは憂慮すべきだが、渡河に必要な船はすでに撤去していると指摘した。また太平軍は数日分の食糧しか携行しておらず、「追撃の兵も少なくないので、永安の情形に比べれば対処しやすい(131)」などと楽観的な予想を述べていた。少なくとも太平軍が北に進路を変えて桂林を急襲したのは、彼らにとって青天の霹靂であったことだろう。

さて清軍は四月七日の戦闘において洪大全なる人物を捕らえた。彼は天徳王を名のり、洪秀全の弟分であると主張したため、賽尚阿はぶざまな敗戦を取り繕うための「戦果」として彼を「賊中の大頭目」であると大々的に報じた[132]。初期太平天国の歴史に多くの論争を巻きおこした洪大全については、現在北京と台北に供述書が所蔵されているが、内容は同じである。また近年鍾文典氏が彼の族譜を紹介し、関連する檔案史料が多く公開されたので、この問題について筆者なりの検討を加えてみたい。

まず洪大全の本名は焦玉昌といい、従来知られていた焦亮という名は彼の号であった。その出身地も湖南郴州興寧県で、衡州府人という供述書の内容は偽証であったことがわかる。一八五五年に広東天地会に呼応して蜂起した郴州反乱軍の首領焦三（本名焦玉晶）は洪大全の弟であり、「大元帥」の許月桂は彼の妻（ただし族譜によると妻は謝氏）であった。また洪大全は「県試で場を失う」など科挙受験に失敗したが、弟の焦玉明は生員となって長沙の岳麓書院などで学んだ[133]。ここから洪大全が天地会の関係者であること、それなりの経済的基盤を持った下層知識人であったことが確認される。

次に太平天国に参加した経緯について、洪大全は二つの説明をしている。一つは逮捕直後の供述書で、「数年前に広東へ行った時に、ついに花県人の洪秀全、馮雲山と知り合った」とあるように広東時代の洪秀全と面識があり、金田団営と共に太平軍に参加したと述べている[134]。もう一つは彼が北京へ護送された後に提出した上書で、一八五一年三月頃に欽差大臣李星沅を訪ねて献策をしたが「辱罵」を受け、山中で自殺しようとしたところ胡以晄と出会い、洪秀全に引きあわされたと語っている[135]。

おりしも太平軍が永安州を占領して間もない一八五一年十月に、湖南では衡州で左家発の組織した尚弟会（金丹道）が摘発され、広東老万山（狗頭山）に潜伏する朱九濤（太平王）、李丹（平地王）に対する捜索が行われた[136]。捕らえられた洪大全は取調べの官員に言われるまま、「湖南、広東会衆首領名単」において朱九濤、李丹の名前を挙げたため、あたかも彼が広東、湖南、広西の天地会と太平天国を結びつける重要人物という印象を人々に与えた[137]。だが実際のところ洪大全は広西東部に多く流入していた湖南移民の一人に過ぎなかった。彼と天地会の関係および太平軍加入の経緯も、一八四七年に平楽で蜂起した羅三鳳反乱軍あるいは上帝会との連携を図って失敗した陳亜貴反乱軍の生き残りで、羅大綱との関係を通じて太平軍に参加したのではないかと推測される[138]。

むしろ洪大全を特徴づけたのは現状に不満を持ち、上昇のチャンスを窺う下層知識人としての姿であった。一八四九年に彼の故郷である郴州では、童試の受験生であった李佐周らが「富童」すなわち豊かな家の子弟と差役が結託して不正を働いていると訴え、試験を妨害する事件が発生した[139]。当時広東では地方政府に不信感を募らせた知識人が、科挙試験をボイコットして要求の実現を図る事件が度々起きていた[140]。洪大全も科挙に落第して「心中は忿懣やる方なかった」と述べているが、この社会に対する強い不満こそは彼を天地会と太平天国に参加させた第一の要因であったと考えられよう。

また永安州時代の太平天国は王朝体制を整えるべく、知識人の参加と協力を必要としていた。李瑞生が広東から呼び寄せられたのはその一例であり、洪大全が厚遇されたのも「兵書を読むこと少なからず、古来の戦陣、兵法は皆心に留めた[141]」という知識であったと考えられる。むろん彼が天徳王を名乗ったのは、天地会員に参加を促す広告塔の役割を期待されたためであり、彼が捕らえられると天徳王の称号も他人に取って代わられた[142]。だが「女色」に耽った洪秀全が三十六人の妃を立て、洪大全がこれを諫めたといった話は、李進富の「(洪秀全らの)妻妾は三十六人[143]」という供述と符合する。洪大全の「一切の用兵について私の教えを請うた」という主張は割り引かねばならないが、彼が当時の太平天国において「先生」としてある種の影響力を持っていたことは事実であろう。

それでは洪大全はなぜ太平天国の歴史から姿を消してしまったのだろうか？　洪大全自身が語ったところによると、

彼は太平天国からの離脱を図って捕らえられ、獄中に監禁されていたという。もともと洪大全は「将来多くの地方を手に入れたら、自分の大事をなす」とあるように、王位を簒奪する意志を持っていたようである。だが彼と洪秀全の意見の食い違いが顕著となったのは、「天父天兄および耶蘇などの名目を立て、天兄の降臨と称して、全てのことが天父に聞けばわかるとした」という太平天国の宗教性であった。

洪大全は上帝教に対して「彼の妖術は古来事を成しえたことがない」と否定的な立場を取り、とりわけ楊秀清が兵権を統括することに嫌悪感を抱いていた。献策が受けいれられないことに苛立った彼は、「なんじの天父、天兄がいるのであれば、私はどうして用いられようか？」とまで言っている(144)。このように考えると、東王楊秀清のイニシアティブの下で宗教的な専制王朝としての性格を強め、反対勢力の粛清を断行した永安州時代の太平天国において、洪大全がその存在を容認されなかった理由も明らかとなる。彼は太平軍の首領二十六名のリストに周錫能事件で処罰された朱錫琨に加え、大冲村曽氏の一員と見られる曽玉琇の名前を挙げている(145)。それは洪大全が一部の古参会員と同じく、太平天国の歴史の中で淘汰される運命にあったことを象徴的に示していると言えよう。

小　結

本章は永安州時代の太平天国について考察した。永安州を急襲した太平軍は州城を中心とする東部盆地を六ヶ月余りにわたって占領した。この地区は客家が多く、清軍の包囲体制もすぐに整わなかったため、太平天国は比較的安定した地域経営を行って王朝体制の基礎を整えた。その内容は洪秀全と五王とくに楊秀清を中心とする宗教的な専制支配であり、人々は忠誠を尽くすことで地上の天国における官職の世襲を約束された。また太平天国はキリスト教の影響を受けつつも、実際の社会建設においては儒教的な色彩を強く帯びていた。その担い手は下層の知識人であり、太平天国は出版事業や独自な暦の作成に取り組むなど、中国歴代の農民反乱と比べて儒教知識人の影響が突出していた。

当初太平軍の動きに対応出来なかった清軍は、烏蘭泰（南路軍）と向栄（北路軍）の努力によって軍の立て直しと包囲網の形成に努めた。むろん将兵の低い士気や規律の悪さ、敗戦を糊塗する虚偽報告、指揮官の反目といった清軍の問題点は相変わらず存在した。しかし咸豊帝の催促を受けた賽尚阿が永安州の前線に到着し、みずから大砲による攻撃を試みると、太平軍は防戦に追われるようになった。そして洪秀全は広東の会衆との合流に見切りをつけ、永安州からの脱出作戦を発動した。この戦いで太平軍は後衛部隊を中心に大きな損害を受けたが、清軍も総兵四名が戦死するという大打撃をこうむった。そして太平軍は東進を予想していた清軍の裏をかき、省都桂林を急襲したのである。

ところで永安州時代の太平天国は政権の基盤作りをしただけでなく、東王楊秀清のイニシアティブを確立し、これに従わない古参会員を粛清した時期でもあった。本章は永安州で発生した周錫能の内応未遂事件について検討し、清朝側の史料からは計画の存在を確認出来ないこと、紫荊山の大冲村曽氏や陸川県の頼世挙など、この時期に太平天国の歴史から姿を消してしまった人々も少なくないことを指摘した。

また永安州脱出戦で清軍に捕らえられた洪大全についても、湖南、広東、広西の天地会と太平天国をつなぐ重要人物という従来の見解とは別に、現状に不満を抱いていた下層知識人という視点から分析を加えた。そして洪大全の話には誇張された部分が多いが、当時の太平天国が知識人に協力を求めていたのは事実であったこと、洪大全が遠ざけられた理由は太平天国の宗教性とりわけ楊秀清の宗教的権威に対する彼の批判的な言説にあったことを明らかにした。

このように考えると永安州時代の太平天国は、延安時代の中国共産党と多くの類似点を持っていることに驚かされる。それは敵の経済封鎖の中で自力更生をめざした生き残り戦略や下層農民の支持を取りつけた経済政策に止まらない。指導者層のイデオロギー闘争や反主流派に対する容赦ない粛清は、あたかも毛沢東の政治的権威を確立した整風運動を彷彿させる。こうした共通点は中国社会が元々抱えていた抑圧的な体質と並んで、マルクス主義を通じて再度受容されたユダヤ・キリスト教思想の不寛容な能動性がもたらした結果であったと筆者は考える。少なくとも本章の分析を通じて、客観的な立場から太平天国史を再構成することの現代的意義を改めて確認できたと思われる。

その後桂林攻撃に失敗して湖南へ向かった太平天国と、本隊との合流を果たせずに広東で全滅した凌十八軍の歴史については、それぞれ次章以下で詳述することにしたい。

【註】

（1）簡又文『太平軍広西首義史』商務印書館、一九四四年。同『太平天国全史』香港猛進書屋、一九六二年。なお抗日戦争期に簡又文氏は太平天国関係の書籍を携えて蒙山県に避難し、フィールドワークを行いながら研究を続けたという。

（2）羅爾綱『太平天国史』巻二、紀年、中華書局、一九九一年、一〇九頁。

（3）茅家琦主編『太平天国通史』上、南京大学出版社、一九九一年。

（4）鍾文典『太平軍在永安』三聯書店、一九六二年。同『太平天国人物』広西人民出版社、一九八四年。同『太平天国開国史』広西人民出版社、一九九二年。

（5）何秉「太平天国起義前夜的永安社会」両広紀念太平天国起義一三五周年学術研討会参加論文。劉海寿主編『永安州与太平天国』香港天馬図書有限公司、二〇〇一年。また蒙山県志辦公室編『太平天国農民革命在永安資料専輯』蒙山県印刷廠、一九八六年。

（6）崔之清主編『太平天国戦争全史』第一巻、太平軍興、南京大学出版社、二〇〇二年。

（7）Jonathan Spence, God's Chinese Son: The Taiping Heavenly Kingdom of Hong Xiuquan. New York: W. W. Norton 1996（朱慶葆等訳『天国之子和他的世俗王朝――洪秀全与太平天国』上海遠東出版社、二〇〇一年、佐藤公彦訳『神の子・洪秀全――その太平天国の建設と滅亡』慶応義塾大学出版会、二〇一一年）。

（8）この調査については菊池秀明「老長毛の故郷にて――広西留学雑記，八七～九〇」（中国民衆史研究会編『老百姓の世界』

五、一九八九年所収）を参照のこと。なお一九九六年の調査では澤田晃治氏（立命館大学大学院）の協力を得た。記して感謝したい。
（9）中国第一歴史檔案館編『清政府鎮圧太平天国檔案史料』第一冊～二六冊、光明日報出版社および中国社会科学出版社、一九九〇年～二〇〇一年（以下『鎮圧』と略称）。
（10）菊池秀明「英国国立公文書館所蔵の太平天国史料について」中国文史哲研究会編『集刊東洋学』一〇二号、二〇〇九年。
（11）賽尚阿奏、咸豊元年閏八月初四日・閏八月初九日『鎮圧』二、二七八頁・二八四頁。
（12）光緒『永安州志』巻四、兵志、已酉以来十九年兵事記略、広西区図書館蔵。また鍾文典『太平軍在永安』一一頁によると、二四日夜に太平軍は州城の周囲で馬に石の塊を引かせたり、爆竹を打ち鳴らし、夜襲にみせかけて清軍守備隊の疲労を誘ったという。
（13）光緒『永安州志』巻四、功烈。知州呉江の死については秦煥「清永安州知州呉江墓誌銘」（一八八四年立、『永安州与太平天国』二五六頁所収）および鍾文典『太平天国開国史』二二一頁を参照のこと。また蘇保徳は清仏戦争で名を馳せた広西提督蘇元春の父であった（簡又文『太平天国全史』上冊、三一〇頁）。
（14）光緒『永安州志』巻一、地志、城郭および「捐修永安州城等項碑記」（同書巻一）。
（15）張徳堅『賊情彙纂』巻六、偽礼制（中国近代史資料叢刊『太平天国』三、神州国光社、一九五二年、一六四頁）。
（16）賽尚阿奏、咸豊元年閏八月十四日『鎮圧』二、三〇三頁。覃瀚元は藤県大黎周村人、チワン族土官だった五屯覃氏の末裔で、太平天国とは深い縁がある。彼は清軍について従軍し、多くの情報を提供したため『賊情彙纂』巻首、採訪姓氏にその名が見える（『太平天国』三、三九頁）、また後に湖北巡撫胡林翼に取り立てられて黄梅県知県となったが、一八五九年に洪仁玕が香港から南京へ向かう途中で黄梅県に立ち寄り、覃瀚元の援助を受けたという（洪仁玕親供、中国近代史資料叢刊続編『太平天国』二、広西師範大学出版社、二〇〇四年、四〇六頁）。なお菊池秀明「広西藤県北部の移住と太平天国」『広西移民社会と太平天国』【本文編】四九三頁を参照のこと。
（17）覃漢陽口述、咸豊元年閏八月十八日『鎮圧』二、三〇六頁。

(18) 命兵将殺妖取城所得財物尽繳帰天朝聖庫詔、太平天国辛開元年又八月初七日、太平天国歴史博物館編『太平天国文書彙編』中華書局、一九七九年、三三頁。
(19) Callery, Joseph-Marie et Yvan, Melchior-Honoré. L'insurrection en Chine, Depuis son Origine Jusqu'àla prise de Nankin (Paris, 1853). その英語版による徐健竹の中国語訳『太平天国初期紀事』上海古籍出版社、一九八二年、六五頁。なおジョセフ＝マリ・カレリはトリノ生まれのカトリック宣教師で、一八三三年にマカオへ至り、フランス公使ラグルネの秘書兼通訳として黄埔条約の締結（一八四四年）に尽力した。
(20) 丁守存『従軍日記』（太平天国歴史博物館編『太平天国史料叢編簡輯』二、中華書局、一九六二年、三一〇頁）。
(21) 覃漢陽口述。また姚瑩「与呉署方伯」は「賊踞永安、而以精鋭立営於水竇、莫村、互為声援」と述べている（『中復堂遺稿』巻五、太平天国革命時期広西農民起義資料編輯組編『太平天国革命時期広西農民起義資料』上冊、中華書局、一九七八年、一九三頁）。
(22) 賽尚阿奏、咸豊元年閏八月初九日『鎮圧』二、二八四頁。
(23) 賽尚阿奏、咸豊元年閏八月十九日『鎮圧』二、三三一頁。
(24) 姚瑩「踞荔浦県報言事状」、咸豊元年閏八月初八日『中復堂遺稿続編』巻一（『太平天国革命時期広西農民起義資料』上冊、一九四頁）。
(25) 丁守存『従軍日記』（『太平天国史料叢編簡輯』二、二九一頁）。
(26) 賽尚阿奏、咸豊元年閏八月初九日『鎮圧』二、二八四頁。
(27) 姚瑩「復鄒中丞言事状」、咸豊元年閏八月十三日『中復堂遺稿続編』巻一（『太平天国革命時期広西農民起義資料』上冊、一九三頁）。
(28) 賽尚阿奏、咸豊元年閏八月二十七日『鎮圧』二、三四四頁。
(29) 姚瑩「再与厳観察書」、咸豊元年閏八月二十一日『中復堂遺稿続編』巻一（『太平天国革命時期広西農民起義資料』上冊、一九六頁）。

(30)『烏蘭泰函牘』巻上、十、『太平天国』八、六九〇頁。
(31)姚瑩「与呉署方伯」。
(32)姚瑩「復鄒中丞言事状」。
(33)賽尚阿奏、咸豊元年九月二十三日『鎮圧』二、四一七・四二四頁。
(34)華翼綸「寄鄒中丞書」『中復堂遺稿続編』巻二、附録。
(35)雍正『広西通志』巻九三、諸蛮。また嘉慶『永安州志』巻十、宦績、広西区図書館蔵によると、康熙年間の知州だった鄧林尹、陳大輂はヤオ族の統制強化と漢化政策を推し進めた。
(36)秀才村関氏の始祖関統は明代万暦年間に広東高明県から永安州に移住した（秀才三石村『関氏族譜』関慶三序文、一九二七年修、何秉氏抄本）。
(37)大龍村楊氏の始祖楊倫は陝西華陰人で、三藩の乱を鎮圧するために広西平楽府へ派遣され、永安州に定着したという（嘉慶『永安州志』巻十一）。
(38)莫家村『莫氏族譜』（一九二五年修、何秉氏抄本）の序文および莫戦招撫牌照（一五九八年）、永安州莫氏免夫照（一七九七年）。また光緒『永安州志』巻六、人物。
(39)何秉「太平天国起義前夜的永安社会」。
(40)『広西郷試珠巻』光緒己卯科、孔慶麟、広西桂林図書館蔵。
(41)『甘棠李春栄母墓誌』一九一〇年修、何秉氏抄本。
(42)光緒『永安州志』巻一、地志下、序文。
(43)姚瑩「踞茘浦県報言事状」。
(44)姚瑩「査復禁絶賊営接済状」、咸豊二年正月初十日・同「復陳断賊接済状」、二月初十日『中復堂遺稿』巻四（『太平天国革命時期広西農民起義資料』上冊、二一一・二一二頁）。
(45)鍾文典『太平軍在永安』三九頁。同『太平天国開国史』二二七頁。

(46) 李秀成の供述書（並木頼壽等編『新編　原典中国近現代思想史』一、開国と社会変容、岩波書店、二〇一〇年、二一九頁）。また羅爾綱『増補本李秀成自述原稿注』中国社会科学出版社、一九九五年、一一七頁。
(47) 『天朝田畝制度』『太平天国』一、三二二頁。
(48) 一九八七年調査記録。また『太平天国農民革命在永安資料専輯』六六頁によると、中営嶺の聖庫跡は東西の寛さが一〇〇メートルほどで、周囲には土塁が築かれ、秦日綱の部隊が駐屯していた。
(49) 曽国藩「密陳巡閲諸軍情況及可喜可惧形勢片」（同治二年二月二十七日）『曽国藩全集』奏稿六、岳麓書社、一九八九年、三一七二頁。
(50) 何秉「太平天国起義前夜的永安社会」。
(51) 光緒『永安州志』巻六、人物。
(52) 夏朝村『劉氏族譜』（何秉氏抄本）。また調査によると、劉氏は劉玉球の他に十六人が太平軍に参加した。
(53) 『呉興邑姚氏族譜』撰修年代不明、蒙山県烟草公司姚廷燊蔵。また姚受爵については光緒『永安州志』巻六、人物志、文職。
(54) 蒙山県『西馬陸氏家譜』一九二六年陸盛沾著述、藤県大黎郷古制村陸勤昌蔵（菊池秀明『広西移民社会と太平天国』【史料編】、五八七頁）。
(55) 光緒『永安州志』巻四、兵志、功烈。
(56) 「李家府君梃生行状」『永安州与太平天国』二五五頁。また平崗堡土舎李氏については嘉慶『永安州志』巻一三、武備、土舎。
(57) 姚瑩「示諭永安州士民文」。
(58) 「捐修永安州城等項碑記」（光緒『永安州志』巻一、地志）および簡又文『太平天国全史』上、三一五頁の梁渭川述。
(59) 一九五八年広朗村陸昌富述『永安州与太平天国』二七六頁。
(60) 永安封五王詔、辛開元年十月二十五日『太平天国文書彙編』三五頁。
(61) 賽尚阿奏、咸豊元年九月初八日『鎮圧』二、三七八頁。また文中にある范連得について、同じ日に送られた賽尚阿の上奏には「素通会匪之土匪」とあり、「私仇」のため永安州攻撃を試みて団練に撃退されたが、胡以晄を誘って永安州を陥落させたという（『鎮圧』二、三七四頁）。また姚瑩は彼と羅大綱が「上年平楽漏網之人」即ち一八四七年の羅三鳳を中心とする天地会反乱軍のメンバーだったと述べている（「據荔浦県報言事状」『中復堂遺稿続編』巻一、『太平天国革命時期広西農民起義資料』上冊、一九四頁）。さらに『広西昭忠録』巻一の呉江伝には、呉江が何洪基なる人物を処罰したところ、その仲間が報復のため太平軍に投じたとあり、范連得は何洪基の一派かも知れない。なお光緒『永安州志』巻四、兵志、己酉以来十九年兵事記略によると、永安州城は一八五〇年に「平南賊」の攻撃を受け、団練が撃退した。鍾文典『太平天国開国史』二一九頁を参照のこと。

(62) 賽尚阿奏、咸豊元年九月二十六日『鎮圧』二、四〇七頁。

(63) 令各軍記功記罪詔、辛開元年九月二十五日『太平天国文書彙編』三四頁。諭兵将立志頂天真忠報国到底詔、同年十月十二日、同書三四頁。

(64) 小島晋治「太平天国運動の特質――ドイツ農民戦争と比較して」『太平天国運動と現代中国』研文出版、一九九三年、一三一頁。

(65) 重修永安州儒学正署碑記、一八八三年、光緒『永安州志』巻一、地志。

(66) 『幼学詩』『太平天国』一、二二九頁。（西順蔵編『原典中国近代思想史』一、岩波書店、一九七六年、三〇八頁）。

(67) 『三字経』『太平天国』一、二二五頁。J. Spence 前掲書一四九頁（佐藤訳書二〇二頁）。小天堂への旅を続けていた太平天国の人々にとって、出エジプト記の内容が魅力的であったという見解には筆者も同感である。またそれだけに洪秀全と太平天国のキリスト教理解が『旧約聖書』中心になりがちだったと言えよう。

(68) 厳命犯第七天条殺不赦詔、太平天国壬子二年正月二十七日『太平天国文書彙編』三六頁。また「男女混雑」については澤田瑞穂『校注・破邪詳弁――中国民間宗教結社研究資料』第一書房、一九七二年。

(69) 張徳堅『賊情彙纂』巻九、賊教、偽書（『太平天国』三、二五二頁）。また鍾文典「客家与太平天国革命」『広西師範大学学報』一九八九年一期。

(70)　一八五二年三月に清軍は戦場で「逆書」を拾得したが、それは「妄改正朔」即ち清朝の暦を変更していた。『太平暦書』と考えられ、これを見た賽尚阿は「我朝二百餘年、小醜不靖者間亦有之、而似此狂悖實從來所未聞」と報じている（賽尚阿奏、咸豊二年二月初六日『鎮圧』三、一三頁）。また鍾文典『太平天国開国史』二六四頁。

(71)　諭内閣、咸豊元年閏八月十九日『鎮圧』二、三九六頁。

(72)　賽尚阿奏、咸豊元年九月初八日『鎮圧』二、三七四頁。軍機大臣、咸豊元年九月十八日『鎮圧』二、三九六頁。

(73)　賽尚阿奏、咸豊元年十一月十五日『鎮圧』二、五二二頁。ここで水秀村を占領した烏蘭泰軍は「其水竇村旁小営、係該匪屯糧之所、並大甕村一帯房屋、尽行焼燬」と述べている。

(74)　『天兄聖旨』巻二、辛開年十月十八日・二十日（中国近代史資料叢刊続編『太平天国』二、広西師範大学出版社、二〇〇四年、三一九・三二〇頁、以下続編『太平天国』）。この事実に注目したスペンス氏は、以後「衰弱」した蕭朝貴は権力の強化を図っていた楊秀清によって沈黙させられ、長沙で戦死するまで殆ど天兄下凡を行わなくなったと述べている（スペンス前掲書一四七頁、佐藤訳書二〇〇頁）。またこれ以前にも楊秀清と蕭朝貴の「権威をめぐる争い」が存在したと指摘している（スペンス前掲書一二八頁、佐藤訳書一七五頁）。これは太平天国指導者同士の関係を知るうえで重要な点なので筆者の考えを述べてみたい。

第一章で記したように二人のシャーマニズムには一種の役割分担があり、洪秀全に自らの存在を公認させ、馮雲山と並ぶ指導権を獲得するまでは相互依存の関係にあった。だがその後は競争相手でもあり、蕭朝貴の妻だった黄宣嬌――楊秀清との私通が発覚し、楊秀清が事態を糊塗するために楊姓（楊宣嬌）に改姓させたと言われる――が楊秀清と対立し、一八四九年末に下凡した天父が彼女を「不遵天命乱言題」と叱責して杖刑に処すと、彼女の「教導」に努めていた蕭朝貴と楊秀清の関係は悪化した。一八五〇年に楊秀清が病気のため天父下凡が不可能になると、蕭朝貴の発言権は一時的に増大したが、楊秀清の地位に取って代わることは出来なかった。元々彼が下凡させたのは天兄キリストであり、『洪秀全の幻想』『太平天日』で天兄は洪秀全を助けて「妖魔を撃滅する」という役割が強調されている。このため蜂起後の蕭朝貴は前軍主将として専ら戦闘の指揮を取り、天兄も六月に象州、九月に永安州で降臨して「戦妖（夢の中で妖魔と戦うこと）」「大戦妖魔」した。だが八月に金田で裏切り者を処罰したのを除くと、蕭朝貴が団営期のように頻繁に天兄下凡を行って会衆を統率した形跡はない。このように見ると蕭朝貴は負傷する以前から楊秀清の地位を脅かす存在ではなくなっていた。旧約重視の傾向をもつ上帝教においては、天兄キリストおよびその代言人である蕭朝貴が強力なリーダーシップを確立する余地はなかったと考えられる。なお劉平、劉晨「天兄超越天父的賞試――金田起義前蕭朝貴与楊秀清的関係」および劉晨「再探洪宣嬌」（共に紀念太平天国起義一六〇周年学術研討会『太平天国与中国近代社会論文集』広州花都、二〇一一年、三三八・三四五頁）を参照のこと。

(75) 簡又文『太平天国全史』上冊、三一八頁。また鍾文典『太平軍在永安』六一頁によると、清軍の総兵力は推計で四万六〇〇〇人であったという。

(76) 江忠源「致彭曉杭書」『江忠烈公遺集』巻一。

(77) 姚瑩「十九日進攻報中丞狀」、咸豊元年九月二十日『中復堂遺稿』巻三（『太平天国革命時期広西農民起義資料』上冊、二〇七頁）。

(78) 賽尚阿奏、咸豊元年十二月初六日『宮中檔咸豊朝奏摺』四、九四頁、国立故宮博物館蔵。また清軍は病気の兵勇が大半を占め、長瑞らも重病に苦しんだという（同奏、咸豊元年十二月二十九日『鎮圧』二、五八八頁）。

(79) 賽尚阿奏、咸豊元年十一月初九日『宮中檔咸豊朝奏摺』三、六八〇頁。

(80) 姚瑩「十九日進攻報中丞狀」。

(81) 諭内閣、咸豊元年十二月十九日『鎮圧』二、五七八頁。

(82) 孫鏘鳴奏、咸豊二年四月頃、F.O.九三一　一三三〇号、英国国立公文書館蔵。なお賽尚阿が「調度無方、号令不明、賞罰失当」を理由に解任されたのは太平軍の長沙攻撃後のことであった。

(83) 孫鏘鳴奏、咸豊元年正月十九日、軍機処檔〇八三〇八八号、国立故宮博物院蔵。

(84) 賽尚阿奏、咸豊元年閏八月十六日『鎮圧』二、三〇八頁。この戦いで張敬修は「憤懣」の余り一度は川に身を投げ、救出された後は別に壮勇を募集した。だがこの新潮勇も戦力としては当てにならず、十二月十日の戦いでは彼らが突然逃走したために、取り残された湖南兵三〇〇名が戦死したという（丁守存『従軍日記』『太平天国史料叢編簡輯』二、二九八頁および賽尚阿奏、咸豊元年十一月十五日『鎮圧』二、五二二頁）。

(85) 龍啓瑞紀事詩『太平天国革命時期広西農民起義資料』上冊、二五四頁。

(86) 丁守存『従軍日記』『太平天国史料叢編簡輯』二、三〇六・三〇八頁。

(87) 賽尚阿奏、咸豊元年十一月初九日『宮中檔咸豊朝奏摺』三、六八〇頁。

(88) 丁守存『従軍日記』『太平天国史料叢編簡輯』二、三〇〇頁。

(89) 姚瑩「査復禁絶賊営接済状」、咸豊二年正月初十日『中復堂遺集』巻四（『太平天国革命時期広西農民起義資料』上冊、二一一頁）。

(90) 姚瑩「復陳断賊接済状」、咸豊二年二月初十日『中復堂遺集』巻四（『太平天国革命時期広西農民起義資料』上冊、二一二頁）。同史料によると昭平県の孟冲に通じるルートは「奸民」が太平軍と取引していたため、昭平県の団練に封鎖させた。また丁守存『従軍日記』によると、一八五二年三月三日に「捉得送火薬賊殺之」という（『太平天国史料叢編簡輯』二、三〇六頁）。

(91) 李秀成の供述書（『新編　原典中国近現代思想史』一、二二〇頁。また羅爾綱『増補本李秀成自述原稿注』一一八頁）。なお李秀成によると、太平軍がまとまった量の火薬を入手したのは、永安州脱出戦で安徽寿春兵の火薬を奪取してからだった。

(92) 姚瑩「復陳断賊接済状」。

(93) 姚瑩「査復禁絶賊営接済状」「復陳断賊接済状」。

(94) 賽尚阿奏、咸豊元年十二月二十九日『鎮圧』二、五八八頁。

(95) Theodore Hamberg, The Visions of Hung Siutshuen and Origin of the Kwangsi Insurrection. Hongkong 1854, pp.59.（青木富太郎訳『洪秀全の幻想』生活社、一九四〇年、一四八頁）。

(96) 『李氏族譜』（陳周棠主編『広東地区太平天国史料選編』広東人民出版社、一九八六年、一〇五頁）。民国『清遠県志』巻十四はこの蜂起の指導者を李北養、聞き取り調査では李亜楷としている。

(97) 李瑞生供詞（続編『太平天国』二、四四三頁）。また小島晋治「故宮博物院（台北）所蔵太平天国諸王の供述の記録」（神奈川大学中国語学科編『中国民衆史への視座――新シノロジー・歴史篇』東方書店、一九九八年、五五頁）。
(98) 『天情道理書』『太平天国』一、三八六頁。
(99) 馮雲山之弟馮亜戊供詞（咸豊元年 F.O.九三一　一二七九）、処置馮雲山家属呈文（咸豊五年 F.O.九三一　一五九四）。その内容によれば、馮雲山の母親と妻、弟馮亜戊は一八五一年に、彼の息子である馮亜養、馮癸茂も一八五三年以後に捕えられた。またハンバーグ『洪秀全の幻想』によると、彼の長男である馮亜芳は広州で潜伏中に逮捕された。また次男は一八五三年にI.J.ロバーツと共に上海へ到達したという（六二頁、青木訳書一五四頁）。
(100) 倉田明子「洪仁玕とキリスト教――香港滞在期の洪仁玕」『中国研究月報』六四一号、二〇〇一年。
(101) 軍機大臣、咸豊元年閏八月二十六日『鎮圧』二、三四二頁。
(102) 丁守存『従軍日記』『太平天国史料叢編簡輯』二、三〇〇頁。
(103) 『天父下凡詔書一』『太平天国』一、七頁。『天情道理書』同書一、三七六頁。
(104) 賽尚阿奏、咸豊元年閏八月初三日『鎮圧』二、二七三頁。張敬修稟、咸豊元年八月、F.O.九三一　一九〇三号。
(105) 李進富供詞、咸豊元年、F.O.九三一　一〇四一号。また小島晋治「初期太平天国兵士十名の供述書」（『東京大学人文科学紀要』七五、一九八二年（同『太平天国運動と現代中国』研文出版、一九九三年、八五頁）。
(106) 民国『陸川県志』巻二一、兵事編。また北伐軍を率いた丞相李開芳は「頼世挙永安州出来已死」と述べている（李開芳又供、咸豊五年四月、中国第一歴史檔案館編『清代檔案史料選編』五、中華書局、一九八〇年、一六七頁）。
(107) 合水『武城曽氏族譜』民国三三年修、合水村曽家寧蔵。また曽家の四代曽玉珸は下凡した天兄（蕭朝貴）から「恃横欺害」の罪で指弾を受けた（『天兄聖旨』巻一、戊申年十一月中旬、続編『太平天国』二、二四七頁）。
(108) 『天父下凡詔書一』『太平天国』一、一八頁。
(109) 丁守存『従軍日記』『太平天国史料叢編簡輯』二、二九九頁。賽尚阿も向栄が一月五日から太平軍陣地を攻撃し、「今向栄連日移営、蟬聯遞進、反客為主」とあるように戦況を変化させたと述べている（同奏、咸豊元年十二月初六日『鎮圧』二、五六五頁）。

(110) 賽尚阿奏、咸豊元年十二月初六日『宮中檔咸豊朝奏摺』四、八一頁。

(111) 賽尚阿奏、咸豊元年十一月十五日『鎮圧』二、五二二頁。

(112) 和春らは向栄の陣地構築を援護し、一月二四日には東西両砲台と紅廟付近で太平軍と交戦した。また三月三〇日にも馬背嶺で太平軍と戦った（賽尚阿奏、咸豊元年十二月初六日・同二十九日『鎮圧』二、五六五・五九〇頁。同奏、咸豊二年二月十六日『鎮圧』三、三五頁）。

(113) 賽尚阿奏、咸豊元年十二月二十九日『鎮圧』二、五九〇頁。

(114) 丁守存『従軍日記』『太平天国史料叢編簡輯』二、三〇三頁。

(115) 賽尚阿奏、咸豊元年十二月二十九日『鎮圧』二、五九〇頁。

(116) 軍機大臣、咸豊元年十一月二十五日『鎮圧』二、五五七頁。

(117) 賽尚阿奏、咸豊元年十二月二十九日『鎮圧』二、五九〇頁。

(118) 賽尚阿奏、咸豊二年二月初六日『鎮圧』三、一三頁。

(119) 丁守存『従軍日記』『太平天国史料叢編簡輯』二、三〇六頁。

(120) 『清史稿』巻三九二、列伝一七九、賽尚阿（中華書局版、一九七七年、一一七四七頁）。また丁守存『従軍日記』は烏蘭泰が永安州北面に築かれた「長囲」を東側にも延長すれば、「賊万不能飛越矣」であると主張したが採用されなかったと述べている（『太平天国史料叢編簡輯』二、三〇七頁）。

(121) 丁守存『従軍日記』『太平天国史料叢編簡輯』二、三〇五頁。

(122) 賽尚阿奏、咸豊二年二月初六日『鎮圧』三、一三頁。

(123) 鍾文典『太平軍在永安』一一二頁によると、太平軍は蒙江西岸にあった團嶺、龍虎嶺、銅盆村の陣地から退き、六廟村、三叉村、新村から廻龍村へ至る防衛ラインを維持しようとした。

(124) 賽尚阿奏、咸豊二年二月十六日・二月二十七日『鎮圧』三、三九・五一頁。

(125) 永安破囲詔、太平天国壬子二年二月三十日『太平天国文書彙編』三七頁。
(126) 丁守存『従軍日記』『太平天国史料叢編簡輯』二、三二〇・三二一頁。
(127) 光緒『永安州志』巻四、兵志、己酉以来十九年兵事記略。
(128) 賽尚阿奏、咸豊二年二月二十七日『鎮圧』三、五一頁。なお賽尚阿は太平軍の損害について「総計両日殺賊実不止二三千名、生擒百余名」と述べている。また李秀成も「殺死天朝官兵男女二千余人」と供述している（羅爾綱『李秀成自述原稿注』増補版、一一九頁）。
(129) 賽尚阿奏、咸豊二年二月二十七日『鎮圧』三、五一頁。また烏蘭泰が向栄の諫めを聞かず、軍を進めた点については汪堃『盾鼻随聞録』巻一、粤寇紀略（『太平天国』四、三五八頁）および「龍啓瑞紀事詩」（『太平天国革命時期広西農民起義資料』上冊、二五四頁）、華翼綸『荔雨軒文集』巻三、双忠伝などに詳しい。
(130) 賽尚阿奏、咸豊二年二月二十七日『鎮圧』三、五一頁。この戦いにおける清軍の死者数は史料によって異なり、李秀成は四、五千人と供述している（羅爾綱『増補本李秀成自述原稿注』一一九頁）。また姚瑩は八百人（姚瑩「与厳方伯」『中復堂遺集』巻五、『太平天国革命時期広西農民起義資料』上冊、一二六頁）、光緒『永安州志』は一千名余りと述べているが、総兵四名の他にも参将田学韜など多くの将校を失ったことを考えると、敗戦の責任を免れるべく過小に報告した可能性が高い。簡又文氏は四、五千人は多すぎるとしたうえで、太平軍の損失よりも多い二、三千人が妥当なところではないかと述べている（簡又文『太平天国全史』上冊、三二九頁）。
(131) 徐広縉致葉名琛的信、咸豊二年三月初二日、F.O.九三一　一三〇一号。
(132) 賽尚阿奏、咸豊二年二月二十七日『鎮圧』三、五一頁。
(133) 『興寧焦氏続修族譜』一九一四年、焦左泉主編、郴州地区教育委員会張剣生氏提供（鍾文典『太平天国開国史』一九九頁）。
(134) 洪大全供詞、咸豊二年二月二十七日『鎮圧』三、五八頁。
(135) 洪大全上咸豊帝表文、咸豊二年四月二十六日『鎮圧』三、一三九頁。
(136) 程矞采奏、咸豊元年閏八月二十二日・九月二十七日『鎮圧』二、三三五・四三一頁。

(137) 洪大全供湖南広東会衆首領名単、咸豊二年四月二十六日『鎮圧』三、二四四頁。

(138) 何秉「太平天国起義前夜的永安社会」によると、永安州には嘉慶、道光年間に湖南零陵県、湘潭県、宜章県から移民が入植した。また羅三鳳反乱軍には湖南朱洪英（昇平天国）反乱の首領である胡有禄兄弟が加わっていた（菊池秀明『清代中国南部の社会変容と太平天国』三三二頁）。

(139) 駱秉章奏、咸豊元年二月十五日『宮中檔咸豊朝奏摺』一、二八七頁。同奏、咸豊二年正月二十六日、同書四、三六四頁。

(140) 本書第一章。

(141) 洪大全供詞。

(142) 盤獲西逆夥黨黄非暑等訊過供詞、咸豊二年七月十九日、F．O．九三一　一三七五号には、太平軍の江華県城攻撃に加わった天地会軍に「朱姓」の天徳王がいたとの供述がある。なお小島晋治「初期太平天国兵士十名の供述書」を参照のこと。

(143) 李進富供詞。

(144) 洪大全供詞および洪大全上咸豊帝表文。また洪大全は太平天国が閏月を持たない天暦を採用したことを批判し、「暦書是楊秀清造的」と述べて楊秀清に対する不満を表明している。

(145) 洪大全供太平軍首領名単、咸豊二年四月二十六日『鎮圧』三、二四四頁。洪大全は曽玉琇の他にも曽四なる人物を挙げている。なお賽尚阿は一八五二年一月に「左一軍帥曽」と記された大黄旗を手にした太平軍将校を殺害したと述べているが（賽尚阿奏、咸豊元年十二月初六日『鎮圧』二、五六五頁）、これが彼らかどうかは確認できない。

第四章　広東凌十八蜂起とその影響について

はじめに

筆者は本書第一章、第二章で金田団営期の太平天国を取りあげ、偶像破壊運動を行った上帝会が蜂起の準備を慎重に進め、挙兵後も各地の会員を糾合して清軍の包囲網を突破したことを指摘した。[1] また第三章では永安州時代の太平天国について考察し、彼らが客家住民の支持をえて王朝体制のひな形を整えたこと、五王制の公布によって東王楊秀清のイニシアティブが明確になる一方で、これに不満な古参会員に対する粛清が行われたことを指摘した。[2]

本章は広東信宜県で発生した凌十八の蜂起を取りあげる。上帝会の一部でありながら、洪秀全らの本隊と合流できずに鎮圧された凌十八軍については、一九六〇年代に佐佐木正哉氏がイギリスで発見した地方檔案によって注目が集まった。[3] 中国ではこれらの史料を活用した研究がいくつかあり、[4] 一九九一年に広東茂名市で開催された太平天国史の学術討論会では凌十八蜂起の評価が重要テーマとして掲げられ、専著と史料集、論文集が刊行された。[5] だが日本では小島晋治氏がこの事件に言及し、[6] 筆者が客家の移住に対する国家政策の影響という観点から蜂起の背景を分析した[7]のを除くと、蜂起の全体像をとらえた専論は存在しない。

筆者は一九九〇年と九一年の二度にわたり信宜県を訪問し、現地研究者の協力を得て調査を行った。また台湾の国立故宮博物院で凌十八蜂起に関する檔案史料を収集し、二〇〇八年、二〇〇九年にはロンドンの英国国立公文書館を訪問して両広総督衙門の地方檔案を調査した。[8] 本章はこれらの成果をふまえ、この蜂起の特質とその影響について出来る限り具体的に描き出してみたい。それは太平天国史を「革命の先駆者」あるいは「破壊者」という従来の評価を越えて、十九世紀中国の社会変容という視点からとらえ直すための一階梯になると思われる。

一、凌十八の上帝会参加と蜂起の背景

(a)　燕古村凌氏の移住と凌十八の上帝会参加

凌十八(本名凌才錦)は広東信宜県「新図」燕古塘坳屯村の人であった。族譜の記載によると、燕古村凌氏は広東嘉応州平遠県から移住した客家人で、始祖の凌銘は明末崇禎年間に戦乱を避けて西寧県貴子墟へ移住し、「新図」馬貴堡の銭排徑口(洞頭)村へ定着した。(9) また双埸村李氏の族譜によれば、彼らの始祖である李雍は凌銘と姻戚関係にあり、李雍の姪であった李昊と三人で洪水の被害を受けた故郷を離れ、広東翁源県を経由して銭排村へ入植したという。(10) 同郷や姻戚関係など多様なネットワークを利用し、移住に伴う危険を回避しながら入植活動を進める相互扶助の戦略は、有力な政治、経済的基盤をもたない下層移民に広く見られた特徴であった。

「新図」入植後に六代の凌会聡は徑口村から雲開村へ再移住し、やがて燕古村に落ち着いた。また一族の中には信宜県内の麗垌村や水口村、広西岑溪県など、近隣各地に移動をくりかえす者も多かった。(11) すでに筆者は明末の広東西部に入植した客家移民が、その高い流動性ゆえに反秩序的な存在と見なされ、地域の安定的統治を望む地方政府から警戒されたことを指摘した。(12) だが凌氏の人々が見せた移動性の高さは、広西への出稼ぎと上帝会との出会いを生み出すことになる。

凌十八の父親は凌玉超といい、農業のかたわら茶を売る小さな店を営んでいた。(13) 凌十八が蜂起に先だって処分した財産の契約文書(道光三十年正月十九日)によると、彼らは五十畝以上の水田と山林、焼レンガ作りの家などを所有し、

一定の経済的基礎を持っていたことがわかる。[14] 凌十八は一八一九年生まれで、六人兄弟の長男であった。彼は塾教師を兼ねた父の影響もあって科挙受験を志したが、武生員の試験にすら合格できなかった。信宜県の科挙合格者は、明代までに軍人、官吏あるいは生員資格獲得のための越境入学者（寄籍生員）として入植し、有力宗族に成長した五大姓（李、林、梁、陸、陳の五姓）の人々によって多く独占されていたためである。[15] この社会的上昇の挫折は、「該県の生員、監生と大寮の凌十八らは怨みを結ぶことまさに深く、勢いは並び立たない」[16] と言われたように、凌十八が上帝会に接近するうえで重要な要因となった。

それでは凌十八はどのように上帝会を受容したのだろうか。凌十八の蜂起後、懐郷巡検司の陳栄が提出した報告書は次のように記している

凌十八には四、五人の兄弟がいるが、そのうち二、三人の者が四、五年前（一八四六年または四七年）にまず家族を連れて広西地方へ行って耕作し、暮らし向きは良かった。凌十八も二年前（一八四九）に広西へ行ったが、何をしたのかはわからない。昨年（一八五〇）正月二十日以後、凌十八がまず広西から家に戻り、彼の弟である凌二十四、凌二十八らも次々と戻ってきた。彼らは広西で上帝会を拝むことを学び、お札を書いて呪文を念じ、符水を飲ませることが出来ると言った。そこで夜に家中の老若男女が紅布を頭にかぶり、紅布を腰に巻いて、天にむかって跪いて拝んだ。そうすれば家中を清く幸運に保つことが出来ると言ったのである。やがて大寮の薛姓、蓮塘の羅姓、林垌の葉姓、河覇の李姓らも一緒に拝んだ。[17]

これによると初め広西へ出稼ぎに出たのは凌十八の弟たちであった。筆者が英国国立公文書館で収集した凌十八の親族リストによれば、この時広西へ行ったのは凌二十四（即ち凌標錦、凌玉超三男）、凌二十八（凌揮錦、同四男）、凌二十九（凌進錦、同五男）、凌三十（凌扶錦、同六男）の四人とその家族で、入植先も平南県であった。うち凌二十九、凌三十の一家と凌二十八の妻子は蜂起後も平南県に留まり、[18] 凌三十は金田の本隊に加わって南京へ到達し、のちに干王

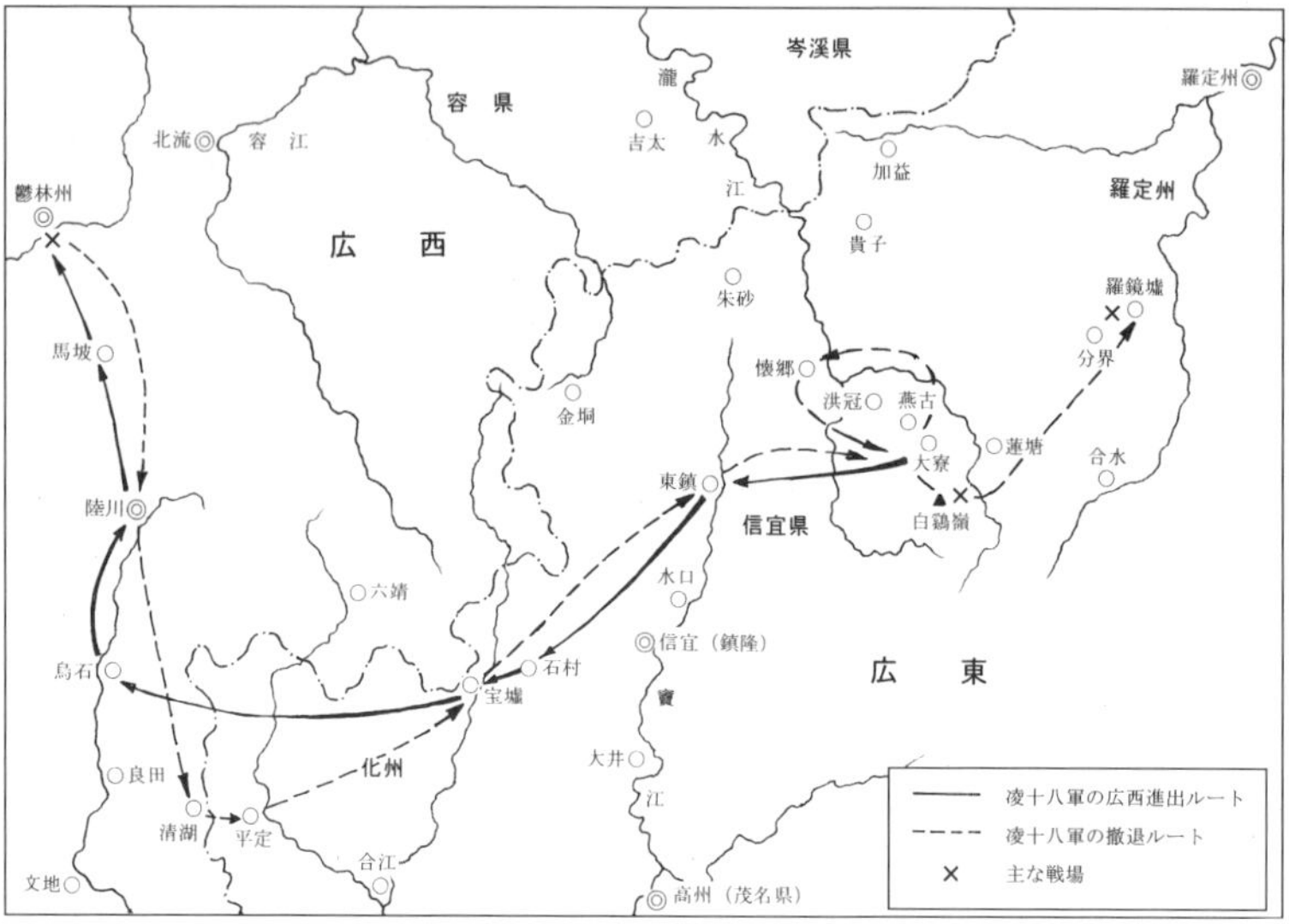

図6　凌十八蜂起軍の活動図（1850年７月～1852年７月）
郭毅生主編『太平天国歴史地図集』中国地図出版社、1988年より作成。

写真６　信宜県大寮村の風景（背後に山が迫る）

洪仁玕から爵位を与えられた[19]。

次に凌十八兄弟は平南県のどこで上帝会と出会ったのだろうか。彼らは一八三八年頃から藍の栽培を手がけたと言われ、事業の拡大をめざしたのであれば県北の大同里に至り、山人村の胡以晄（後の太平天国豫王）を通じて上帝会に入ったと考えられる[20]。また『天兄聖旨』によると、一八五〇年八月に凌十八らが信宜県の団練および清軍と衝突した時、彼らは平南県城に近い平田村の林大儒に伴われて金田村で蕭朝貴に会い、指示を仰いでいる[21]。平田村林氏は清初に広東西寧県から平南県へ入植した福建移民で、後の章王林紹璋を生むなど積極的に活動していた。あるいは凌十八兄弟も林氏を頼って平南県へ入り、上帝会に出会ったと推測されるのである[22]。

さらに凌十八が上帝会と出会った時期であるが、陳栄の報告に従えば一八四九年であり、両広総督徐広縉らの上奏もこの説を採っている[23]。しかし凌十八蜂起の鎮圧に立ち会った高州府経歴の朱用孚は、彼が上帝会に入ったのは一八四八年であったと述べている[24]。また信宜県の上帝会は古燕村、大寮村、蓮塘村、林垌村、河覇村の客家移民だけでなく、広東、広西省境の数県にその勢力を伸ばし、団練との対立が深刻になった一八五〇年夏の段階で二、三千人の会衆を動員していた[25]。これらの事実を踏まえると、凌十八が上帝会を信宜県へ持ち帰って布教活動を始めたのは一八四八年だった可能性が高いと言えよう。

（b）　新図、旧図問題と信宜県における有力宗族の支配

ところで凌十八蜂起の発生原因を考える場合、研究者の注目を集めてきたのが徐広縉らの上奏にある次のような一節であった。

信宜県の住民はさきに旧図、新図に分かれていた。旧図はみな該県の土著であり、新図の大寮、蓮塘などは多くが広西から来た山を耕す客民であった。両図が事を構えて仇を尋ね、積み重なって相容れなくなったのは、す

でに一日のことではない(26)。

ここからは凌十八蜂起の背景として、旧図に住む土着民（広東人）と新図に入植した移民（具体的には客家）の「土客」対立があったことになる。確かに一八五五年に広東西部で発生した土客械闘は広東人と客家の武力抗争であった(27)。また上帝会の活動地点だった広西貴県でも、客家と早期漢族移民である「土白話」、少数民族であるチワン族のあいだで来土械闘が発生しており、こうした解釈は説得力をもっているように見える(28)。

だが陳啓著氏、陳坤中氏が指摘したように、信宜県の新図は明代後期の西寧県設置によって信宜県から移管され、清代中期に信宜県の管轄に戻された行政区画をさす概念に過ぎず、それ自体がエスニックな意味を持っていた訳ではなかった(29)。また「土客」対立説において凌十八との矛盾を指摘されるのが、「新図」の銭排墟に質屋を出していた水口村陸氏の十三代陸敏務（廩生）、陸達務（生員）兄弟(30)であるが、彼ら以外に旧図に住む有力宗族で凌十八と仇敵関係にあった人物は見あたらない。さらに凌十八らが蜂起する過程で最初に上帝会と対立し、団練を率いて交戦したのは邱賢参（懐郷河背村人）、余士楨（従九品、洪冠高寨村人）、孔伝東（銭排竹垌村人）など、新図に住む客家あるいは客家と同化した漢族移民であった(31)。これらの情況から見る限り、凌十八蜂起の原因を土客間の対立に帰してしまうのは妥当とは言えない。

むしろ凌十八蜂起の原因は、さきに紹介した五大姓が政治的発言力を独占し、新図の客家を含む新興勢力が社会的に上昇する可能性を阻んでいたことにあった。**表1**は信宜県で行われた公共事業の一覧を示したものである。ここでは華山李氏の二代李麒祥（崇禎年間賢良）が［2］の康熙年間の学宮再建に加わり、［3］の康熙『信宜県志』の編纂には李麒祥と三代李季臨（生員、李麒祥の子）が関与した。また四代李乾徳（生員、李季臨長男）は［5］の学田設置に貢献し、五代李東紹（生員、李乾徳の姪）、六代李宜適（生員、李東紹の弟で乾隆年間挙人だった李東述の子）は［8］の乾隆『信宜県志』の編纂に、六代李宜達（生員、李東紹長男）は［9］の起鳳義学の管理規則改定に参加した。さらに七代李世芳（乾隆年間副榜、李東紹の孫）は［11］の金花廟修築や［14］の慕礼義渡の設置、［16］の道光『信宜県志』の編纂など、乾隆末年から道光年間までの長期にわたって県内の公共事業をリードした。彼の長男である八代李大根（生員）も［17］の節孝祠の改修や［21］学宮の改修、尊経閣の建設に関わっている。

また水口村陸氏について見ると、陸敏務、陸達務の曽祖父にあたる十代陸璠が生員となり、十一代陸樹芝（陸璠の姪）が乾隆年間挙人となった。すると嘉慶年間に陸樹蕡（陸璠の子、生員）が［10］の郷試賓興田の増額や［12］の北京における高涼会館建設に関わった。その後も陸樹蕡は［13］の県城南門の移築、［14］の慕礼義渡の設置に取り組み、彼の弟である陸賡唐（生員）は華山李氏の李世芳と［16］の道光『信宜県志』の編纂に加わった。さらに陸敏務、陸達務の父親である十二代陸徳臧（道光年間の孝廉方正）は、華山李氏の李大根と［17］の節孝祠の改修工事を担当した。陸敏務自身も「主政」として［21］学宮の改修、尊経閣の建設に李大根と共に関与している。

ここからは信宜県内の公共事業が有力宗族とりわけ直接の系譜関係をもった特定の分節成員によって独占的に担われていたことが窺われる。むろん水口村陸氏がこれらの事業に参与したのは、挙人クラスの合格者（陸樹芝および十二代陸徳嘉、陸世祥、十三代陸疆務の四名）を出して科挙エリートとして認知されて以後のことであった(32)。また華山李氏が県内の公共事業を主導できたのは、李東紹の三人の息子である六代李宜相（進士）、李宜昌（明通進士）、李宜隨（挙人）が乾隆年間に揃って科挙合格を果たすなど、傑出した成功を収めた結果であった(33)。さらに凌十八蜂起の鎮圧後、没収された反乱参加者の財産を用いて［22］の懐新書院が設置された時、その中心となった寧象雍は一八三七年に挙人合格を果たした新興エリートであった(34)。

つまり旧図に住む科挙エリートたちは、それ自身激しい競争によって新陳代謝を繰り返していたものの、生員資格の獲得すらおぼつかなかった客家の新興勢力にとっては、これらのエリート集団は排他的な特権階級として映ったと考えられる。

表1　信宜県における公共事業と有力宗族

No.	年代	事　業　内　容	参　加　者
1	嘉靖13年(1534)	◎太史程文徳が学宮（初建は元代至正年間）の移築を知県謝君彬に命じ、士紳武弁の支持を得て完成した。嘉靖22年に知県唐景夷がその業績を讃え、歳貢李京に記録させた。	★千戸王宗賜が董事を担当し、千戸王世爵、訓導莫執中、典史陳国が補佐した。 ★李京の『遷学記』執筆を勧めたのは司訓陸経、庠生呉以恕。──光緒『信宜県志』拾余
2	康熙5年(1666)	◎知県羅士毅が明末の戦乱で荒廃した学宮を再建し、邑人の寄付三百金を得て大成殿、名宦祠と郷賢祠を建てた。	★城守王豹、署城守戴顕聖、千総李義麟、把総張虎、郷紳李麟祥、抜貢生王賓らが工事を主導した──同巻3、学校
3	康熙26年(1687)	◎邑人李麟祥の編纂により『信宜県志』12巻を重修（第3次。初修は明代万暦年間、第2次は順治15年）した。	★邑学博の方日定、鍾煌、紳士李麟祥、李樹屏、李季臨、熊天魁、林殿槐、何天錫、麦秀岐、甘文齢、黄光宗が参加──巻8、藝文
4	康熙49年(1710)	◎知県翟振岱が城南第四橋の傍らに城南塔を建て、業戸李乾清、王世進らの田（租穀114石3斗）を買い取って維持費に当てた。	★邑紳林殿槐、梁昇翰が工事を主導し、邑人林式君が碑記を執筆した──巻2、寺観
5	康熙51年(1712)	◎知県裴正時が典史胡天錦、生員李作熊に命じて明倫堂の建設、大成殿の修理を行わせ、学宮の左に起鳳義学を建てた。また学田（租穀352石3斗）を設けて謝礼、膏火、事務の費用に当てた。	★学田の田契は董理李作熊が保存。その租穀は邑紳士李乾徳、李作熊、梁昇佐、陸向隆、林殿槐、何天錫、王廷瑞、周廷傑ら八人が輪流管理。清冊2本を作成（県と管理者が所有）して弊害を防いだ──巻3、書院義学
6	康熙～雍正年間	◎知県段宏普（康熙61年任）、傅塈（雍正8年任）が起鳳義学の学田を増額し、邑人李東紹がその経緯を『起鳳義学記』に記した。	★租田604石（頑佃が覇欠した70石を含む）は邑中の李、林、王、梁、周の5姓6人により輪管し、諸経費に当てた──同上
7	雍正年間	◎『信宜県志』を重修（第4次）した。	★邑人林式君が編纂した──巻8、藝文
8	乾隆21年(1756)	◎紳士李東紹の編纂により『信宜県志』13巻を重修（第5次）。序文は知県劉啓江。	★李東紹の他、紳士の王堂、譚麟書、東紹の従子李宜適が校訂・纂輯に参加した──同上

9	乾隆37年（1772）	◎知県江元棟が起鳳義学の学田について、董事の世襲管理による弊害を除くため改定章程を作成し、これを石に刻んだ。	★邑紳林枚尹、李宜達、譚麟書、梁麟玉、楊時浣ら五人を董事とし、欠員の補充も慎重に行うことにした――巻3、書院義学
10	乾隆53年（1788）	◎知県陳九叙、周夢齢（59年任）らにより広州での郷試賓興田（租穀600石余）が設けられ、30、40金を要する受験者の旅費に当てた。	★紳士郭昌汾の他、梁奕昌は五都又十甲の狼米など私産を捐して協力し、嘉慶10年には陸樹蕡が増額を行った――巻三、公款経費
11	乾隆年間	◎邑人李世芳が県城北に金花廟を修築した。	★道光期の補修も李世芳が担当――巻3、寺観
12	嘉慶14年（1809）	◎北京での進士受験者のため、高州府六県による高涼会館建設を化州李東桓（乾隆51年挙人、李東紹らの同族か）が動議したが、諸県の足並みが揃わず失敗。	★学博の陸樹蕡は勧募した銀両を納め、残り114両を県の公車田の費用とした。又道光8年に子の陸徳臧は租穀50石（価銀412両）を捐してこれを増額した――巻3、公款経費
13	嘉慶18年（1813）	◎県城南門を学宮の正南位に移して、これを文明門と改称した。	★紳士梁貽嘉が中心となり、陸樹蕡らが参加して呈請した――巻2、城置、冢墓
14	嘉慶23年（1818）	◎邑人陸樹蕡が城南の鎮隆墟口に慕礼義渡を設け、茂名との往来に資した。捐金800両は経費支出分を除き、渡田若干畝に当てた。	★陸樹蕡の他に同志李世芳、李朝東、李家乘、王永昌、甘国冶、王応、梁尚儒、趙悦高、童秀元、呉球、李鼎進が参加――巻2、津渡
15	道光2年（1822）	◎知県文杰建が起鳳義学の補修にあたり、城内の雑踏を避けて登高山麓に移築し、これを起鳳書院と改称した。	★武生王永昌が董事を担当した。咸豊の戦乱後は旧地に戻り、同治6年に林廷式が奨賞租70石を増置――巻3、書院義学
16	道光5年（1825）	◎邑人李世芳らが『信宜県志』12巻を重修（第五次）した。序文は知県韓鳳修。	★李世芳、陸賡唐が纂修、李鼎堂（不明）が参訂を担当した――巻8、藝文
17	道光8年（1828）	◎知県韓鳳修が節孝祠を改修した。	★陸徳臧、李大根が主導した――巻2、壇廟
18	道光12年（1832）	◎知県李式典、崔曽泰、徐承瑞らが関帝廟を増築し、李世芳がこれを記録した。	★邑紳の王丞昌、李歩舜、梁仲甫が董事を担当した――同上
19	道光15年（1835）	◎邑人梁裕昌が県の会試賓興田に田租50石を義捐した。	★光緒7年に郷、会試買興田租は印金局の管理に移された――巻3、公

			款経費
20	道光17年（1837）	◎県東北部の懐郷墟大章堡に官渡頭渡を設けて、羅定、陽春との交通に資した。捐金1275貫文は工費の他、渡田（歳出粟40石）や小亭設置の費用に当てた。	★何文瀾、呉大賚、高松長、張応美、楊方隆、楊国章、高佺、邱配道が董事を担当し、遠近の有力者の援助を得て完成。邑人劉汝新がその経緯を記した──巻２、津渡
21	道光20年（1840）	◎知県徐承瑞が学宮を重修し、呉川県人林召棠（道光３年状元）がその経緯を記した。 ◎城内の旧崇聖祠跡に尊経閣を建設した。	★明府李大根、主政陸敏務、孝廉何文瀾、武生王永昌が董事を担当した。 ★李大根、林廷式、陸敏務らが倡建──巻３、学校
22	咸豊３年（1853）	◎充公された凌十八反乱軍参加者の資産を利用して、懐新書院が建てられた。	★邑人寧象雍、林昌仁、張廷璉、高泰安、潘明揚、周敦らが倡建した──巻３、書院義学
23	光緒３年（1877）	◎知県饒佩勲が城隍廟を捐修し、また県城、鎮隆墟、東鎮に義学を設けた。	★城隍廟建設は孫桐園、李仲珊、李春如、義学は梁信高が倡建した──巻２および巻３
24	光緒６年（1880）	◎知県饒佩勲が天后宮を重修した。	★邑人梁信高が捐助増置した──巻２、壇廟
25	光緒15年（1889）	◎鎮隆墟の東に普仁堂を創建し、施済善挙を行った。	★邑人李紹経、李安運、李宏運、李宰運、梁安佑、梁安善、陸毓崧、陸毓瑤、林棨源、李承枢、李向華、茂名県古作梅が参加──巻２
26	光緒17年（1891）	◎邑人梁安甸、李再栄が『信宜県志』８巻を重修（第６次）した。序文は知県敖式槱。	★総理は李崇忠、陸煕敬、陸章朗、李恒春、陸之栄、李開運、李逢辰、陸滋年、林家仁、梁信高、余廷誥、林昌華、葉廷機──巻首
27	光緒18年（1892）	◎知県敖式槱が城東に中義学を創建した。	★邑人甘荘中らの捐助で完成し、梁召瑞らがこれを管理した──巻３、書院義学

一八五〇年七月に信宜県知県の宮歩霄が凌二十四を捕らえると、凌十八らは宮歩霄が「良民に変を逼っている」と批判し、彼の手先である陸氏兄弟を誅殺せよと告発する掲示を貼りだした。また十月に茂名県知県の胡宗政は安撫政策を行おうと試みたが、失敗して信宜県城に逃げ戻った。このとき「今日のことは賊か、良民か？」と問いかけた信宜県の官吏や紳士に向かって、胡宗政は「彼らが賊となったのは、なんじらが逼ってそうさせたのだ！　水滸の盗賊も官が逼って反逆させたのではなかったか」[35]と叫んだという。

いいかえれば凌十八の蜂起は、旧図に住む有力宗族の圧倒的な政治的影響力を前に、上昇の可能性から事実上排除された新図の客家移民の異議申し立てであったと言えよう。両者の格差が余りに大きかったために、その対立は土客械闘といった形をとらず、また凌十八の直接のライバルも多くが新図出身の新興勢力であった。だがそれゆえに凌十八の活動は政治的反乱として立ち現れざるを得なかったのである。

二、大寮蜂起と凌十八軍の鬱林州攻撃

（ａ）　大寮蜂起と凌十八軍の特徴について

一八五〇年八月に信宜県知県宮歩霄は上帝会に対する弾圧姿勢を強め、邱賢参の協力を得て会員欧品荘を捕らえた。凌十八らが欧品荘を奪回して邱賢参の家を焼くと、宮歩霄は新旧両図の団練を動員して大寮村を包囲し、村を焼き払った[36]。当時金田村への団営（会員の集結）令は出ておらず、下凡した天兄の凌十八らに対する指示も「現在は忍耐することが先であり、人に三尺まで譲れ[37]」とあるように自重を促すものだった。

しかし蓮塘村に移った凌十八らが再び団練に包囲されると、二十九日早朝に凌十八らは霧に紛れて攻撃をかけた。この戦いで団練は「宮（歩霄）が率いていたのは皆町の人間で、年も若く戦いを知らなかった。このため険しい山道

で待ち伏せ攻撃を受けると総崩れとなり、死者は大変多かった」[38]と敗北し、練長だった余士楨が戦死した。二日後に宮歩霄は羅定州の壮勇に蓮塘を包囲させたが、再び敗北して後退した。[39]

その後署高州府知府胡美彦が赴任すると、茂名県知県胡宗政と相談のうえ安撫政策を取り、凌二十四の釈放とひきかえに会衆を解散させようとした。十月五日に胡宗政が蓮塘に近づくと、紅布を頭に巻いた上帝会員に取り囲まれ、凌十八の前に連れ出された。このとき凌二十四の生還に意気あがる凌十八らは胡宗政に次のように言ったという。

われらは金田の命令を受け、まさに兵を起こして天位を謀らんとしている。およそ妖頭でわが陣営に至った者は必ず殺さねばならないが、わしは汝の微労（凌二十四を送り届けたこと）を念じ、刀の錆とするには忍びないので、その死を免じてやろう。ただし法は曲げる訳に行かぬ。まさに汝の案内役（胡宗政らを蓮塘へ連れてきた胡儒輝をさす）を処刑し、わがために旗を祭ることにする。[40]

ここからは凌十八が金田村にいた上帝会本部の命令のもと、政治的反乱をめざしていたことが明確に窺われる。当時広西では団営がようやく始まろうとしていたが、この宣言によって凌十八の上帝会蜂起は実質的に始まったと言って良いであろう。

さて凌十八の上帝会は、他地区の組織と比べていくつかの特徴を帯びていた。さきの陳栄の報告で「お札を書いて呪文を念じ、符水を飲ませた」活動はその一つで、これを飲んだ病人が多く治ったという。[41]また蜂起時に彼らは「旗を祭る」儀礼を行ったが、これは拝旗といい、胡以晄の主催する平南県の上帝会においても見られた。[42]さらに凌十八らは「劫運がまさに興らんとしている。ただ上帝会を拝めば免れることが出来る」と唱え、朝晩の食事前に祈りをささげた。また「妖鏡」があり、これに映った会員の姿は初め首から上がなく、三日間祈るとようやく普通の姿に戻った。このため「人々はみなこれを信じ、大寮に近い村々はみな入教した」[43]という。

これらは洪秀全の唱えた上帝教とは内容が異なるものの、紫荊山一帯では天父下凡を行った楊秀清が病人を治したり、蕭朝貴に下凡した天兄が人々を眠らせ、天上に昇らせるといった儀礼が行われていた(44)。広西から遠く離れた信宜県では、楊秀清、蕭朝貴のシャーマニズムに代わって信者たちに救済を確信させる工夫が必要だったのである。また上帝会の発展において重要な意味を持った偶像破壊運動は、信宜県でも盛んに行われた。朱用孚は「彼らはこの世の鬼神はみな虚妄だといい、偶像を見れば必ずこわした。愚かな民は彼らが神をおろそかにしても祟りを受けないのを見て、ますますこれを信じ、遠近の無頼で従う者が市のごときであった(45)」と述べている。

次に凌十八の蜂起軍について見ると、これも金田村に集結した太平軍の本隊とは異なる編制と特徴を持っていた。もともと『太平軍目』に示された軍師から両司馬に至る軍事制度は、挙兵から永安州に至る過程で生み出されたものだった。本隊よりも早く蜂起し、その統率を受けなかった凌十八軍の編制は、「総頭目」だった凌十八の下に大頭目（張信詔と陳葉氏）、大館の理事頭目（凌十三ら四名）、砲台を管理する頭目（羅万勝）、火薬を管理する頭目（張蒓詳）、小館で牌長を派遣する頭目（黄明受ら五名）、大館で陣頭指揮する頭目（区存珍ら三名）など、その分担する仕事に応じて指揮官が置かれた(46)。

また凌十八の蜂起軍には轎に乗った「軍師」の王晩（一名を索倫晩、博白県人）なる老人がおり、「頭に方巾を戴き、手に払塵（ハエ追い）をもって衆賊を指揮(47)」した。これも太平軍の左右前後の各軍を統轄する四人の軍師（左輔正軍師の楊秀清、右弼又軍師の蕭朝貴、前導副軍師の馮雲山、後護又副軍師の韋昌輝）とは内容が異なっていた(48)。

だが凌十八軍を最もよく特徴づけたのは、女性の参加と活躍であった。広東巡撫葉名琛の上奏によれば、一八五二年七月に羅定州羅鏡鎮で殺された凌十八軍の参加者一二二六名のうち、女性が二六〇名を占めていた。とくに重要なのは大頭目の一人であった陳葉氏（葉九姐）で、「毎日荒唐無稽な言葉を発して、わざと煽惑したため、人々はこれに恃んで恐れなくなり、一党はますます心を合わせてまとまった(49)」「一緒になって反逆を謀り、各犯婦に督令して陣を護ること多数」であったという。また英国国立公文書館所蔵の処罰者リストには、女大館で理事をした女頭目の韋張氏（張十六姐）ら七名、女小館で牌長を派遣した女頭目の劉黎氏（黎四姐）ら六名が挙がっており、金田の本隊と同じく男女が分かれて組織されていたことがわかる。さらに彼女たちの統率下にあった凌趙氏（趙十三妹）ら八十四名も「官兵に抵抗」とあるように実際に戦闘に参加した(50)。

一般に太平天国では纏足をせず、文人たちから「大脚婆」とさげすまれた客家出身の女性将校が活躍したと言われている(51)。だが実際には『天兄聖旨』で「女は胡九妹に学べ」と言われた胡九妹（平南県花洲人、盧賢抜妻）や元天地会の女頭目だった蘇三娘（高州府人）(52)などの例外を除くと、女性の活躍は限られたものだった。とくに儒教知識人だった洪秀全が『太平礼制』『幼学詩』などで男性中心の社会秩序を打ち立てると、女性が任される役割も陣地構築や後方で鬨の声をあげるなどに止まった(53)。

むろん凌十八軍における女性将兵の活躍は、それだけ困難な戦いを強いられた結果でもあった。しかし太平軍本隊と比べた時に、凌十八軍が「男将、女将がことごとく手に武器を持ち……、心をあわせ肝をすえて共に妖を殺そう」(54)という太平天国の思想をある種実現していたことは間違いない。

さらに儒教の影響を受けることが少なかった凌十八軍は、太平軍に比べて中国民衆反乱の原初的な特徴を多く受けついでいた。葉名琛の上奏には次のような一節がある。

その前隊はおよそ五百余人で、藍、水晶、金の飾りをつけた者や、和尚や道士で足をひきずり剣を持ち、口で呪文を唱えている者がいた。また婦女数人が素っ裸となって跳ね回り、手に持った何やらわからないものを投げつけるなど、あらゆる醜態を演じつつ進んできた(55)。

ここでは上帝会にとって「妖」である筈の和尚や道士に加え、裸体の女たちが登場している。小島晋治氏が指摘したように、女性が性器を露出することは強大な敵の力を鎮める呪術的な力を持ち、これを用いた「陰門陣」と呼ばれる戦法があったという(56)。さらに白蓮教系の宗教結社や義和団において女性が信者集団の中核として重要な役割を果たした事実については、小林一美氏や佐藤公彦氏の研究が明らかにしている(57)。凌十八蜂起における女性の活躍は、それ自体太平天国の所産というよりも、これら中国民衆反乱の伝統がもたらした特徴と見るべきであろう。

（b）　凌十八軍の鬱林州攻撃と天地会

上帝会の中でいち早く蜂起した凌十八であったが、彼らが金田団営に呼応した時期は遅かった。凌十八軍が信宜県を離れたのは一八五一年二月のことで、しかも向かったのは広西東南部の要衝である鬱林州だった。彼らはこの鬱林州で三十六日間にわたって包囲攻撃を行い、太平軍本隊との合流を果たせずに退却することになった。

凌十八らが蜂起を宣言した一八五〇年十月以後、上帝会をめぐる情勢は大きく変化していた。各地の上帝会員は続々と桂平県へ集結し、十一月には陸川県、博白県の会衆も潯江を渡って本隊に合流した。また十二月には平南県に身を隠していた洪秀全が金田村へ迎えられ、一八五一年一月には清軍との戦闘が始まった(58)。これに対して凌十八の蜂起軍は、一月になお大寮一帯で敵対関係にあった雲開村張泗翼（生員）の家に対する襲撃などを行っていた。彼が出発を決定したのは石城県青平墟で活動していた劉八（広東霊山県人）の率いる天地会軍が清軍に敗北し、自らが攻撃される危険を察知したためであったという。

二月十三日に凌十八らは「匪屋を焼き払い、老人や子供を連れ、およそ二、三千人で、一族ことごとく広西に逃れ、金田に行って仲間に加わろうとした(59)」とあるように移動を開始した。しかし彼らは岑溪県または容県を経由して桂平県へ向かう最短のルートを取らず、信宜県を西に向かって茂名県に入り、十八日に化州の宝墟を占領した(60)。

それでは凌十八らはなぜ迂回したのだろうか。徐広縉の上奏（咸豊元年三月初九日）は「聞くところでは該処（桂平県）に官兵が雲集し、匪の勢いがようやく敗れたため、依って帰るところがなくなり、博白、陸川県一帯に逃れた(61)」とあるように、太平軍を鎮圧するために清軍が動員され、戦局が不利になったため、凌十八は正面から突破して合流する決心がつかなかったと述べている。当時太平軍は桂平県江口墟に進出し、広西提督向栄や張釗ら投降した天地会軍と交戦していた。その戦闘は必ずしも太平軍に不利ではなかったが、淩十八らが兵力の不足を感じた可能性はあるだろう。

じじつ宝墟に進出した淩十八軍がとりくんだのは天地会を糾合することだった。御史梁敬事が指摘したように、この頃広東、広西省境には大小様々な反乱勢力が「分かれたかと思えば合流し、茂名、信宜両境を往復しては村々を略奪したり、人をさらっては身代金を取[62]」っていた。その代表は何名科、何名誉兄弟（信宜県「新図」安鵝村人）で、「同義堂」の旗を掲げて数千人の規模で活動し、淩十八軍とも武器の購入などを通じて協力関係にあった[63]。そして三月に「石城賊匪の劉八と信宜賊匪の淩十八両股は、約一万三、四千人の仲間を糾合して博白県境に竄擾した[64]」とあるように、淩十八軍は劉八反乱軍と連合することで勢力を拡大し、広西へ進出したのである。

この天地会などの反乱勢力といかなる関係を築くかは、誕生まもない太平天国にとって重要な問題であった。洪秀全ら金田の本隊は厳しい原則で臨み、一八五〇年十二月に下凡した天父は投降した天地会員に「粥を食べさせ、その心を試[65]」した。その結果張釗らが離反して清軍に降り、太平軍にとって軍事的な脅威となったのは先述の通りである。

この点淩十八の蜂起軍は天地会に対して開放的であった。彼らは広西へ入った後、博白県、陸川県で団練や壮勇と交戦し[66]、三月三十一日には鬱林州の城外に到達した。この時も「匪首淩十八および陳十六、頼八はみな高州、欽州の人であり、本地の土匪である梁二十、梁十八らと結んで、党羽を合わせて約五、六千人で州城を囲み攻めた」とあるように、淩十八は広東および鬱林州一帯の天地会軍と連携して攻撃を試みた。彼は州城西門外の文昌閣に司令部を置き、西門付近には淩十八軍が、天地会軍は南門などにそれぞれ陣をしいた。両者がゆるやかな協力関係にあったことが窺われる[67]。

しかしこの共同作戦は必ずしも成功しなかった。淩十八が攻撃を開始した当初、鬱林州知州の顧諧庚は劉八反乱軍に対処すべく博白県にいた。城内では急ぎ郷勇を組織し、北流、興業二県からも壮勇、練勇が応援に向かったが、いずれも反乱軍に敗れた(68)。当時武宣県東郷で太平軍と対峙していた清軍主力は、凌十八軍北進の知らせに「三軍みな色を失った(69)」と動揺した。そこで欽差大臣李星沅はすぐに臨元鎮総兵李能臣、副将王錦繡の率いる雲南兵二千名を戦線から引き抜き、貴県知県張汝瀛、署按察使楊彤如の率いる練勇、壮勇二五五〇名と共に鬱林州の救援に向かわせた。

四月二十三日に州城外の福綿墟に到着した李能臣らは、二十六日に近隣各県から動員された団練と共に反乱軍に攻勢をかけた。この戦いで凌十八の率いる上帝会軍は「必死になって戦い、虎勇一名を戦死させると、残りの壮勇もみな潰えた」と善戦した。ところが天地会軍は清軍の発砲によって死者を出すと「退縮（尻込み）」し、兵勇が突撃すると「巣穴に退いて困守」とあるように敗退した。この戦闘の模様を観察した楊彤如は「およそ会匪と盗匪を比べることはできない。（盗匪は）一度攻撃されれば散り散りになって逃げるが、会匪は必死になって抵抗するなど、金田の会匪と同じである」と述べており、天地会軍の戦闘力が凌十八軍（あるいは太平軍）に遠く及ばなかったことがわかる。

また清軍の捕らえた密偵が「凌十八らは官兵がやって来ると聞き、北流から貴県へ行って、転じて武宣へ向かい、韋正（太平軍）と合流して仲間に入ろうと望んだ(70)」と供述したように、凌十八らは金田の本隊と合流しようと考えていた。それは清朝にとっても脅威であり、「もし凌十八の匪党があえて武宣に逃れ、金田の会匪と合流しようとするなら、必ず方法を講じて防ぎ、決してそれらを結ばせてはならない(71)」と厳命した。太平軍もこれら凌十八の動向については察知しており、四月に武宣県内の旧県墟と勒馬に兵を送り、渡河して凌十八軍を迎えようと図った(72)。

だが凌十八軍と太平軍の合流はついに実現しなかった。なぜこの時に凌十八が北上せず、鬱林州に留まったのかについては、史家の様々な憶測を生んでいる(73)。現在はっきりと言えることは、太平軍との合流は凌十八軍の目的ではあっても、これに呼応した天地会軍の目標にはならなかったという点である。

天地会軍とくに「本地土匪」であった梁二十らがめざしたのは州城占領によってもたらされる様々な物資の獲得で

あり、厳しい戒律をもつ太平軍との合流は望まなかった(74)。じじつ凌十八が広西進出時に恃みとした劉八反乱軍は、陸川県城付近の村々で「焚劫」をくりかえしたが、団練の抵抗を受けるとすぐに博白県へ退いた(75)。さらに何名科反乱軍も広西容県にたびたび進入したが、凌十八の鬱林州攻撃には同調しなかった(76)。

のちに太平天国は『天情道理書』で「広東高州羅鏡墟の兄弟たちは堅く耐えることができず、団結することができなかった」「兄弟間の仲違いによって、ついに博白、高州でそれぞれ境界を分けた。すべては堅く耐えることができず、鬼路に入ってしまったことが原因である(77)」とあるように、凌十八軍が天地会軍とうまく協力できずに失敗したと批判した。しかしこうした結束力の弱さは「山堂林立」と言われた天地会が元々抱えていた特徴であった。つまり凌十八は天地会に協力を仰いだが、彼らを統率する術を持たず、北進を望まない天地会軍の意向に足を取られて、金田本隊との合流という本来の目的を果たせなかったのである。

さて鬱林州の凌十八軍は初め地下にトンネルを掘り、城壁を爆破する作戦を立てたが、清軍に発見されて失敗した。すると彼らは火薬と油で城上の守備兵や西門を焼き払おうと試み、長いハシゴで城壁に登ろうとしたが、共に成功しなかった(78)。四月三十日の戦闘で凌十八軍は軍師の王晩が戦死するなど多くの死者を出し、紳士楊家傑の率いる壮勇に敗れた天地会軍を救援すべく州城の東へ移動せざるをえなくなった。五月四日の夜から翌日にかけて、彼らは激しい雨に紛れて州城から五キロ離れた頭塘へ退いた(79)。そして凌十八軍はそのまま南下して信宜県へと向かったのである。

凌十八の鬱林州攻撃は太平天国が初めて経験した城郭に対する攻撃だった。天地会との協力によって行われたこの戦いは、彼らを統率できずに失敗し、金田の本隊との合流という目的も達せられなかった。その敗北は一八五四年に捻軍との共同作戦で山東臨清州を攻略しながら、北伐軍との合流に失敗した丞相曽立昌らの北伐援軍を彷彿させる。太平天国と他の反乱勢力との共闘はその後もくり返されたが、天地会との連携という選択は凌十八にとって大きな失敗となったのである。

三、羅鏡墟における戦いと凌十八蜂起の失敗

（a）凌十八軍の羅鏡墟進出と清軍の動向

鬱林州攻撃に失敗した凌十八は五月中旬に陸川県の清湖墟と化州の平定墟を占領し、ここで呉三（化州人）、陳二（鬱林州人）の率いる反乱軍および参加をためらっていた上帝会員六、七百名を加えて「男婦を合わせて三、四千人」の規模となった[80]。そして六月十四日に信宜県の東鎮墟へ進出したが、団練に敗れて大寮へ戻り、懐郷墟を占領した[81]。

このころ清朝は凌十八を含む広東、広西省境の諸反乱軍にようやく注目し始めていた。そのきっかけとなったのは御史梁敬事の上奏で、署知府胡美彦と茂名県知県の胡宗政が安撫政策を取り、総督徐広縉も「賊をさして良民と呼んだ」彼らの報告を盲信したために、凌十八軍の鬱林州攻撃を招いたと告発する内容だった[82]。これを受けた清朝が徐広縉と巡撫葉名琛に対して広西当局と協力して徹底弾圧するように命じると[83]、七月に徐広縉はみずから高州へ赴いて作戦を指揮すると報じた[84]。

ところが胡美彦らの安撫政策は、元々上官たちの意を受けたものであった。『摩盾余談』によると、葉名琛と胡美彦、胡宗政はいずれも湖北出身の同郷で、胡美彦の高州赴任にあたり、葉名琛は広東での官僚歴が長い胡宗政に何事につけ相談するように指示した。だが胡宗政が胡美彦に与えたのは「粤中は詐偽が百出しており、紳士も民も利を貪る」という不信感に満ちた認識であった。彼は地方官の多くが地元の科挙エリートたちに買収されていると述べたうえで、「公は誤ってその術中に堕ちてはならない[85]」と警告したという。

本書第一章で指摘したように、アヘン戦争後に深まった広東の地方官と地方エリートの相互不信は、科挙試験のボイコットを通じた官紳間の衝突事件へ発展していた[86]。また広東、広西では支出の増大を嫌う清朝中央の意向をくんで、

反乱の発生を報告しなかったり、招撫政策の名のもとに事態を糊塗する傾向が強かった[87]。のちに凌十八が蜂起し、驚いた胡美彦が胡宗政に問いただすと、胡宗政は次のように言ったという。

凌十八が叛逆であることを、どうして私が知らなかった筈がありましょうか？　ただ今や長官の方々は広東の地が平穏であるとおっしゃっており、突然このような大乱が起きたと申し上げても、きっと喜ばれないことでしょう。だからこそ私はあえて本当のことをお話ししなかったのです。

ここからは胡宗政の主張した安撫政策が、その実彼を推薦した葉名琛の意図をくんだものであったことが窺われる。梁敬事の上奏が出されると、新たに高廉道宗元醇が調査を命じられたが、やはり胡宗政の言葉に従うように言い含められた。朱用孚がその誤りを力説すると、宗元醇は「にわかに大いに悟り、ついに真実を報告した[88]」という。

だが地方長官が熱意を欠いていたのでは、反乱軍の鎮圧が順調に進む筈はなかった。清朝の弾圧命令が出ると、高州鎮総兵楊昌泗と知府胡美彦が信宜県へ派遣され、七月三日に懐郷墟郊外の劉坡で凌十八軍と戦った[89]。このとき潮州勇は奮戦したが、楊昌泗が彼らの功績を認めなかったため、潮州勇は戦意を失った。五日に両軍は再び戦い、凌十八軍は守備滕雲龍が率いる清軍先鋒隊の後方を襲ったが、潮州勇はこれを救援せず、滕雲龍は戦死した。また二十三日に凌十八軍が白鶏嶺の清軍陣地を攻撃すると、兵たちは逃亡して楊昌泗もこれを止められなかった。清軍の軍需物資は全て凌十八軍に奪われたという[90]。

白鶏嶺の戦いに勝利した後、凌十八軍は東に向かい、八月七日に羅定州の羅鏡墟を占領した[91]。羅鏡墟は「街の長さが五里あり、店舗や住民の家が一千余軒も並ぶ。市場では取引が盛んで、水陸の要衝にあたり、付近の各州県でも有名な豊かな場所であった。家には多く貯えがあり、米はもっとも足りていた[92]」とあるように流通の一大拠点であり、兵の休息と物資の補給を行うのには好都合であった。また七月に太平軍の本隊は象州から金田に戻っており、凌十八も「まさに信宜から岑溪に出て、金田に合流しようとした[93]」とあるように、太平軍との合流をなお模索していたと推

写真７　白鶏嶺（ここで凌十八軍は清軍に勝利した）

測される。

この報告を受けた清朝は、八月の上諭で「凌十八が一日除かれなければ、すなわち韋正（太平軍）は助けられて互いに応じ、広西の弾圧もまた困難になる」との認識を示し、徐広縉に「文武各官に厳しく命じ、手分けして防ぐと共に挟み撃ちにし、再び彼らを東西に逃れさせてはならない」(94)と命じた。八月十日に高州へ到着した徐広縉は、道員宗元醇らを羅鏡墟の西五キロの分界村へ進ませ、肇慶府知府李敦業、護新会営参将衛邦佐にも東から羅鏡墟へ向かわせた。また欽差大臣賽尚阿、広西巡撫鄒鳴鶴らに通知して、省境の警備を厳重にして凌十八が再び広西へ入るのを阻もうとした(95)。戦闘は八月二十六日から始まり、凌十八は「土塁を築き濠を掘って、死守の計をなした(96)」という。

しかし清軍の弾圧計画は再び頓挫した。白鶏嶺で凌十八に敗れた総兵楊昌泗の軍が信宜県賀洞で何名科反乱軍に大敗したのである。八月初旬に何名科は梁二十大（北流県人）と一五〇〇名で容県から信宜県に入り、楊昌泗は増援の兵を含む一八〇〇名でこれを迎え撃った。九月二十七日に楊昌泗は扶参村に兵を進めたが、陣地の選択を誤り、指揮も的確でなかったために、何名科軍の攻撃で千総関鎮標など将校を含む多くの死者を出した。徐広縉は清軍の兵力は反乱軍を上回っていたにもかかわらず、「全く調度がなく、損害を出した」楊昌泗の処罰を求めた。また反乱軍に襲撃されている村を救援せず、戦闘でいち早く逃亡した増城営参将王学詩を「重責三十棍」のうえ解任した。[97]

また戦闘意欲を欠いていたのは広東の清軍ばかりではなかった。十一月に何名科反乱軍が再び広西へ入ると、岑溪県の壮丁だった彭肇昌（彭亜掘六）は「抵抗は難しい」と言って知県張永鑰を脅し、戦うふりをして何名科軍を通過させただけでなく、火薬、弾丸を送った報酬に金を受け取った。もともと彭肇昌は「何名科とはさきに同類」つまり投降した天地会員で、手紙やアヘンをやりとりしていた。これを知った徐広縉は張永鑰に警告の手紙を送ったが、張永鑰は「頑迷で悟らず、終始彭肇昌を腹心とした」[98]という。

さらに一八五二年一月には波山艇匪（天地会系の水上武装勢力）が西江沿岸を荒らし回り、梧州や桂平県江口墟で清軍と衝突し、永安州にいた羅大綱の要請を受けて藤県県城を攻撃した。[99]このとき太平軍の広東進出を防ぐために藤県濛江口に配置されていた張釗らの水勇は戦力とならず、のちに張釗は波山艇匪に火薬などを横流ししたという。[100]これら広西における防備の実態から見る限り、凌十八軍が包囲を突破して永安州へ向かい、太平軍と合流することも不可能ではなかったと考えられる。

このように清軍は多くの問題を抱えていたが、反乱軍を弾圧した戦力も投降した天地会軍に支えられていた。のちに督辦鎮江軍務として太平軍を鎮圧し、清仏戦争で名を馳せた馮子材（欽州人）がその例である。彼は劉八反乱軍の「賊目」であったが、一八五一年五月に清軍に投降し、劉八軍を合浦県で壊滅に追い込んだ。[101]十一月に馮子材は壮勇を率いて信宜県の何名科反乱軍を攻撃し、梁二十大を殺してその首をあげた。[102]

『摩盾余談』によると、馮子材は智略に富んで将兵の心をつかみ、夜襲によって何名科軍を同士討ちの混乱に陥れた。その戦法は「殺人は麻の如し」[103]という手荒なものであったが、新たに高州鎮総兵となった福興のもとで凌十八軍の鎮圧に功績をあげ、昇進の階段を駆け上った。彼の登場は他の多くの反乱軍出身者の活躍と並んで、十九世紀半ばの中国社会がむき出しの暴力も厭わぬ実力主義の時代に突入したことを示している。

（b）羅鏡墟における籠城戦と凌十八軍の壊滅

さて羅鏡墟を占領した凌十八は、ここを要塞化して籠城戦の構えを見せた。羅鏡墟は南を羅鏡河、北を八字嶺に挟まれた高台にあり、「昔から堅固な城があり、賊は地形を利用して望楼を築いた。硝薬や米が一年分もあり、すぐに攻略できる場所ではなかった[104]」と言われた。その東西には土塁と濠が張り巡らされ、外は池や田の広がる湿地帯で「兵勇は隊列を作ることが難しかった[105]」という。さらに「山道や田のあぜで通じている場所には、あまねく鉄の釘やとがった竹木片を敷きつめ、上から土で覆って見えないが、ここを進む者はみな傷ついた[106]」とあるように、清軍の攻撃を阻むための様々な工夫がなされていた。羅鏡墟の戦いが始まって一ヶ月後の十月に徐広縉は次のように報告している。

> 凌十八は広西新墟の会匪韋正らと元々同類であり、仲間は四千余人、みな死党であり、一度攻撃を加えればすぐに潰える烏合の衆とは比べられない。この五十日間に戦闘を交えること八度、殺し捕らえた者の数は一千数百名を下らない。
>
> 羅鏡墟は長さが約五里で、市場は繁栄し、銭や米も満ちている。匪賊たちはこの街を占領してから、必死になってここを守っている。高く険しい場所に砲を設けたため、下へ向かって自由に撃つことができる。土塁の壁は堅く厚く、高くそびえており、わが軍は低い場所から上に向かって攻めるうえ、水田が広がっているために大砲を置くことさえままならなかった。
>
> 現在匪賊たちは追いつめられ、外へ軽々しくは出なくなった。わが軍は土嚢を多く用い、街に近い田んぼの中

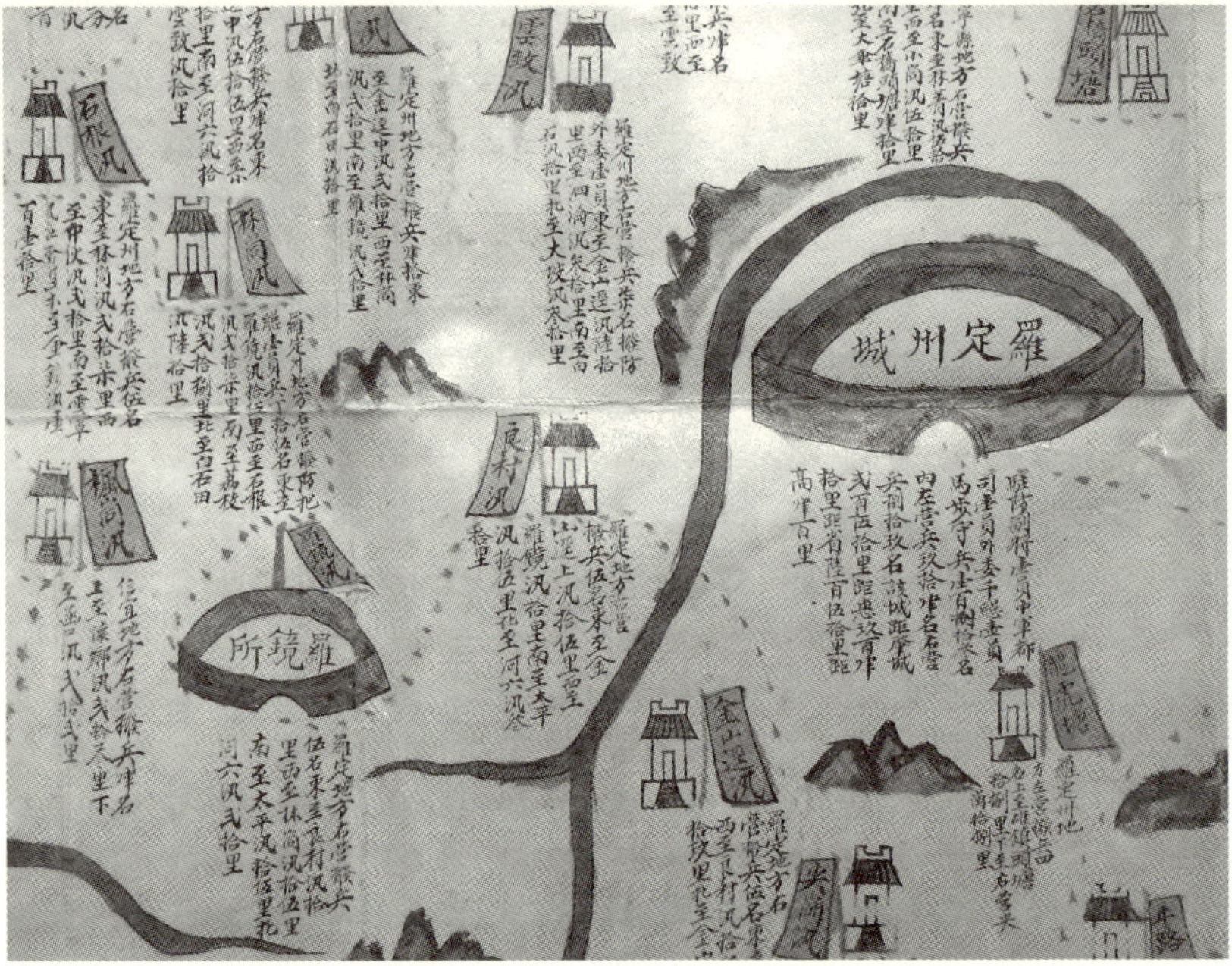

図７　羅定州羅鏡墟一帯地図（National Archives 蔵、F.O. 931 1907）

に砲台を築いて、街に近づいて攻撃をかけており、効果を挙げている。ただし匪賊たちは火薬を実に多く持っており、必ずや奸民の補給があるに違いなかった。そこで各軍に厳しく取り締まらせたところ、前後して陳楡挙ら六名を捕らえた……。訊問したところ、一斤当たりの値段は銭一千文とのことだった[107]。

ここからは凌十八軍が地形をうまく活用して防禦を固め、籠城を続けたことが窺われる。清軍は肇慶府知府李敦業が持ち込んだ大砲十門で攻勢をかけたが、火薬を横流しする者もいて戦果は挙がらなかった。戦闘が膠着状態となる中で、十一月に徐広縉は「現在勝利をおさめる方法は、ただ多く大砲を備え、各方面から撃ち込んで、匪賊たちの身の置き場をなくさせる他はない[108]」と述べ、省内各地から大型砲を動員して砲撃を加えた。また清朝の度々の催促を受けた一八五二年一月には徐広縉が自ら信宜県城へ進駐し、凌十八軍の築いた土塁や濠の外側に空白地帯を作り、兵勇たちが物資を横流ししたり「軍情を漏らす」ことを防ごうとした[109]。だがこれらの措置にもかかわらず清軍の攻撃は進展しなかった。朱用孚はその原因について次のように指摘している。

凌逆は堅く守って出ず、わが兵は力を尽くして攻めたが日々損害を出した。徐太保（徐広縉をさす）はもとより兵を知らず、おじ気づいて策がなく、ただ攻撃が手ぬるいと言って将兵を責めるばかりだった。毎日のように城に肉薄せよと命令し、日暮れになってようやく軍を引いたが、他にはかりごともなかった。賊は見張りやぐらの中から発砲したため、百発百中で死傷者が枕をならべた。このため軍中の士気は益々萎えた[110]。

総帥であった徐広縉に統率力がなく、いたずらに犠牲者を増やして将兵の不満が高まったことが見て取れる。その結果清軍の陣地で厭戦気分が漂い、「飲酒と賭博に明け暮れている」のを見た凌十八軍は、四月七日に草をつめた袋でひそかに濠を埋め、土塁を越えて清軍陣地に夜襲をかけた。清軍は混乱に陥り、都司饒成龍ら将校数名と兵士百余名が戦死した[111]。すると五月十二日に徐広縉は多額の賞金をかけ、帰善勇を羅鏡墟の東に潜入させて報復攻撃を試みた。彼らは新墟街口まで到達したが、気づいた凌十八軍との間に戦闘が始まると、東側陣地の清軍はこれを救おうとせず、帰善勇は大敗した。この知らせに怒った徐広縉は、帰善勇を見殺しにした把総劉登栄らを軍前で処刑した。また総兵福興に連日のように羅鏡墟を攻撃させたが、「賊は死守して破ることは出来なかった」[112]という。

このように清軍の弾圧は遅々として進まなかったが、凌十八軍もまた事態を打開するだけの決断力を欠いていた。それが明らかになったのは呉三反乱軍の投降であった。鬱林州攻撃時の天地会軍と同じように、凌十八はこれらの反乱軍とゆるやかな連携を組み、呉三、陳二はそれぞれ総頭目として部下を率いていた。

知府李敦業が離間工作を進めると、一八五一年十一月二十四日に凌十八と呉三、陳二の間で言い争いが起こり、「互いに殴り合うこと二度」の後、呉三、陳二はそれぞれ部下と荷物をまとめ、二十五日早朝に八字嶺を越えて戦線を離脱しようと試みた。驚いた凌十八はこれを追い、陳二の軍は引き返したが、呉三の軍は八字嶺に到達した。そこへ待ちかまえていた清軍が襲いかかり、七百名以上を殺害して「呉三の全軍を殲滅した[113]」という。

この事件について『摩盾余談』は内部の事情を詳細に語っている。初め李敦業が呉三に投降を働きかけると、呉三はこれを信頼せず、「平定の朱巡検が来れば、私は投降に応じよう」と言った。広東にこの名前の巡検司は見あたらなかったが、その実「平定の朱巡検」とはかつて化州梁家沙司巡検を務めた朱用孚のことで、呉三は飢饉の時に貧民救済に尽くした彼をよく覚えていた。朱用孚が名乗り出ると、李敦業は「賊は汝でなければ信頼せぬ」と言って彼に呉三の投降工作を手伝うように依頼した。

はたして呉三が部下を率いて投降すると、朱用孚は彼らの死刑を免除し、凌十八軍を攻めて罪を償わせるように李敦業に申し入れた。ところが李敦業は答えず、その顔には怒りの色が浮かんでいた。初めから李敦業は呉三らを殺して自分の手柄にするつもりだったのである。これを知った朱用孚は「呉三の衆は私のせいで死んだのだ」と嘆いた。この事件後「賊の守りは益々堅くなり、絶えて降伏の意志はなくなった[114]」と言われたが、呉三の投降を止められなかった凌十八のリーダーシップ不足は否めない。

一八五二年四月に太平軍は永安州を脱出し、北進して桂林を急襲した。驚いた清朝は徐広縉に急ぎ広西へ向かい、賽尚阿と共に太平軍を弾圧するように命じた[115]。このとき福興は徐広縉から五日以内に羅鏡墟を攻め落とすように催促されたが、まもなく凌十八弾圧の任務を受け継いで広州を出発した巡撫葉名琛から「暫く進攻を見合わせよ」という命令が届いた。福興は「地方長官たる者が、功名争いの私心を持っているとは[116]！」と言って憤ったが、凌十八軍も羅鏡墟から動かず、清軍の隙をついて包囲を突破する最後のチャンスを逃してしまった。

この頃になると羅鏡墟の食糧も底をつき、人々は木の葉を糠や豆皮に混ぜたり、雑草を煮て飢えをしのいだ[117]。空腹に耐えかねて脱走する者も相継ぎ、五月には信宜県職員李歩龍（候選従九品）の誘いによって投降した「天符をかたった大頭目」の陳二（即ち陳二反乱軍の首領）や「頭目」の葉恒崖が捕らえられて殺された[118]。

また六月十八日に羅定州に到着した葉名琛の調べによれば、羅鏡墟には内外の大館、十六の小館に二千人程が残っていた[119]。人々が八字嶺に生えたヒエを食用にしていることを知った葉名琛は、清軍兵士の警備のもとで人夫を動員して二十三万斤のヒエを刈り取らせた。その結果餓死者が続出し、「ついに幼子を煮て食う者も現れた」という。だがこうした苦境にもかかわらず、凌十八は「広西の兄弟たちが迎えに来てくれる[120]」と毎日のように会衆に語り、羅鏡墟を離れようとはしなかった。当時太平軍は遠く湖南へ去り、葉名琛による兵力の増強や軍紀の粛清によって清軍の包囲網を破るのは不可能となっていた[121]。六月下旬からの一ヶ月で逃亡者は三百人に及んだが、羅鏡墟内では「経典を誦む声」が響き、老弱男女の区別なく街を離れることは許さないという布告が張り出された。それでも逃げようとする者がいれば、連れ戻されて殺された[122]。

七月二十六日に万全の準備を整えた清軍は、ついに羅鏡墟に対する総攻撃を開始した。総兵福興の指揮のもと、三方面から十五隊に分かれて突撃し、西路は都司姚麟、外委戴文英、馮子材らが先鋒をつとめた。凌十八は東側の大館で指揮を取っていたが、街の西側が支えられないと見て、火薬庫まで移動したところを清軍兵士に殺された（一説では井戸に身を投げた[123]）。また店舗に立てこもり抵抗していた凌二十八など一二〇〇名が殺され、大頭目の陳葉氏や凌十八の父親である凌玉超など二六八名が捕らえられた。清軍の戦死者は十七名、負傷者は三百名余りを数えた。それは後の安慶や天京の攻防戦を予感させる凄惨な殲滅戦であった。清朝が反乱鎮圧のために用いた費用は八十万両余りであったという[124]。

結びにかえて——凌十八蜂起の影響

以上の内容をまとめると次のようになる。凌十八は洪秀全と同じくそれなりの経済的基盤をもった客家人であった。

彼の社会的上昇の願いは政治的発言力を独占していた五大姓の科挙エリートによって閉ざされ、凌十八はその移動性の高さゆえに出稼ぎ先の平南県で上帝会とめぐりあった。両者の対立は「旧図」「新図」の土客械闘として評価するには格差が大きすぎたが、まさにその故にこそ信宜県における上帝会の活動は政治的反乱として立ち現れた。安撫政策を取ろうとした胡宗政がいみじくも指摘したように、凌十八の蜂起は「紳士が逼りて民反す」にその本質があったと言えよう。

金田の本隊よりも早く蜂起し、その統制をうけなかった凌十八の反乱軍は、太平軍とは異なるいくつかの特徴を帯びていた。その最たるものは女性の活躍であり、大頭目の陳葉氏をはじめ多くの女性頭目が存在し、女館の兵士を率いて実際の戦闘に参加した。また洪秀全ら儒教知識人の影響が及ばなかった凌十八軍では、道士や和尚、裸体の女性など中国民衆反乱の原初的な伝統が色濃く現れた。

さらに太平軍と凌十八軍の戦略上の大きな違いとして、天地会系の反乱軍との関係があった。この点太平軍が厳しい原則で臨んだのに対して、凌十八軍は開放的であり、兵力不足を補うためにしばしば天地会軍を糾合しようとした。だが両者は緩やかな連携をするに止まり、充分な戦果を挙げられなかったばかりか、彼らの意向に左右されて金田の本隊との合流という本来の目的を見失うことになった。

いっぽう凌十八蜂起の弾圧にあたった清朝政府とその軍隊も多くの問題を抱えていた。その第一は反乱発生の報告を喜ばない地方長官であり、彼らの意をくんだ地方官たちは凌十八が政治的反乱をめざしていると知りながら安撫政策で事態を糊塗しようと試みた。また鎮圧のために動員された清軍も戦意を欠き、総督徐広縉の無策もあっていたずらに犠牲者を増やした。さらに徐広縉と巡撫葉名琛の功名争いが示すように、多くの清朝官僚にとって反乱軍の平定は昇進の手段でしかなかった。「清官」の言葉を信じて投降した呉三反乱軍を皆殺しにした知府李敦業の行動は、中国社会における官僚統治のかかえた暗闇の深さをよく示している。

凌十八の蜂起はこうした苛酷な統治に対する異議申し立てであったが、彼とその周りに集まった会衆たちも多くの弱点を抱えていた。凌十八の敗北後、太平天国政府は彼らが「天条を守らず、大胆にもほしいままに命令を出し」「堅く耐えることができず、志が定まらなかった」[125]と批判した。むろん広西から遠く離れた彼らの上帝会では、天父天兄下凡がない分だけ紫荊山とは異なる儀礼が行われた。だが彼らは敗北の直前まで「天父の顧み」と広西の兄弟による救援を信じて祈り続けており、信仰の弱さが原因で失敗したという非難は当たらない。

むしろ凌十八らに欠けていたものがあったとすれば、みずからの手で運命を切りひらく大胆さだったと言えるだろう。彼らはいち早く蜂起しながら、団営令に応じて金田村へ向かうことには極めて慎重だった。また彼らは清軍の能力を過大に評価し、天地会軍の協力なしには北進しようとしなかった。凌十八軍が鬱林州攻撃に失敗し、広東に戻った時も、清軍の実情から見て太平軍と合流する可能性は残されていた。だが彼らは羅鏡墟での籠城を続け、広西へ向かうチャンスを逸してしまった。むしろ時代は昔の仲間であろうと容赦なく殺した馮子材のごとく果断な人物を求めていたのかも知れない。

こうして凌十八の蜂起は失敗に終わった。それではこの事件が社会にもたらした影響はいかなるものだったのだろうか。一八五二年頃に広東で作られた「勉めて良善となり、邪説に惑わされず、各々身家を保つべきこと」を諭した告示稿は次のように述べている

広東は海が近く、海産物の利益はもとより豊かで、最近は豊作が続き、食糧も常に足りている。勤勉であれば利益があがり、怠惰なら能なしだが、ひどい者は游民となり、染まって邪匪となった。家では父兄の教えなく、小人と慣れ親しみ、街には博徒が増え、次第に賊党となった。これでも人心や風俗を問うことができようか？

最近はまた拝会や習教する者がおり、悪に従うこと崩れるが如きである。白蓮、天主の名は夷俗より起こり、三合、八卦の名目は別に異端を開いた。荒唐無稽であり、愚かなること極まりない。甚だしきは妖書を捏造し、

上帝や天兄、天父といったデタラメの名前に仮託して、あえて天を冒瀆し、呪文や経典を唱えている。その行動はまるで乞食のようであるが、無知な女子供は新奇なものと思いこむ。どうして物事がわかっている筈の男たちまで、甘んじて騙されてしまうのか？

試みに考えてもみよ。嘉慶年間に林清が叛逆をほしいままにし、学問のある者ですら滅亡の道を選んだ。以後会匪は蔓延して、狂悖なること最も多く、死にいたるまで悟ろうとしない。誰が本気で生をむさぼり、昇天などと嘘をついて、同じ災難に遭おうとするだろうか。凌十八の如きは邪教を習うこと久しく、たぶらかし惑わすこと殊に深かった。しかし毒を流したのは二年に満たず、禍いを招くこと三族に及び、悪に従った者は女子供の区別なく、ことごとく誅せられた。首謀者の父母も妻子も、均しく市場で見せしめとされたが、謀叛に対する法律は厳しく、どうして情けをかけることが出来ようか？　彼はわが良民を害したのであるから、神人共に憤るところである。しかし誰でもわが赤子であるのに、どうして教訓に耳を傾けず、首と胴体がバラバラになって、死んで鬼畜となることに堪えられようか？(126)

ここでは広東が沿海の豊かな地域であるにもかかわらず、「邪匪」「賊党」となる「游民」が多く、秘密結社や民間宗教に入る者も少なくないと述べている。特に「天兄天父」を唱えた上帝会に言及し、凌十八の活動に触れたうえで、彼らが厳しい処罰を受けたことを指摘しながら、これらの反乱組織に加わることの無益さを訴えている。改めて一八五〇年代初めの広東において、凌十八蜂起の与えた影響の大きさを見ることができよう。

だがこれらの警告も充分な効果を上げることはできなかった。光緒『信宜県志』は「それより後、土匪たちは忌むところがなくなり、隣寇もよこしまな考えを抱き、蛇や豚のように縦横に活動して、平穏な年はなくなった。兵を煩わせ支出がかさみ、勢いはついに支えきれなくなった(127)」と述べている。一八五四年七月には陳開、李文茂らの率いる天地会軍が広州省城を攻撃し、広東は動乱期に突入したのである。

【註】

（1）本書第一章、第二章。
（2）本書第三章。
（3）佐佐木正哉編『清末の秘密結社』資料編、近代中国研究委員会、一九六七年。
（4）簡又文『太平天国全史』上、香港猛進書屋、一九六二年、第四章附録、信宜之役始末記、鍾文典『太平天国開国史』広西人民出版社、一九九二年および羅爾綱『太平天国史』巻四九、凌十八、中華書局、二〇〇四年、一八六一頁。
（5）呉兆奇主編『凌十八起義』広東人民出版社、一九八九年および茂名市政協文史資料研究委員会編『凌十八起義論文集』広東人民出版社、一九九一年、同『凌十八起義史料集』広東人民出版社、一九九一年。
（6）小島晋治「拝上帝教、拝上帝会と客家人の関係」『太平天国運動と現代中国』研文出版、一九九三年、五一頁。
（7）菊池秀明「両広南部における客家移民と国家――広東信宜県凌十八蜂起の背景」『広西移民社会と太平天国』【本文編】二九七頁。
（8）菊池秀明「英国国立公文書館所蔵の太平天国史料について」中国文史哲研究会編『集刊東洋学』一〇二号、二〇〇九年。
（9）銭排鎮凌氏『河間流水譜（盛興隆記）』一九四〇年、銭排鎮文化站曽家昌氏提供（菊池秀明『広西移民社会と太平天国』【史料編】六三三頁）。
（10）銭排鎮双埸『李氏家史』一九九〇年、銭排鎮文化站曽家昌氏提供。
（11）銭排鎮凌氏『河間流水譜（盛興隆記）』。
（12）菊池秀明「両広南部における客家移民と国家――広東信宜県凌十八蜂起の背景」。
（13）抄呈信宜懐郷司巡検陳栄親呈凌十八始末縁由各件、F．O．九三一　一一九〇B、英国国立公文書館蔵（佐佐木正哉編『清末の秘密結社』資料編、一八三頁）。
（14）凌十八売田売屋的契約、道光三十年正月十九日『凌十八起義』一八四頁。また陳啓著、陳坤中「凌十八出売家産与大寮起義」（広東太平天国史研究会編『太平天国与近代中国』広東人民出版社、一九九三年、五〇一頁）を参照のこと。

(15) 凌十八の出生年代については「凌十八生辰資料」『凌十八起義』一八七頁。また彼が科挙を志した点は信宜県地方志辦公室「凌十八有関問題調査訪問記録」『凌十八起義史料集』二九〇頁。五大姓については五大姓とその形成過程については菊池秀明「両広南部における客家移民と国家――広東信宜県凌十八蜂起の背景」および銭排鎮凌氏『河間流水譜（盛興隆記）』の解題部分（菊池秀明『広西移民社会と太平天国』【史料編】六四〇頁）。

(16) 抄呈茂名胡令交呈凌十八節略、F.O.九三一　一一九〇A（佐佐木正哉編『清末の秘密結社』資料編、一八一頁）。

(17) 抄呈信宜懐郷司巡検陳栄親呈凌十八始末縁由各件。

(18) 逆犯凌十八即才錦等家属清単（咸豊二年）、F.O.九三一　一三一〇。

(19) 封黄松年等職詔、太平天国十年十月二十二日（太平天国歴史博物館編『太平天国文書彙編』中華書局、一九七九年、六七頁）。

(20) 凌十八一家の藍栽培については陳啓著、陳坤中「凌十八与大寮拝上帝会」『凌十八起義論文集』九七頁。また胡以晄と平南県の上帝会については菊池秀明「平南県における中流宗族の活動と国家」『広西移民社会と太平天国』【本文編】一二三頁。

(21) 『天兄聖旨』巻二、庚戌年七月二十二日（中国近代史資料叢刊続編『太平天国』二、広西師範大学出版社、二〇〇四年、二八九頁）。

(22) 鍾文典「平南平田村『林氏族譜』及其它」『玉林師専学報』一九八八年三・四期。

(23) 徐広縉等奏、咸豊二年六月二十二日、中国第一歴史檔案館編『清政府鎮圧太平天国』三（以下『鎮圧』と略記）、社会科学文献出版社、一九九二年、四〇六頁。

(24) 朱用孚『摩盾余談』（太平天国歴史博物館編『太平天国史料叢編簡輯』一、中華書局、一九六一年、一三八頁）。

(25) 抄呈信宜懐郷司巡検陳栄親呈凌十八始末縁由各件。

(26) 徐広縉等奏、咸豊元年三月初九日、『鎮圧』一、二七六頁。

(27) この土客械闘については劉平『遺忘的戦争――咸豊同治年間広東土客大械闘研究』商務印書館、二〇〇三年。瀬川昌久

『客家——華南漢族のエスニシティーとその境界』風響社、一九九三年。片山剛「清代中期の広府人社会と客家人の移住」（山本英史編『伝統中国の地域像』慶応義塾大学出版会、二〇〇〇年、一六七頁）。飯島典子『近代客家社会の形成——「他称」と「自称」のはざまで』風響社、二〇〇七年。

(28) 菊池秀明「太平天国前夜の広西における移住と民族——貴県の場合」（神奈川大学中国語学科編『中国民衆史の視座』新・シノロジー、歴史篇、東方書店、一九九八年、八三頁）。

(29) 陳啓著、陳坤中「凌十八与大寮拝上帝会」。

(30) 『摩盾余談』『太平天国史料叢編簡輯』一、一三九頁。なお原文は「富紳」の陸滋務が銭排墟に質屋を設け、襲撃を恐れて凌十八と対立したと述べている。だが水口村『陸氏元啓祖支譜』（陸香江等修、一九六六年、信宜県地方志弁公室蔵）および光緒『信宜県志』巻六、人物志、列伝の記載を見る限り、陸滋務は陸敏務、陸達務兄弟の誤記であろうと考えられる。水口村陸氏は十三代が「務」字輩、十四代が「滋」字輩のため、混乱が生じたと推測される。

(31) 『洪冠余姓族譜』一八七一年修、洪上村余昌材蔵。懐郷『邱氏家志』一九九一年修、河背村邱国鋒蔵。『孔氏族譜』撰修年代不明、竹垌村孔昭鎬蔵。また一九九〇年、九一年における調査の概要は菊池秀明『広西移民社会と太平天国』【史料編】六四四頁。

(32) 水口村『陸氏元啓祖支譜』および光緒『信宜県志』巻六、人物志、列伝。

(33) 『華山李氏世徳録』光緒年間、李再栄編、中山大学図書館蔵。李再栄『求志居存稿』光緒十四年、広東省中山図書館蔵。

(34) 懐郷『寧氏族譜』光緒年間修、信宜県地方志弁公室蔵。光緒『信宜県志』巻六、人物志、列伝。

(35) 『摩盾余談』『太平天国史料叢編簡輯』一、一四一頁。

(36) 抄呈信宜懐郷司巡検陳栄親呈凌十八始末縁由各件。

(37) 『天兄聖旨』巻二、庚戌年七月二十二日（続編『太平天国』二、二八九頁）。

(38) 『摩盾余談』『太平天国史料叢編簡輯』一、一三九頁。

(39) 抄呈信宜懐郷司巡検陳栄親呈凌十八始末縁由各件。

(40)『摩盾余談』『太平天国史料叢編簡輯』一、一四一頁。
(41) 光緒『茂名県志』巻八、大事記二には、凌十八の「書符調水」によって孫の病気が治った老人一家が財産を処分して軍に従ったことが記されている。
(42) 拝旗とは会衆が祈りを捧げると、倒れていた旗が立つ儀礼で、後ろで人が糸で引っ張ったとされる。この儀礼に関する伝説が最も多いのは平南県という。一九八七年、九〇年の平南県調査記録。
(43) 光緒『信宜県志』巻八、記述三、兵事。
(44) 菊池秀明「広西における上帝会の発展と金田団営」。
(45)『摩盾余談』『太平天国史料叢編簡輯』一、一三九頁。
(46) 葉名琛奏、咸豊三年正月十七日『鎮圧』四、四四一頁。
(47) 李星沅奏、咸豊元年四月初七日『鎮圧』一、三六九頁。
(48) 永安封五王詔、太平天国元年十月二十五日『太平天国文書彙編』三五頁。
(49) 徐広縉等奏、咸豊二年六月二十二日『鎮圧』三、四〇六頁。
(50) 審定凌十八案犯清単（咸豊二年）、F. O. 九三一　一三四七。
(51) 簡又文『太平天国典制通考』中、香港猛進書屋、一九五八年、一一八七頁。
(52) 胡九妹については『天兄聖旨』巻一、己酉年十二月初一日（続編『太平天国』二、二六四頁）。蘇三娘については鍾文典『太平天国人物』広西人民出版社、一九八四年、四七〇頁。
(53) 本書第三章を参照。
(54) 永安破囲詔、太平天国二年二月三十日『太平天国文書彙編』三七頁。
(55) 徐広縉等奏、咸豊元年八月十七日、『鎮圧』二、二四四頁。
(56) 小島晋治「魯迅『阿長と山海経』をめぐって——保姆から聞いた『長毛』の話」『太平天国運動と現代中国』二一七頁。
(57) 小林一美「斉王氏の反乱」、青年中国研究者会議編『続中国民衆反乱の世界』汲古書院、一九八三年、一八五頁。佐藤公彦

「乾隆三九年王倫清水教反乱小論――義和団論序説」『義和団の起源とその運動――中国民衆ナショナリズムの誕生』研文出版、一九九九年、一三五頁。
(58) 本書第一章を参照。
(59) 徐広縉等奏、咸豊元年三月初九日『鎮圧』一、二七六頁。
(60) 光緒『茂名県志』巻八、大事記二。
(61) 徐広縉等奏、咸豊元年三月初九日『鎮圧』一、二七六頁。
(62) 梁敬事奏、咸豊元年五月十六日『鎮圧』二、一頁。
(63) 唐亜九供詞、F.O.九三一　一二六六（佐佐木正哉編『清末の秘密結社』資料編、一九六頁）。唐亜九は何名科反乱軍の「王師爺」で、同義堂の大館で米穀を管理した。彼は「七月間何名科買凌十八大砲二十門、去銀一百五十両」と述べている。また徐広縉等奏、咸豊元年十月十三日『鎮圧』二、四六〇頁。
(64) 李星沅等奏、咸豊元年二月二十一日『鎮圧』二、二四二頁。
(65) 『天兄聖旨』巻二、庚戌年十一月初旬、続編『太平天国』二、三〇五頁。
(66) 李星沅等奏、咸豊元年三月初二日『鎮圧』一、二六四頁および周天爵奏、咸豊元年三月二十一日『鎮圧』一、三一七頁。
(67) 李星沅等奏、咸豊元年四月初七日『鎮圧』一、三六九頁。光緒『鬱林州志』巻十八。
(68) 光緒『鬱林州志』巻十八。
(69) 周天爵「致周二南書」『太平天国史料叢編簡輯』六、五頁。また「周天爵致賽尚阿信鈔件」も「凌十八、劉八万余衆欲来東郷合夥、於是力不主戦而主守」と述べている（咸豊元年四月二十五日『鎮圧』一、四七八頁）。
(70) 李星沅等奏、咸豊元年四月初七日『鎮圧』一、三六九頁。
(71) 軍機大臣、咸豊元年四月二十日『鎮圧』一、四二二頁。
(72) 周天爵奏、咸豊元年三月二十三日『鎮圧』一、三一七頁。また本書第二章を参照。
(73) 例えば張向陽「論凌十八起義与広西拝上帝会的関係」『凌十八起義論文集』七八頁は、凌十八の鬱林州攻撃は元々計画されていたもので、陸川、博白県の部隊との合流が成らず、金田の本隊も南下出来なかったために成功しなかったと述べている。
(74)　この外にも凌十八が鬱林州を攻撃した当時、興業県や貴県には劉成康や謝士養三の反乱軍が活動していたが、太平軍とは連携しなかった（賽尚阿奏、咸豊元年六月初七日『鎮圧』二、六六頁）。また李秀成は張釗らが上帝会との連携を図った時、上帝会の人々が「不甚強壮、非是立事之人」であると感じて加わらなかったと述べている（羅爾綱『李秀成自述原稿注』増補版、中国社会科学出版社、一九九五年、一〇八頁）。当時の天地会軍の反応をうまく言い当てていると言えよう。
(75)　李星沅等奏、咸豊元年四月初七日『鎮圧』一、三七五頁。
(76)　徐広縉等奏、咸豊元年五月二十九日『鎮圧』二、五五頁。
(77)　『天情道理書』（中国近代史資料叢刊『太平天国』一、神州国光社、一九五二年、三八六頁）。
(78)　光緒『鬱林州志』巻十八。
(79)　李星沅等奏、咸豊元年四月十一日『鎮圧』一、三七五頁。
(80)　周天爵等奏、咸豊元年五月初十日『鎮圧』一、五二五頁。呉三、陳二の出身地については徐広縉等奏、咸豊元年十月十三日『鎮圧』二、四六二頁。なお徐広縉も信宜県に戻った凌十八軍について「除老弱婦女不計外、実有賊匪三千余人」と報じている（咸豊元年六月二十八日『鎮圧』二、一二五頁）。
(81)　徐広縉奏、咸豊元年六月二十八日『鎮圧』二、一二五頁。
(82)　梁敬事奏、咸豊元年五月十六日『鎮圧』二、一頁。
(83)　軍機大臣、咸豊元年五月十六日『鎮圧』二、三頁。
(84)　徐広縉等奏、咸豊元年六月十二日『鎮圧』二、八三頁。
(85)　『摩盾余談』『太平天国史料叢編簡輯』一、一四一頁。
(86)　本書第一章。
(87)　菊池秀明『清代中国南部の社会変容と太平天国』三一八頁。
(88)　『摩盾余談』『太平天国史料叢編簡輯』一、一四一頁。

(89) 徐広縉奏、咸豊元年六月二十八日『鎮圧』二、一二五頁。
(90) 光緒『信宜県志』巻八、記述三、兵事。
(91) 徐広縉奏、咸豊元年七月二十三日『鎮圧』二、一八九頁。
(92) 葉名琛奏、咸豊二年五月二十九日『鎮圧』三、三五八頁。
(93) 『摩盾余談』『太平天国史料叢編簡輯』一、一四三頁。
(94) 軍機大臣、咸豊元年七月十八日『鎮圧』二、一七八頁。
(95) 徐広縉奏、咸豊元年七月二十三日『鎮圧』二、一八九頁。
(96) 徐広縉等奏、咸豊元年八月十七日『鎮圧』二、二四四頁。また『摩盾余談』『太平天国史料叢編簡輯』一、一四三頁。
(97) 徐広縉等奏、咸豊元年十月初四日『鎮圧』二、四五一頁。
(98) 徐広縉等奏、咸豊元年十月初四日『鎮圧』二、四四七頁。結局彭肇昌は逐電し、張永鑰は解任された。国立公文書館には何名科が彭肇昌に送った手紙や連絡員だった陳二らの供述書が残されている（F．O．九三一　一二六六、佐佐木正哉『清末の秘密結社』資料編、一九六頁）。
(99) 賽尚阿等奏、咸豊二年二月十六日『鎮圧』三、三〇頁。また同日の賽尚阿奏は、張釗らが波山艇匪と協力する危険性を指摘しつつ、戦力不足から用いざるを得ないと述べた（『鎮圧』三、二六頁）。
(100) 徐広縉奏、咸豊二年八月十三日『鎮圧』三、五三四頁。
(101) 周天爵等奏、咸豊元年四月二十五日『鎮圧』一、四三六頁。また賽尚阿奏、咸豊元年七月初六日『鎮圧』二、一四〇頁および徐広縉奏、咸豊元年七月十四日『鎮圧』二、一六八頁。
(102) 徐広縉等奏、咸豊元年九月初十日『鎮圧』二、三八〇頁。
(103) 『摩盾余談』『太平天国史料叢編簡輯』一、一四四頁。馮子材については『清史稿』巻四五九、列伝二四六を参照のこと。
(104) 『摩盾余談』『太平天国史料叢編簡輯』一、一四四頁。
(105) 徐広縉等奏、咸豊元年八月十七日『鎮圧』二、二四四頁。

(106) 徐広縉等奏、咸豊元年閏八月初十日『鎮圧』二、二九五頁。
(107) 徐広縉等奏、咸豊元年閏八月二十日『鎮圧』二、三二六頁。
(108) 徐広縉等奏、咸豊元年十月初四日『鎮圧』二、四四九頁。
(109) 徐広縉等奏、咸豊元年十二月二十九日『鎮圧』二、六〇〇頁。
(110) 『摩盾余談』『太平天国史料叢編簡輯』一、一四五頁。
(111) 光緒『信宜県志』巻八、記述三、兵事。徐広縉奏、咸豊二年三月初七日『鎮圧』三、七〇頁。
(112) 光緒『信宜県志』巻八、記述三、兵事。徐広縉等奏、咸豊二年四月初六日、軍機処檔〇八四一九七号、国立故宮博物院蔵。同奏、咸豊二年四月十八日『鎮圧』三、二〇〇頁。
(113) 徐広縉等奏、咸豊元年十月十三日『鎮圧』二、四六二頁。
(114) 『摩盾余談』『太平天国史料叢編簡輯』一、一四五頁。
(115) 軍機大臣、咸豊二年四月初六日『鎮圧』三、一五四頁。
(116) 民国『羅定州志』巻九、紀事および同巻五、宦績。
(117) 徐広縉等奏、咸豊二年四月十八日『鎮圧』三、二〇〇頁。
(118) 徐広縉奏、咸豊二年四月二十七日『鎮圧』三、二四九頁。
(119) 葉名琛奏、咸豊二年五月二十九日『鎮圧』三、三五八頁。
(120) 徐広縉等奏、咸豊二年六月二十二日『鎮圧』三、四〇六頁。
(121) 葉名琛奏、咸豊二年五月二十九日『鎮圧』三、三五八頁によると、葉名琛は広東各地の清軍一一〇〇名、仏山鎮の壮勇一五六〇名を増派した。また将校たちに「申明紀律、信賞必罰」で部下を統率するように訓示した。
(122) 徐広縉等奏、咸豊二年六月二十二日『鎮圧』三、四〇六頁。
(123) 徐広縉等奏、咸豊二年六月二十二日『鎮圧』三、四〇六頁および光緒『信宜県志』八、記述三、兵事。
(124) 葉名琛奏、咸豊三年正月十七日『鎮圧』四、四四一頁および光緒『信宜県志』巻八、記述三、兵事。

(125)『天情道理書』『太平天国』一、三八六頁。

(126) 為剴諭郷氓勉為良善毋惑邪説各保身家事（咸豊二年）、F. O. 九三一　一三七〇。

(127) 光緒『信宜県志』巻八、記述三、兵事。

第二部　太平天国の南京進撃（一八五二年〜五三年）

第五章　太平天国の広西北部、湖南南部における活動について

はじめに

本書第一部は金田団営期の太平天国について、偶像破壊運動を行った上帝会が蜂起の準備を慎重に進め、挙兵後も各地の会員を糾合して清軍の包囲網を突破したことを指摘した(1)。また永安州時代の太平天国が王朝体制のひな形を整え、東王楊秀清のイニシアティブを強化して古参会員に対する粛清を行ったこと、広東信宜県の凌十八はいち早く蜂起しながら、その慎重な行動ゆえに太平軍と合流できずに敗北したことを明らかにした(2)。

本章は太平軍が永安州を脱出した一八五二年四月から、湖南省南部の道州を占領し、ここに駐屯していた同年七月頃までの期間を取り扱う。この時期は太平天国の歴史にとって、桂林攻撃の失敗と全州蓑衣渡の敗北で挫折を被りながらも、新たな参加者を得て勢力を回復し、全国的な運動へ発展することになった転機であった。

だがその重要性にもかかわらず、この時期の太平天国に関する研究成果は簡又文氏(3)、鍾文典氏(4)、茅家琦氏(5)らの通史的著作および崔之清氏の軍事史研究(6)、イギリス所蔵の地方檔案から湖南で太平軍に参加した兵士の供述書を発見した小島晋治氏の分析(7)などを除くと少なかった。その主な理由は史料の不足にあり、とくにこの時期の檔案史料（宮中檔と軍機処檔）が多く台湾の国立故宮博物院に保存されていることは、大陸の研究者にとって一つの障碍となっていた。

そこで筆者は一九九九年から故宮博物院を訪問し、同図書文献館所蔵の檔案史料を系統的に整理、分析した。また二〇〇八年、二〇〇九年にはロンドンの英国国立公文書館を訪ね、新たな史料を発見した(8)。さらに一九八七年から広

西桂林市に留学した当時の見聞を加えて、この時期の太平天国の歴史を出来る限り具体的に描き出してみたい。それは太平天国史を「革命か？　邪教か？」といった不毛な議論から解き放ち、十九世紀中国の社会変容という観点からとらえ直すための一階梯になると思われる。[9]

一、太平天国の桂林攻撃と地域社会の反応

（a）　太平軍の北進と桂林攻撃の開始

一八五二年四月に永安州を脱出した太平軍の主力は、七日に昭平県の大埛に到着した。この時彼らの進路として可能性が高かったのは東進であった。当時信宜県で凌十八蜂起の弾圧に当たっていた両広総督徐広縉は、広東巡撫葉名琛への手紙で次のように述べている。

永安の逆匪は現在大広、桂花へ逃れ、水路に近づいている。だが川の対岸には多くの兵を置いて防いでいないから、恐らくは渡河した後に賀県境に入るだろう。すると開［建］、広［寧］一帯の情況が重要になるので、先に兵を動員して□防してほしい。

続いて徐広縉は府江沿岸の船はすでに撤去され、要所に兵を配置していること、太平軍は「数日分の食糧を携帯」しているに過ぎず、追撃および迎撃の兵も多いため「永安の情形に比べれば手をつけやすい」[10]という楽観的な見通しを述べていた。

その後三冲で清軍は大敗を喫したが、太平軍の進撃方向については「上って平楽を窺うのでなければ、下って梧州に向かう」「報じられた賊の逃走方向はおよそ東北一帯であり……、平楽府城は最も危急」[11]とあるように、なお東進との見方が多数を占めた。その根拠は捕虜となった太平軍将兵の供述であり、洪大全も「我々は元々古東から昭平、

梧州へ行き、広東へ逃げるつもりだった」[12]と語っていた。さらに清朝は太平軍が西江沿岸で活動していた波山艇匪や羅鏡墟の凌十八軍と呼応することを憂慮しており、その東進は予想された行動だったと言えよう[13]。

ところが太平軍は進路を北に変え、永安州三妹のヤオ族地区を経て天平坳へ向かった。李秀成の回想によると「東王は命令を伝えて昭平、平楽へは行かず、小道から牛角猺山を抜けて馬嶺へ出た」[14]とあるように、その決定は東王楊秀清が下したという。この事実を知った欽差大臣の賽尚阿は、「省会南路の咽喉」で兵站基地だった茘浦県城が目標ではないかと考え、ここを守るべく広西提督向栄の軍を派遣した[15]。だが太平軍は茘浦県には向かわず、四月十四日にかつて羅大綱が根拠地としていた馬嶺墟を占領して、十五日朝には陽朔県の高田墟に到達した[16]。

太平軍による突然の北進に対して、清朝の地方政府は「一つとして備えていなかった」[17]とあるように全くの無警戒だった。四月十六日に数千名の太平軍が省都桂林から三十キロ余りの臨桂県六塘墟に進出すると、桂林城内は「民は紛々と避難し、人心は大いに震動した」とあるようにパニック状態に陥った。桂林の守備兵が一千名と少ないことを知った広西巡撫鄒鳴鶴は、急ぎ「城郷の団練を集合させ、衆を率いて城を警備」させると共に、茘浦県の向栄に救援を求めた[18]。向栄も川北鎮総兵劉長清、綏靖鎮総兵和春と兵一千名を率いて桂林へ急行し、十六日夕方に六塘墟付近に到達して太平軍の動静をつかんだ。すると彼は「土人の嚮導」を探して迂回ルートを取り、十七日朝に一足早く桂林城に入って「大軍がすでに到着した。驚き慌てる必要はない」という告示を貼り出した。その結果「城内は初めて安堵した」[19]とあるように人々は落ち着きを取り戻したという。

桂林は明代に靖江王府が置かれた広西の政治、文化的中心地であり、内外からなる城壁の高さは八から十メートル、周囲は六キロ以上に及ぶなど、その規模は永安州とは全く異なっていた[20]。四月十七日午後に太平軍の先鋒隊数百名は永安州脱出戦で手に入れた清軍の装備を身にまとい、南門に現れて開門を求めた。しかし半日前に到着した向栄が発砲を命じたため、計略は失敗して城南の将軍橋に退いた[21]。

太平軍の本格的な攻撃は十八日未明から始まった。城南の文昌門などに殺到した太平軍の攻撃部隊は、攻城用具の雲梯（ハシゴの一種）を用いて城壁を乗り越えようとした。だが清軍に撃退され、城内に潜伏していた工作員も捕らえられて殺された。火力が不足していると見た太平軍は、二十二日に灕江沿いの象鼻山に砲台を築き、城内へ砲撃を加えた。翌二十三日には大砲の支援を受けて再び文昌門、南門を攻撃したが、やはり清軍に却けられた(22)。

いっぽう永安州にいた清軍の主力は、桂林を救援すべく北へ向かっていた。とくに三冲の敗戦を招いた張本人だった広州満洲副都統の烏蘭泰は、四月十五日に茘浦県へ到着するなど行動が早かった。十九日に彼が兵八百名を率いて将軍橋に到達したところ、太平軍の待ち伏せ攻撃に遭い、重傷を負って六塘墟に退いた(23)。四月二十三日に彼が陽朔県から咸豊帝に宛てて送った「遺摺」は、みずからの行動と敗北について次のように述べている。

わたくしは満洲の出身であり、兵卒から現在の職に取り立てられ、昨年三月初八日（一八五一年四月九日）に命を奉じて広西へ行き軍務を手伝った。四月初三日（五月三日）に武宣へ至り、賊情を察訪して隊伍を整頓し、出陣にあたっては必ず自ら率いた。将兵と機宜を相談し、早く勝利を報告して陛下のご期待に応えたいと願った。逆賊は永安に逃れ、険しさに頼って立てこもった。わたくしは日夜焦ったが、ただ大砲で轟撃するしかなかった。逆匪も持ちこたえることが出来ず、雨の夜に逃げ出した。わたしは古東の山内まで追撃して、二、三千名を斬殺した。また天徳王の洪大全を捕らえ、すっかり一気に平定できると思いこんだ。

ところが龍寮山口の外まで追撃したところ、逆匪は平地を占拠した。わが兵は山の背に列を作り、進むことは出来ても退くことが出来なかった。また戦いの時に突然霧が立ちこめ、一寸先まで見えなくなったために、兵勇が驚き乱れ、あと一歩のところで勝利を逃してしまった。わたくしは憤懣やるかたなく、先に頂戴を取り、陛下が重く罰して軽々しく前進して勝機を失った者の戒めとしてくださるのを待った。

その後賊匪が省城を攻めていると聞き、急いで跡を追った。三月初一日（四月十九日）の昼に桂林城外に到着

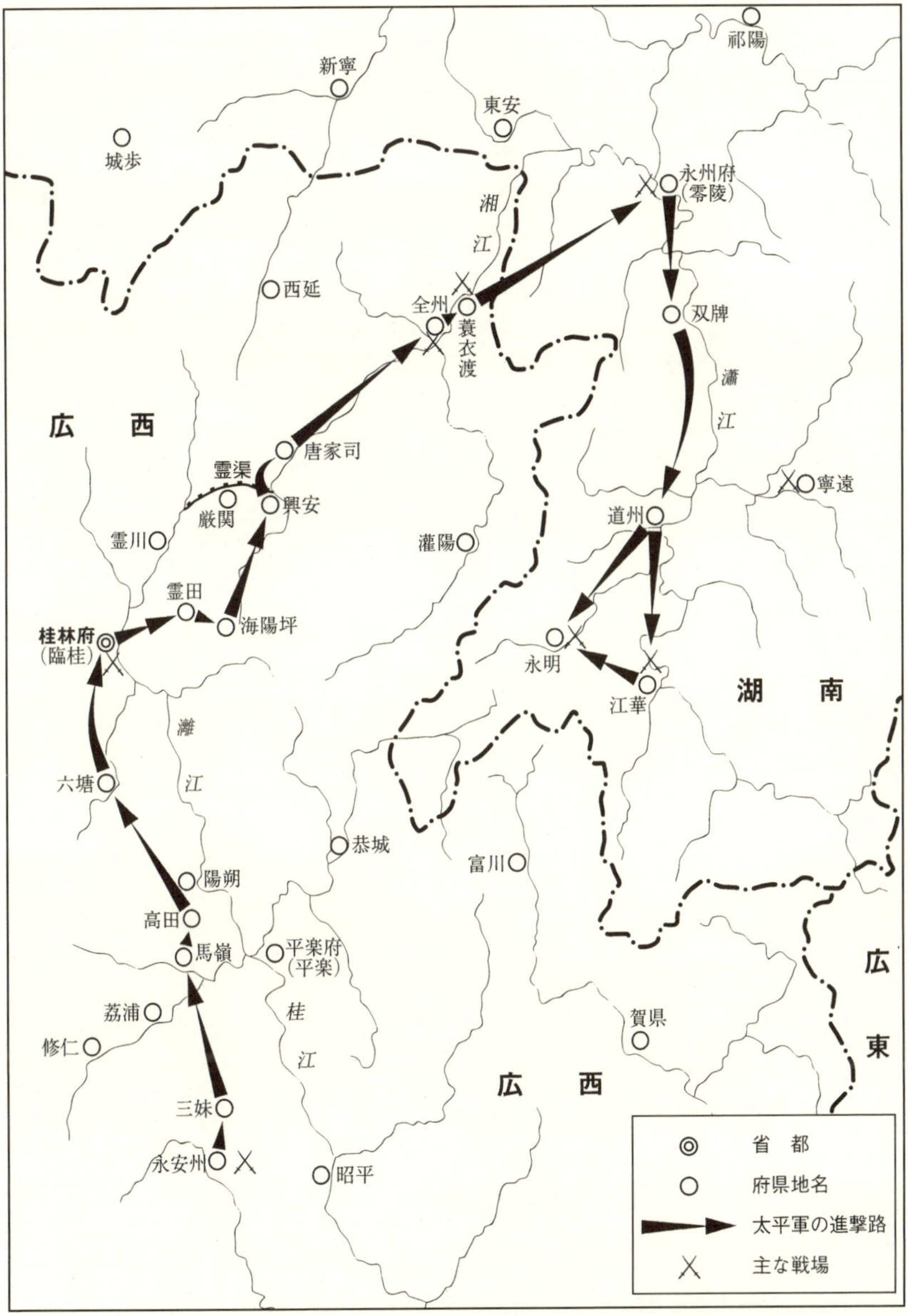

図８　広西北部・湖南南部の太平軍進撃ルート（1852年）
郭毅生主編『太平天国歴史地図集』中国地図出版社、1988年より作成。

写真８　桂林省城の城壁（内城）

写真９　太平軍が砲台を設けた象鼻山

し、逆匪が城を攻撃中と知って、ただちに兵を率いて前進した。逆匪はなすところを知らず、わが軍は勢いに乗って襲いかかり、殺害すること無数であった。将軍橋は要所であったため、わたしは馬を進ませ、橋の上で兵たちに突撃の号令をかけようとした。

ところが逆匪は両側の廃屋からわたしに照準をさだめ、槍炮を発射した。身をかわそうとしたが間に合わず、左膝を負傷した。兵勇たちはわたしが負傷したのを見て、すぐに助け戻ったため、将軍橋も奪回されてしまった。

思うに二度の戦いは、いずれも大勝利となるべきところを敗北した。全てはわたしの用兵が悪かったために敗れたのであり、後悔してもどうして及ぼうか。ただ急ぎ治療に努め、やや回復したところで凡庸ながらも最善を尽くし、悪者どもを滅ぼそうと考えていた。しかし受けた傷は思いのほか重く、弾丸が骨の隙間に達して取り出すことが出来ず、毒がまわって全身が痛み、万が一にも生き延びられないと悟った。

わたしは身に国の恩を受け、軍営に至ってから……一年余り。九十数回の戦いを経たものの、全く功績を挙げることができず、恥ずかしさと怒りがこみ上げてくる。これまでのご恩に報いようと思いながら、果たせなかったことを思うと、はらわたが焼け焦がれるばかりだ。いまは死の床にあって、ただ宮城のある北へむかって叩頭し、再び生まれかわった時は牛馬のごとく尽くしたいと願うばかりである(24)。

また賽尚阿の上奏によると、烏蘭泰は「賊匪が滅びなければ国事は艱難であり、死んでも死にきれない(25)」と言って涙を流したという。彼の死後、その兵勇三千名は鎮遠鎮総兵秦定三によって引き継がれた。また臨元鎮総兵王錦繡らの率いる緑営兵、知府李孟群の率いる壮勇、署右江道張敬修の率いる東勇、候補知府陳瑞芝の率いる潮州勇など約一万人が桂林城外の西北各地に布陣した。だが烏蘭泰の死によって「人の節制に乏しく、恐らくは機敏に呼応できない」とあるように城外の清軍を統率できる前線司令官がいなくなり、危急を要する問題については城内の向栄と鄒鳴鶴が当たらざるを得なかった(26)。

むろん太平軍も多くの弱点を抱えていた。その第一は兵力の不足であり、四月末の鄒鳴鶴の上奏は「賊衆の男婦は約四、五千人で、大半が広東訛りである。川の東岸各村に集まるか、西郷の五里墟に駐屯している。また花橋の四圏楼や城の南門から五里離れた将軍橋や頭塘などにも駐屯している」[27]と述べている。これはやや少ない数字に思われるが、五月に賽尚阿は桂林を撤退した太平軍について「およそ五、六千の衆」[28]と報じた。また六月に徐広縉は次のように分析している。

この逆匪はさきに永安州を占領していた時に、男女合わせて一万人余りいた。古東に逃れた後、官兵が追撃して数千名を捕らえ殺した。桂林を囲み攻めた一ヶ月に殺された者も少なくないから、残っているのがおよそ五、六千人というのは、なお信頼できる数字である。[29]

清朝側が太平軍の損害を過大に評価していたとはいえ、これを見る限り当時の太平軍が一万人を大きく超える兵力を持っていたとは考えにくい。事実彼らは桂林城の北側にまで兵を置いて包囲網を完成させることはできなかった。北門では兵糧の補給や文書の往復が続けられ、北東の東鎮門でも城壁づたいに外から日用品を購入できたという。[30]

だが包囲が完全でなかったにせよ、清朝側が重圧を受けたことは間違いなかった。戦闘が始まると、桂林城内では兵勇五千人と団練三千人が守備につき、城外と合わせるとその兵力は二万人に達した。[31]しかし五月に鄒鳴鶴が「逆匪は久しく兵勇と戦闘を交え、その多くが疲れ怯えていることを知っており、好き放題にしている」と述べたように、清軍の疲労と戦意の乏しさは明らかだった。このため太平軍が象鼻山から砲撃を始めると、巡撫衙門が被弾して鄒鳴鶴は移動を余儀なくされた。[32]また前任湖南提督余万清の救援軍は半数が到着せず、[33]南寧から送られた張国樑の壮勇はなかなか姿を見せなかった。[34]さらに太平軍鎮圧の総帥である筈の賽尚阿は、兵二千名と共に陽朔県城から離れようとしなかった。[35]五月八日に鄒鳴鶴は苦悶する心情を次のように訴えている。

逆匪は省城を攻め、二十日間も猖獗している。イギリスが粤東省城を攻めたのを除けば、実に二百年来なかった奇変である。わたしは陛下の厚いご恩をうけ、この災厄にかかることすでに久しい。城を守れるか、亡ぶかはただ蒼天を仰ぎ祈るしかない。災いも行きつくところまで行けば幸運に変わるであろう。

ここでは太平軍の攻撃を二百年来なかった異常事態と述べるなど、桂林の陥落は避けられないと考えていた様子が窺われる。これに対する咸豊帝の硃批は「奏するところは実に哀れむべきであり、朕には最早諭すべき言葉がない。朕は汝の心を知らない訳ではないが、地方長官たる者がどうして慌ててなすところを知らず、事態を悪化させることがあって良かろうか。朕は今日南郊にて祈禱を行い、天のご加護を祈るばかりだ[36]」というもので、鄒鳴鶴に同情と激励の言葉を送るほかはなかった。

（b）科挙エリートによる団練の抵抗とイスラム教徒の反応

すでに述べたように、桂林で太平軍と戦ったのは清軍ばかりではなかった。在籍紳士の龍啓瑞と朱琦が組織した団練である。二人は「嶺西五大家」と呼ばれる清代広西を代表する桐城派の文人で、共に桂林の出身だった。朱琦は一八三五年に進士となり、翰林院編集や給事中、御史などを歴任したが、一八四六年に官を辞して桂林へ戻り、桂山書院の山長として教鞭を執った[37]。また龍啓瑞は一八四一年の状元で、広東郷試の副考官などを務めた後に湖北学政に任ぜられたが、一八五〇年に父親の死によって故郷に戻っていた[38]。

龍啓瑞らが団練の結成に本格的に取り組んだのは、一八五一年五月に鄒鳴鶴が広西全省の団練結成を命じられてからだった[39]。すでに彼らは前任の巡撫鄭祖琛のもとで臨桂県の団練を組織していたが、新たに桂林城内に団練総局を設け、紳士たちを省内各地に派遣して「勧諭」させた。また地方での団練結成が進むと、その章程の優れたものを選んで戦死した壮丁の伝記などと共に一冊の本にまとめ、『粤西団練輯略』と名づけた。その序文で龍啓瑞は道光末年の広西における動乱発生を次のように分析している。

道光二十一年（一八四二）以後、夷務が粤東で起きた……。事が平らげられた後に壮丁は失業し、悪賢い連中が集まって盗賊となり、アヘン商人や私塩業者がこれに従った。また外地では山や荒れ地が多く、さきに粤東の客民を招いて小作させていたが、数世代たつと人口が増えた。客主の強弱が入れ替わり、その悪質な者は西洋の天主教を唱えて愚かな民を惑わした。彼らがその仲間を用いて事件を起こすと、地方官は取り締まろうと思ったが、事態を悪化させるのを恐れた。また上官に報告しようにも処罰を恐れて機会を逸し、大患を醸成してついに収拾がつかなくなった[40]。

ここでは動乱の原因をアヘン戦争後の治安の悪化だけでなく、広東からの移民が勢力を伸ばして土着民との関係が変化したこと、上帝会が成長して偶像破壊運動などの「事件」を起こしたにもかかわらず、事態の悪化や処罰を恐れた地方官が真剣に取り締まらなかったことに求めた点が特徴的である。

彼らが団練の結成に当たって参考としたのは、臨桂県大岡埠団練公局の例だった。大岡埠は桂林の南にあり、そのリーダーである唐岳（別名唐啓華）は一八四〇年の解元だった。彼は「郷里に公局を設け、人々を定期的に集めた。そして什伍の法を置き、長幼の序を作ったところ、人々は師の取り決めに従い、村では喧譁がなくなった」とあるように、従来の行政機構を補完する組織として公局を設け、そこに人々を結束させることで社会秩序を再編した。また唐岳はみずから団練の指揮を取り、自分の家の子弟を入隊させたところ、「盗賊はますます稀[41]」と言われたように治安の回復に成果をあげたという。

龍啓瑞の団練結成は、これら地域社会における秩序構築の経験を普遍化しようとするものだった。彼は「通省団練を勧諭する文」の中で「およそ人は郷里を愛さなくとも、その身家を愛さない者はいない。ただ人々が自分の家や家族を守りたいと願えば、士気は約さずともおのずから奮う。ゆえに一郷に保甲団練があれば、その地の賊は身の置き場がなくなり、それを推し広めて一省に保甲団練を作れば、一省の賊も居場所がなくなるのだ[42]」とあるように、家族から地域、社会全体を同心円状に位置づけ、一家の安寧を願う人々の感情を拡大することで団練の結成に結びつけようとした。また興味深いのは治安を改善するための方法として「小民衣食の源」を広げることを主張し、開墾事業や商品作物の栽培に取り組むように訴えた点であった。彼は次のように述べている。

ある者は「わが郷は土地がやせており、開墾しても少し掘っただけで岩にぶつかってしまう」というが、本当にそうだろうか。広東、湖南、江西、福建の客民で開墾に来ている者の中には、あちこちで利益をあげて帰る者が少なくない。客民は勤勉で土民は怠惰だというのか……。

わが故郷の特産はとても少ないが、本当に土地が耕作に適さないのだろうか。それとも指導が足りないのだろうか。今日貴州では遵義の絹が有名だが、その始まりは実に乾隆年間に遵義府知府の劉公が……、養蚕師を探して広く教えさせ、年月をかけて成功させたものだ……。わが郷は気候が温暖で、養蚕や植樹には最も適しているのだから、これに倣ってやってみれば良いのである……。

また茶の栽培は利益が最も大きい。広西の茶は多くが広東に運ばれて売られ、ヨーロッパ商人も好んで買う。茶は山肌や石の多い場所に適しているから、山の多い広西ではどこでも植えることができる。岑溪県の四郷には皆茶の精製場があり、城外の樟木墟に運んで売る茶葉は、毎年大きな利益をあげている。茶摘みや茶葉を炒る時には数え切れないほどの人を養うことができるのだから、皆がこれに倣えば衣食の問題はどうして解決しない筈があろうか。

ここで龍啓瑞は入植した移民が利益をあげていると指摘したうえで、開墾や商品作物栽培に取り組んで社会を豊かにし、貧民に生計の道を与えて治安を改善せよと述べている。そのために重要なのが地方政府の指導であり、「機械や指導者を探して村民の子弟に学ばせるには、必ず官が局を設けねばならず、あるいは団練局で養蚕を学びたいと思う者がいれば、官に赴いて申請すれば経費を得られる(43)」とあるように、地方官の設置した公局とくに団練局が政府と村人たちの橋渡しとなることを期待していた。

すでに筆者は太平天国前夜の広西で、新たに成長した地域リーダーが公所を設立し、硬直した清朝の地方統治を補完しようと試みた事実を指摘した(44)。龍啓瑞のめざした団練は単なる治安維持のための武力ではなく、団練局という当局の公認を受けた結束軸を手がかりに、地域の振興と安定をめざす社会再編の試みだったのである。

一八五一年十一月に鄒鳴鶴は臨桂県良豊墟、永福県羅錦墟を視察し、大岡墟など十六郷の団練一万六千名を視察した。それらは「多いものは二千余名、少ないものでも二、三百名から六、七百名」という規模で、「官兵のように全隊が整っているわけではないが、その体つきはみな強壮で、刀矛や火器も大変立派」と言われた。鄒鳴鶴が「大義」を説いて褒美を与えると、団練の壮丁たちは「感激して奮闘を思わぬ者はいない」と士気があがり、これを見た鄒鳴鶴は「禦侮に資するに堪える」と期待を寄せたという(45)。

だがこうした龍啓瑞らの試みは、太平軍の桂林攻撃によってあっけなく挫折した。永安州を出た太平軍が北上すると、陽朔県九塘、臨桂県六塘に配置された団練は敗北し、大岡墟団練の首領だった唐岳も太平軍に家を焼き払われた(46)。この報告を受けた咸豊帝は「実効」があった筈の団練がなぜ役に立たなかったのかと鄒鳴鶴に問いただした。これに対して鄒鳴鶴は次のように語っている。

陽朔県所轄の九塘と臨桂県六塘の要隘については、兵力が足りないため、専ら総辦団練の在籍御史である朱琦に諸紳士を率いて六塘、九塘一帯に赴かせ、各保の練丁を集めて急ぎ防衛させた。ところが賊衆は山間の小道を越え、陽朔県城を経由せずに馬嶺、高田へ向かい、突然九塘、六塘から桂林城下へ向かった。二十六日（四月十五日）に省城が知らせを受け取ってから、わずか二日で彼らは到達したのであり、事態が慌ただしかっただけでなく、その勢いも倍増して激しかった。

これより先、大軍が永安州に雲集していた時も、逆匪は凶鋒を逞しくして囲みを破って逃走した。いわんや団練はつまるところ郷民であり、土匪や游匪が村々を騒がせるのを防ぐことは出来ても、会匪の大集団を防ぐことはできない。昨年横州や貴県、博白などで練丁が劉八、麦二、邱二嫂、梁亜岕、何名科らの股匪を滅ぼすのを助けてしばしば実効をあげたのは、みなこれらの地がしばしば賊警に遭ったために、勇敢に善戦したからに外ならない。

桂林一帯の練丁については人数こそ多く、龍啓瑞と朱琦が親しく督辦したものであるが、地方は安静でいまだ従軍したことがなかった。戦った経験のない郷民がとつぜん会匪の大部隊による突撃を受けたのである。かの紳士たちは事態をわが事のように受けとめ、力をつくして抵抗したが、如何せん力不足に苦しんだ。時間もなく慌ただしい中で敵の攻撃を防ぐことは難しかった。これは当時の実際の情形である。

ここでは太平軍の進撃が速く準備が整わなかったことに加え、戦闘経験を持たない団練では強力な反乱軍に対抗できないという認識が示されている。これに対して咸豊帝は「これらの言葉をなぜ昨年のうちに早く言わなかったのか。この時期になって力を出せず、なお欺こうとするとは、良心は何処にあるのか。よくもそんなことが言えたものだ」[47]とあるように、厳しい叱責の珠批を加えた。

だが緒戦の敗北にもかかわらず、桂林の団練は一ヶ月余りの攻防戦においてそれなりの役割を果たした。後に鄒鳴鶴が提出した「随同守城最為出力団練紳士」のリストによれば、彼らの任務は城内の巡回やスパイの摘発、食糧の運搬、城門の守備、破壊された城壁の修理など多岐にわたった。また中には太平軍が攻撃した文昌門などの守備に当たり、「城をつたって賊巣を破壊」[48]した者もいた。

また都市である桂林において難しかったのは客民に対する管理と対応だった。当局が「内奸を捕らえた者には銀百両を与える」という布告を出すと数十人が捕らえられたが、その中には冤罪に巻き込まれた者も多かった[49]。太平軍の撤退後にその反省を踏まえて作られた「広西省城選丁清査保甲章程」は、外省出身者の集まる会館に「公正殷実」な客民を選ばせて団練客長に任命し、「商民」たちの管理を行わせている。[50]

また桂林攻防戦に駆り出された「民勇」の給与は一日当たり銭三百文だったが、董事たちが半分を横領した。[51] そこで一八五三年に作成された「桂林府属廂郷団練府兵上番之法」では、交代で省城の警備に当たる団丁一二〇〇名の給与を一日銭一百文としたが、団丁五十名を率いる隊長には別に「辛労銭」を与え、中間搾取を禁じた。[52] さらに団練の兵士にも住民の財産を奪って「公然と市場を開き売買」する者がいた。だが彼らの略奪行為は「潮勇は洗うがごとし」[53]と言われた潮州勇の激しさには及ばなかったという。

さて太平軍の桂林攻撃に対する地域社会の反応として、もう一つ挙げるべきはイスラム教徒（回民）の動きであった。桂林のムスリムは多くが明代に省城および臨桂県、霊川県などに入植した。彼らは元々官吏や軍人、商人の出身であったが、十九世紀には没落して木工細工などの手工業者や季節労働者となった者が多かった。太平軍が桂林に向かうと、陽朔県の白沙墟、臨桂県の六塘、会仙墟などでムスリムが参加した。[54]

五月十六日夜に南門と文昌門を攻めた太平軍は呂公車と呼ばれる新兵器を投入した。これは「一、二十人を収容出来、中に火薬罐、噴筒、刀鎗、藤牌を入れてある。広さは一丈余りで、上に木の梯子を並べてあり、高さは城と合わせてある。下は四つの車輪がついている」という木製の攻城用具であった。太平軍は呂公車の周りに護衛の兵数十名をつけて城下に迫ったが、城上の清兵によって「擋車は焼かれ、車内の賊匪は全て焼き殺された」[55]とあるように攻撃は失敗した。鍾文典氏によれば、この呂公車を作ったのが西門外の清真寺（モスク）、五里墟などに住むムスリムであったという。[56]

それでは何故ムスリムたちは太平軍に参加あるいは協力したのだろうか。初期の太平天国が客家を中心としていたことはよく知られているが、桂林一帯のムスリムと客家移民が密接な関係にあったことを示す史料は見あたらない。また太平軍が永安州脱出後に三妹のヤオ族地区を経過すると、一部のヤオ族が太平軍に参加したと言われる。[57] だがいっぽうで太平天国は強烈な客家ナショナリズムを帯びており、現在は少数民族が大挙して太平軍に参加したという議論は成り立ちにくくなっている[58]。

むしろムスリムと太平軍を結びつけたのは、太平天国の宗教性とくに偶像崇拝を禁止する一神教であった。元々イスラム教は同じ啓典を元に成立しているキリスト教徒などを「啓典の民」と呼び、他の異教徒に比べて寛容な態度をとった。同じ傾向は中国のムスリムについてもある程度当てはまり、一八五六年に雲南で蜂起した杜文秀らはキリスト教国家であるイギリスに対して連携を模索した[59]。太平天国が桂林に進撃すると「遍く廟宇を焼き、大いに偽示を張り、人心を得ようと図った」「諸祠廟の神像の首は、ことごとく賊によって斬り落とされた[60]」とあるように激しい偶像破壊を行った。桂林のムスリムたちが太平天国におけるキリスト教の影響をどの程度認識していたかは不明である。だが外来の一神教を崇拝する信者として、中国既存の諸宗教を排斥した太平軍将兵の行動に共感を寄せたとしても不思議はない。つまり桂林におけるムスリムの太平軍への参加と協力は、太平天国がもつ宗教性の強さが生み出した現象だったのである。

二、全州城、蓑衣渡の戦いと太平軍の道州進出

(a)　太平軍の北上と全州「屠城」事件の真実

桂林の攻略が難しいと見た太平軍は、五月十九日に城の包囲を解いて東に向かった。十六日に太平軍は灕江東岸に新たに作られた鎮遠鎮総兵秦定三、侍衛開隆阿の陣地を攻めて牽制し、十八日には終日桂林城内を砲撃した。十九日夜に城西の五里墟で火の手が上がり、城内の清軍が気を取られている隙に、主力は灕江を渡って霊川県の霊田墟に進出した[61]。

また興安県の海陽坪で北へルートを変えた太平軍は、二十二日に興安県城を占領した。知県の商昌は広西から湖南への要道である霊渠沿いの厳関で守りを固めていたが、太平軍の県城接近を知って逃亡した。二十三日に太平軍の後衛部隊は興安県と全州の境界にある唐家司付近で清軍と交戦し、二十四日には水陸両軍が全州城に近づいて攻撃を始めた(62)。

このころ太平軍が去って危機を脱した桂林城内では、またも清朝官僚間の内紛が発生した。五月二十六日に桂林に到着した賽尚阿は、城内がなお厳戒態勢だったために城門が開かなかったことに怒り、鄒鳴鶴と向栄が太平軍の追撃を怠っていると弾劾した。とくに鄒鳴鶴が桂林の防備を固めず、パニックが広がったために、危うく太平軍の省城占領を許すところだったこと、彼が太平軍の退出後も桂林の安全確保にとらわれ、興安県や全州の救援に多くの兵を送ろうとしないと告発した。また向栄についても一度敗北すると高齢と病気を理由に引退を申し出ること、城内の紳士が彼に桂林に留まるように要請したのを口実に、太平軍追撃の危険を避けようとしているなどと糾弾した(63)。

すでに清朝は五月二十四日の上諭で、鄒鳴鶴の報じた「省城団練五万人」が実態を伴わず、経費の支出や城の防衛で手柄を立てた文武官員について誇大な報告をしたかどうかを調査させていた(64)。また太平軍の永安州脱出を許した罪でみずから処罰を求めた賽尚阿についても「罪を戴いて功を図れ」「いたずらに虚文で自分を弾劾してはならぬ」と命じ、新たに両広総督徐広縉に広西へ赴き、賽尚阿と共同で「軍務を辦理(65)」するように指示した。これらの情況から見て、賽尚阿の二人に対する非難が桂林攻防戦で何ら貢献しなかった彼の保身や嫉妬から出ていたことは間違いない。

実際のところ、初めのうち清軍は桂林を退出した太平軍の進撃方向をつかめなかった。二十日に秦定三が追撃に取りかかると、二十一日には署広西提督劉長清、湖南提督余万清も兵七千名を率いて興安県へ向かった(66)。むろん鄒鳴鶴が太平軍の流した「楚匪を勾結して再び攻めに来る」というデマに惑わされ、警戒を続けたのは事実だった。だが二十四日には出発の遅れていた臨元鎮総兵李能臣の軍も全州へ向かい、最終的に救援軍は一万七千人となった。少なくとも鄒鳴鶴は「賽尚阿とくり返し相談」[67]してこれらの措置を決めたと述べており、彼の「掣肘」を受けたとする賽尚阿の批判は必ずしも当たらない。

しかしその後も賽尚阿は、彼が全州救援の司令官として推薦した総兵和春の要請を受け、桂林に残る湖南兵九百名をすぐに出発させるように求めたが、鄒鳴鶴がこれを拒否したなどという告発を続けた[68]。そして六月十三日に清朝は鄒鳴鶴が太平軍の桂林進攻に備えず、その団練も役に立たなかったこと、精鋭部隊を自衛のために用いたのは「実に怯懦無能」であるとして彼を解任した[69]。

ここで賽尚阿、和春および戦死後に手厚く葬られた烏蘭泰がいずれも旗人（蒙古、満洲八旗）であり、鄒鳴鶴、向栄そして全州と湖南南部の各県が陥落した責任を追及される劉長清、余万清が漢人であったことは興味深い。咸豊帝にとってみれば、これらの決定は賽尚阿を欽差大臣に任命した自分の面子を守ろうとしたに過ぎなかった。だがそれは太平天国が湖南への進撃過程で発布した「天下は中国の天下であり、胡虜の天下ではない[70]」という排満ナショナリズムの檄文に真実味を持たせたのである。

ところで太平軍の全州攻撃は一つのフィクションを生んだ。それは太平軍に全州を攻撃する意図はなかったが、城内からの砲撃で南王馮雲山が瀕死の重傷を負い、報復に燃えた太平軍が城内の住民を虐殺したという伝説である。この全州「屠城」説は太平天国当時から存在したが、簡又文氏の著作などによって紹介され現在も通説となっている[71]。

近年崔之清氏がこの説に異論を唱えた。氏の論点は三つあり、①太平軍は初めから全州城を占領するつもりだった、②馮雲山は全州城の陥落後、蓑衣渡の戦いで負傷および戦死した、③従って太平軍が報復のために全州城内で虐殺を行った筈はなく、いわゆる「屠城」説は太平天国を敵視した文人たちが作り出した虚構であると主張している[72]。

それでは実態はどうだろうか。ここで我々は国立故宮博物院に残された太平軍兵士である周永興の供述書を見ることにしよう。彼は次のように述べている。

周永興の供述によれば、年は四十三歳、湖南安化県人である。父は周国勝、母は劉氏で、兄弟は三人。私は長男で、妻は譚氏という。私は道光十三年（一八三三）に広西臨桂県地方にやってきて、人に雇われて暮らしていたが、匪賊になったことはなかった。

咸豊二年（一八五二）二月末に会匪（太平軍をさす）がやってくると、私は山の洞窟に隠れた。三月十二日（四月三十日）に六塘の山中で柴を刈っていたところ、賊に連れ去られた。私は脅されて将軍橋で入会し、経を唱えた。先鋒館の後一軍で飯を炊き、十六人に食べさせた。三月の日付までは覚えていないが、賊匪の頭目である西王（蕭朝貴）が劉星巌地方で講礼を一度行った。私は人々に従って聞きに行き、西王の顔を見た。彼は年が三、四十歳で、顔にはうすいヒゲが生えていた。

その後私は賊に従って全州に行き、宝塔の後ろで小道を守った。全州城を破った後、賊匪は私を派遣して船の上で見張らせた。官兵は続けて攻撃をかけ、初めは勝負がつかなかった。だが十八、十九両日（六月五日、六日）に全州城外五、六里の場所で戦ったところ、賊匪は負傷者が五、六百人、死者も二、三百人出た。この二日の戦いでは、賊匪は形勢が良くないと見て、頭目の西王、南王（馮雲山）、北王（韋昌輝）、羅大人（羅大綱）が共に船から岸に登り、戦闘を指揮した。西王、南王、北王が何という姓名で、羅大人が何という名前なのか、私にはわからない。というのも賊の人間はみな「某王」とか「某大人」と言うだけで、その名前を口にしないからである。十九日（六月六日）の夕暮れ、頭目の梁四が「西王が大砲の弾にやられ、傷はとても重い」と言った。二時間ほど後、今度は「西王はすでに死に、川辺に紅の綾絹で包んで埋葬した。その他の死んだ賊匪は、みな山上に埋めた」と聞いた。さらに聞くところでは、南王も大砲で腹をやられ、弾を取り出すことが出来ないでいる。羅大人も左の胸に弾を受けたが、すでに刀で取り出した。だが二人とも恐らく生き延びられないだろう。賊営内の人間はみんなそう言っていた。

賊匪は男女合わせて約一万人おり、うち戦うことができる者は数千人である[73]。

この供述書は元々賽尚阿の上奏（咸豊二年五月初四日）に添えられていたもので、広西北部を進撃していた太平軍を知るうえで貴重な新史料である。周永興は湖南安化県人で、一八三四年に桂林へ移住し、一八五二年四月に臨桂県六塘で太平軍に加わった。また六月に湖北漢陽で捕らえられた太平軍の密偵である許雄（湖北江夏県人）も一八五二年初めに桂林へ至り、荷物を担いで広東へ向かう途中に六塘で太平軍の兵士と会い、「戦って功績をあげれば官職を与えられる[74]」と誘われて従軍したと述べている。彼らは龍啓瑞らがその管理に頭を悩ませていた「客民」であったが、実際に桂林一帯でどの程度の人数が太平軍に加わったのかはわからない。ただし周永興は全州攻撃前後の兵力について総勢一万人、戦闘可能な者が数千人と供述している。これは永安州脱出時の人数を元にした徐広縉の推定とほぼ一致しており、言いかえると彼らのように個別の参加はあったものの、人々が大挙して軍に加わった訳ではないことを示している。

太平軍に加わった周永興は将軍橋の「先鋒館」に配属され、十六人の将兵のために食事を作った。部隊内では「経を唱」える上帝会の宗教活動が行われ、五月初めには会衆を劉星巌に集めて西王蕭朝貴による「講礼」が行われた。これは講道理と呼ばれた太平天国の布教、宣伝集会をさすと思われるが、『天兄聖旨』によると蕭朝貴は五月三日に桂林で最後の天兄下凡を行った。このとき天兄は「妖が悪事をなし」「人々が萎縮するのを恐」れて、「おのおの安心せよ[75]」との詔を降したという。周永興が聞いたのも戦況が膠着する中で、士気を鼓舞するために行われたシャーマンのお告げだったのかも知れない。

周永興は馮雲山の負傷と死が太平軍の全州占領後、六月五日から翌日にかけての全州蓑衣渡の戦いであると明確に指摘している。これは李秀成の「全州を破った後に、南王は全州において陣亡した[76]」という供述と一致する。むろん周永興は死んだのが西王蕭朝貴であったと思いこみ、それは賽尚阿の「蕭潮潰《ママ》は実にすでに殲せられた[77]」という誤報を生んだ。だがそれは周永興が参加間もない新兵であり、当時の太平軍内でも馮雲山、羅大綱の負傷が噂されるなど情報が錯綜していたこと、清軍が遺体の確認作業を行った時に腐爛が激しく、「実に正しく識別出来なかった(78)」ことを考えればやむを得ないことだった。むしろ彼の供述は戦況が不利だったために、蕭朝貴、羅大綱の二人に加えて馮雲山と韋昌輝がみずから指揮をとったと述べている。それは後軍主将であった筈の馮雲山がなぜ前線で負傷したのかという疑問を解決してくれている。

それでは馮雲山が全州城攻撃時に負傷し、太平軍が報復のために「城を屠った」とする伝説はどうして生まれたのだろうか？　太平軍の全州攻撃は五月二十四日に始まり、六月三日に坑道を掘って地雷で西門を爆破し、城内に突入して占領するまで十一日間にわたって続いた。全州知州の曹燮培は城の防備を固め、団練の壮丁や桂林救援に向かう途中だった湖南兵四百名を含む約一千名の兵で太平軍を迎え撃った。二十五日の戦闘で守備軍は太平軍兵士一百余名を殺し、桂林からの援軍が接近中との知らせに士気は上がった(79)。

ところが二十六日に州城西の魯班橋に到着した劉長清は、飛鸞橋が太平軍に破壊され、要所である盤石脚も占拠されたために、この二ヶ所の奪回が先決として軍を進めようとしなかった(80)。全州城外では太平軍が「攻めること益々急となり、守ることもいよいよ厳」とあるように激戦となり、曹燮培は血書をしたためて城の北側の包囲を内外から破るように申し入れた(81)。しかし救援軍は時に州城への接近を試みたものの、悪天候や「賊匪が柵内で堅守して出てこない(82)」ことを理由に攻撃は進展しなかった。

焦った曹燮培は城内の「困憊の様子は言うに堪えない」と述べたうえで、「各大人は万余の軍がありながら、賊人の心を寒からしめることが出来ない。いわんや城中に残っているのは千余人で、衆寡敵さずである」「もしなお観望して進まず、賊を撃退する計略が一つもないのであれば、早晩必ずや不測の事態が発生するだろう(83)」とあるように救援軍の弱腰を非難した。だが六月一日に和春が劉長清の陣地に到着すると、「南北兵勇の陣地は共に州城から十余里も離れており、これでは応援といってもどうして力を出せようか」と嘆いたほどだった。和春は急ぎ太平鋪にいた楚勇の首領江忠源と連絡を取り、城の北側を攻める準備を進めたが、間に合わずに城が陥落してしまったという(84)。

結局のところ全州の守備隊は見殺しになった。その死者について『草茅一得』は六四〇〇人という数を挙げているが(85)、明らかに誇大であり、賽尚阿の調査によれば確認された遺体は一三〇〇名であった。また「城中の百姓は曹燮培が城の包囲が厳しくなる前に外に逃がしたため、逃げ延びた者が多い(86)」とあるように民間人の死者は少なく、その殆どが清朝官員とその家族、清軍将兵および動員された団練兵士であったと考えられる。

上帝教の教義において清朝の官員や将兵は「妖」であり、偶像崇拝によって皇上帝の教えに背いた仇敵と見なされた。また団練も「蛇魔に惑わされ、顔を背けて仇敵に仕えている(87)」人々とされ、降伏しない限り攻撃の対象であった。さらに鄒鳴鶴は「賊は久しく攻撃しても陥落しないのを深く恨み、また入城後に官民が力を奮って市街戦を演じたため、おおいに荼毒をほしいままにするに至った(88)」と述べている。全州の守備兵は太平軍の排他的な宗教的情熱に支えられた敵意に直面し、逃げ場を失って必死に抵抗した結果、徹底的な殺戮にさらされたのである。

しかしこうした真剣な戦いぶりは、劉長清の例を挙げるまでもなく当時の清軍においては例外であった。むしろ官界を覆っていた虚偽と保身――その一端は賽尚阿と鄒鳴鶴、向栄の争いを通じて本章でも検討した――の方が中国社会の中では「正常」と見なされ、一切の妥協を受けつけなかった太平軍の態度は理解を絶するものと受けとめられた。そしてこうした「異常」な現実に人々が与えた解釈こそは、「王の突然の死に怒り、報復のために虐殺した」という物語であった。ここで殺されたのが住民に変わったのは、曹燮培の血書に「哀れむべきは満城の生霊であり、この大難に遭う(89)」と記されていたためだが、それだけ清軍将兵に対する社会の不信感が強かった結果と言えるだろう。

(b)　蓑衣渡の戦いと太平軍の道州進出

さて全州城の戦いは太平軍の勝利に終わったが、この戦闘に日数を費やしたことは大きな挫折をもたらした。広西、湖南の省境に近い全州蓑衣渡(水塘湾)の戦いである。六月五日に始まったこの戦いで、太平軍が「負傷者が五、六百人、死者も二、三百人」という損害を受け、南王馮雲山が戦死した事実はすでに指摘した。ここでは主役となった江忠源の行動を中心に検討を進めることにしたい。

江忠源は湖南新寧県人で、一八三七年の挙人であった。彼が台頭したきっかけは一八四七年に新寧県で発生した雷再浩の青蓮教反乱で、彼は団練を率いてこれを鎮圧し、浙江秀水県知県に任ぜられた。その後父の死によって故郷に戻った江忠源は、一八五一年に左宗棠の兄である左宗植の紹介によって賽尚阿に登用され、五百名の楚勇を編制して広西へ向かった。永安州で清軍の戦いぶりに失望した彼は新寧県に戻ったが、太平軍が桂林を攻撃すると右江道厳正基(湖南溆浦県人)の要請に応じ、一千名を集めて再び出陣した。また太平軍が北上すると、彼も救援軍の一員として全州に向かった。和春が城北の太平鋪に駐屯していた江忠源と連絡を取り、州城の包囲を解こうとしたことは先述の通りである[90]。

P.H.キューン氏が指摘するように、江忠源の関心はまず故郷の安全であり、それを拡大させた湖南あるいはそれと関連する限りでの帝国の安泰にあった[91]。全州において彼が危機感を抱いたのは、船を獲得した太平軍が湘江を下り、省都である長沙を急襲することであった。それは「該逆は大いに偽示を張り、長沙の省会を直撲すると言っている……。衡州で捕らえられた密偵も、長沙を包囲攻撃する予定だと述べた[92]」とあるように決して杞憂ではなかった。そして江忠源の採った措置は「川の水が比較的浅い」水塘湾に切り出した樹木や杭でバリケードを築き、太平軍の進撃を阻止することだった[93]。

六月五日に太平軍は水陸両軍に分かれて全州を出発した。清軍はこれを追撃し、「朝から晩まで接戦すること数回、賊を殺すこと多数」と戦った。夕方に太平軍は河原に、清軍は山の斜面にそれぞれ撤退したが、夜になってもバリケードを破壊しようとする太平軍との間に小競り合いが続いた。そして六日の戦況について和春は次のように語っている

十九日（六月六日）に賊船二百余隻が蓑衣渡の河面に停泊し、陣地のように環を作った。両岸から砲弾は雨のごとくで、死力をつくして抵抗した。各軍はやはり四隊に分かれて勇気をふるって攻撃し、大勝利を収めた。殺した賊匪は二百余名、水に溺れて死んだ者も数十名おり、賊船一隻を焼いた。上流の両岸は兵勇が防備を固め、川岸には樹木や杭が行く手をさえぎり、加えて河口を塞いで下流に逃れる道を阻んだ。賊は勢いを失って追いつめられ、二十日（六月七日）未明に船を棄て、対岸から道を奪い、山を越えて逃走した。また報告によれば、官兵はしばしば勝利し、賊匪はみずから数十隻の船を焼き、輜重の大半を棄てて山道から逃げたという(94)。

また周永興の供述も「十九日（六月六日）の夜中に官兵が突然川岸に至り、賊匪は抵抗できず、ついにそれぞれ逃げた。官兵は火を放って船を焼き、あらゆる賊匪の米穀、銀銭、火薬は共に焼かれた(95)」と述べている。これをみる限り太平軍の人的損失はやはり数百名であり、『江忠烈公遺集』が述べるように「悍賊の死者は数千」だった訳ではなかった。だが水陸から湘江を下る戦略は破綻し、補給物資の多くを失ったことが窺われる。このとき西岸にいた江忠源は、急ぎ東岸に陣地を築いて太平軍の退路を断つように進言したが、受け入れられなかったという(96)。

さて陸路東へ向かった太平軍は六月八日に湖南零陵県内の水西橋に到達し、九日に永州府城を攻撃した。だが湖南提督鮑起豹、永州鎮総兵孫応照は城外の浮橋を破壊し、船を撤去したために、太平軍は水かさの増した瀟江を渡ることができず、十一日には零陵県の双排地方に退いた(97)。この地は永州から道州へ至る街道に当たっており、さらに南下すれば広東への進出も可能だった。六月十五日に桂林にいた賽尚阿が徐広縉に宛てた手紙は次のように述べている。

仲升（徐広縉の字）二兄大人へ……。数日来、各軍の報告や偵察の結果によれば、逆匪は全州で撃たれて逃げ出し、まっすぐに永州へ向かった。ここは瀟江によって守りを固め、堅壁清野をしており、賊は掠奪ができず、

攻めることも出来なかった。しかも賊首の蕭朝潰（馮雲山の誤り）は全州で殺され、現在その首は省城（桂林）に届けられた。馮雲山、羅亞旺（羅大綱）も聞くところでは重い傷を受けた。逆泉（洪秀全をさすと思われる）は捕まっておらず、首領もなお数人いるが、全州で大いに損害を与えたため、残りは船や輜重を棄てて逃れており、情形はまことに追いつめられているようだ。永州に至ってほしいままにすることが出来ず、いまは道州から逃げているが、勢いはすでに衰えている。

ただ道州は湖南の寧遠、藍山、江華に道が通じており、広西の全州、灌陽にも抜けることができる。また江華は広西の富川、賀県、広東の連山と隣り合わせている。灌陽も恭城と境を接し、平楽、賀県へつながっている。賊の勢いは衰えたが、恐らくは遠く両広へ向かい、人々を煽動して隠れようとするだろう。現在永州に向かっている各軍はみな必死に追尾しており、賊がもし再び北に向かった場合は、わが軍と湖南の守備兵で迎え撃つことができる。ただし両広の省境各地は、必ずあらかじめ兵を配置する必要がある。私はすぐに広西の富川、賀県などに警戒態勢を取らせた。広東の毘連する連山などについては、二兄大人が防備を加えられることを望む。各地の兵がよく追撃すれば、賊の至るところへわが軍もすぐに到着できると思う(98)。

ここで賽尚阿は蓑衣渡の戦いにおける勝利を報じ、太平軍の勢いは衰えていると鎮圧に楽観的な見通しを述べている。また太平軍が湖南南部から広西、広東へ戻る可能性を指摘し、省境地帯の警備を固めるように要請した。さらに賽尚阿は「報告によると賊は永州から逃れる時、永州の上流で民船を数十隻奪い、水陸から進んでいるとのことだった。ただし永州から道州までは川の流れが逆なので、わが追撃の兵が追いつくことも可能と思われる」と述べている。十一日に永州に到着した和春は軍を二手に分けて道州へ向かったが、途中で太平軍を捕捉できると考えられていたことがわかる(99)。

これら清軍に有利な戦況を、一変させてしまったのが六月十二日の太平軍による道州占領であった。前任湖南提督の余万清は州城で太平軍を迎え撃たず、程矞采と賽尚阿の激しい非難を浴びた。とくに彼が程矞采を怒らせたのは、十一日の書簡で「逆匪が披猖し、下游は喫重であるため、まさに兵を率いて衡州へ向かい、兼ねて長沙の省会を護りたい[100]」とあるように、長沙の防衛を口実に太平軍の攻撃を避けようとしたことだった。

道州知州王揆一の証言によると、六月十二日朝に太平軍が州城から二十キロの荘水塘に迫ると、余万清は「兵を帯びて堵剿する」と言って城から出ようとした。王揆一は彼を引き留め、共に城内を巡回した。やがて太平軍が姿を見せ、北門の兵が砲撃を始めたが、余万清はすでに西門から兵を連れて城を出ていた。王揆一は余万清を連れ戻そうとしたが、太平軍が開いていた西門から城内へ進入したという。

いっぽう余万清の言い分は次のようであった。全州救援軍に加わっていた彼は、全州の陥落後に兵二百名を連れて道州の防衛に向かった。彼が道州に到着して調べたところ、城壁の高さが足りず、城外の家屋を撤去する必要があったが、王揆一は余万清が「権限のない」休職中の官員であるために取り合わなかった。さらに道州には兵が二三〇名しかおらず、籠城は無理と考えた余万清は、城外の川辺にある蛇皮湾で太平軍を迎撃しようとした。しかし太平軍の進撃が早く、先に渡河されたために戦闘のチャンスを逸したという。

その後余万清は衡州へ出頭し、自分の採った措置が適切でなかったことを認めたが、決して「怯えて逃げた」のではないと主張した[101]。十月に程矞采は賽尚阿と連名で、余万清が門を開いて城の陥落を招いたのは「実に情理の外」であるとして、彼を斬監候（事実上の無期懲役）とするように求めた[102]。だがその実程矞采も太平軍が全州を陥落させると、省城防衛の重要性を力説して長沙へ撤退しようとした。また程矞采が道州へ派遣した増援軍は到着せず、団練も動員されなかったために、余万清は僅かな兵力で太平軍の進攻に対処せざるを得なかった[103]。さらに余万清は太平軍の猛攻によって全滅した全州守備隊の姿を目の当たりにしていた。彼が太平軍の執拗な攻撃に恐怖を抱き、籠城する意志を失ったとしても不思議はないだろう。

ところで江忠源は蓑衣渡での勝利後の清軍の戦いについて次のように振り返っている

この時わが湖南が少しでも防備を固めていれば、前後から挟み撃ちにして、彼らを殲滅することも難しくなかった。だが彼らが永州に入ると、土匪の参加や会匪の入党が、一日に千人を数えるありさまだった。また地方の文武官員もみな噂を聞いて先に逃げてしまい、一たび道州に至ると、再び勢いが盛んとなった。[104]

ここでは湖南側の準備不足によって太平軍殲滅のチャンスを逃し、全州守備隊全滅の恐怖が伝わって多くの地方官が逃亡したことを批判すると共に、湖南南部の「土匪」や「会匪」が太平軍に多数参加したと伝えている。李秀成も「湖南の道州、江華、永明で集めた民は二万人以上[105]」であったと述べており、この地における軍勢の拡大は太平天国が全国的な運動に発展するうえで重要な転機となったと言われている。

それでは永安州から全州までの行程で、目立った人数の増加が見られなかった太平軍が、なぜ道州で勢力を伸ばすことができたのだろうか？　その第一の要因は太平軍が無血開城となった道州で「偽りの仁義を施し、郷民を籠絡して、あまり殺戮を行わなかった[106]」とあるように、軍をよく統率して住民との信頼関係を構築した点にあった。

小島晋治氏がロンドンで発見した太平軍兵士の供述書のうち、道州で太平軍に加わった蔣光明（道州田骨洞村人）、鄭光今（道州鄭家村人）は「四月二十五日（六月十二日）に広西の賊人が道州に至り、城を占領した。その賊人は私の村にやってきて、金持ちに向かって米や銀銭を要求したが、村人には今まで通りのなりわいをするように命じた」などと述べている。また蔣光明の兄である蔣福蔥が「賊首太平王洪秀全の夥内に投入」すると、米や塩、油を売りに行った蔣光明ら十三名が次々と入隊した。鄭光今ら三名も布を売りに行ったところを太平軍に加わったという[107]。

むろん太平軍は清朝官員や将兵、官位をもつ紳士、下層役人に対しては厳しい態度で臨み、七月に占領された江華県では知県劉興桓らが家族もろとも殺された[108]。だが「その職人や商人、平民に対しては虐待せず、通過した地域では飯を一杯提供させるだけだった。土匪は衣服や食物、家畜を奪うが、長髪（太平軍）はつつしみ深く、婦人のいる家があれば部屋の中に入ることを許さず、直接物の受け渡しもさせなかった。賊の命令が大変厳格だったため、民は恨もうとしなかった」[109]とあるように、太平軍は少なくとも蜂起以来の老兄弟については一般住民に対する掠奪や暴行を厳しく禁止した。それは東王楊秀清の「民を安んじる命令がひとたび出ると……、命令なく民家に入った者は斬罪に処せられ、左足を民家の門にふみ入れた者はすぐに左足を斬られた」[110]という有無を言わさぬ強制によるものだったが、約二ヶ月に及ぶ道州占領中も人々の支持を獲得し、軍に休息と再編制の時間を与えたのである。

第二に指摘すべきは社会の流動性の高さであった。小島氏が発見した供述書の中で、最も典型的なのは劉新発（広東連州星子山人）のケースである。彼は弟と広西茘浦県に住む兄を頼って移住し、農業と屠殺業を手がけた。一八五二年五月に彼は友人と共に桂林、全州へ布売りの商売に出かけ、六月に道州につくと水売りをやった。そして七月に広西永安州人の鄧姓に誘われて太平軍に入った。[111]劉新発の足跡は本章が検討した太平軍の活動範囲をほぼ網羅しており、永安州で捕らえられた洪大全（郴州人）の例と併せて、これらの地域が人とモノの移動を通じて密接な関係にあったことを示している。

別書で指摘したように、太平天国前夜の道州では「木客鉱戸」すなわち森林伐採や鉱山労働に従事する下層移民が多く入植し、山内を開墾してヤオ族などの少数民族と競合したばかりか、人口急増による物価騰貴をきっかけに漢族の早期移民とも対立した。[112]太平軍に参加したのはこうした滞留人口であり、巫法貴（福建人）は「湖南藍山県へ移り住み……、先に人に雇われて山を耕したが、のち貧しさに堪えきれず、外に出て乞食をした」と述べている。また江華県城で店を営んだ黄非隆や「雇われて暮らしていた」蔡学伴、永明県上江墟で「商売をしていた」高義勝、広東興寧県から移住してきた客家の謝五姉など、彼らが商業活動や移住によって社会的上昇のきっかけを模索していたことも、多くの参加者を生んだ原因であろうと考えられる。[113]

最後に挙げられるのは「土匪」と「会匪」即ち様々な武装集団や天地会、青蓮教などの反体制的組織の呼応と参加である。そのうち天地会系結社と太平軍の関係については、広東北部の動向を踏まえた分析が必要であり、本章でその全体像を語ることは出来ない。ここでは道州付近の事例について事実関係を確認しておくことにしたい。

太平軍が道州を占領して間もない六月十六日、羅大綱が一千名余りの「土匪」あるいは「斎匪（青蓮教徒）」を率いて寧遠県城を攻撃した。彼らは「賊が永州から逃れて後、途中で従った土匪、斎匪は陸続と増えて三、五千人」「（道州）城を占領すると、斎匪数百人が長髪賊数十人を連れて、南門外から川を渡り寧遠へ向かった」とあるように、永州から道州一帯で太平軍に加わった者たちだった。清軍がこれを却けると、彼らは六月二十二日に再び寧遠県を攻めたが、副将鄧紹良の率いる援軍によって撃退されたという(114)。

また太平軍が道州を占領した六月十二日には、永州の西北に位置する東安県で蔣璸（已革生員）が蜂起した。彼の兄である蔣璿は捐納訓導だったが、一八五一年に訴訟事件で「屢々侮辱をうけ、人を集めて結拝弟兄を行い、助けを得たい」と考えた。そこで蔣璿は唐衢、蔣衕（共に生員）らと数十名を集め、二度にわたり蔣璿を大哥として結拝儀礼を行った。その後事件が発覚して蔣璿は絞首刑となったが、蔣璸は復讐を思い立ち、「粤匪を冒充」すなわち太平天国の名を記した旗を作って石板橋、白牙市で蜂起した。彼らは東安県城を襲撃したものの、二度の戦闘で二百名近くが殺され、蔣璸は逃亡したという(115)。

さらに七月二十四日には太平軍が江華県城を陥落させた。この時協力したのは周法貴の率いる「土匪」一千名と黄亜四（広東嘉応州人）の率いる天地会系反乱軍二二〇〇名であった。彼らはまず数百名が「潮州勇を詐称」して城内に入ると、突然紅巾姿となって城外の「賊匪」と呼応して攻撃を始めた。すると城内にいた清軍、壮勇四百名は防ぎきれず城は陥落した(116)。また翌二十五日には永明県でも「民心が混乱し、兼ねて土匪が隙に乗じて蜂起」したために、太平軍一千名余りの攻撃によって県城が占領されたという(117)。

檔案史料によって確認できる呼応勢力の数は、「一日に千人」あるいは「二万人以上」といった数字とはかなりの開きがある。江忠源や李秀成の証言は過大な印象を免れず、道州一帯の参加者は多く見積もっても数千人だったと見るべきだろう。ただし賽尚阿が「賊が湖南に入ってから、各地の土匪で従ったり、遙かに呼応する者は広西に比べて多い[118]」と指摘したように、一万人前後で推移していた広西北部の情況から見れば事態は変わりつつあった。その後太平軍が兵力を整え、揚子江流域に進出可能な勢力に成長するには、太平天国自身の積極的な働きかけを含めた多くの要因が必要だったのである。

小　結

本章は太平天国が永安州を脱出後、湖南省に進出して道州に駐屯するまでの時期を検討した。当初清朝は太平軍が東進すると予想しており、彼らが北へ進路を変え、省都桂林を急襲したのは晴天の霹靂だった。向栄は急ぎ桂林に到達し、住民の動揺を鎮めて鄒鳴鶴と防衛戦に取りかかったが、烏蘭泰の死によって指揮官の不足に悩み、総帥である賽尚阿が陽朔県で模様眺めをするなど士気の低さに苦しんだ。いっぽう太平軍も桂林城を完全に包囲するだけの兵力は持ち合わせていなかった。

また桂林では紳士の龍啓瑞らが団練を組織していた。彼らの団練構想は単なる治安維持の軍事力としてではなく、団練局を中心に産業を育成して経済を活性化し、失業問題を解決しようとする長期的な地域振興策であった。しかし戦闘経験がなかったために急場の役には立たず、その敗北によって鄒鳴鶴共々咸豊帝から叱責を受けた。さらに桂林の人々の太平天国に対する反応の中で、注目すべきはイスラム教徒の参加と協力であった。彼らが太平軍に共感を寄せた理由は同じ一神教だった上帝教の中国既存の宗教に対する厳しい批判にあり、太平天国の強い宗教性が改めて浮かび上がることになった。

さて桂林攻撃をあきらめた太平軍は、広西北部の全州を攻撃して占領した。この太平軍の全州攻撃については、南王馮雲山が負傷した報復として住民を虐殺したという伝説があった。本章は新たに発見した太平軍兵士の供述書を手がかりに、①馮雲山が負傷、戦死したのは全州占領後に行われた蓑衣渡の戦いであること、②全州で太平軍に殺された一三〇〇名は清軍守備隊や団練兵士であり、彼らを宗教的な仇敵とみなす太平軍の執拗な攻撃にさらされて全滅したこと、③一切の妥協を受けつけない太平軍の態度は、虚偽と保身に満ちていた当時の中国社会において理解を絶するものだったために、人々は「王が殺された報復に住民を虐殺した」という物語を生み出したことを指摘した。

その後発生した蓑衣渡の戦いは、短期的に見れば太平軍の敗北であった。その損失は江忠源が強調するほど大きなものではなかったが、船や軍需物資を失ったために衡州方面への進出は不可能となった。だが永州から南下して道州を占領し、数千人の参加者を得たことは太平天国の新たな発展を基礎づけた。それを可能としたのは一般住民の信頼を勝ち取った太平軍の統率力や湖南南部における社会の流動性、「土匪」や「会匪」の協力であったが、そもそも全州攻防戦で太平軍が見せた非妥協的な戦いぶりに、清朝の地方官や将兵が恐怖を抱いたことも否定できない。

このように考えると、広西北部から湖南南部を転戦した当時の太平天国は、なお強い宗教性を帯びていたと言えるだろう。この特質は当時の殆どの中国人にとって理解に苦しむものであり、儒教知識人の異端的宗教に対する恐怖と敵意を煽ることになった。またこの頃ようやく中国辺境の反乱に注目したヨーロッパ人宣教師にとっても、こうした虐殺事件――彼らが情報を入手出来たのは桂林の戦況と道州における「政府軍」の暴行であったが[119]――は西洋近代文明の対極に位置する「野蛮」「愚行」と映ったことだろう。しかし太平軍の宗教的情熱に支えられた真剣さこそは、十九世紀のキリスト教が海外布教で伝えようとした「真理」であった。言いかえれば敵に対する虐殺を厭わない太平天国の不寛容な能動性こそは、ヨーロッパが中国に伝えた近代社会の負の側面だったのである。

その後湖南南部でさらに勢力を拡大し、長沙攻撃に向かった太平天国については次章で論じることにしたい。

【註】

（1）本書第一章、第二章。

（2）本書第三章、第四章。

（3）簡又文『太平軍広西首義史』商務印書館、一九四四年。同『太平天国全史』香港猛進書屋、一九六二年。また簡又文氏の研究に依拠しつつ自身の見解を述べた成果としてJonathan Spence, God's Chinese Son: The Taiping Heavenly Kingdom of Hong Xiuquan. New York: W. W. Norton 1996（朱慶葆等訳『天国之子和他的世俗王朝――洪秀全与太平天国』上海遠東出版社、二〇〇一年、佐藤公彦訳『神の子・洪秀全――その太平天国の建設と滅亡』慶応義塾大学出版会、二〇一一年）がある。

（4）鍾文典『太平天国開国史』広西人民出版社、一九九二年。

（5）茅家琦主編『太平天国通史』南京大学出版社、一九九一年。

（6）崔之清主編『太平天国戦争全史』一、太平軍興（一八五〇―一八五三）、南京大学出版社、二〇〇二年。

（7）小島晋治「初期太平天国兵士十名の供述書」（『東京大学人文科学紀要』七五、一九八二年（同『太平天国運動と現代中国』研文出版、一九九三年、八五頁）。

（8）菊池秀明「英国国立公文書館所蔵の太平天国史料について」（中国文史哲研究会編『集刊東洋学』一〇二号、二〇〇九年）。

（9）菊池秀明「老長毛の故郷にて――広西留学雑記（八七～九〇）」（中国民衆史研究会編『老百姓の世界』五、一九八九年）。

（10）徐広縉致葉名琛的信、咸豊二年三月初二日、F.O.九三一　一三〇一号、英国国立公文書館蔵。

（11）賽尚阿奏、咸豊二年二月二十七日、中国第一歴史檔案館編『清政府鎮圧太平天国檔案史料』三、中国社会科学出版社、一九九〇年、五一頁（以下『鎮圧』と略称）。鄒鳴鶴奏、咸豊二年二月二十六日『鎮圧』三、五〇頁。

（12）洪大全供詞、咸豊二年二月二十七日『鎮圧』三、五八頁。

（13）軍機大臣、咸豊二年三月初十日『鎮圧』三、七九頁。

（14）李秀成の供述書（並木頼壽等編『新編　原典中国近現代思想史』一、開国と社会変容、岩波書店、二〇一〇年、二二〇頁。また羅爾綱『増補本李秀成自述原稿注』中国社会科学出版社、一九九五年、一二二頁）。
（15）賽尚阿奏、咸豊二年二月二十七日『鎮圧』三、五一頁。
（16）賽尚阿奏、咸豊二年二月二十七日『鎮圧』三、六二頁。
（17）丁守存『従軍日記』出劫記（太平天国歴史博物館編『太平天国史料叢編簡輯』二、中華書局、一九六二年、三一三頁）。
（18）鄒鳴鶴奏、咸豊二年二月二十九日『鎮圧』三、六六頁。
（19）賽尚阿奏、咸豊二年三月初六日、軍機処檔〇八三六五六号、国立故宮博物院蔵。
（20）嘉慶『広西通志』巻一二六、建置略一、城池一、桂林府。また鄒鳴鶴奏、咸豊二年三月二十一日『鎮圧』三、一一三頁。
（21）光緒『臨桂県志』巻十八、前事志、清。光緒『永安州志』巻四、兵志、己酉以来十九年兵事記略、共に広西区図書館蔵。
（22）鄒鳴鶴奏、咸豊二年三月初七日『鎮圧』三、七二頁。また佚名「粤西桂林守城記」（『時聞叢録』『太平天国史料叢編簡輯』五、七〇頁）。
（23）賽尚阿奏、咸豊二年三月初六日、軍機処檔〇八三六五六号。
（24）烏蘭泰奏、咸豊二年三月二十日、軍機処檔〇八三九八〇号。
（25）賽尚阿奏、咸豊二年三月二十四日『鎮圧』三、一二九頁。
（26）鄒鳴鶴奏、咸豊二年三月初七日・十三日『鎮圧』三、七二・九〇・九四頁。
（27）鄒鳴鶴奏、咸豊二年三月十三日『鎮圧』三、九〇頁。
（28）賽尚阿奏、咸豊二年四月初四日『鎮圧』三、一五一頁。
（29）徐広縉奏、咸豊二年五月初九日、軍機処檔〇八四七八八号。その草稿は英国国立公文書館に保存されている（F.O.九三一―一三三七）。
（30）鄒鳴鶴奏、咸豊二年三月二十一日『鎮圧』三、一一三頁。
（31）鄒鳴鶴奏、咸豊二年三月二十一日『鎮圧』三、一一三頁および同奏、咸豊二年三月二十九日、軍機処檔〇八四〇三〇号。

(32) 鄒鳴鶴奏、咸豊二年三月二十一日『鎮圧』三、一一〇頁。
(33) 程矞采奏、咸豊二年三月初八日『鎮圧』三、七六頁。賽尚阿奏、咸豊二年三月二十四日『鎮圧』三、一二四頁には「聞楚兵二千由提督余万清管帯前來、尚在永州、俟兵到齊前進」とあり、鄒鳴鶴奏、咸豊二年三月二十九日、軍機処檔〇八四〇三〇号に「其咨調之湖南兵、現経提督余万清先行帯到一千名」とあるように、戦線に駆けつけたのは半分の兵力だった。
(34) 賽尚阿奏、咸豊二年三月十三日・四月初一日『鎮圧』三、九六・一四一頁。それによれば張国樑は五月十二日にようやく平南県へ到達し、陸路桂林へ向かったという。
(35) 賽尚阿奏、咸豊二年三月二十四日『鎮圧』三、一二四頁。
(36) 鄒鳴鶴奏、咸豊二年三月二十日、軍機處檔〇八三八八九号。
(37) 『清史稿』巻三七八、列伝一六五。また鍾文典主編『桂林通史』広西師範大学出版社、二〇〇八年、一五三頁。なお朱琦は投降した張嘉祥の才能を見抜き、その家族の命を保証して「国樑」の名前を与えた。後に彼は浙江巡撫王有齢に重んじられ、一八六一年に忠王李秀成軍の杭州攻撃で死亡した。
(38) 『清史稿』巻四八二、列伝二六九、儒林三。また呂斌編著『龍啓瑞詩文集校箋』岳麓書社、二〇〇八年所収の前言および経徳堂文集導言。
(39) 鄒鳴鶴奏、咸豊元年四月二十四日『鎮圧』一、四三〇頁。また同奏、咸豊元年閏八月十九日、同書二、三二一頁にも「一面商之総局之紳士龍啓瑞、朱琦、即飭団練、各就地段、分撥加防」とある。
(40) 龍啓瑞「粤西団練輯略序」『経徳堂文集』巻二（『龍啓瑞詩文集校箋』三七七頁）。
(41) 龍啓瑞「大岡埠団練公局記」『経徳堂文集』巻三（『龍啓瑞詩文集校箋』四〇九頁）。
(42) 龍啓瑞「勧諭通省団練文」『経徳堂文集』別集下（『龍啓瑞詩文集校箋』五五三頁）。
(43) 龍啓瑞「致各府紳士書」『経徳堂文集』別集下（『龍啓瑞詩文集校箋』五五三頁）。なお文中「遵義府知府の劉公」とあるのは、陳玉璧（山東歴城県人）の誤り。彼は故郷から養蚕の技術を持ちこみ、これを広めて大きな成果をあげた（道光『遵義府志』巻十六、物産、農桑）。

(44) 菊池秀明「広西における移民社会の変容」『清代中国南部の社会変容と太平天国』三七頁。
(45) 鄒鳴鶴奏、咸豊元年九月二十九日『鎮圧』二、四四三頁。
(46) 龍啓瑞「上梅伯言先生書一」『経徳堂文集』巻三（『龍啓瑞詩文集校箋』四二三頁）。
(47) 鄒鳴鶴奏、咸豊二年三月二十九日、軍機処檔〇八四〇三〇号。
(48) 随同守城最為出力団練紳士清単、咸豊二年四月十五日、軍機処檔〇八四三三三号。
(49) 粵西独秀峰無名氏題壁三十首（太平天国革命時期広西農民起義資料編輯組編『太平天国革命時期広西農民起義資料』上冊、中華書局、一九七八年、二五五頁）。
(50) 広西省城選丁清査保甲章程、咸豊三年、F. O. 九三一　一三八〇号（佐佐木正哉編『清末の秘密結社』資料編、近代中国研究委員会、一九六七年、二二八頁）。
(51) 粵西独秀峰無名氏題壁三十首。
(52) 擬桂林府属厢郷団練倣府兵番上之法、咸豊三年、F. O. 九三一　一三一二号。
(53) 况澄「時事詩二十四首」『太平天国革命時期広西農民起義資料』上冊、二六〇頁。
(54) 鍾文典主編『桂林通史』一四〇頁。鍾文典『太平天国開国史』三〇六頁。
(55) 鄒鳴鶴奏、咸豊二年三月三十日『鎮圧』三、一三七頁。
(56) 鍾文典『太平天国開国史』三一〇頁。
(57) 三妹ヤオ族については光緒『永安州志』巻十四、夷民部。また鍾文典『太平軍在永安』三聯書店、一九六二年、一五一頁。
(58) 菊池秀明『清代中国南部の社会変容と太平天国』一七一頁。
(59) 神戸輝夫「スレイドン隊による緬滇ルート調査——マーガリー事件前史」『大分大学教育学部研究紀要、人文・社会科学』六巻五号、一九八三年。杜文秀はスレイドン隊に対する手紙で彼らを「信仰を同じくする者」と呼んだ。またフランス隊に対しては「ムスリムとキリスト教徒は兄弟である」と語ったという（Garnier, Francis, Further travels in Laos and in Yunnan. Bangkok: White Lotus Press, 1996, pp.218）。

(60) 鄒鳴鶴奏、咸豊二年三月二十一日『鎮圧』三、一一〇頁。况澄「時事詩二十四首」。

(61) 鄒鳴鶴奏、咸豊二年四月初三日、軍機處檔〇八四一七九号。賽尚阿奏、咸豊二年四月初四日『鎮圧』三、一四八頁および一五一頁。

(62) 賽尚阿奏、咸豊二年四月十二日『鎮圧』三、一六八頁。鄒鳴鶴奏、咸豊二年四月十三日『鎮圧』三、一八三頁。ここでスペンス氏は太平軍が桂林からかなりの規模の水軍で灕江と霊渠を遡上し、全州へ進攻したと述べた（Spence 前掲書一五五頁、佐藤訳書二一三頁）。だが氏の議論は当時の太平軍の兵力を過大（四万人）に評価したうえ、簡又文氏、Laai Yi-faai 氏の説を無批判に踏襲しているように見受けられる。実のところ簡又文『太平軍広西首義史』は太平軍が桂林で舟を集めて部隊を灕江東岸へ渡河させたとあるだけで、水軍が大挙して途中の霊川県を経由したとは記していない（二九〇頁）。また鄒鳴鶴は興安県城を出発した太平軍について「探聞賊船四五十号、已到鎮安司、鳳凰嘴一帯、旋即駛至全州城外」と述べているが（『鎮圧』三、一八三頁）、ここで「賊船」とは興安県で新たに捕獲したものだったと考えられる。少なくとも金田団営から湖南北部に至るまで、太平軍は船を獲得しては戦略的に放棄することをくり返しており、水軍が桂林で成立したという見解は成り立たないと思われる。なお佐藤訳書・あとがき（四七〇頁）を参照のこと。

(63) 賽尚阿奏、咸豊二年四月十二日『鎮圧』三、一七七頁。

(64) 軍機大臣、咸豊二年四月初六日『鎮圧』三、一五五頁。なお鄒鳴鶴は潮勇に連日酒を与え、戦うように勧めるなどの浪費を行った。不正な経理も現実にあり、「賞官各自積私財」「最惜帑金千万両、簿書虚冒一篇開」と言われた（粤西独秀峰無名氏題壁三十首『太平天国革命時期広西農民起義資料』上冊、二五五頁）。

(65) 諭内閣、咸豊二年四月初六日『鎮圧』三、一五二頁。軍機大臣、咸豊二年四月初六日『鎮圧』三、一五四頁。

(66) 鄒鳴鶴奏、咸豊二年四月初三日、軍機處檔〇八四一七九号。同奏、咸豊二年四月十一日『鎮圧』三、一六七頁。

(67) 鄒鳴鶴奏、咸豊二年四月十三日『鎮圧』三、一八三頁。

(68) 賽尚阿奏、咸豊二年四月二十三日『鎮圧』三、二三〇頁。

(69) 諭内閣、咸豊二年四月二十六日『鎮圧』三、二四七頁。

(70) 楊秀清、蕭朝貴「為奉天討胡、檄布四方」『頒行詔書』(中国近代史資料叢刊『太平天国』一、神州国光社、一九五二年、一六一頁)。
(71) 簡又文『太平軍広西首義史』二九五頁。なお簡又文氏は一九四三年に全州を訪問して、父老から「大殺三日、始行封刀」であったと聞き、県城西郊に残る犠牲者の墳墓「千人塚」を視察した。
(72) 崔之清主編『太平天国戦争全史』一、四六一頁。
(73) 周永興供詞、咸豊二年五月初四日、軍機処檔〇八四六一三号。
(74) 常大淳奏、咸豊二年七月二十九日、軍機処檔〇八五八六六号。
(75)『天兄聖旨』巻二、壬子年三月十五日(中国近代史資料叢刊続編『太平天国』二、広西師範大学出版社、二〇〇四年、三三一頁)。
(76) 李秀成の供述書(『新編　原典中国近現代思想史』一、二二〇頁。また羅爾綱『増補本李秀成自述原稿注』一二二頁)。
(77) 賽尚阿奏、咸豊二年五月初四日『鎮圧』三、二七二頁。
(78) 周永興供詞。
(79) 鄒鳴鶴奏、咸豊二年四月十三日『鎮圧』三、一八六頁。民国『全県志』巻九、前事。
(80) 賽尚阿奏、咸豊二年四月十二日『鎮圧』三、一六八頁。
(81) 民国『全県志』巻九、前事。
(82) 賽尚阿奏、咸豊二年四月二十三日『鎮圧』三、二一九頁。
(83) 簡又文『太平軍広西首義史』二九七頁。また民国『全県志』巻十三。
(84) 賽尚阿奏、咸豊二年四月二十三日『鎮圧』三、二一九頁。
(85) 戴鈞衡「草茅一得」(中国社会科学院近代史研究所編『太平天国文献史料集』中国社会科学出版社、一九八二年、三七〇頁)。
(86) 賽尚阿奏、咸豊二年四月二十三日『鎮圧』三、二一九頁。
(87) 楊秀清、蕭朝貴「為奉天討胡、檄布四方」。

(88) 鄒鳴鶴奏、咸豊二年五月初五日『鎮圧』三、二八〇頁。
(89) 簡又文『太平軍広西首義史』二九七頁。
(90) 『江忠烈公遺集』巻首、国史本伝および附録「江忠烈公行状」。賈熟村『太平天国時期的地主階級』広西人民出版社、一九九一年、二四二頁。
(91) P. H. Kuhn, Rebellion and its Enemies in Late Imperial China: Militarization and Social Structure 1796-1864, Harvard University Press, 1970, pp.117。
(92) 程矞采奏、咸豊二年四月二十三日『鎮圧』三、二一五頁。
(93) 賽尚阿奏、咸豊二年四月二十三日『鎮圧』三、二一九頁。
(94) 鄒鳴鶴奏、咸豊二年四月二十四日『鎮圧』三、二三二頁。
(95) 周永興供詞。
(96) 『江忠烈公遺集』附録「江忠烈公行状」。
(97) 程矞采奏、咸豊二年四月三十日『鎮圧』三、二五一頁。
(98) 賽尚阿致徐広縉的信、咸豊二年四月二十八日、F.O.九三一　一三三九号。
(99) 賽尚阿致徐広縉的信。なお賽尚阿奏、咸豊二年五月初四日『鎮圧』三、二六八頁によると、和春は永州に二千名を残し、一万三千名を率いて道州へ向かったという。
(100) 程矞采奏、咸豊二年四月三十日『鎮圧』三、二五一頁。
(101) 程矞采奏、咸豊二年五月十三日『鎮圧』三、三〇一頁。また賽尚阿奏、咸豊二年五月十三日『鎮圧』三、三一三頁では道州失陥の責任と併せて、全州でも「距城十餘里外地方紮営、旬日之間、未能設法剿援、以致全州被陥」であったと非難されている。
(102) 賽尚阿等奏、咸豊二年九月初四日『鎮圧』三、五九〇頁。
(103) 程矞采奏、咸豊二年四月二十三日『鎮圧』三、二一八頁。また賽尚阿等奏、咸豊二年九月初四日『鎮圧』三、五九〇頁に

は「時該州防兵二百六十余名、臣程矞采続行撥往之二百名尚未趕到」とある。なお光緒『道州志』および檔案史料には、太平軍の道州攻撃時に団練が動員されたとの記載は見えない。同書巻十二、雑撰、新采忠孝節義の劉光明の条に「咸豊二年、粤賊竄踞州城数月、光明倡首団練、防守要隘、保全西北一帯地方」とあり、道州の団練が本格的に組織されたのは道州陥落後と思われる。

(104)『江忠烈公遺集』巻一、答劉霞仙書。

(105)李秀成の供述書（『新編　原典中国近現代思想史』一、二二〇頁）。また羅爾綱『増補本李秀成自述原稿注』一二二頁）。

(106)光緒『道州志』巻十二、雑撰、新采忠孝節義。

(107)小島晋治「初期太平天国兵士十名の供述書」。黄非隆等供詞、咸豊二年七月十九日、F.O.九三一　一三七五号。また葉名琛奏、咸豊二年七月十九日『鎮圧』三、四六〇頁を参照のこと。

(108)同治『江華県志』巻七、兵防、寇変および巻四、職官、治迹。

(109)佚名「粤匪犯湖南紀略」『太平天国史料叢編簡輯』一、六七頁。

(110)李秀成の供述書（『新編　原典中国近現代思想史』一、二二一。また羅爾綱『増補本李秀成自述原稿注』一三八頁）。

(111)劉新発供詞、咸豊二年七月十九日、F.O.九三一　一三七五号。

(112)光緒『道州志』巻三、賦役。

(113)巫法貴等供詞、咸豊二年七月十九日、F.O.九三一　一三七五号。

(114)程矞采奏、咸豊二年五月十三日『鎮圧』三、三〇四頁。賽尚阿奏、咸豊二年五月十三日『鎮圧』三、三〇七頁。

(115)程矞采奏、咸豊二年正月二十六日『宮中檔咸豊朝奏摺』四、三五四頁、国立故宮博物院蔵。また程矞采奏、咸豊二年五月十三日『鎮圧』三、三〇四頁。

(116)賽尚阿等奏、咸豊二年六月二十四日『鎮圧』三、四一八頁。鄧亜隆等供詞、咸豊二年七月十九日、F.O.九三一　一三七五号。

(117)賽尚阿等奏、咸豊二年六月二十四日『鎮圧』三、四二二頁。光緒『永明県志』巻三一、武備志、兵事。

(118) 賽尚阿等奏、咸豊二年六月二十四日『鎮圧』三、四一八頁。

(119) A Report from the Overland friend of China, Overland Friend of China, 24 May 1852（Prescott Clarke and J. S. Gregory, Western Reports on Taiping. The University Press of Hawaii, Honolulu, 1992, p.17）および Callery, Joseph-Marie et Yvan, Melchior-Honoré. L'insurrection en Chine, Depuis son Origine Jusqu'àla prise de Nankin（Paris, 1853）（徐健竹による中国語訳『太平天国初期紀事』上海古籍出版社、一九八二年、九三頁）。

第六章　太平天国の湖南における進撃と地域社会

はじめに

筆者は前章において、太平軍が広西北部を転戦し、湖南省道州を占領するまでの過程を分析した。そして①清朝側にとって太平軍の桂林攻撃は予想外であり、烏蘭泰の死による人材不足や士気の低さに苦しんだが、太平軍も兵力不足によって城の包囲を完成できず、イスラム教徒の協力にもかかわらず攻撃は失敗したこと、②太平軍が全州で虐殺を行ったという通説はフィクションで、守備隊は太平天国の非妥協的な攻撃によって全滅したが、人々は理解を絶する凄惨な戦いに「王を殺された報復に住民を虐殺した」という解釈を与えたこと、③蓑衣渡の敗戦によって太平軍の北進計画は挫折したが、道州を占領して住民と信頼関係を築き、移民や他の反乱軍のメンバーなど数千名が参加したことを指摘した。

本章は太平軍が道州に駐屯していた一八五二年七月頃から、長沙攻撃を開始した九月までの期間を取りあげる。この時期は引き続き太平天国が勢力を拡大し、全国的な運動へ発展する転機となった。とくに本章は十九世紀前半の湖南で発生した諸事件に注目し、地域社会の変容と太平軍への反応という視点から分析を進めたい。

この時期の太平天国については簡又文氏(1)、鍾文典氏(2)の通史的著作と崔之清氏の軍事史研究(3)がある。また宮崎市定氏(4)と小島晋治氏(5)は湖南における太平軍参加者の性質をめぐって論争を行い、小島氏はイギリスで発見した兵士の供述書をもとに分析を進めた(6)。さらに目黒克彦氏は後の湘軍につながる団練の結成過程について論じ(7)、最近谷家章子氏は新たな視点から太平天国に呼応した反体制勢力の分析を試みた[(8)]。ただしこれらの研究も史料面では厳しい制約を負っていたと言わなければならない。

筆者は一九九九年から台湾の国立故宮博物院を訪問し、同図書文献館所蔵の檔案史料を系統的に整理、分析した[(9)]。また二〇〇八年、二〇〇九年にはイギリスの国立公文書館を訪ね、いくつかの新史料を発見した[(10)]。さらに中国第一歴史檔案館編『軍機処奏摺録副・農民運動類』および同館編『清政府鎮圧太平天国檔案史料』[(11)]を併せ用いることで、この時期の太平天国の歴史を可能な限り具体的に描き出してみたい。それは太平天国史を「革命の先駆者」あるいは「破壊者」といった従来の評価を越えて、十九世紀中国の社会変容という視点から捉え直す作業になると思われる。

一、湖南における反体制組織の活動と太平天国

(a)　太平天国前夜の湖南における結拝兄弟、青蓮教と天徳王問題

まずは一つの史料を検討することから始めたい。光緒『郴州直隷州郷土志』には次のような記事がある

咸豊二年三月十五日（一八五二年四月十六日）に土匪が乱を起こし、州牧の胡礼箴を殺害した。これより先に匪賊は楊柳鋪などに集まり、遙かに粤匪に呼応して、洪逆（洪秀全）に時期を尋ねたところ、逆匪は月餅を八枚半与えた。ところが月餅を持ち帰った者が途中で五枚食べてしまったため、ついに三月半だと勘違いをした。その日の夜半になって、彼らは城に躍り込んだ。胡礼箴は警報を聞いて役所に入り、門で防ごうとしたが、力尽きて殺された。匪賊は城を占拠すること二日、外からの応援が続かず、郷勇が四方から集まったため、ついに散り散りになって逃げた。たまたま興寧県の桂知県が郴州にやってきて乱を鎮め、郷紳たちも賊を捕らえた。家々を捜索し、捕らえて処刑したため、残った匪賊は広西へ逃れた[(12)]。

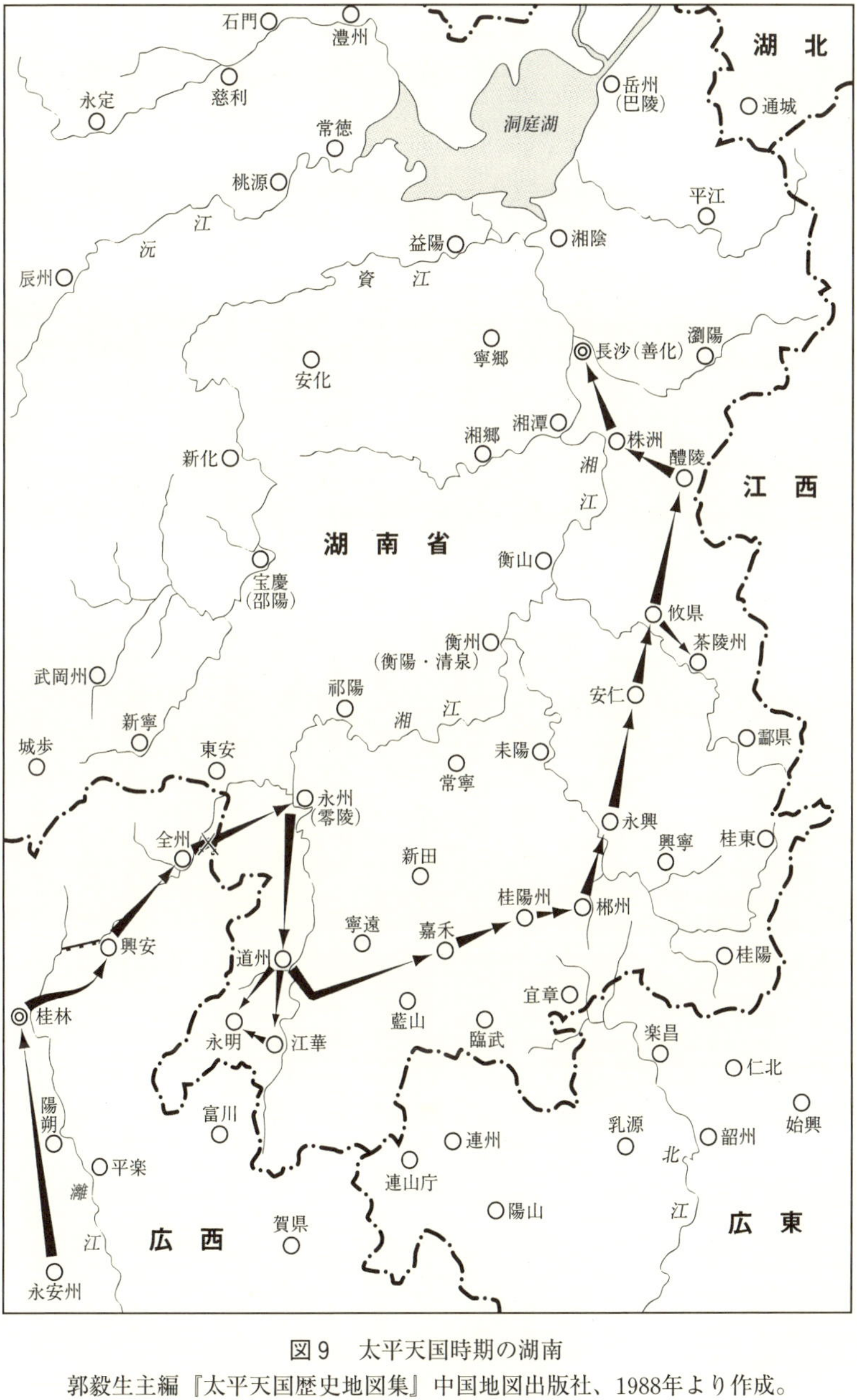

図９　太平天国時期の湖南
郭毅生主編『太平天国歴史地図集』中国地図出版社、1988年より作成。

この史料は郴州で蜂起した劉代偉の反乱に関するものである。それによると劉代偉は太平天国に呼応しようと考え、蜂起すべき時期を洪秀全に問い合わせた。だが使者が期日を示す暗号の月餅を数枚食べてしまい、日付を間違えたために蜂起が失敗したという物語である。「八月十五日」の一斉蜂起を月餅に託して伝えるのは、元末の反モンゴル運動に関する故事に基づいており、史料の作者が太平天国と劉代偉反乱を異民族王朝の打倒をめざす漢人中心主義の枠組みで理解したことをよく示している。

それでは実際はどうだろうか。檔案史料によると劉代偉は永興県人で、郴州と広東、広西のあいだを「往来遊蕩」していた。一八五一年末に彼は郴州で廖揚星らと会い、いま広東の天地会は仁義会と名前を変え、「聞くところでは粤匪が滋事」しているので、これを結成すれば助け合えるだけでなく、チャンスがあれば略奪もできると話し合った。そこで一八五二年一月に彼らは四十八人を集め、劉代偉を大哥として結拝儀礼を行った。また彼は「金蘭記忠義堂」と印刷した太極図の門牌や「洪英の真主は人に知られず」といった歌訣（詩）、「太子太保兵部尚書」と刻んだ印鑑などを作成した。

彼らの活動に気づいた署知州の胡礼箴は張老五ら七名を逮捕し、張老五は獄中で病死した。たまたま兵餉が郴州に到着し、三千両が州庫に保存された。「銀数は巨万を超える」という噂を聞いた劉代偉は、報復のついでにこれを強奪しようと考えた。そこで彼は三百名を集め、豪雨に紛れて郴州城に夜襲をかけ、胡礼箴を殺して仲間を救出した。また彼らは兵餉など三六〇〇両余りを奪い、清軍兵勇の追撃を受けると油榨墟などに退いた。

ここで劉代偉は蜂起を決意し、「明命元年」と記した旗を立てて道すがら人々に参加を迫った。また奪った銀を携えた部下を広東、広西へ派遣して「粤匪を勾結」しようと図り、水かさの増した耒水（河川名）を下って一気に衡州を攻めようとした。だが清軍および団練の攻撃を受けると、反乱軍は敗北して劉代偉は殺されたという[13]。

汪堃『盾鼻随聞録』によれば、その後劉代偉の残党であった李厳通ら三百名が太平軍に投じ、道案内役を買って出たとある。[14] 郴州は永安州で捕らえられた洪大全（本名焦玉昌）の故郷で、一八五五年に彼の弟だった焦三（焦玉晶）、妻の許月桂らが蜂起したため、崔之清氏はこれを史実と見なしている。[15] だが檔案史料は反乱軍のうち三百名以上が殺されるか捕らえられ、劉代偉と結拝したメンバーで逃走出来たのは四名のみと報じており、その数を過大には評価できない。[16] また彼らが広東、広西の反乱勢力と連携しようと試みたのは事実だが、ここでいう「粤匪」とは必ずしも太平天国をさす訳ではなかった。

次に太平天国前夜の湖南における反体制組織の活動について考えたい。表2は道光年間から咸豊初年の湖南で摘発された事例をまとめたものである。これを見ると天地会のベースとなった結拝兄弟は、［a］の永明県、［b］の靖州、［c］の桂東県、［h］の醴陵県、［i］の道州、［j］の零陵県、［l］の祁陽県、［n］の臨武県、［p］の新寧県など広範に展開していたことがわかる。むろん別書で指摘したように、元々相互扶助組織であった天地会は系譜関係が曖昧であり、嘉慶年間に厳しい弾圧が加えられたために、人々は天地会の名称や組織形態を避けるようになった。[17] 表中でも「天地会を復興した」と判断されたのは［d］の張搦ら、［r］の劉幗節らの二例に過ぎなかった。

代わって登場したのは様々な会名であり、表では［d］の三合会、［h］の認異会、［i］の義気会、［j］の了叉会、［o］の棒棒会、［p］の把子会、［q］［r］の尚弟会、［u］の沙包会などが見られた。そのうち三合会、尚弟会は劉代偉の仁義会と同じく「天地会の変名」であることを自覚していたが、その他は適宜つけられたケースが多く、乞食会あるいは乞食のリーダー（杖頭）を意味する沙包会、了叉会などの例もあった。また処罰を恐れて会名を設けなかった事例のうち、［a］の龔大、［c］の薛義による組織は刀の下をくぐる「過関」の儀礼など天地会の影響を窺わせるが、それは張搦の三合会と比べた時に部分的な模倣に止まった。むしろ［h］の認異会のように白昼に窃盗を行う紅門、夜間に盗みを働く黒門など、活動内容によって新たに組織を整えた例も見られた。総じて言えば湖南における天地会の影響は、かつて言われた程に決定的ではなかったと考えられる。[18]

表2　道光年間～咸豊初年の湖南における結拝兄弟と民間宗教

No.	年　代	地　域	活　動　内　容	出　典
a	道光6年(1826)	永明県	◎永明県で小商売を営んでいた龔大（江華県人）は、蔡小葸（江華県人）、謝鬼鉄（寧遠県人）、杜八喜（零陵県人）、謝老四（宝慶府人）らと「孤単」について語り、仁義会を結成して「何かあれば互いに幫助する」ことにした。彼らは59名を集め、銭数十文から200文を出し合い、6月に永明、江華県と道州の境にある上江墟で結拝儀礼を行った。 　龔大は自ら大哥を名乗り、人々に神前で拝ませた後、交叉した刀の下をくぐる「過関」の儀礼を行った。また「一夜把柄一夜光、撥開烏雲過東方、有忠有義常常過、無忠無義剣下亡」という歌訣を伝授した。参加者がその意味を尋ねると、龔大は「兄弟たちに同心幫助させ、他人の欺侮を免れるためで、他意はない」と答えた。 　この事実を聞きつけた江華県知県熊飛は、永明県、道州と協力して弾圧に向かった。差役の李錫らが仕事を探すために廟内に残っていた張跳らを捕らえようとすると、張跳らは抵抗し、李錫らを負傷させて逃走した。やがて龔大らは捕らえられたが、「実に孤独で寄る辺がなく、他人から欺かれるのを恐れ、結拝することで互いに助け合おうとした」のであり、反逆の意志はなかったと主張した。巡撫康紹鏞は異姓結拝の例に従って龔大を絞首刑とした。	『康紹鏞奏稿』巻5および軍機処檔059044号。
b	道光8年(1828)	靖　州	◎靖州で仕事を探していた金玉魁（貴州開泰県人）は、1823年に貴州で拝会した経験を持つ許老九から結拝兄弟を勧められ、「無処覓工、貧苦難度」を理由に胡光敖ら52名を集めて拝会することにした。だが多くの者は銭300文を出すことを惜しみ、2度にわたり集会は延期となった。 　5月に金玉魁ら46名は界排庵に集まり、年長の陸潮興を大哥として結拝儀礼を行ったが、罪が重くなる「歃血焚表」の儀式や会名を立てることはしなかった。金玉魁は皆から集めた金の残り6700文を許老九と分けた。また5月に盧大濆の父が死	『康紹鏞奏稿』巻7および秘密結社項8894-21号。

			去すると、金玉魁らは仲間と銭5000文を集め、葬式の費用として盧大潰に与えた。 　捜査が始まって捕らえられた金玉魁は、「実に金をだまし取り、互いに助け合おうとした」のであり、他に不法行為はしていないと供述した。巡撫康紹鏞は異姓結拝の例に従って金玉魁を絞首刑、残り34名を流刑などにした。また真剣な捜査を行わなかった靖州知州魏徳畹も処罰を受けた。	
c	道光９年（1829）	桂東県	◎交易のため桂東県に至った薛義（広東楽昌県人）は、張石義（桂東県人）、李鉄牛（連州人）と「貧苦」について語り、結拝兄弟をして助け合い、併せて「銭をだまし取って使用」しようと考えた。彼らは60名を集め、それぞれ銭360文を出させて、５月に大塘山で結拝儀礼を行った。 　薛義は刀下をくぐる儀礼を行った後、「不忠不義照鶏亡」といった歌訣を伝え、仲間を見分けるための髪型や合言葉を教えた。また「忠心義気、共同和合、結万為記」と印刷した布を別に金を出した者に与え、困った時に助け合うための目印にした。集めた金は薛義ら３人で分けた。 　捜査が始まると、捕らえられた張石義は会名、会簿は設けておらず、反逆を図ったのではないと主張した。張石義らは異姓結拝の罪で辺境へ流刑となった。	『康紹鏞奏稿』巻７および秘密結社項8894-22号。
d	道光11年（1831）	藍山県	◎張摒（広東番禺県人）は1830年に楽昌県で范孝友（英徳県人）と会い、広東の天地会は三合会と名前を変えたが、何かあれば助けが得られ、人数に恃んで強奪も可能と聞いた。また范孝友は「開口不離本、出手不離三」の口訣や過関の儀礼などを伝授し、結会の歌訣を取り出した。 　そこには長房の蔡徳忠が福建に、二房の方大洪が広東に、三房の馬超興が広西に、四房の李色開が江南に、五房の胡徳地が山東にいると記されていた。また後五房の名前や「紅旗飄飄、英雄尽招、海外天子、来復明朝」などとあった。張摒が蔡徳忠らの所在について尋ねたところ、范孝友は遠い昔のことでわからないと答えた。張摒はこの歌訣を借りたが、再び范孝友と会うことはなかった。 　1830年に張摒は藍山県へ移住し、31年３月に李	『石雲山人文集』巻３および『天地会』７、506・512頁。

			金保（宜章県人）ら３人と銭６、700文を出し、張掮を大哥として結拝儀礼を行った。その後李金保は封上輝と３度にわたり、72名を集めて結拝儀礼を行った。またそのメンバーだった蕭紅保は広西富川県で王姓から三合会の歌訣を与えられた。 　この年貴州で三合会が摘発されると、湖南でも捜索が行われて張掮らは捕らえられた。李金保は女性関係のもつれから仲間の１人を殺し、広西宜山県まで逃げたところを捕らえられた。さらに藍山県生員の黄河は蕭紅保の所持していた三合会の歌訣を押収した。 　取り調べに対して張掮は、結拝の目的は反逆ではなく、メンバーの多くが文盲のため歌訣の内容を教えていないと主張した。だが巡撫呉栄光は彼が三合会と天地会の関係を知りながら、結拝儀礼を行ったのは「復興天地会」の罪に当たるとして斬刑に処した。また李金保も死刑になった。	
e	道光14年 (1834)	邵陽県 城歩県 武岡州 など	◎劉祥安は邵陽県人で、大乗教徒の劉偕相（衡陽県人）から「茹素念経」すれば病気を却け、福を招くことが出来ると勧められた。彼は劉偕相を師と仰ぎ、銭120文を出して「普林」なる法名と『大乗経』を与えられた。また自らも『禅門集要十王経』などを購入し、家で読経した。 　蔣大抜、劉正管は城歩県人で、同県の生員だった張夫覚、饒怠叙と共に道士の唐先文（邵陽県人）を拝して大乗教を学び、中に「無生老母」と記された『鈔本二才勧善経』や歌詞などを与えられた。また「坐功運気」の術を伝授され、無生老母の位牌を作って読経するように命じられた。 　さらに武岡州人の唐老発、邵陽県人の唐站和、城歩県人の陶潮澤、新寧県人の藍進迪ら15名は、両親や自分が病気のために「消災祈福」を願い、自宅で毎月二度「喫斎」を行ったが、師を拝んだり「習教伝徒」はしなかった。 　劉祥安、蔣大抜らは無生老母を拝み、また経巻を所蔵した罪で辺境へ流刑となった。また張夫覚らの生員資格も剥奪された。唐老発らは「拝師習教」していないため、共に杖刑となった。	秘密結社項8875-19号。

f	道光15年 (1835)	武岡州	◎王又名（四川成都府人）は「算命」のため武岡州へ至り、程孔固（武岡州人）と会って青蓮教（金丹大道）を伝えた。王又名は「坐功運気」をすれば病気を避け、仏や仙人になれると説いた。程孔固が彼を師と拝んで「食長斎（菜食主義）」を誓うと、無生老母を拝むように教えられた。また程孔固は王又名と四川へ行き、『龍華経』と坎卦図章を与えられた。 帰宅した程孔固は紅紙で無生老母の位牌を作り、人々に「喫斎念経」するように勧めた。彼の息子である程恒忠、潘明徳（武岡州人）、武岡州に住んでいた新寧県人の雷倡和ら50余名が入信し、銭320文を出して「もし開葷（なまぐさを食うこと）したら、永遠に地獄へ堕ちる」という誓いを立てた。程孔固は彼らに無生老母の位牌や経文を授け、毎日運気や読経を行って「過悪を懺悔」させた。また仏の誕生日には程孔固の家で龍華会が開かれ、潘明徳らは香資銭を持って参集した。さらに病気で運気ができない潘十九には「閉目静坐」して無生老母を拝むように命じた。 5月に程孔固は広西へ布教に出かけ、7月にヤオ族生員だった藍正樽（新寧県人）は雷倡和に従って入信した。12月に武岡州で青蓮教が摘発され、程恒忠、潘明徳らは捕らえられた。また弾圧の手が及ぶことを恐れた藍正樽は「仁義の言に仮託して時事を詆毀」した『王政本子』30条を作成し、1836年3月に「剛健」の年号を立てて武岡州城を襲撃した。 藍正樽反乱の鎮圧後、反乱計画と無関係であったことが確認された程恒忠らは、「白陽、八卦などの邪教を伝習」した罪によって辺境に送られ奴隷とされた。	秘密結社項8841-37号。および軍機処檔070824号。
g	道光17年 (1837)	永順県	◎韓子蘭（鳳凰庁人）は火居道士で、同じく道士だった父から伝えられた経巻を学び、人に乞われて「念経建醮、看地葬墳」したが貧しかった。そこで経巻や符本、木剣を持って外へ出かけ、「邪疫を駆除出来る」と宣伝した。11月に永順県に至ると、知り合いの熊文政が妻を病気で亡くしたため、家で「念経超薦」してくれるように頼んだ。	『宮中檔道光朝奏摺』3、756頁。

			ところが熊文政の隣人だった龔栄富は読経の声を聞き、金をめぐるトラブルの腹いせに「邪教を匿い、邪書を所蔵している」と保甲の龔栄仁に訴えた。通報を受けた外委邢正倫は、張応敖の家で「念経」していた韓子蘭を捕らえ、経巻を押収した。尋問の結果、韓子蘭は「異端邪術」で人を治療した罪で労役刑となった。	
h	道光19年（1839）	醴陵県	◎陶瞎子（寧郷県人）は1826年に湘潭県で窃盗事件を起こし、永興県で労役刑に服した後に醴陵県へ至った。彼は陳濫桶らと会って「窮苦孤単」について語り、助け合って窃盗を働くために結拝兄弟を行うことにした。彼らは44名を集め、2月に200文ずつ持ち寄って天后廟裏で儀礼を行った。 　彼らは関帝の位牌を置き、陶瞎子を大哥として「跪拝」した。また会名を認異会とし、白昼に窃盗を行う紅門、夜間に盗みを働く黒門を置き、河川で活動する二門、陸上で行動する三門を設けた。さらに「近隣二十里以内では盗みを行わず、放火や強盗、酒に酔ったり姦淫することを禁止」する規約を作り、違反者には罰金か除名処分が科せられた。 　3月に会員の陳細六らは湘潭県で胡楽林の船から銀や衣服を盗んだ。捜索が始まると陶瞎子らは捕らえられ、結拝後に余罪はなかったものの、陳細六など会員の多くが窃盗歴を持っていることが明らかになった。陶瞎子は「異姓人結拝弟兄」の罪で絞首刑となり、処刑に先立って額に「拝盟匪犯」の文字を焼き付けた。また陳濫桶、陳細六らも辺境へ流刑となった。	『宮中檔道光朝奏摺』6、498頁および7、343頁。
i	道光19年（1839）	道　州	◎朱亮亮は李洗斗、蔣玉苟ら53人と道州把截山の廟内で結拝兄弟を行い、朱亮亮を大哥として義気会を設立した。朱亮亮らは1838年から1840年にかけて道州、寧遠県で強盗や放火をくり返し、張万幗らが被害に遭って張周氏らが強姦された。蔣玉苟も雑貨店を経営する謝大興に訴えられたのを恨み、1839年に17人を集めて謝大興の家を襲って財産を奪い、妻の秦氏などを強姦した。	秘密結社項8889-12号および『宮中檔道光朝奏摺』7、234頁。
j	道光20年（1840）	零陵県 東安県	◎黄来発は22名を集め、零陵県の花橋で結拝儀礼を行い、了叉会と名づけた。四房に分かれ、名目	秘密結社項8889-12号お

			は「乞丐（乞食）」だが、実際は盗賊だった。了叉者は乞丐の「杖頭」で、それぞれの房を率いて暗号を作った。 黄来発は東安県で殺害事件を起こし、三房の陽定容らも強盗殺人を働いていた。また大房の趙瞎子、二房の周鴻汶は別に数十名ずつ仲間を集め、別に結拝儀礼を行った。	よび『宮中檔道光朝奏摺』7、234頁。
k	道光25年（1845）	善化県湘潭県など	◎1827年に摘発を受けた青蓮教は、1842年に李一源、陳文海が中心となって復興運動を進め、警戒の厳しい四川を離れて湖南善化県東茅巷に至った。ここで劉瑛（江寧人）が入教すると、古参幹部の彭超凡は彼に「設壇請乩」の降神儀礼を行うように依頼し、信徒の命名に使う「十七字派」を設けて各省で布教を行った。 これら主流派の復興運動と並んで、周位掄（湖南清泉県人）、郭建汶（後の劉儀順、湖南宝慶府人）による分派の動きも盛んとなった。周位掄は1838年から独自に江西、湖北、湖南で布教を行ったが、青蓮教に「飭令万雲龍」の文字を加えるなど天地会の要素を加え、坐功運気の術を授けた。また1823年には湖北漢口で黙想を行い、「世人の遭劫を知り」「妖魔を除くことが出来る」と唱えた。郭建汶は周位掄を弥勒仏の生まれ変わりであるとして教主に立てた。 これを知った李一源らは、1844年２月に湖北漢陽で「紫微壇」なる降神儀礼の壇を設け、朱中立(即ち朱明先、湖南長沙人）を立てて教主とした。また各省の幹部を確定し、陝西や甘粛、広西、江南、山東にも布教した。排斥を受けた周位掄らは金丹道と名前を変え、青蓮教を「邪魔外道」と批判して湖南一帯で活動した。また郭建汶は四川に戻って劉儀順を名乗り、「天下は久しからず大乱となる」と唱えて灯花教を創立した。この灯花教は貴州、湖北で勢力を伸ばし、太平天国期に号軍蜂起などの諸反乱を起こした。 1845年に青蓮教は再び摘発され、湖南布教の中心人物だった張致譲（善化県人）など多くの信徒が捕らえられた。	荘吉発「清代青蓮教的発展」『大陸雑誌』71-５期。秦宝琦『中国地下社会』２、374頁。淺井紀『明清時代宗教結社の研究』401頁。

l	道光26年(1846)	祁陽県 零陵県 寧遠県	◎王棕獻は零陵県人で、1845年末に魏世培（監生）ら73名を集めて祁陽、零陵両県境の花橋で結拝儀礼を行った。同じ頃寧遠県人の魏珍選も李有俊（監生）、張開皓（職員）ら35名で結拝儀礼を行った。この年新田県で楊輝祖の組織が摘発され、北京の都察院に魏珍選らが「結会謀叛」を企んでいるとの告発がなされると、二つの事件の捜索が始まった。 　まず寧遠県で張開皓が捕らえられると、魏珍選は40名余りで県城へ押しかけ、張開皓を釈放させようとした。彼らは城外に至り、「張開皓を釈放しなければ入城して奪い取るぞ」と叫んだが、知県曹源は兵役に命じて魏珍選らを捕らえさせた。魏珍選は結拝兄弟の罪で絞首刑となった。 　また王棕獻の捜査によって逮捕された唐有詩は、「王棕獻の別名は万雲龍で、匪党を糾合して花橋、四明山に集まっている」と供述した。王棕獻は張春元（武生）の家に匿まわれていたが、捜索が厳しいのを知って「人々を集めて抵抗」しようと考えた。そこで李美能を寧遠県城に偵察に派遣したが、逆に捕らえられてしまった。 　王棕獻は仲間80余名を文明市に集め、福建、江西会館に立てこもった。兵役と文明市の段康侯（武生）が率いる郷民が攻撃をかけると、王棕獻らは数名を負傷させたが、14名が殺され、残りの者も捕らえられた。王棕獻は死刑となり、魏世培と李有俊は監生資格を失って辺境へ流刑となった。また張開皓と張春元もそれぞれ処罰を受けた。	『宮中檔道光朝奏摺』18、595頁。
m	道光26年(1846)	新田県	◎楊輝祖は新田県人で、1845年末に劉華蛟（監生）、病気のため「喫斎念経」していた王幗珍（武生）、劉逢一（武生）、文継旭（捐納）、蕭掄沅（生員）、陸振衡（武生）、劉紹先（武生）らと結拝兄弟を行うことにした。46年１月に陸振衡、劉紹先らは欠席したが、51名が瓦歴園に集まり、楊輝祖を大哥として結拝儀礼を行った。楊輝祖は「東西南北」の文字を刻んだ「碼子」を作成し、何かあればこれを用いて仲間に伝えることにした。彼らは神の位牌の前で血の入った酒を飲み、参加者のリストを焼いて散会した。	『宮中檔道光朝奏摺』19、9頁。

			この時族人の陸廷鰲が参加したことを知った陸廷錫らは、自分たちに罪が及ぶことを恐れて王幗珍らの「喫斎念経」の事実と共に都察院へ訴えた。また陸振衡、劉紹先らが自首すると、楊輝祖は捕らえられ、仲間だった楊大義の家からは大量の硝黄が発見された。このため彼らに謀叛の疑いがかかったが、楊輝祖らはこれを否認し、楊大義の雇い主が給料を払えず、代わりに与えたものだと主張した。 　結局楊輝祖は絞首刑となり、劉華蛟らは監生、生員などの資格を取り消されて流刑になった。また陸振衡、劉紹先も生員資格を剝奪された。	
n	道光27年(1847)	臨武県 常寧県	◎張老二は湘潭県人で、広東から臨武県へ至り、拳術を演じて生計を立てていた。彼は唐幗通に広東望海山で一人の僧侶から排会結盟を学んだと告げ、「奉天安民、興復明室」と記した字帖を見せた。そこで二人は「習教」の罪で送られた流刑地から逃亡した郭志禄（常寧県人）ら60人を集め、張老二を大哥として結拝儀礼を行った。 　その後唐幗通らは付近の牛頭汾、宜章県泗渓にある塩埠が豊かと聞き、仲間の唐大旺を派遣して恐喝させたが捕らえられた。また郭志禄は常寧県に戻り、みずから40名余りを集めて結拝儀礼を行ったが、まもなく捕らえられた。 　なお1848年に金丹教徒の董言台（江西南康県人）がイギリスと広東人の「民夷」衝突事件をきっかけに騒動を起こそうとして捕らえられると、彼と「湖南教匪」の蔣万成は唐幗通に従って結拝儀礼を行ったと供述した。	『宮中檔道光朝奏摺』20、202頁。 秘密結社項8889-15号。
o	道光27年(1847)	新寧県 道　州 全　州	◎雷再浩は新寧県のヤオ族で、李世徳（広西全州人）と付き合いがあり、それぞれ「茹素邀福（菜食）」していた。8月に雷再浩は李輝（新寧県人）ら55人と「棒会」を結拝した。李世徳も全州で結拝を行い、2人は相談して互いに助け合うことにした。会内には「喫斎」する者が多かったため、これを行う者を「青教」、行わない者を「紅教」に分け、全体を棒棒会と名乗ることにした。 　雷再浩らは会員に「関口渡牌牒」の五字を記し、「保和宝堂」の印を押した布を与えて暗号とした。	道光『宝慶府志』巻7および軍機処檔081087号、081094号。

			また人々に「近く刀兵の劫がある。入会すればこの災厄を免れる」と唱え、ニワトリの血を入れた酒を飲んで誓う「拝台」の儀礼を行った。人々は雷再浩と李世徳を総大哥として従った。 9月に署新寧県知県李博の取締りを受けて陳名機らが捕らえられると、雷再浩は10月26日に蜂起する準備を進めた。だが清軍と江忠源（挙人）の率いる団練に機先を制され、雷再浩の家が捜索を受けて『大乗教』を押収された。雷再浩は全州へ逃れ、李世徳と会衆1000名を紅、黒、藍、白、黄旗の5軍に編制して蜂起した。 いっぽう10月に道州で李魔湾（本名李木黄）が結拝兄弟を行った。彼は永明県で楊祥らと「拝会」した罪で福建へ流刑となったが、逃亡して道州で潜伏していた。李魔湾は李士蒽（生員）ら32名と結拝儀礼を行い、李魔湾を大哥としたが、11月に仲間の劉沅溁が捕らえられて捜索が始まった。李魔湾らは知らせを受けて逃亡しようとした。 このとき以前から知り合いの雷再浩から手紙が届き、李魔湾に人々を集めて広西へ向かい、蜂起を助けるように依頼された。李魔湾は李士蒽と相談し、12月3日に広西へ向かったが、道州の長楽地方で捕らえられた。また11月に李世徳は戦死し、雷再浩も江忠源の計略によって投降した「頭目」の陳先進らによって捕らえられた。 雷再浩と李輝は「謀反大逆」の罪で凌遅処死となり、李魔湾も謀反の罪で斬首となった。	
p	道光29年 (1849)	新寧県	◎李沅発（新寧県人）は「在外遊蕩」の生活を送っていた。この年旱魃のため米価が高騰すると、金持ちは米を売り惜しみ、また収穫後に貧民から利息を貪った。そこで李沅発は謝有興らと把子会を作り、結拝兄弟を行って人数を集め、彼らから略奪を行おうと考えた。しかし仲間の楊倡実、李世英が逮捕されると、12月に300名で新寧県城を襲撃した。 李沅発は知県万鼎恩と前署知県李博の家族を殺害すると、「官を殺して大事を醸成すべきではない」と叫ぶ李世英を斬り、仲間に蓄髪させて反乱の意志を明確にした。また五色旗からなる5営を	『清代檔案史料叢編』2、146頁および「李沅発供詞」（中国近代史資料叢刊続編『太平天国』3、312頁）。

			編制し、みずからは総大哥として「劫富済貧」を唱え、「三軍司令」「万雲龍」の旗を掲げた。 1850年1月に新寧県城を離れた反乱軍は、広西へ入って勢力を数千人に増やした。湖南の防備強化を知った李沅発は広西、貴州、湖南の省境地域を転戦し、5月には南下して大猺山に近い修仁県へ接近した。李沅発は湖南兵が広西へ動員されたため、新寧県の防備は手薄に違いないと考え、戻って「紳勇に報復」しようと考えた。だが反乱軍は敗北し、新寧県内の金峰嶺に立てこもった李沅発は捕らえられた。 李沅発に対する取り調べで焦点となったのは雷再浩反乱との関係であった。李沅発は雷再浩と面識がなく、反乱軍に雷再浩の親族が加わっていたことも偶然に過ぎないと主張した。だが湖広総督裕泰は捕虜の「李沅発は雷再浩の総鉄板」という供述に基づき、両者の関係は明らかであると述べた。7月に李沅発は北京へ送られ、9月に凌遅処死となった。	
q	咸豊元年（1851）	衡陽県	◎左家発（衡陽県人）は眼科医で、1850年8月に船上で李丹（広東人）、張添佐と会った。李丹の目の病気を治療した左家発は、広東の天地会は今や「尚弟会」と名前を変え、互いに助け合うばかりか略奪もできると聞かされ、入会を勧められた。左家発が李丹を拝して師とすると、李丹は彼に「劫数」を免れるために3種類の「門牌」（上蓋は一族を、中蓋は家族を、下蓋は本人を救う）を売るように言った。 また李丹は尚弟会内に黄紅白の3家があり、広東老万山の朱九濤が黄家、李丹が紅家、張添佐が白家であると告げた。また朱九濤の住処には忠義堂があり、紅白2家は黄家の統制を受けると述べた。そして李丹は「金丹始祖洪啓勝、洪英伝授与丹隆、大明国璽高溪義、五祖留記教万宗、大極天図高懸掛、天書宝剣挿斗中、要知原来真正義、八牛下世坐山宗、時常念誦可免災」という歌訣を伝授した。左家発が門牌を受け取ると李丹は広東へ戻った。張添佐も赤松子と名前を変えて岳州、湖北へ行き、薬売りをしながら仲間を集めた。	『清政府鎮圧太平天国檔案史料』2、431頁。

			1851年３月に衡陽県に戻った左家発は、知り合いの文廷佶、封桃山ら24名を入会させ、歌訣や門牌を伝授した。すると７月に広西蒼梧県にいる李丹から手紙が届き、朱九濤は明の末裔で、いま広東の海岸で「前明国璽」が発見されて太平王を名乗ったこと、李丹は平地王、張添佐は徐光王に封じられ、人を集めて近く反逆することを伝えた。そして左家発を衡州大総管に任命し、衡州一帯で蜂起するように促していた。また同時に送られた旗や印鑑には「老万山」の文字や「洪福天徳元年」の年号が記されていた。 左家発は仲間の数が少なく、武器もないため、文廷佶らとどうすべきか相談した。そして計画は100人以上が集まるまで秘密にし、清軍が広西へ動員された隙をついて李丹と連絡を取りつつ蜂起することにした。 すると李丹から再び手紙が届き、現在彼は梁先生と名乗って永安州にいること、広東の韋大哥らも仲間であると告げた。左家発らは引き続き40名余りを入会させ、集めた金で号衣を作るなど蜂起準備を進めたところを捕らえられた。左家発ら８名は「謀反大逆」の罪で凌遅処死となった。	
r	咸豊元年 (1851)	新田県 衡山県 東安県	◎劉幗節（新田県人）は衡陽県で知り合いの封桃山と会い、左家発の「尚弟会」に入るように勧められた。彼は銭1000文を払って「金丹始祖洪啓勝」の歌訣や黄紅白三家の区別について伝授され、また自ら門牌を印刷した。 劉幗節が単章詳らを仲間に誘うと、単章詳はかつて広東で馮姓の男から「添弟会金蘭結義」という歌詞を見せられたが、そこには「紅旗搶擾、白旗自交、真命天子、復回明朝」などと記されていたと告げた。彼らは23名を集めて結拝儀礼を行い、劉幗節を師として歌訣などを伝授した。やがて左家発の組織が弾圧されると、劉幗節、単章詳も捕らえられて「復興天地会」の罪で斬首となった。	『宮中檔咸豊朝奏摺』３、668頁。

s	咸豊元年（1851）	常寧県 清泉県 耒陽県 衡陽県	◎湯樫世（常寧県人）と陽方銀（清泉県人）は1849年から50年にかけて呉克修から「長斎（菜食主義）」をするように勧められ、呉克修を師と仰いで金丹教に入った。呉克修は坐功運気や無生老母の「黙叩（黙禱）」、三皈・五戒経を念じることを伝授された。帰宅した湯樫世と陽方銀はそれぞれ数名にこの教えを伝えた。 　次に伍先洪（耒陽県人）は1850年に呉克修（法名は普度）を師と仰いで大乗教を学び、一歩から九歩までの経語や慈航、項航、大悲呪などの経巻を与えられた。伍先洪はこれを劉代端、蕭開汶、曹玉洸ら13名に伝えた。 　さらに呉効南（衡陽県人）は1851年3月に病気が治らないことを呉克修に相談した。すると呉克修は自分が大乗教徒であると告げ、金を出して「一十二歩名目」を学べば「消災延寿」できると述べた。そこで呉効南は呉克修を師と仰ぎ、普玉という法名と一歩から七歩までの「経語」を伝授された。また呉効南は慈航、項航、大悲呪などの経巻を筆写して家に戻ると、来福堂を立てて仏像を拝み、「茹素諷誦」を行った。また呉効南は同族の呉宗葆など数名を入教させた。 　湯樫世、陽方銀、伍先洪、劉代端、呉効南らは「各項教会名目拜師授徒」の罪でウルムチに送られ奴隷とされた。	『宮中檔咸豊朝奏摺』3、668頁。『清政府鎮圧太平天国檔案史料』2、431頁。
t	咸豊元年（1851）	湘郷県	◎熊聡一（湘郷県人）ら16名は「挖煤（石炭掘り）」をして生活していたが、結拝兄弟をして略奪を働こうと考えた。そこで8月に55名を集め、熊聡一を大哥として結拝儀礼を行った。9月に熊聡一は14人を集め、夜中に劉鵬俊の田へ行って稲20石を「搶割」した。続いて熊聡一は李耕亭の家が豊かであると知り、夜間に40名余りで押し入り財物を奪った。また屋敷に放火し、李耕亭の孫を焼死させた。 　李耕亭の通報によって、知県朱孫詒が兵役および団壮を率いて取締に向かうと、熊聡一は30余名で狐洞地方に立てこもり、発砲して抵抗した。だが多くが捕らえられ、熊聡一も蕭家冲まで逃げたところで逮捕された。熊聡一ら2名はさらし首、	『宮中檔咸豊朝奏摺』3、868頁および秘密結社項8889-14号。

			熊洸大、曽掌四、曽小五ら16名が死刑となった。	
u	咸豊元年（1851）	宜章県	◎王蕭氏は王宏開（宜章県人）の妻で、広東曲江、陽山県などで乞食をしていた。1837年に王蕭氏夫婦は広東で藍世葸（広東人）、李剪保らと添弟会を結拝した。1841年に王宏開が死ぬと、王蕭氏は広東に乞食会を意味する「沙包会」があったことを知り、李剪保、胡金開（広東人）ら140人と共に沙包会を復興した。２つの会は連絡を取り合い、何かあれば檳榔５つに頭目の名前を記した「碼子」を送った。 　1851年８月に王蕭氏は広東で土匪が騒ぎを起こしたことを知り、ついに王麻子らを糾合して曲江、陽山県一帯で略奪を働いた。ついで広東で取締りが厳しいのを知り、王麻子、李添佑、藍世葸と相談のうえ300人余りを集めて抵抗することにした。王蕭氏らは旗幟や武器を整え、清軍と交戦した。 　王蕭氏は宜章県の金持ちである黄道開に金を貸すように迫ったが拒否され、人々を集めて襲うことにした。彼らが陽山県境の戊壬坑から思仁卡へ向かうと、守備趙鴻賓は兵60名を率いて迎え撃った。だが王蕭氏らは清軍を挟み撃ちにし、趙鴻賓ら将校３名、兵士11名が戦死した。 　彼らは黄道開の家を襲撃したが、宜章県の清軍と戦闘となり、10数名が殺されて王蕭氏は捕らえられた。また彼らは乳源県境の容家洞で再び清軍に敗れ、60名が殺されて藍世葸らは捕らえられた。残りは乳源、曲江県へ逃亡した。王蕭氏、李添佑、藍世葸は「謀反大逆」の罪で凌遅処死となった。	『宮中檔咸豊朝奏摺』３、849頁および『清政府鎮圧太平天国檔案史料』２、550頁。
v	咸豊元年（1851）	桂陽県	◎朱幅隆、譚幅は桂陽県人で、1851年７月に広東仁化県で朱亜仔らと「貧苦」について語り、豊かな家が多い桂陽県の魯塘を襲うことにした。彼らは馮房長、劉継遠（広東河源県人）、張亜三（広西人）、藍世葸ら６～700人を集め、魯塘の范流民、職員譚邦杰の家などを襲って范流民の父親らを殺害した。「粤匪が遊奕」との通報を受けた桂陽県知県方其正は逮捕に向かったが、彼らは抵抗して兵役３名、郷勇２名を負傷させた。捕らえられた朱幅隆、譚幅はさらし首となった。	『宮中檔咸豊朝奏摺』10、571頁。

w	咸豊２年（1852）	東安県	◎蔣瓚（東安県人）は捐納訓導だったが、1851年６月に訴訟事件で「屡々侮辱をうけ、人を集めて結拝弟兄を行い、幫助を得たい」と考えた。そこで蔣瓚は唐衢、蔣衔（共に生員）、蔣順剛ら数十名を集め、２度にわたり蔣瓚を大哥として結拝儀礼を行った。また1851年９月に僧の景灼は死んだ僧侶の経典の中から斗台神像を見つけ、卿名善ら43名を集めて斗台会を立て、景灼を大哥として結拝儀礼を行った。 　事件が発覚して蔣瓚、景灼は絞首刑となったが、蔣瓚の弟である蔣璸（生員）は報復を考えていた。 　1852年に太平軍が全州に進出すると、「逆党」の羅沅鈺、陳揚廷が知り合いの唐元亨の家を訪ね、人々を集めて呼応するように要請した。「異志の萌した」唐元亨が蔣璸に相談すると、二人は手分けして1000名余りを集め、紅布や武器を配って蔣尊式、蔣倌顕を先鋒、蔣清訊、李正一を軍帥、鄧添廡を将軍にそれぞれ任命した。また唐元亨、羅元鈺が正副元帥となり、蔣璸は営総となって、黄白紅青藍の五色旗からなる五軍を編制した。 　５月下旬に唐元亨らは井頭圩などで「富戸」から食糧を供出させ、かねてから恨みのあった唐国友を殺して「祭旗」を行った。彼らは石板橋、白牙市に集まり、５月29日に東安県城を攻撃したが、城内の清軍に撃退された。翌30日に唐元亨は部下の蔣臣運に「粵匪羅元帥（羅大綱）を冒充」させ、300名を率いて県城近くの唐帽山に布陣させた。また大江口に一軍を派遣して清朝側の援軍を阻もうとした。そして唐元亨は再び東安県城を攻めたが、多くの死傷者を出して宥江橋、白牙市に撤退した。また陳揚廷を道州に派遣し、太平軍の応援を得て再起を図ろうとした。 　６月４日から清軍は白牙市などで掃討を進め、100名以上を殺害して「太平天国」「太平」と記された黄紅旗を捕獲した。また神仙橋に逃れた唐元亨ら400名が捕らえられ、蔣璸は逃亡した。唐元亨は「謀反大逆」の罪で凌遅処死となった。	『宮中檔咸豊朝奏摺』４、354頁。同書10、566頁。

いっぽう表中で明確なのは民間宗教の活動であり、重要だったのは金丹道を名乗った青蓮教非主流派の活動であった。その中心人物は周位掄（即ち張利貞、清泉県人）で、青蓮教に「飭令万雲龍」の文字など天地会の要素を加え、坐功運気の術を授けた。また一八四三年に郭建汶（宝慶府人）は「世人の劫難を知った」周位掄を弥勒仏の生まれ変わりとして教主に立てた。翌四四年に主流派から排斥を受けた周位掄らは青蓮教を非難し、金丹道と名前を変えて湖南一帯で布教した。さらに郭建汶は四川へ至って劉儀順と名乗り、「天下は久しからずして大乱となる」と述べて灯花教を創始した。この灯花教は太平天国期に貴州の号軍蜂起、湖北の窮団蜂起を起こしたことで知られている[19]。

表2には［f］の程孔固、［s］の湯樫世のように青蓮教（金丹教）に入り、「長斎（菜食主義）」や坐功運気、無生老母の崇拝などを行った例が見られる。また［e］の劉祥安、［g］の熊文政、［m］の王幗珍など「茹素念経」あるいは「拝師習教」したために摘発を受けたケースも多かった。次に周位掄が天地会の要素を取り入れた結果、［n］では金丹教徒である董言台、「湖南教匪」の蔣万成、「習教」の罪で流刑となった経験をもつ郭志禄らが結拝儀礼に加わった。［o］の雷再浩が結拝兄弟に特徴的な「拝台」儀礼を受容し、菜食主義者の信者を青教に、そうでない者たちを紅教に分けたのも、蔡少卿氏が指摘するように青蓮教と天地会の融合が進んだ事実を示している[20]。

一八五一年八月に礼科給事中の黄兆麟は、湖南各地に紅簿教、黒簿教などの「教匪が充斥」していると訴えた。彼は「また斎匪があり、名前は青教という。名目は分かれているが、その教えは実は同じであり、みな四川峨眉山の会首である万雲龍を総頭目としており、住んでいる場所には忠義堂の名前がある。教徒への伝道にはみな度牒があり、布でこれを作る。上には『関口度牌牒』五文字が記され、『保和堂』の印が押されている[21]」と述べている。ここで忠義堂は『水滸伝』の影響によるもので、度牒とは［o］の雷再浩反乱（棒棒会）で用いられたものであった。また［l］では王棕献の別名に過ぎなかった「万雲龍」が教派の「総頭目」とされており、実際に［p］の李沅発反乱（把子会）でも「万雲龍」旗が掲げられた。さらにその根拠地として挙げられた四川峨眉山は、［d］の張揺による三合会では「五房（福建、広東、広西、江南、山東）」として設定されていない場所だった。四川を発祥地とする青蓮教が独自な解釈を行っていたことが窺われる[22]。

これら青蓮教と天地会が融合した事例として注目すべきは、太平天国とも深い関わりを持つ［q］の左家発（衡陽県人）による尚弟会であった。一八五〇年八月に左家発は広東人の李丹なる男から入会を勧められ、李丹を師と仰いで門牌と歌訣を与えられた。この門牌は「上蓋、中蓋、下蓋の区別があり、上蓋は天盤を、中蓋は地盤を、下蓋は人盤である。これを門に貼れば、同じ会の人間であるとわかり、劫数を免れることが出来る」とあるように、末劫思想に基づく宗教性を帯びていた。また伝授された歌訣は「金門の始祖は洪啓勝」と明確にうたい、周位掄が教主であることを示す「天書と宝剣[23]」について言及するなど青蓮教の影響は明らかだった。

一八五一年三月に左家発が衡陽県で活動を始めると、七月に広西蒼梧県にいた李丹から手紙が届き、広東老万山の忠義堂で黄家を率いる朱九濤は明朝の末裔であり、いま「前明の国璽」が発見されて太平王を名乗ったと告げられた。この頃太平天国は桂平県金田一帯で清軍と交戦中で、天王洪秀全の別称である太平王の称号もすでに知られていた[24]。李丹はこれらの情報を入手したものと見られるが、興味深いのは左家発を衡州大総管に任命して蜂起を促す中で「洪福天徳元年」と記された旗や印鑑を送った事実である。

河鰭源治氏の研究によれば、「天徳」は広西の反乱軍首領としてヨーロッパ人の注目を集めた伝説性の強い人物で、一八五一年初めに潯州で皇帝に即位したと報じられた[25]。また朱九濤は後に洪秀全の師匠と噂された男で、清朝は彼が太平天国の重要人物ではないかと見て捜索したが、手がかりを得ることは出来なかった[26]。

すでに市古宙三氏が解明されたように、朱九濤は本名を邱倡道といい、一八五五年に湘軍に殺された「湖南本省の土匪（青蓮教徒）」であった[27]。駱秉章の上奏によると、彼は「妖異をもって衆匪に推され、普南王を偽称した。また明の後裔といつわって、姓名を朱九濤と改め、その足跡は楚粵の境で時に出没した。徒党は最も多く、咸豊二年（一八五二）以来郴［州］、桂［陽州］の各州県で城を攻めた匪賊は、多くがその指図を受けていた[28]」とあり、曽国藩も屢々彼を捕らえようとしたが果たせなかったという。

さて左家発らが集めた人数が足りないと逡巡しているところへ、再び李丹から「期を約して事を起こす」手紙が届いた。それによれば李丹は現在永安州におり、「梁先生」と名前を変えたが、広東の韋大哥らも仲間であると告げていた[29]。九月に太平軍は永安州を占領しており、李丹は洪大全と同じく知識人として太平軍の陣営内にいたことになる。洪大全の「湖南、広東会匪名単」は、李丹について「年は四十歳、顔は白くヒゲはない。湖南衡州府人で、広東韶州府の碗山に住んでおり、湖南会匪である[30]」と供述している。

十月に左家発らは摘発され、李丹の消息も不明となった。だが先に見た劉代偉反乱を弾圧した湖南巡撫張亮基の上奏（咸豊二年十二月二十六日）は、逃走中のメンバーとして李丹の名を挙げている[31]。むろんそれが同一人物とは限らず、翌年の上奏では李丹が「李州[32]」と書き換えられたため、左家発、劉代偉の組織が李丹を通じて結びつくかどうかはわからない。しかし永安州に残った李丹が劉代偉に使者を送り、左家発の場合と同じように蜂起を促したのだとすれば、先の地方志の記載はつじつまが合うことになる。

ちなみに「天徳」については、小島晋治氏が国立公文書館で発見した太平軍参加者である鄧亜隆、巫法貴の供述に「道州で仲間に入ったところ、天徳王に見えた。姓は朱で、年は約十七、八歳、背丈は大きかった」「土匪の周法貴は江華県城を襲おうと考え、広西の大勢の匪賊たちと一緒に襲撃した……。旗には天徳王の文字が書かれていた[33]」とある。このうち周法貴は道州の頼頭山を拠点としていた匪賊、鄧亜隆が加わった黄亜四の組織は客家を主とする武装集団であり、共に李丹や左家発、劉代偉との関係は見いだせない。むしろ劉代偉反乱軍の掲げた旗の年号は「明命」であり、**表2**で武装蜂起したいくつかの事例でも「天徳」の年号や王旗を用いた事例は見あたらない。

同じことは広東、広西の事例についても当てはまる。一八四〇年代に広東で摘発された黄悟空（潮陽県人）らの天地会、高名遠（香山県人）らの興隆会は、いずれも「開口不離本、起手不離三」の暗号を唱え、結拝時に「洪令」の位牌を置いた[34]。また一八四九年に広州省城の攻撃を計画した鄧南保らの合勝堂は「天地元黄宇宙洪荒日月盈」の文字を用いて部隊を編制し[35]、一八五〇年から広東西北部、広西東部で活動した李元宝穀（英徳県人）、胡黄毛五（長寧県人）の反乱軍は軍師、先鋒の名目や「太公旗」を立てた。だが彼らは「決して違悖の顕迹はない[36]」と言われたように、「謀反大逆」の罪につながる年号、王号を用いることには慎重だった。

チャイナ・メール（The China Mail）は一八五一年六月に広西の一反乱軍が天徳の年号を用い、天徳の文字を刻んだ銅貨を鋳造したと報じた。七月には広州の城壁に両広総督徐広縉を告発する「天徳二年」の年号を記した「皇明後裔朱」の布告が張り出された[37]。さらに一八五二年五月には湖北武昌で「天徳皇帝」の名を用いた「総理軍機鎮守湖北地方大司寇」の郭某による清朝批判の告示が発見された[38]。だがこれらは全て外側からの視線——ヨーロッパ人であれ、中国人であれ、反乱の拡大に期待や不安を抱いた人々が作り出した言説であった。

つまり李丹が用い、洪大全がみずから名乗った「天徳」の年号や王号は、反体制勢力の実態とは別のところで生み出された反乱軍の表象に外ならなかった。鄧亜隆は天徳王について「広い袖の龍を描いた黄色の長衣を着て、黒い紗の長い羽のついた帽子をかぶっていた[39]」と供述している。それは雑多な反乱集団を束ねる統一的なリーダーを求めて、太平軍に加わった湖南の人々の期待が生み出したものであり、太平天国も新たな参加者を獲得するうえでそうしたシンボルを必要としたのである。

（b）道州における太平軍と清朝側の動向

一八五二年六月十二日に道州を占領した太平軍の主力は、八月九日まで約二ヶ月にわたりここに留まった。その第一の目的は桂林から蓑衣渡までの戦いで消耗した軍の休息と再編制にあった。張徳堅『賊情彙纂』は次のように述べている。

道州は周囲を険しい山に囲まれ、山道が一本通じているだけで、人がその力を発揮するには向かない場所だった。賊はここで休養して猛暑を避け、また太平王に長男が生まれたので、生後一ヶ月の祝いの後に進撃を再開すると公言していた。だがそれは実は前のやり方と同じで、毒を蓄えて我が方の隙をうかがっていた。捕虜にした州民および進撃の途中に脅して従わせた人々を隊伍に編入して部署を定め、功績ある者に褒美を与えた。また装備を新たに作り、制度を補い、武器や弾薬を準備した。(40)

ここからは太平軍が道州の地形の険しさを活用して休息を取り、新たな参加者を軍に編入したことが窺われる。太平天国の『太平軍目』によると、この時期に「太平湖南道州黄旗前営前旅帥」などの旗を掲げた新しい部隊が編制された。太平天国の旅帥は五二五名を率いる将校であったが、その配下には「太平広西桂平黄旗前営前壱卒長」「太平広西博白黄旗前営前壱東両司馬」(41)など異なる地名を冠した下士官の部隊があり、全員が道州出身者によって構成されていた訳ではなかった。上帝会の信者はそれぞれの地域を統率したリーダーのもとで結束しており、蜂起後もその影響は旗に記された地名という形で残った。だが軍全体で見た場合、同郷を単位とした部隊編制は避けられており、「功績ある者に褒美を与」えることで能力に応じた人員配置を行おうとした太平天国首脳部の意図が窺われる。(42)

次に史料には「太平王に長男が生まれた」とあるが、洪秀全の長男である洪天貴福（幼天王）は蜂起前の一八四九年に生まれた。三男の洪天光（光王）、四男洪天明（明王）は共に一八五四年生まれで、一八五二年に生まれた息子とは夭折した次男であったと推測される。(43)ここで張徳堅が「前のやり方と同じ」と述べたのは、一八五二年一月に太平軍が洪秀全の三十九歳の誕生日を祝い、「五日後に永安州から撤退する」といったデマを流して清軍の出方を探った事実を指している。(44)それでは太平軍が王子の誕生を「公言」したのは、清軍を油断させるための情報操作だったのだろうか。

当時太平天国にとって新兵の訓練と並んで重要だったのは、蓑衣渡の敗戦で失った軍事物資とくに食糧の獲得であった。「道州の地勢は平坦で、四面が川に囲まれており、城内の米糧も少ない。もし幾重にも包囲して補給を遮断し、彼らを逃がさないようにできれば、一気に殲滅することも可能である」[45]と言われたように、道州城内に備蓄された食糧は少なかった。七月に清軍に捕らえられたある脱走兵の供述は「現在食糧が不足し、一人当たり朝晩ただ小さな碗に飯を二杯与えられるだけで、空腹は満たされない。火薬も少なく、十余担が残っているに過ぎない……。賊は五、六月以来、毎日のように仲間を派遣して四郷へ赴かせ、食糧を奪い取っている」[46]とあるように、太平軍内で食糧と火薬が不足し、郊外の農村地区で調達を図らなければならなかったと述べている。

前章で紹介したように、道州で太平軍に加わった蔣光明（田骨洞村人）らは、太平軍の将兵が彼らの村に現れて「金持ちに向かって米や銀銭を要求」[47]したと述べている。広西時代の太平天国は「資糧を捜刮し、富室や巨家に遭うたびに、必ず土を三尺掘った」[48]とあるように、有力者の財産に対する徹底した捜索を行っており、湖南南部でも同じ手法が採られたと考えられる。また光緒『永明県志』には「洪逆が城に占拠した時、かつて偽示を出して各郷に進貢をさせ、偽りの符札を与えた」[49]とあり、あらかじめ告示を出して期限を設け、食糧を供出させることも行われた。

さらに『賊情彙纂』によると、「偽王や高官に何かめでたい事があると、部下たちは金を出し合って争うように礼物をささげた」とあるように、太平軍内では指導者の祝い事がある度に人々が貢ぎ物をささげ、金品ばかりか食糧まで供出したという。これを「貢献」と呼ぶが、戦利品は財産の私有を禁じた聖庫制度に基づいて上官への報告が義務づけられた。また「甘んじて賊に従っている者は、これに借りて出世の道具にした」[50]との言葉が示すように、人々は貢ぎ物を忠誠の証を立てるチャンスと考えたという。

ところが道州で太平軍に合流した周法貴や黄亜四の部隊は、江華県城の攻撃に当たって略奪と戦利品の分配を行った。巫法貴、鄧亜隆らの供述によれば「私は長衫を一着、ズボン一着、銅銭四百文を探し出して手に入れたが、大頭目の周法貴らは全部で花銀二千両余りを衙門の中から奪い取った。頭目の周法貴は一千両を取り、二哥の何運昌は八百両を手にした……。周法貴は我々に銀二十元を分けてくれ、我々下っ端の連中はそれを一人当たり銭二百文ずつ山分けした」「江華県の役所と商店で合計銀二万両を奪い、私は銀五十両を手に入れた(51)」と述べている。これは羅大綱の率いる太平軍の正規部隊に配属された蔣光明らが、略奪品について言及していないのと比べて大きな違いとなっている。

これらアウトロー的な性格の強い集団が加わることは、太平天国の制度を揺るがしかねない危険をはらんでいた。このため蜂起当初の太平軍は張釗らの天地会軍をあえて冷遇し、彼らを統率することが可能かを見極めようとした(52)。道州でも「新しく従った土匪は賊によって拘禁され、外出することが許されない。その髪が長く伸びれば逃げられず、逃げても官兵に殺されるため、自然と死力をつくして賊となるからである。だが土匪の待遇は大変に悪く、土匪たちは賊に従ったことを後悔して脱走したいと考えている(53)」とあるように、外出を禁じて略奪のチャンスを奪い、粗末な生活に耐えさせるなどの試練を課した。このため参加者の中には後悔する者が多かったという。

このように見ると道州で洪秀全の次男誕生が「公言」されたのは、祝儀の名のもとに私物化された物資を没収し、統制を強化するための口実であったと考えられる。『賊情彙纂』は「賊中で貢ぎ物を送る理由を細かく尋ねると、またやむを得ずそうしている……。私蔵した金銀や宝物が多過ぎると、ひとたび上官に気づかれれば部屋を捜索され、その罪を数えたてて殺されてしまう。このため咽喉から手が出るほど欲しくとも、これを手に入れて高飛びしようとは考えない(54)」と記している。王子誕生の宣伝は略奪物の提出を促すことで物資不足を解消し、新たに参加した反乱勢力の経済的基盤を掘り崩してその離反を不可能にするための方策だったと言えよう。

いっぽう清朝側の情況はどうであっただろうか？　前任湖南提督余万清、署広西提督劉長清の解任後、綏靖鎮総兵和春が率いた清軍将兵は一万五千名であった。彼らの食糧は広西の官員が軍に従い、永州に転送のための糧台（補給基地）を設けて支出したが、これと広西省内の反乱軍鎮圧のための費用を併せると毎月六十万両が必要となった。また太平軍の桂林、全州攻撃によって北方からの輸送ルートが滞ったため、「二月末から四月まで、支出した経費は一百数十万両になるが、みな布政使や塩法道の各倉庫から陸続と借り受けたか、塩埠の鋪戸から暫く融通してもらったもので、すでに一銭たりともなくなりつつある」[55]とあるように、深刻な経費不足に陥っていた。

加えて清朝は湖南の防備を固めるべく、四川、江西、陝西、河南、福建から新たに一万三千名の兵を動員した。これに必要な費用も巨額となったが、中央政府は欽差大臣賽尚阿らが要請した三百万両のうち半分しか支出することが出来なかった[56]。広西の負担軽減についても広東側で工面するように命じたうえで、徐広縉らに「もし湖南で入用がはなはだ急な場合は、迅速に酌量して支出せよ」[57]と指示せざるを得なかった。

こうした現実を前に、永州の糧台で任務に当たっていた広西按察使姚瑩は、補給の困難さを理由に「速やかに兵を進める」ことを強く求めた。彼は次のように述べている

本月初八日（七月二十四日）に賊が江華県で食糧を奪った。そこは兵が少なかったので、賊は不意を突いて城に入り占領した。その人数は実に長髪の者が五、六百人、土匪が六、七百人に過ぎなかった。地方官は二、三千人と報じて失守の罪を免れようとしたが、それは事実ではない。また官兵は戦って敵に打撃を与えられない度に、賊は五、六千人いたと言って責任逃れをする。これらのことを人々はみな知っており、まことに憎むべきであるが、凡庸で知識のない書生や臆病で無能な将校はみな口を揃えて真実だと思いこみ、互いに驚かせ合っている。

古来兵は迅速を重んじるべきであり、今日のように留まって待ち、みずから時機を逸した例を聞いたことがない。賊衆は数千に過ぎず、官兵や壮勇は二万人を下らない。賊の数倍の兵力を持ちながら進もうとせず、増援の兵を待って賊を包囲しようとするのは、臆病で無能な連中の口実に外ならない。試みに考えても見よ。賊で戦える者が二、三千人しかいないのは、すでに永安州で誰もが聞いていた話だ……。あるいは土匪で賊に従った者が

二、三千人いると言うかも知れないが、その多くはすでに逃げ出した。現在本当に賊に従っているのは一、二千人に過ぎず、元からの賊と併せても五、六千人に過ぎないのである……。

もしさらに因循してみずから誤れば、賊の食糧は次第に満ち、火薬もようやく足り、その人数も日々増える。そうなったら諸公はいかなる術で賊を破ると言うのか？　しかもわが兵糧は不足しており、六月（即ち新暦七月）は何とか支えられても、七月（八月）には支給のしようがない。兵たちは食えなければ必ず散じてしまう。いわんや新たに動員された兵、新しく招かれた壮勇がみな腹を空かせていては、どうやって任務を果たせると言うのか？　賊を殺すことが出来ず、ただ援軍を求めるが、兵が増えても食糧はないのだから、その害毒は言い尽くせない。今こそ勝利する好機であるのに、賊を滅ぼせなければ一瞬にして敗北へと転じてしまうだろう(58)。

ここで姚瑩は太平軍の実数が道州での参加者を併せても数千人であり、清軍の現有兵力で充分に平定可能だと述べたうえで、食糧が逼迫している現在こそ一刻も早く攻勢をかけるべきだと主張している。また江華、永明両県の事例から、地方官や将校が太平軍の兵力を過大評価して敗戦の責任を回避し、攻撃を先延ばししている現状を批判した。そして援軍の到着を待って勝機を逸すれば、相手を立ち直らせてしまうばかりか、食糧不足によって事態は収拾がつかなくなると警告した。この姚瑩の議論は太平軍の兵力を少なめに見積もっているものの、清軍の問題点を率直に語っている。

六月二十三日に和春は道州東北の五里亭に軍を進めたが、太平軍の抵抗を受けて退却した(59)。七月六日に和春は五里亭を占領して陣地を構築したが、以後も両軍は「城壁を高くし、城外には土城を築き、主要な道には防衛の関所を設けた」とあるように守りを固めてにらみ合いを続けた。結局姚瑩の主張した速戦論は斥けられ、七月十九日に永州に到着した賽尚阿は広西富川県へ移動していた劉長清の軍を道州の西側を包囲するために引き返させた(60)。また衡州の湖広総督程矞采は二七〇〇名の援軍を寧遠県へ派遣し、副将鄧紹良の指揮のもとで太平軍の攻撃に備えさせた(61)。さらに和春と河北鎮総兵常禄は七月三十日から五里亭、龍安橋などでしばしば攻勢をかけたが、「小勝に過ぎず、いまだ得手を得ず」[62]とあるように戦闘の主導権を握ることはできなかったのである。

二、太平天国の郴州進出と地域社会

（a）太平軍の郴州占領と清軍の防備体制

八月十日に太平軍は道州を退出し、東へ向けて進撃を開始した。[63]十二日には嘉禾県城を占領し、十四日には桂陽直隷州に軍を進めた。さらに十七日には桂陽州城外五キロの七里亭で追撃してきた和春の率いる清軍を破り、その日のうちに郴州城を占領した。[64]

この太平軍の郴州進出は、その後展開された北上戦略の第一歩であった。『賊情彙纂』によると、道州からの退去にあたって軍内では論争が発生した。人々の多くは故郷を懐かしみ、灌陽県から広西へ戻ることを望んだ。しかし東王楊秀清は次のように言った「すでに虎の背中に乗ったのだ。どうして恋々とすることができようか？　今日の上策は広東、広西を棄てて顧みず、真っ直ぐに突き進むことである。揚子江の流れに従って東進し、城堡を奪い要害を捨て、もっぱら金陵をめざして、そこに拠って根本とするのだ」と。これを聞いた洪秀全は深くうなずき、ついに郴州を攻めて北へ向かったという。[65]

現在国立公文書館に供述書が残っている太平軍兵士は、広東連州一帯で「道筋や官兵の有無」[66]を探っているところを捕らえられた人々で、当時の太平軍が広東へ進出する可能性を模索していたことを伝えている。また『盾鼻随聞録』は楊秀清が「湖南は魚米の郷で豊作が続き、いたるところで搶掠が可能」[67]と考えたと述べており、永安州の退出後と同じく楊秀清のイニシアティブで東進（および北上）が決定したと考えられる。しかし崔之清氏も指摘しているように、それは直ちに南京を攻略する戦略が定まったことを意味しなかった。[68] この頃捕らえられた別の密偵は「逆匪は衡州一路から長沙を攻め取り、一気に湖北荊州に向かおうとしている」[69] と供述しており、後に河南（中原）に都を置こうとした北上論がイメージされていたと見る方が妥当であろう。

ところで清軍は何故いとも簡単に太平軍の東進を許してしまったのだろうか。和春と共に太平軍を追撃していた候補知県江忠源は次のように述べている

総兵の和春が初め諸軍を率いると、［江］忠源は彼と軍議を行って事をなし遂げようとした。しかし諸将が怯えて命令に従わず、江華、永明県が相継いで陥落した。賊が七里江から逃げた時も、計画では一万一千人の兵を先回りさせて行く手を阻み、九千人に後を追わせるつもりだった。ところが如何せん迎撃の軍が遅々として進まず、通過した州県も門を開いて手をこまねいているだけで、一、二刻でも城を守って追撃の兵を待つことができなかった。このため嘉禾から桂陽州、郴州まで、賊は無人の野を行くが如きであった。賊もわが兵が先回りできないと知って、後衛部隊に追撃の軍を迎え撃たせ、前衛の兵は城を攻めた。こうして永興、安仁、攸県、醴陵一帯はついに守りきれず、次第に省城（長沙）に逼ったのである。[70]

ここでは和春と江忠源が軍を二手に分け、前後から太平軍を挟み撃ちにする計画を立てていたものの、怯えた将兵が太平軍の進撃について行けず、地方官や守備隊も抵抗しなかったと述べている。実際に嘉禾県知県呉淳韶は城を捨てて逃亡し、[71] 桂陽州知州李啓詔（山東巡撫李僡の子）は落ち延びる途中で自殺した。[72] また署郴州知州孫恩葆は初め戦死が報じられたが、後に「印を棄てて逃げた」[73] ことが発覚した。清軍の不甲斐ない戦いぶりに、咸豊帝も「派兵して後から追いかけるだけで、決して先回りをして迎え撃ち、奇策を用いて勝とうとしない」「どうして文武の地方官が全く準備をせず、一度賊の攻撃を受けると数日も持ちこたえることが出来ないのか」[74] と叱責を浴びせた程だった。

これら一連の敗北について、程矞采は次のような釈明を行っている。湖南南部は州県と要所の数が多く、これを本

気で守ろうと思えば一、二万名の兵力が必要だが、もとより余剰の兵力もそれを支える兵糧もない。そこで各地に団練を結成させたが、太平軍が全州で守備隊を全滅させた噂が伝わると、動揺した郷勇たちが逃げ出し、城内の紳士、商人も一家を挙げて避難した。しかも追撃の清軍が太平軍に追いつくことができないため、無人となった城が次々と陥落したのであると(75)。

確かに湖南南東部の防備は、省都長沙に比べれば手薄であった。太平軍が湖南に入った六月初めに湖南巡撫駱秉章は長沙の兵力が少なく、湖南各地から増援の兵を集めて防備を固めると報告した(76)。程矞采も江西兵二千名を長沙へ派遣するよう求めたが(77)、郴州一帯については前任湖北巡撫羅繞典と堅壁清野の実行に取り組むと報じたに止まった(78)。さらに七月末に清朝は署江西巡撫陸元烺らに江西、湖南省境の警備を固めるように指示した(79)。だが江西も兵力に余力はなく、陸元烺は湖南へ送った兵の一部を引き返させ、福建、浙江から援軍を派遣するように要請せざるを得なかった(80)。

しかし清軍の士気が上がらなかった最大の理由は、地方長官たちの行動と清朝の曖昧な処分にあった。最初に批判されたのは湖北巡撫龔裕で、太平軍が道州を占領した五月に「軍事に疎く、病気が再発」したことを理由に休養を申し出たため、解任されて常大淳と交代を命じられた(81)。次に非難されたのは程矞采で、江南道監察御史の黎吉雲（湘潭県人）は彼が前線から離れた衡州に駐屯して防備の強化を怠り、太平軍の進撃を止められなかったと訴えた。また太平軍が永州に接近すると程矞采は「賊を畏れて先に逃」げ、城内の人々が泣いて引き止めても聞き入れなかった。さらに程矞采が粗末な格好で長沙に到着すると「衆議が沸騰」し、不安となった彼は再び口実を作って危険のなくなった衡州へ去った。この間各地でパニック現象とそれに乗じた強盗事件が発生し、多くの死者が出たために「人々は咎を総督に帰し、骨の髄まで恨んだ(82)」という。

九月七日に郴州陥落の知らせが北京に届くと、咸豊帝は賽尚阿、程矞采、駱秉章の処罰を命じ、徐広縉に兵を率いて衡州へ向かい、賽尚阿から欽差大臣の関防を受け取って代わりに指揮を取るように命じた(83)。だがその後三人は解任のうえ引き続き任務に当たることになった[84]。また桂林で休養を申し出た広西提督向栄は、病気を口実に戦いを避けているとの理由で新疆送りを言い渡されたが、九月に彼が戦線に復帰すると処分は見送られた[85]。それらは太平軍の長沙接近という事態を前に人材を確保するための苦肉の策であったが、中途半端な処分は人々の不満を募らせた[86]。

　太平軍が道州にいた七月、枝江県知県朱啓鴻が「妄言を吐いて兵を請うた」との理由で告発された。彼は広西桂林人で、賽尚阿と鄒鳴鶴が「敗北を覆い隠して勝利と報じ、陛下を欺いている」ことに憤慨した。また清軍の敗北は「智恵と勇敢さがなく」「衆に恃んで横行している」ことが原因だと考えた朱啓鴻は、自分に「万衆の師」を与えて太平軍を殲滅させてほしいと願い出た。これらの要請は「冒昧で分を越えている[87]」との理由で斥けられたが、当時の体制派知識人の苛立ちをよく伝えている。さらに兵科給事中袁甲三は解任された高官を軍中に残しても、従来通りの待遇を受けるために効果がないと指摘し、龔裕や城を失った地方官を厳しく処罰するように求めたという[88]。

　いっぽう快進撃が可能となった太平天国側の要因は何であろうか。太平軍が郴州を占領後、先鋒隊による長沙攻撃が始まった九月に賽尚阿らは次のように分析している。

> 　私共の調べによると、この逆匪らは道州を逃げ出して以来、わが兵が道々追撃を行って多くを殺したものの、通過した州県で土匪が多く従い、その数はどこでも一、二千人にのぼった。その中には機に乗じて煽動する者がおり、ひそかに賊中から出入りして往来し、各地の兵勇によって捕らえられたり、殺されたりしている。現在逆匪の大部隊および各逆首はなお郴州にいるが、永興、興寧、安仁県の土匪たちがこれと結びついて次々と立ち上がった。また聞くところでは、賊中では衡州から真っ直ぐに長沙、荊州を攻めるという噂があるという。各州県の官吏や民、勇練の多くは賊が来たと聞くや、立ちどころに総崩れとなり、ついには口実を作ってあらかじめ避難する者も現れた。このため城は次々と失われ、賊の勢いは益々盛んとなり、各地の土匪で呼応する者がいよいよ多くなるのである[89]。

ここからは太平軍が道州を出発した後、各地で反乱勢力が呼応し、清朝側が敗北を重ねるにつれてその数が増したことがわかる。李秀成は「のちに軍を移して郴州へ行ったが、ここでも二、三万人が加わり、茶陵州でも数千人を得た」と供述している[90]。また『賊情彙纂』も先に検討した劉代偉反乱の関係者が「人を遣わして勾結し、来たりて［郴］州城を取り、ついにその郷を焚殺して、家中賊に従った」とあるように[91]、厳しい弾圧を受けた報復を果たすべく太平軍に加わったと述べている。

檔案史料によると、九月に桂陽州白水洞の「土匪」数百人が新田県境に入り、二十六日に県城を攻撃した。その首領は李観朧親子と鄺礼相で、「粤匪の盛んなさまに乗じて勾結して滋擾」を図ったものだった[92]。また八月には広東仁化県、楽昌県で一千名余りの「匪徒」が「広西逆匪と勾結して共に郴州に向かい、仲間に入ろう」とした。彼らの多くは広西で解散した壮勇や「游民」で[93]、九月十七日に桂陽県の高排へ向かったが、湖南の清軍によって撃退された。さらに八月に酃県で「土匪」が弾圧を受けると、十月にその仲間が「広東匪徒」と結んで報復を図り、県城を襲撃する事件が起きた[94]。これらは湖南南部の反政府勢力が積極的に太平軍に呼応した事実を示している。

それでは彼らはなぜ太平軍に呼応したのだろうか？　その理由を考えるうえで、表2［w］の東安県の事例は示唆に富んでいる。蔣璸（生員）が結拝儀礼を行った罪で処刑された兄のために報復のチャンスを窺っていると、「逆党」すなわち太平軍の工作員である羅沅鈺、陳揚廷が知り合いの唐元亨の家を訪ね、人々を集めて呼応するように誘った。「異志の萌した」唐元亨が蔣璸に相談すると、蔣璸は営総、唐元亨、羅沅鈺は正、副元帥を名乗って一千名余りを集めた。そして「富戸」から食糧を供出させた彼らは、五月二十九日に「太平天国」「太平」と記された黄、紅旗を押し立てて東安県城を攻撃した。結局彼らと太平軍の合流はならず、唐元亨らは敗北して殺されたが、太平軍の側から土着の反体制勢力に対して積極的な働きかけがあったことがわかる[95]。

現在国立公文書館に所蔵されている林二盛、唐亜晩の供述書は、この太平軍の工作員について具体的に語っている。

二人は広東西寧県人で、一八五二年八月から九月に仁化県と曲江県で黄脳の率いる反乱軍に加わった。彼らが清軍に敗北して韶州城内に潜伏していると、十一月四日に「長沙賊匪」の李亜二ら四名が訪ねてきて、「李亜隴の仲間に長沙へ行って会合」するように勧めた。当時太平軍は長沙を攻撃中であり、兵力の増強を図ったと推測される。李亜二らは十二月末、清軍の警戒が厳しい場合でも一月には仁化県へ集合して長沙へ向かうように促して帰ったという(96)。

その後十一月三十日に太平軍は長沙攻撃をあきらめて北上し、彼らも合流を果たせないまま捕らえられた。だが当時の太平軍において、各地の反政府勢力に対するオルグ活動が行われていたことは明らかであろう。他にも太平天国の密使が派遣された事例として、九月に湖南北部の瀏陽県で蜂起した周国虞らの徴義堂反乱が挙げられる(97)。また十二月に岳州で発生した晏仲武反乱の場合は、「偽提督の職を受け、軍を招いて賊を助けた(98)」とあるように官職を与えられた。さらに攸県で蜂起した劉祖思、黄杰高らは「前に西匪から偽職、偽牌を与えられ、人々を集めて事を起こした(99)」という。こうした積極的な動員工作こそは、兵力の拡大と相まって太平軍の快進撃を可能にしたのである。

（b）　太平天国期の湖南における地域社会の変容と清朝統治

さて太平軍が占領した郴州は、湖南南部における流通の要衝であった。郴州の陥落を報じた賽尚阿の上奏は「この地は頗る豊かであり、市場と店が集まっており、広東から山を越えて湖南に入る要地」だと指摘したうえで、ここで太平軍が船を手に入れれば北進が可能になると指摘し、長沙および永興、耒陽県一帯の防備を固めると述べた(100)。実際は郴州占領から四日後の八月二十一日に西王蕭朝貴率いる先鋒隊が陸路長沙へ向けて出発し、八月三十一日には衡州府の安仁県を、九月三日には長沙府の攸県を占領した。さらに七日に醴陵県を攻め落とした先鋒隊は、十一日には長沙郊外の石馬鋪で西安鎮総兵福誠の率いる清軍を破り、省城の南門に到達して攻撃を開始した(101)。

湖南における太平天国の勢力拡大を語るうえで、忘れてならないのが宮崎市定氏と小島晋治氏の論争である。宮崎氏は太平天国の構成員を分析するうえで重要なのは挙兵から武昌攻略までの時期であると述べたうえで、太平軍に参加したのは多くが農業より離れた遊民であり、南京条約締結後にアヘン貿易の中心が広東から上海へ移ったために失業した秘密結社（三合会）のメンバーであったと指摘した。さらに農民の参加がなかった訳ではないが、彼らの多くは望んで加わったのではなく、少なくとも農民運動と定義できるほどの比重を持っていたとは言えない、むしろ太平軍の迅速な機動性を可能にしたのは秘密結社の吸収であったと主張した(102)。

これに対して小島氏は、宮崎氏の議論が太平天国の発生原因を対外関係の変化に限定し、中国社会内部の諸矛盾から解明していないと批判した。そして湖南、湖北の事例を手がかりに、太平軍の進出に応じて抗糧および抗租暴動が発生したことを指摘し、宮崎氏が太平天国は農民戦争ではないと結論づけたのは誤りであると反論した(103)。

今日振り返ってみると、いわゆる農民戦争論が社会的背景の異なるドイツの事例を基準に進歩主義的な評価を試みたことへの違和感はぬぐえない。のちに小島氏は科挙制度をもつ中国では社会階層が流動的だったため、太平天国も「官」への強い上昇志向を持ち、農民自身の利益を恒久的に保証するような農民自身の権力ではなかったと述べている(104)。

また宮崎氏は太平天国をアヘン戦争の延長と捉え、上海の開港によって不景気となった広西、湖南で太平天国は成長したが、逆に開港の結果好景気となった揚子江下流域では勢力が伸びなかったと述べた。実際には湖南南部の流通拠点が衰退したのは太平天国後のことと考えられ(105)、宮崎氏の説には細部に疑問が残る。だがW．スキナー氏のマクロリージョン説によると、十九世紀前半の広東、広西では経済活動が落ち込み、逆に揚子江下流域では好調であったという(106)。太平天国の時代を大づかみに捉えたという点では、宮崎氏の説は示唆に富んでいると言えよう。

いっぽう宮崎、小島両氏の議論において共通するのは、「農民」という概念をめぐる日本的な発想の影響である。そこに歴史の担い手としての直接生産者の姿を見るにせよ、太平軍への参加をためらう土地への執着を見るにせよ、流動性の大きな社会において移動をくり返し、太平軍の主要な担い手となった下層移民に対する眼差しは不足している。むしろ彼らが移民であるがゆえに、太平天国の指導者がアヘンの密売業者であったと断じてしまう宮崎氏の説は、イネを作る定着農耕民以外の多様な職業をまっとうな生業として認めない日本人の固定観念に囚われた議論と言うべきであろう(107)。

それでは実際はどうだろうか。郴州一帯で太平軍に参加した人物として、侍王李世賢の部下として浙江湯渓県を守った忠裨天将の李尚揚がいる。彼は湖南安仁県人で、「道光五、六年（一八二五、一八二六）から父親に従って広東の連州へ行き、塩の商売をしたが、偽西王蕭朝貴に捉えられて賊中へ入った(108)」と述べており、長期にわたり湖南、広東省境で塩の交易（恐らくは密売）に携わったことがわかる。

『賊情彙纂』によると、郴州付近では鉱山労働者を初めとして船引の人夫、埠頭の労働者、籠かき、鉄匠や木匠など「耕すべき土地がなく、生計を立てられない」雑多な職業の人々が加わった。彼らは「みな一年中働いても、いまだかつて腹一杯になったことがなかった。［太平軍に］捉われて働いたところ、賊は必ず彼らをよく待遇したので、数ヶ月後には老兄弟となった」といい、「土営」すなわち城壁の下までトンネルを掘り進め、地雷で爆破する工兵隊に加わって活躍したという(109)。

次に小島氏が太平天国と農民の関係を検討する中で取りあげた武岡州の阻米事件（一八四三年）、耒陽県の抗糧暴動（一八四四年）を見てみたい。檔案史料および地方志によると、阻米事件の首謀者である曽如炷（曽保団爛屋衝人）は監生で、高沙市で賭博場を開くなど「家は頗る豊か」であった。武岡州は穀倉地帯で、資江下流の安化県、益陽県に米を搬出していた。だが一八四二年に邵陽県、湘郷県の商人が武岡州の鄧姓と結んで米の搬出を試みると、曽如炷、楊善芳ら十三名はこれを阻み、出境を許さなかった。客商たちの訴えにより、署知州徐光弼は曽二喜、楊老二を捕らえたが、翌年五月に二人は釈放された。

曽二喜らが釈放されると、曽如炷、楊善芳らは楊居南の家に至り、紳士たちに釈放を働きかけた謝礼を出すように迫ったが、楊居南はこれを拒否した。六月に楊居南の家が略奪に遭うと、楊居南は曽如炷、楊善芳らの仕業であると訴えた。署知州徐光弼は差役、官兵を率いて彼らを捜索し、屋敷を焼き払った。

難を逃れた曽如炷らは仲間および曽、楊二姓の人々を集め、徐光弼が城へ戻る途中を取り囲んで談判することにした。不穏な動きを知った徐光弼が急ぎ城へ戻ると、曽如炷らは州城に押しかけて事件のもみ消しを図り、応じなければ徐光弼を殺すことにした。六月十五日に三百人余りが州衙門へ至り、外部と連絡を取ろうとした徐光弼を殺害した。(110)

いっぽう耒陽県抗糧暴動の主導者となった陽大鵬（西郷啞子山人）は生員で、一八四二年に東郷の段抜萃が胥吏の銭糧、漕米に対する浮収を北京へ訴えると、村々から訴訟費を集めて支援した。一八四三年に段抜萃が誣告の罪によって流刑となり、耒陽県に監禁されると、陽大鵬は科挙試験のボイコットや上告を唱えた。また四月には段抜萃の親戚である段基望と共に県城へ赴き、取り調べ中だった段抜萃を奪い返して城外へ連れ出した。

その後脱獄の罪を恐れた段抜萃は湖広総督衙門へ自首したが、陽大鵬とその仲間は水口菴に福星公館を建てて納税者から一石当たり銭八百文を徴収し、訴訟費に充てようとした。また一八四四年初めに陽大鵬は官が定めた銭漕徴収の規定を書き換え、衡州府城の外に鉄の碑文を立てると言って「聯票を編立し、局を設けて銭を集」め、東西両郷の納税者から銭二千串を集めた。五月に耒陽県では銭糧三千両が未納となったが、それらは段姓、陽姓の人々が陽大鵬の「阻截（妨害）」によって納税を見合わせたためであることが判明した。そこで地方政府が督促に向かうと共に、陽大鵬が作らせた鉄の碑文を押収した。

六月に陽大鵬の弟である陽大鳩ら四名が訴訟費の徴収をしているところを捕らえられ、福星公館の印鑑を押した聯票根などが押収された。事態が発覚したことを知った陽大鵬は弟たちを奪回しようと考え、七月二日から一千名余りを集めて耒陽県城を攻めた。城は数回の攻撃によっても陥落せず、副将忠禄、守備方世儒らの率いる清軍が到着すると反乱軍は敗北した。清軍は陽大鵬らの拠点であった西郷の魚陂洲、啞子山、水口菴の福星会館を焼き払い、八月には陽大鵬も捕らえられた(111)。

以上が二つの事件の顚末であるが、その第一の原因は小島氏も指摘している通り、銀価の高騰による土地税の負担増加と消耗部分を名目とした漕米の法外な徴収にあった(112)。段抜萃の自首後、陽大鵬とは別に税の軽減と胥吏の解任を求めた梁人望も「銭糧や漕米の代納を引き受けていたが、銀や米の質が悪いと交換するように求められ、さらに立て替え分の利息まで取られたので恨みを抱いた(113)」と述べている。

だが暴動が発生した直接のきっかけは、下層のエリートが地域社会における政治的影響力を発揮しようとして生まれた矛盾や対立であった。例えば曽如炷らが阻米を行った背景には、米の搬出をめぐる鄧姓と曽姓、楊姓の競合関係があった。また陽大鵬の県城襲撃は仲間の奪回が目的であり、公館を建てて人々から訴訟の費用を集め、銭漕徴収の規定を書き換えるといった行動が地方政府の取締りを受けた結果であった。さらに曽如炷は知州の殺害に当たって次のように言ったという。

将来大人が（鎮圧のために）やってきたら、我々はみな道に跪いて迎え、「官が逼ったために民が変を起こしたのです」と話をすれば、罪を逃れることができる。たとえ数人が命で償うことになっても、以後州官は二度と捕らえに来ようとはしないだろう。そうすれば我々はこの一帯で覇を唱えることが出来るのだ(114)。

ここからは曽如炷が地域リーダーとして、地方官の干渉を可能な限り排除したいと考えていたことがわかる。また陽大鵬は「実に人を取り戻すために県城攻撃を決意した(115)」と供述したが、彼の決断は逮捕された陽大鳩らの親族が公館を訪ねて泣いて訴えたため、彼らを奪回することで自らの政治的威信を示す必要に迫られた結果だった。

すでに別書で述べたように、十九世紀の南中国では科挙エリートの資格を持たない新しい地域リーダーが納税や地方官との交渉を通じて影響力を行使していた(116)。むろん彼らのリーダーシップは合法的なものではなかったが、団練の結成などで大きな役割を果たし得るもので、実際に曽如炷、陽大鵬は数百から千人規模の人々を動員する力を持っていた。しかし清朝の地方政府には彼らを活用するだけの柔軟性がなく、彼らを知州殺害や県城襲撃という実力行使に追いやったばかりか、瀏陽県の徴義堂反乱のように地方の自衛組織が太平軍に加勢する事態を生み出した。

また地域社会に対する影響力を行使すべく、阻米事件を起こして摘発を受けたのは下層の地域リーダーに止まらなかった。一八三二年に新化県では文挙人の毛蔚、武挙人の劉岳が「水卡を私設し、販米の船隻を勒索」するという事件が発生した。新化県も穀倉地帯で、この年下流の益陽県で米価が騰貴すると、客商や地元の商人が米を運んで利益を上げようとした。すると毛蔚は「米販を阻み止めて銭文を騙し取ろう」と考え、劉岳と相談のうえ新化県の胥吏だった劉巨高ら十一名を集め、上渡江を通過する米の運搬船から大船で三千文、小船で一千から二千文の通行料を徴収した。また彼らは金を払った船に「毛蔚記」と記した小票を与え、金を払おうとしない船には「殴搶」を行った。商人たちは「その凶横を恐れて、銭を与えて暴行を免れようとした」といい、被害総額は銭数万文にのぼった。

事件が発覚すると毛蔚、劉岳は文武の挙人資格を剥奪されて捕らえられ、毛蔚は獄中で病死し、劉岳は流刑に処せられた[117]。だが翌一八三三年にも邵陽県、新寧県、武岡州などで阻米、搶米事件が発生し、その首謀者の一人であった厳本加は州同職を持っていた。また邵陽県の太平郷では曽衛人が「各廟の村民」を集めて穀物販売の定価を取り決め、これに従わなかった曽宗逵（挙人）の家を襲撃したという[118]。

これらはいずれも清朝の地方統治が行きづまる中で、新興勢力として台頭してきた地域リーダーと科挙資格を擁した従来型のエリートが、地域社会に対する政治的影響力をめぐって激しく競合していた様子を示すものと考えられる。

さらに太平天国時期の湖南を特徴づけたのは、地方官や胥吏の不正をめぐる事件が続発して統治権力の正当性に疑問符がついた事実であった。湖南の「吏治廃弛」問題は湖南巡撫陸費瑔が欠員の補充に当たり賄賂を受け取ったと告発されたことから始まった[119]。また布政使万貢珍が地方財政に融通を利かせることを認めたため、大胆となった部下たちが「丁役のために営私舞弊をするようになり、発覚すれば互いに庇い合った……。大抵の州県では権限を門丁に委ね、銭糧については胥吏の言うことを聞いた」[120]とあるように、地方官と胥吏が結託して様々な不正を働いたという。

実際に安化県差役の熊升は「勢いに依って民を虐げた」罪で処罰され[121]、署巴陵県知県の王逢吉と門丁万五は飢饉のため放出した穀物の価格をつり上げたと訴えられた[122]。また安仁県戸書陳新発らや門丁謝一、邵陽県門丁蔣徳は銭糧の着服や恐喝、金を騙し取った罪で絞首刑や労役刑となり[123]、江華県知県劉興桓は門丁夏培元らが地元の紳士である徐琳らと結拝兄弟となり、広西姑婆山に行って「賊匪と勾通」するのを止められなかったと告発された[124]。さらに郴州知州景星も科挙の試験に当たり、差役が有力者の子弟から賄賂を受けて不正を助けたのを見過ごしたと訴えられた[125]。

むろんこれらの案件の中には、財政難がもたらした構造的な矛盾や冤罪、誣告のケースも存在していた。だが一連の事件によって地方政府の力量不足が露呈し、実力行使の風潮が助長されたことは疑えない。張亮基は次のように述べている。

逆賊が跳梁して広西から湖南へ、湖南から湖北へ及んだが、しばしば官兵の剿辦を経て凶渠や偽目で生き残っている者は幾らもいない。しかし毎回彼らが去った後に、盗賊がたちまち仲間を呼び集めて万人を超え、奸民が反乱しようと考えると、従う者は帰するが如きである。わが国は相伝わること二百余年、その統治は寛大で手厚いことを重んじてきた。しかるに人々はいかなる恨みを抱いて天の大義に背き、どんな苦しみに逼られて殺戮を甘んじて受けようとするのだろうか？

およそ各州県は日頃の刑罰や政治が明らかでなく、不肖の民と良民を区別しない。会匪や盗賊、ゴロツキを放任し、事なかれ主義で取り繕っている。ただ目先の安逸を貪るだけで、国家の大計を顧みない。次第に小さな災いが大きな災いとなり、ひとたび潰えれば最早事態は収拾できない……。湖南省ではこれまでも官吏を殺し、城を攻める事件が数回発生したが、逆党が通過した後は土匪が党羽を集めて機に乗じて事件を起こし、ほとんど全土にわたっている。これを改めるには吏治を清めなければ効果がなく、吏治を清めるには最も賢い者、愚かな者を選んでそれぞれ推薦、弾劾し、地方官たちの賞罰をはっきりさせなければならない[126]。

ここからは太平軍に呼応した勢力が硬直した清朝の地方統治に失望し、これを拒否しようと試みた人々であったことが窺われる。彼らはアヘンの密売業者や農民といった特定の職業に限定されない多様な人々であり、流動性の高い移民から一定の経済的基盤を持つ地域リーダーまでその出身も様々だった。むしろ彼らはそれぞれの社会関係の中で激しい競争と矛盾を抱えており、その故にこそ地方官や胥吏の「目先の安逸を貪る」政治に憤らずにはいられなかった。それは地方長官たちの不甲斐ない戦いぶりに憤慨し、解任を求めた体制派知識人の言説と共通する部分が少なくなかったのである。

一八四六年六月に湖北荊州では満洲人を初めとする旗人が集団で漢人の店舗を襲撃し、負傷者が出たことに怒った漢人が「罷市」即ちストライキに突入するという事件が発生した。元々八旗の駐屯地だった荊州では東側に旗人が、西側に咸寧県、武昌から来た漢族商人が住んでいたが、両者の間には売買などをめぐってトラブルが絶えなかった。この月荊州で競渡レースが行われると、これを見物していた満漢双方のあいだで喧譁が起こり、漢城内部の店舗が破壊された。その後旗人の間に「漢人が報復のため襲撃に来る」との流言が広がると、彼らは再び漢人を襲い、南門外の咸武会館を焼き払った。さらに満洲挙人の慶発は沙市鎮を襲撃せよと記したビラを配ったが、発見した旗人官吏によって中止された[127]。

別書で指摘したように、十九世紀の中国では辺境へ移住した漢人と少数民族の間に深刻な対立が生まれていた[128]。むろん旗人の数が少なかった中国南部では、漢人との民族摩擦も他の少数民族のように顕在化した訳ではなかった。だが荊州の旗人たちが消費する食糧は漕米として湖北東部の各地で徴収された米であり、漕米の負担増加に対する不満は漢人の旗人に対する憎しみを生み、両者の関係悪化という形で表象する可能性を含んでいたと考えられる[129]。

楊秀清と蕭朝貴の「天を戴いて胡を討つの檄」は、「満洲はまた貪官汚吏を放置して天下に瀰漫させ、人民の骨の髄までしゃぶり取らせている。天下の男女は路傍に声をあげて泣いている」「官職は賄賂によって得られ、刑罰は銭によって免除される。だから金持ちが権力を握り、豪傑は絶望している」(130)とあるように、腐敗した政治の原因を異民族統治に求めることで新王朝の正統性を主張した。それはヘブライズムの影響を受けた上帝教の排他性という制約を抱えながらも、幅広い階層に訴えるという点では効果的なメッセージであった。この故にこそ太平軍は湖南において下層の地域リーダーを含む多くの人々をその隊列に加え、急速に勢力を伸ばすことに成功したのである。

小　結

本章は湖南南部で活動していた太平天国を取りあげ、その勢力拡大が可能となった理由を地域社会の変容という視点から考察した。そして十九世紀前半の湖南で活発だったのは天地会の影響を受けた青蓮教反主流派（金丹道）の活動であり、朱九濤問題で有名となった尚弟会のキーパーソンは左家発に入会を勧めた李丹であること、永安州から蜂起を促した彼の名前は郴州の劉代偉反乱にも登場するが、天徳王は反体制勢力の実態とは別のところで作り出された漢人中心主義の表象に外ならないことを指摘した。

次に本章は道州における太平軍について考察し、新たに加入した兵士たちの編制と食糧の確保に取りくんだこと、江華県の攻撃に加わった反乱集団に対しては「貢献」を口実に略奪物の提出を迫り、彼らを厳しい統制下に置いたことを指摘した。また清軍の陣営でも食糧不足は深刻で、姚瑩は速やかな攻撃を主張したが採用されなかったこと、和春と江忠源が立てた前後から太平軍を挟み撃ちにする作戦は清軍の緩慢な動きによって成功せず、道州を出発した太平軍はさしたる抵抗も受けずに湖南南部の要衝である郴州を占領したことを指摘した。

続いて本章は太平軍の快進撃が可能となった要因として、程矞采に代表される地方長官の怯えた行動が清軍将兵の士気を失わせたことを挙げ、人材不足に悩む清朝中央の曖昧な処罰はかえって体制派知識人の憤激を招いたと述べた。また太平軍の進撃先で様々な反乱勢力が呼応した背景には、太平天国が派遣した工作員の活動があったことを指摘し、その例として東安県で発生した蔣璸、唐元亨反乱と広東韶州で長沙攻撃へ加わるように誘われた林二盛らのケースを取りあげた。

さらに本章は太平天国の性質をめぐる宮崎市定氏と小島晋治氏の論争を再検討し、太平軍の主要な参加者をアヘン販売業者（秘密結社員）と見るにせよ、農民戦争と捉えるにせよ、それらは定着農耕民にこだわる日本人の固定観念（あるいはマルクス主義の公式）に囚われた議論であり、中国社会における流動性の高さを前提とした下層移民に対する視座が不足していたと述べた。

そして小島氏が検討した武岡州の阻米事件、耒陽県の抗糧暴動について檔案史料を手がかりに新たな分析を加え、そこで注目すべきは従来の科挙エリートと異なる新興の地域リーダーの成長であると指摘した。また清朝の硬直した統治は彼らを活用できず、反政府的な行動へと追いやったばかりか、地方政府の腐敗が明るみになる程に自らの支配の正当性に疑問符をつけたと述べた。さらに湖南で太平軍に呼応した人々の清朝に対する失望は、地方長官の失態を告発した体制派知識人の言説と通じるものがあった。異民族統治こそが貪官汚吏による悪政の原因だと主張する太平天国の檄文は、幅広い階層の人々を糾合する可能性を含んでいたのである。

このように考えると本章が取りあげた一八五二年の湖南南部における活動は、その後の太平天国の歴史において重要な意味を持っていたことがわかる。それは単に多くの兵力を獲得し、辺境の反乱から全国的な運動へ発展しただけに止まらない。この時期湖南の地域社会が直面していた問題点は中国社会に共通するものであり、試行錯誤の中から編み出された太平天国の戦略と反満ナショナリズムの主張は、地方政府の腐敗に憤っていた多くの人々に影響を与えた。また鎮圧に当たっていた地方長官たちの相次ぐ失態は、体制派知識人たちの憤激と激しい批判を巻き起こした。むろん太平天国が湖南にいかなる社会変容をもたらしたのかについては、なお検討すべき課題が多く残されている。だが太平軍の通過後に曽国藩が湘軍の結成に乗り出し、その後の中国社会に大きな構造的変化を生み出したのは、この時太平軍が湖南社会に与えた衝撃の大きさから見て決して偶然ではなかったと言えよう。

【註】

（1）簡又文『太平天国全史』上冊、香港猛進書屋、一九六二年。
（2）鍾文典『太平天国開国史』広西人民出版社、一九九二年。
（3）崔之清主編『太平天国戦争全史』一、太平軍興（一八五〇～一八五三）、南京大学出版社、二〇〇二年。また茅家琦主編『太平天国通史』南京大学出版社、一九九一年の該当部分も崔之清氏の執筆である。
（4）宮崎市定「太平天国の性質について」『史林』四八巻二号、一九六五年（『宮崎市定全集』十六、岩波書店、一九九三年、七五頁）。
（5）小島晋治「揚子江中流域における農民の諸闘争と太平天国」「太平天国と農民」大塚史学会編『史潮』九三・九六・九七、一九六五・一九六六年（『太平天国革命の歴史と思想』研文出版、一九七八年、八三頁）。
（6）小島晋治「初期太平天国兵士十名の供述書」（『東京大学人文科学紀要』七五、一九八二年、同『太平天国運動と現代中国』研文出版、一九九三年、八五頁）。
（7）目黒克彦「咸豊初期団練の成立について――湘勇の母体として湘郷県の場合」『集刊東洋学』四六号、一九八一年。同「王壮武公珍著「団練説」訳解」『愛知教育大学研究報告・社会科学』三一号、一九八二年、同「団練と郷勇との関係について――湘郷団練と湘勇の場合」『愛知教育大学研究報告・社会科学』三二号、一九八三年。
（8）谷家章子「清末、湖南省における反体制的活動についての一考察――「越境」する人々と「教」」駿台史学会編『駿台史學』

一三四号、二〇〇八年。

(9) 序章で述べたように、本章が扱う時期の檔案史料は宮中檔案、軍機処檔案共に多くが台湾に所蔵されている。うち宮中檔案については国立故宮博物院編『宮中檔道光朝奏摺』一～二〇、『宮中檔咸豊朝奏摺』一～三四、共に未公刊があり、本章はこれに基づいて出典を表記する。また軍機処檔案については同文献図書館の請求番号によって表記することにしたい。

(10) 菊池秀明「英国国立公文書館所蔵の太平天国史料について」中国文史哲研究会編『集刊東洋学』一〇二号、二〇〇九年。

(11) 中国第一歴史檔案館編『清政府鎮圧太平天国檔案史料』一～二六、光明日報出版社および中国社会科学文献出版社、一九九〇～二〇〇一年（以下『鎮圧』と略記）。

(12) 光緒『郴州直隷州郷土志』巻上、兵事。

(13) 張亮基奏、咸豊二年十二月二十六日『宮中檔咸豊朝奏摺』六、七四七頁、国立故宮博物院蔵。また劉代偉反乱については程矞采奏、咸豊二年三月二十二日、軍機処檔〇八三八九五号および同奏、咸豊二年四月初二日・十一日『宮中檔咸豊朝奏摺』五、六五四・六五八頁。なお同書は六五八頁分の上奏期日を取り違えており、軍機処檔に基づいて訂正した。

(14) 汪堃『盾鼻随聞録』巻一、粵寇紀略（中国近代史資料叢刊『太平天国』四、神州国光社、一九五二年、三五九頁）。また謝介鶴『金陵癸甲紀事略』附粵逆名目略は李厳通について「偽殿前侍衛、湖南人、郴州股匪、為官兵追勦、遂至永安附東賊」と述べている（『太平天国』四、六七六頁）。

(15) 崔之清『太平天国戦争全史』一、四五一頁。

(16) 張亮基奏、咸豊二年十二月二十六日『宮中檔咸豊朝奏摺』六、七四七頁。

(17) 菊池秀明『清代中国南部の社会変容と太平天国』汲古書院、二〇〇八年、第六章。

(18) 羅爾綱「太平天国与天地会関係考実」『太平天国史事考（修訂版）』三聯書店、一九八五年、三四頁。

(19) 荘吉発「清代青蓮教的発展」『大陸雑誌』七一―五期、一九八五年（同『真空家郷――清代民間秘密宗教研究』文史哲出版社、二〇〇二年、三一六頁）。淺井紀『明清時代宗教結社の研究』研文出版、一九九〇年、四〇一頁。武内房司「清末宗教結社と民衆運動――青蓮教劉儀順派を中心に」神奈川大学中国語学科編『中国民衆史への視座――新シノロジー・歴史篇』東方書店、一九九八年、一〇九頁。譚松林主編『中国秘密社会』三、清代教門、福建人民出版社、二〇〇二年、一九五頁。秦宝琦『中国地下社会』二、晩清秘密社会巻、学宛出版社、二〇〇五年、三五五頁。なお周位掄の活動については李星沅奏、道光二十五年八月十六日『李文恭公奏議』巻八）。

（20）蔡少卿「太平天国革命前夕雷再浩和李沅発起義的幾個問題」北京太平天国史研究会編『太平天国学刊』二、中華書局、一九八五年、三五〇頁。

（21）黄兆麟奏、咸豊元年七月二十一日、軍機処奏摺録副、農民運動類、秘密結社項八八七八－一七号、中国第一歴史檔案館蔵。

（22）四川は一八二七年に楊守一らの組織が摘発を受けた地で、程孔固らも四川人の王又名から青蓮教を学んだ。また徐澤醇奏、咸豊元年十一月十八日『鎮圧』二、五三二頁によると、黄兆麟の上奏を受けて四川では峨眉山と万雲龍に対する調査が行われた。

（23）程矞采奏、咸豊元年九月二十七日『鎮圧』二、四三一頁。「天書」とは周位掄が弥勒仏の「転世」であることを示すもので、宝剣は彼が悟りを開いた時に作った七星宝剣を指すと見られる（李星沅奏、道光二十五年三月十九日『李文恭公奏議』巻七）。また秦宝琦『中国地下社会』二、三七六頁。

（24）程矞采奏、咸豊元年九月二十七日『鎮圧』二、四三一頁。また洪秀全が金田団営前夜から太平王を名乗り、一八五一年五月頃までに太平天国の国号を立てた点については本書第二章を参照のこと。

（25）河鰭源治「天徳と太平王について」『論集・近代中国研究』山川出版社、一九八一年、九九頁。

（26）徐広縉奏、咸豊元年十月二十六日『鎮圧』二、四七二頁によると、香山県海中の孤島にある老万山の捜索が行われたが、朱九濤は発見出来なかった。また賽尚阿も太平軍の捕虜に対する取り調べでは「未聞有朱九濤之名」と述べている（賽尚阿等奏、咸豊元年九月二十三日『鎮圧』二、四〇七頁）。

（27）市古宙三「朱九濤考」『近代中国の政治と社会』東京大学出版会、一九七一年、八〇頁。また羅爾綱「朱九濤考」『太平天国史記載訂謬集』三聯書店、一九八五年、六一頁。

（28）駱秉章奏、咸豊五年三月二十九日『宮中檔咸豊朝奏摺』十二、一八〇頁。

(29) 程矞采奏、咸豊元年九月二十七日『鎮圧』二、四三一頁。
(30) 洪大全供出湖南広東会匪名単、咸豊二年四月二十六日『鎮圧』三、二四四頁。なおこのリストには国立故宮博物院蔵（軍機処檔〇八四二一九号）、英国国立公文書館所蔵（F.O.九三一　一三四六号）があるが、李丹に関する部分については同一内容である。
(31) 張亮基奏、咸豊二年十二月二十六日『宮中檔咸豊朝奏摺』六、七四七頁。
(32) 張亮基奏、咸豊三年正月十八日『鎮圧』四、四六八頁。その理由は明らかではないが、李丹の捜査が困難であると判断したためと推測される。
(33) 鄧亜隆供、巫法貴供、F.O.九三一　一三七五号。
(34) 耆英等奏、道光二十五年二月二十八日・同四月二十八日・同九月二十八日、軍機処檔〇七三四四六号・〇七四三二三号・〇七六〇二八号。
(35) 徐広縉等奏、道光二十九年三月二十五日・同四月初十日、軍機処奏摺録副、農民運動類、反清項八八九五－三六号・八八九五－四七号。
(36) 徐広縉等奏、咸豊元年三月二十六日・同十一月初九日『鎮圧』一、三四四頁・同書二、五〇三頁。また広東広寧県から広西東部で活動した温大貲五反乱軍も王号や年号は提起していない（徐広縉等奏、咸豊元年十二月二十九日『鎮圧』二、六〇一頁）。さらに一八五四年以後に広東で蜂起した天地会反乱は「大明嗣統」「太平」「洪徳」の年号を用いた（広東省文史研究館・中山大学歴史系編『広東洪兵起義史料』上、広東人民出版社、一九九二年、三七～七六頁）。これらの情況から見て、「天徳」が十九世紀中葉の天地会系組織が多用した王号、年号という見方は成り立たないと思われる。
(37) 河鰭源治「天徳と太平王について」。
(38) 程矞采奏、咸豊二年四月三十日『鎮圧』三、二五四頁。
(39) 鄧亜隆供、F.O.九三一　一三七五号。
(40) 張徳堅『賊情彙纂』巻十一、賊数、老賊（『太平天国』三、二九〇頁）。

(41)『太平軍目』『太平天国』一、一二三頁。
(42)王慶成「『太平軍目』和太平天国軍制」『太平天国的歴史和思想』中華書局、一九八五年、二二七頁。同「『太平軍目』的歴史内容」『太平天国的文献和歴史——海外新文献刊布和文献史事研究』社会科学文献出版社、一九九三年、一七二頁。
(43)太平天国八年『太平礼制』『太平天国』一、一一一頁。洪天貴福供在南昌府供詞、中国近代史資料叢刊続編『太平天国』二、広西師範大学出版社、二〇〇四年、四三〇頁。また羅爾綱『太平天国史』一、巻八、表第六、後期王爵人物表、二、天王諸子封王表、中華書局、一九九一年、三五九頁。
(44)『烏蘭泰函牘』巻下、『太平天国』八、七〇二頁。
(45)程矞采奏、咸豊二年六月初八日『鎮圧』三、三七四頁。
(46)姚瑩「請速進兵議」『中復堂遺稿続編』巻一。
(47)蔣光明供、F.O.九三一　一三七五号。
(48)『賊情彙纂』巻十、賊糧、虜劫（『太平天国』三、二七一頁）。
(49)光緒『永明県志』巻三二、武備志、兵事。
(50)『賊情彙纂』巻十、賊糧、貢献（『太平天国』三、二七一頁）。
(51)巫法貴供、鄧亜隆供、F.O.九三一　一三七五号。
(52)『天兄聖旨』巻二、庚戌年十一月初旬、続編『太平天国』二、三〇五頁（並木頼壽等編『新編　原典中国近現代思想史』一、開国と社会変容、岩波書店、二〇一〇年、一四一頁）。また本書第一章を参照のこと。
(53)姚瑩「請速進兵議」『中復堂遺稿続編』巻一。
(54)『賊情彙纂』巻十、賊糧、貢献（『太平天国』三、二七一頁）。
(55)労崇光奏、咸豊二年六月初八日『鎮圧』三、三八二頁。また軍機大臣、咸豊二年六月十七日によると清朝は「現赴道州攻剿之兵勇、無論是楚是粤、一切鹽糧仍由粤局供支」と命じていた（『鎮圧』三、三九六頁）。
(56)賽尚阿奏、咸豊二年五月二十五日・六月二十四日『鎮圧』三、三五一・四二六頁。軍機大臣、咸豊二年七月十五日、同書

三、四五六頁。
(57) 軍機大臣、咸豊二年七月十五日『鎮圧』三、四五六頁。また広西の負担軽減を求めた徐広縉の上奏（咸豊二年六月二十七日）は『鎮圧』三、四二九頁を参照のこと。
(58) 姚瑩「請速進兵議」『中復堂遺稿続編』巻一。
(59) 賽尚阿奏、咸豊二年五月十三日『鎮圧』三、三六四頁。
(60) 賽尚阿奏、咸豊二年六月初二日『鎮圧』三、三六四頁。しかし劉長清は進撃を渋り、永明県の陥落を防げなかった罪で再び告発された（賽尚阿等奏、咸豊二年九月初四日『鎮圧』三、五九三頁）。
(61) 程矞采奏、咸豊二年五月二十五日『鎮圧』三、三四二頁。
(62) 蕭盛遠『粤匪紀略』（太平天国歴史博物館編『太平天国史料叢編簡輯』一、中華書局、一九六二年、二六頁）。
(63) 賽尚阿等奏、咸豊二年七月初二日『鎮圧』三、四三〇頁。
(64) 賽尚阿等奏、咸豊二年七月十四日『鎮圧』三、四四九頁。
(65) 『賊情彙纂』巻十一、賊数、老賊（『太平天国』三、二九〇頁）。
(66) 黄非隆等供、F.O.九三一　一三七五号。
(67) 汪堃『盾鼻随聞録』巻二、湖南紀略（『太平天国』四、三六二頁）。
(68) 崔之清主編『太平天国戦争全史』一、四九一頁。
(69) 常大淳奏、咸豊二年七月二十日、軍機処檔〇八五五三三号。
(70) 江忠源「答劉霞仙書」『江忠烈公遺集』巻一。
(71) 民国『嘉禾県図志』巻六、事紀篇、第三上。
(72) 同治『桂陽直隷州志』巻四、事紀。
(73) 佚名「粤匪犯湖南紀略」『太平天国史料叢編簡輯』一、六三頁。また孫恩葆戦死の誤報については賽尚阿等奏、咸豊二年八月初一日『鎮圧』三、四八七頁。

(74)　軍機大臣、咸豊二年七月二十四日『鎮圧』三、四六九頁。
(75)　程矞采奏、咸豊二年七月十七日『鎮圧』三、四五九頁。
(76)　駱秉章奏、咸豊二年四月二十二日『鎮圧』三、二一〇頁。
(77)　程矞采奏、咸豊二年四月二十三日『鎮圧』三、二一七頁。なお彼によると、この時長沙の清軍兵力は九千名であった。
(78)　程矞采奏、咸豊二年六月初八日『鎮圧』三、三七八頁。なお堅壁清野は清朝が雲貴総督呉文鎔の上奏を受けて実行を命じたものだった（軍機大臣、咸豊二年五月十一日『鎮圧』三、二九九頁）。
(79)　軍機大臣、咸豊二年六月十四日『鎮圧』三、三九〇頁。
(80)　陸元烺奏、咸豊二年八月十四日『鎮圧』三、五四四頁。
(81)　諭内閣、咸豊二年五月初十日『鎮圧』三、二九六頁。また龔裕奏、咸豊二年五月初十日、同書三、二九六頁。
(82)　黎吉雲奏、咸豊二年七月二十五日『鎮圧』三、四七二頁。
(83)　諭内閣、咸豊二年七月二十四日『鎮圧』三、四六八頁および軍機大臣、咸豊二年七月二十四日・八月初六日、同書三、四七〇・五〇七頁。
(84)　奉旨、咸豊二年八月初二日『鎮圧』三、四九五頁。
(85)　諭内閣、咸豊二年八月初一日『鎮圧』三、四八五頁および軍機大臣、咸豊二年八月十八日、同書三、五五二頁。
(86)　軍機大臣、咸豊二年八月十二日『鎮圧』三、五二九頁。
(87)　龔裕奏、咸豊二年五月二十五日『鎮圧』三、五五二頁。
(88)　袁甲三奏、咸豊二年五月十四日『鎮圧』三、三二〇頁。
(89)　賽尚阿等奏、咸豊二年八月初一日『鎮圧』三、四八七頁。
(90)　李秀成の供述書（『新編　原典中国近現代思想史』一、二二〇頁。また羅爾綱『増補本李秀成自述原稿注』中国社会科学出版社、一九九五年、一二二頁）
(91)　『賊情彙纂』巻十一、賊数、新賊（『太平天国』三、二九四頁）。

(92) 賽尚阿等奏、咸豊二年八月十二日『宮中檔咸豊朝奏摺』五、六〇三頁および程矞采奏、咸豊二年九月初四日・十六日、同書五、七一一・八一一頁。
(93) 賽尚阿等奏、咸豊二年八月初一日『鎮圧』三、四八七頁。軍機大臣、咸豊二年八月十二日、同書三、五二八頁。諭内閣、咸豊二年九月初二日、同書三、五八五頁。葉名琛奏、咸豊二年十月初七日、軍機処檔〇八六八八五号。同奏、咸豊二年十一月二十八日『鎮圧』四、一六八頁。
(94) 程矞采奏、咸豊二年九月初四日『宮中檔咸豊朝奏摺』五、七一一頁。
(95) 程矞采奏、咸豊二年正月二十六日『宮中檔咸豊朝奏摺』四、三五四頁。駱秉章奏、咸豊三年九月二十五日、同書十、五六六頁。
(96) 林二盛供、唐亜晩供、F.O.九三一　一一四九号、咸豊二年十一月。
(97) 駱秉章奏、咸豊三年七月十八日『鎮圧』八、五五〇頁によると「(咸豊二年) 七月間、粤匪攻撲省城、有馬二素識之逆党李八遣令奸細李亨道、唐里芒潜来勾結、馬二向周幗愚等告知、周幗愚因見粤匪披猖、頓萌異志」という。
(98) 徐広縉奏、咸豊二年十一月二十八日『鎮圧』四、一六六頁。
(99) 潘鐸奏、咸豊三年二月二十一日『鎮圧』五、三二〇頁。また同治『攸県志』巻二五、武功には「是年冬、齋匪何奇七、客匪黄極高接踪作乱」とあり、彼らが青蓮教と移民の反乱だったと述べている。
(100) 賽尚阿等奏、咸豊二年七月十四日『鎮圧』三、四四九頁。
(101) 光緒『郴州直隷州郷土志』巻上、兵事。また賽尚阿等奏、咸豊二年八月初一日『鎮圧』三、四八七・四九四頁。羅繞典等奏、咸豊二年八月初三日同書三、四九八頁。
(102) 宮崎市定「太平天国の性質について」。
(103) 小島晋治「揚子江中流域における農民の諸闘争と太平天国」および同「太平天国と農民」。
(104) 小島晋治「太平天国運動の特質――ドイツ農民戦争と比較して」『太平天国運動と現代中国』一三一頁。
(105) 光緒『郴州直隷州郷土志』巻下、要隘志、実業には「郴地南通交広、北達湖湘、為往来経商搬運之所。道、咸之世、海船

未通、南貨運北、北貨往南、悉由此経過、故沿河一帯大店桟房数十家、客貨至、為抜夫、為雇騾、為写船只、絡繹不絶、誠南楚一大冲要也。及東南氛靖、海運既通、百貨遂徙而之他。加以陸運濡遅、夫騾倫損、富商大賈悉視郴道為畏途。今昔比較、十一懸殊、河街店桟落落晨星、僅存数家、且有不能持久之勢」とある。これを見る限り郴州が衰退したのは同治年間のことで、賽尚阿らの上奏も「河面船隻甚多、一以資賊、貽害不浅」とあるように多くの船が行き来していたと伝えている（咸豊二年七月十四日『鎮圧』三、四四九頁）。

(106) Skinner, G. William, The Structure of Chinese history. Journal of Asian Studies 44 (2), 1985. 瀬川昌久『中国社会の人類学――親族・家族からの展望』世界思想社、二〇〇四年、一四五頁。

(107) 網野善彦「「瑞穂国日本」の虚像」『日本とは何か』日本の歴史00、講談社、二〇〇〇年、二三七頁。

(108) 李尚揚供（中国近代史資料叢刊続編『太平天国』三、広西師範大学出版社、二〇〇四年、二六九頁）。

(109) 『賊情彙纂』巻十一、賊数、新賊（『太平天国』三、二九四頁）。

(110) 呉其濬奏、道光二十三年六月初八日、軍機処奏摺録副、農民運動類、反清項八九三一―四五号。陸費瑔奏、道光二十三年九月初十日、同八九三一―五二号。

(111) 陸費瑔奏、道光二十四年六月二十八日・八月初八日・九月初十日、軍機処奏摺録副、農民運動類、反清項八九三一―一四号・八九三一―一一号・八九三一―二四号。また鄭星木等供、道光二十四年六月二十八日、同八九三一―一六号。

(112) 小島晋治「揚子江中流域における農民の諸闘争と太平天国」。

(113) 陸費瑔奏、道光二十四年九月十五日、軍機処奏摺録副、農民運動類、反清項八九三一―二六号。ちなみに太平天国の蜂起後、陽大鵬の子供が総制として北伐軍に加わっていたとの報告があり、楊秀清と陽大鵬の関係が疑われた（駱秉章奏、咸豊四年九月十一日『鎮圧』十五、五九一頁）。

(114) 曽如炷供、道光二十三年六月初八日、軍機処奏摺録副、農民運動類、反清項八九三一―四六号。

(115) 陽大鵬供、道光二十四年八月三十日、軍機処奏摺録副、農民運動類、反清項八九三一―二二号。

(116) 菊池秀明『清代中国南部の社会変容と太平天国』第一章、三七頁。

(117) 呉栄光奏、道光十三年七月二十五日・十四年正月二十四日、軍機処檔〇六四八一七号・〇六七一一八号。
(118) 訥爾経額奏、道光十三年九月二十九日、軍機処檔〇六五五八九号。
(119) 程矞采奏、咸豊元年九月二十七日『宮中檔咸豊朝奏摺』三、四一三頁。
(120) 程矞采奏、咸豊元年八月十五日『宮中檔咸豊朝奏摺』二、七三六頁。
(121) 程矞采奏、咸豊元年十一月二十七日『宮中檔咸豊朝奏摺』四、一頁。
(122) 程矞采等奏、咸豊元年十二月初四日『宮中檔咸豊朝奏摺』四、四三頁。
(123) 駱秉章奏、咸豊二年二月二十七日『宮中檔咸豊朝奏摺』四、五五六頁。同奏、咸豊二年七月二十二日、同書五、三二九頁。
(124) 駱秉章奏、咸豊三年八月二十三日『宮中檔咸豊朝奏摺』十、八七頁。
(125) 駱秉章奏、咸豊元年二月十五日『宮中檔咸豊朝奏摺』一、二八七頁。同奏、咸豊二年正月二十六日、同書四、三六四頁。
(126) 張亮基奏、咸豊二年十二月二十六日『宮中檔咸豊朝奏摺』六、七五五頁。
(127) 裕泰等奏、道光二十六年六月二十一日・八月初六日『宮中檔道光朝奏摺』十七、三〇二・六四一頁。ここで駐防八旗は漢人、蒙古八旗を含み、「満営旗人」のアイデンティティは多様であった筈だが、本書はこの問題には立ち入らない。なお劉正愛『民族生成の歴史人類学——満洲・旗人・満族』風響社、二〇〇六年を参照のこと。
(128) 菊池秀明『清代中国南部の社会変容と太平天国』第三章および第四章参照。
(129) 汪志伊等奏、嘉慶十三年十月二十九日『宮中檔嘉慶朝奏摺』二一、六七七頁によると、一八四二年に鍾人杰反乱が発生した崇陽県、通城県の漕米は元々華北に輸送されていたが、一七八九年からは荊州の倉庫に送られて、ここに駐屯する旗人たちの「兵食」に充てられた。一八四六年の事件は鍾人杰反乱と直接の関係はないが、漕米の徴収に対する不満が満漢関係を悪化させる要因となり得たことを示していると考えられる。
(130) 『頒行詔書』『太平天国』一、一六二頁（西順蔵編『原典中国近代思想史』一、一九七六年、二九九頁）。

第七章　太平天国の長沙攻撃をめぐる考察

はじめに

筆者は別著において、太平天国の生まれた原因が広西移民社会のリーダーシップを握った科挙エリートと非エリートの対立にあり、[1] 清朝の統治が行きづまる中で人々は「理想なき時代」を乗りこえる処方箋を熱望していたと述べた。[2] また本書第一部で筆者は上帝会が慎重に準備を進め、各地の会員を糾合して金田団営を成功させたこと、[3] 永安州時代の太平天国は楊秀清のイニシアティブを強化しながら王朝体制のひな形を整え、広東信宜県の凌十八はその慎重な行動ゆえに太平軍と合流できなかったことを指摘した。[4]

さらに筆者は広西北部、湖南南部を転戦した太平天国が強い宗教性を帯びており、その非妥協的な戦いぶりを目の当たりにした人々が「王を殺された報復のために住民を虐殺した」というフィクションを生み出したことを明らかにした。[5] また蓑衣渡の戦いで打撃をうけた太平軍は道州で体制を立て直し、各地の反体制勢力に蜂起を促すなど積極的な動員工作を行うことで多様な階層の参加者を得て勢力を拡大したこと、清朝側は地方長官が戦闘を回避するなど失態が相次ぎ、官吏の不正が明るみに出たために人々の失望と憤激を招いたが、それらは太平天国にとって追い風となったことを指摘した。[6]

本章は一八五二年九月から十一月にかけて行われた太平天国の長沙攻撃を考察する。それは太平軍が永安州を出発して以後、南京に到達するまでの間に経験した最も長い戦役であり、彼らと清軍の戦略的な特徴や問題点を考えるうえで格好の題材を提供している。この戦役については簡又文氏(7)、鍾文典氏(8)の通史的著作に加え、王慶成氏(9)、崔之清氏(10)が詳細な分析を行っており、それらの研究成果をベースに分析を進めたい。

筆者は一九九九年から台湾の国立故宮博物院において当該時期の檔案史料を系統的に整理、分析した。また二〇〇四年に湖南長沙と曽国藩の故郷である双峰県（旧湘郷県）を訪問し、二〇〇八年、二〇〇九年にはイギリスの国立公文書館でいくつかの新史料を発見した(11)。さらに中国第一歴史檔案館編『軍機処奏摺録副・農民運動類』および同館編『清政府鎮圧太平天国檔案史料』(12)を併せ用いることで、この時期の太平天国の歴史を出来る限り具体的に描き出してみたい。それは太平天国の歴史を「革命の先駆者」あるいは「破壊者」といった従来の評価を越えて、十九世紀中国の社会変容という視点からとらえ直す作業になると思われる。

一、太平軍の長沙急襲と蕭朝貴の戦死

（a）　先鋒隊の派遣と清朝側の防衛体制

前章で述べたように、八月十七日に湖南南東部の要衝である郴州を占領した太平天国は、二十一日に西王蕭朝貴の率いる先鋒隊が陸路長沙へ向けて出発した(13)。彼らはまず八月二十三日に永興県を占領し、三十一日には衡州府の安仁県を、九月三日には長沙府の攸県を陥落させた(14)。また七日に醴陵県を攻め落とした彼らは西北へ進路を変え、十一日には長沙郊外の石馬鋪で西安鎮総兵福誠率いる陝西兵二千名を壊滅させた。そして同日中に先鋒隊は長沙城南の妙高峰付近に布陣して城内への攻撃を開始した(15)。

長沙の攻略は太平天国が湖南へ入った当初からの目標であった(16)。この計画は蓑衣渡の敗北によって頓挫したが、道州から郴州へ進出したことで再び現実味を帯びた。この頃清軍に捕らえられた太平軍の密偵も「逆首は衡州から長沙

へ向かおうとしている[17]」と供述している。王慶成氏はもしこの時に太平軍が長沙を占領したならば、湖南各地の反政府勢力の蜂起を促し、四川、湖北あるいは河南へ進出する足がかりをつかむことが出来ただろうと述べて、その戦略が妥当であったと評価している。

いっぽうで王慶成氏は蕭朝貴がわずかな兵を率いて出発した後、洪秀全と楊秀清が郴州に留まり、全軍がすぐに後を追って北上しなかったのは誤りであったと述べている。彼らが郴州に長く滞在する必然性はなく、かえって長沙攻略のチャンスを逃したというのである[18]。本節ではこうした見解が的を射たものであるかどうかを検証して行きたい。

まずは先鋒隊の規模について考えたい。『賊情彙纂』によると、はじめ蕭朝貴が率いた兵力は三千名弱であったという。郴州を占領すると彼は「聞くところでは長沙の城壁は低く守りもおろそかであり、もし軽装の兵数千でこれを急襲すれば、簡単に手に入れることが出来る」と献策した。そこで洪秀全は彼に二千名の「老賊」を与え、郴州で参加した反乱軍数百名を道案内役として、長沙へ向けて進発させたと述べている[19]。

檔案史料によれば、八月二十三日に永興県を攻めた太平軍は「逆匪が千余人で、土匪千余人を合わせて永興へ分竄した[20]」とある。また長沙攻撃が始まって間もない九月十六日に清軍が「陣地から観察したところ、長髪の賊匪は約六、七百人で、土匪が約三千余人であった[21]」と記されている。さらに別な報告にも「現在［長沙へ］到達した賊匪、土匪はすでに一万人[22]」とある。これらの数字は互いに開きがあり、その理由として途中で軍に加わった人数が多かったことや清朝側の誇大報告が挙げられる。だが『粤匪犯湖南紀略』も「偽西王は数千の賊をもって衝出して紛擾した[23]」と述べており、郴州出発時に三千名前後という記載は比較的実数に近いと考えられる。

次に蕭朝貴軍の兵力は当時の太平軍においてどの程度の割合を占めていたのだろうか。『賊情彙纂』は道州駐屯時の総兵力が五万人であったと述べ[24]、李秀成も「郴州で二、三万の衆を招き、茶陵州でも数千を得た[25]」と語っている。この数字は明らかに誇大であり、第五章で指摘したように湖南進出時の太平軍は一万人程度、道州で数千名が参加した過ぎなかった[26]。また候補知県江忠源は郴州に残った洪秀全らの本隊について「賊の後隊は一万余人[27]」と指摘しており、道州出発後の参加者を含めても二万人を大きく超えることはなかったと推測される。

加えて太平軍では兵の逃亡を防ぐために新たな参加者を厳しく管理し、「事態が急を告げない限りはこれらの者を用いて戦いを助けさせることをしなかった[28]」とあるように新兵を戦闘に参加させなかった。広西按察使姚瑩は道州の太平軍について「賊で戦える者は二、三千人[29]」と述べており、『賊情彙纂』も「能く戦える者は万人に満たず、その他は皆脅されて従った新賊だった[30]」と指摘している。当時の太平軍で戦闘能力があったのは数千人だったという前提に立てば、蕭朝貴が三千名弱の兵力で郴州を出発したのはそれなりの必然性があったと言えよう。

いっぽう清軍の防備はどうであろうか。長沙の防衛に最初に取り組んだのは湖南巡撫駱秉章であった。六月に彼は「省城の兵が少ない」ことを指摘し、すでに到着していた四川兵一四〇〇名、江西兵一千名に加えて湖南西部の鎮筸鎮などから兵一四〇〇名を動員した[31]。また長沙城は久しく修理がなされず、城壁の崩れた部分も多かった。駱秉章は二万両を投じて「日夜城に登って監督し急がせた」とあるように補修工事に取り組み、八月二十九日にようやく完成したばかりだったという[32]。

次に長沙の防衛を任されたのは幫辦軍務を命じられた前湖北巡撫の羅繞典であった。八月十三日に長沙へ到着した彼は、新たに編制された壮勇、広東勇、瀏陽勇、湘勇など三二〇〇名の閲兵を行った[33]。また羅繞典は長沙東南二十五キロにある跳馬澗などの要所に防衛拠点を設けようと図り、八月末に工事を始めたが完成しなかった[34]。加えて衡州から戻った湖南提督鮑起豹は城壁に近い建物を撤去するように主張したが、紳士たちの反対を受けた羅繞典はこれに同意せず、代わって城壁の周囲に土塁を築くことにした。だがそれも「工いまだ半ばにして賊至る[35]」とあるように太平軍の到着には間に合わなかった。このため先鋒隊の指揮官であった曽水源らは、「幸いにしてこの城はなお未だよく修理されておらず、全州と比べても恐れるに足りない[36]」と述べており、太平軍が長沙攻略は充分に可能との認識を持っ

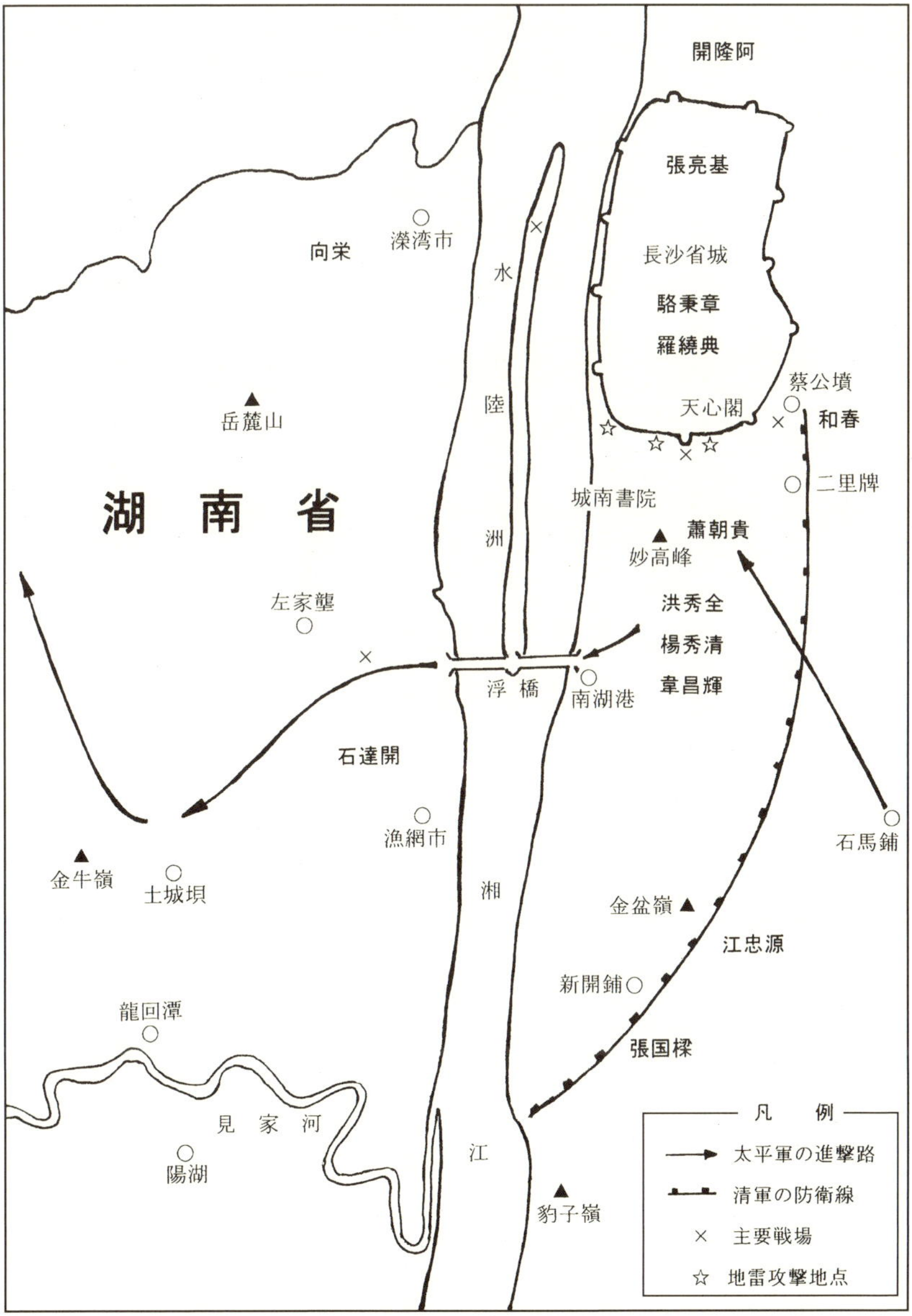

図10　太平軍長沙攻撃図（1852年 9 月11日～11月30日）
郭毅生主編『太平天国歴史地図集』中国地図出版社、1988年より作成。

ていたことがわかる。

さらに省城を守る清軍の防禦体制は構造的な問題点を抱えていた。王闓運『湘軍志』は次のように指摘している。

寇が至った日、城中の兵勇は八千余り、統べる将は数百おり、名目の上では巡撫（駱秉章）の指揮下にあったが、巡撫はあえて節度を言わなかった。諸生や挙人、貢生たちはそれぞれ百人、あるいは二十人を率いて城壁の警備に当たることを求めたが、その多くは羅繞典を訪ねてものを言った。布政使の恒福は北京に召還され、潘鐸が後任を命じられたが、着任していなかった。署司道の周顎、張其仁らがいたものの、彼らと兵餉について大いに議論する者はいなかった。ただ善化県知県の王葆生が兵について語るのを好んだが、大官、将軍たちも彼に尋ねようとはしなかった。(37)

ここからは城内を守る清軍の指揮系統が統一されず、駱秉章と羅繞典の連携がうまくいかなかったことが窺われる。王定安『湘軍記』も「［羅］繞典と［駱］秉章は防衛について議論したが、意見の食い違いが多く、流言を禁じて事態を鎮めることしか出来なかった」(38)とあるように、二人が協力体制を築けなかったと述べている。また知県王葆生や紳士黄冕（長沙県人）が積極的な提言を行い、一、二千斤の大砲四十門を鋳造して城南五キロの金盤嶺などに配備したが、将校たちが彼らの意見を聞かなかったため有効に活用されなかった。わずかに効果を発揮したのは団練による内応者の摘発で、「首逆に従って長沙へ至り、軍情を探り、偽示を散布」(39)した密偵の王世恩らを捕らえたという。

こうした問題点はすぐに結果となって現れた。蕭朝貴の軍が長沙に接近すると、住民の中には急を知らせる者がいたが、太平軍が耒陽県、衡州を経由して北上すると予想していた長沙の文武各官は、公文書を伴わないこの情報に怒って通報者を殺そうとした。また石馬鋪の赤岡嶺に配備された陝西兵二千名は戦闘経験がなく、米の食事に不慣れなために城内から麵を買っていた。このため太平軍の攻撃を受けた十一日朝、彼らは「いまだ朝食を食べておらず、相持すること一時余りで皆潰え散じた」(40)という。

さらに金盤嶺に駐屯していた副将朱瀚率いる沅州兵一四〇〇名は密偵の捜査を口実にした暴行が絶えず、「郷民たちはこれに苦しんだ」[41]とあるように住民たちの反発を買った。太平軍の攻撃が始まると総兵福誠は朱瀚に救援を求めたが、朱瀚は「旗を伏せ、塁を閉じてただ賊に気づかれることを恐れた。陝兵は援軍がなく、このため大敗した」とあるように陣地内で息を潜めて陝西兵を見殺しにした。また彼らは湘江を渡って三汊磯に撤退し、翌日には城内に逃げ込んだ。この他に城外に駐屯していた瀏陽勇五百名も「逃散」[42]し、長沙城外の清軍は総崩れとなって城南の数キロにおよぶ範囲が太平軍に占領された。

この日の戦闘について、曽水源らは「連続して敵の陣地を破ること七、八里、大小の妖官数十余名を殺し、妖兵の死者は二千余りに及んだ。屍は積み重なること山の如くで、手に入れた兵糧や大小の砲は多く、火薬も四千斤以上、ラバや馬も数え切れない」[43]と報告している。また敗残兵が城内へ逃げ込むと、たまたま巡回していた巡撫駱秉章は急ぎ南門を閉めさせたが、どの軍が敗北したのか情況を把握出来なかった。さらに城内では急ぎ大砲を城壁の上に据えて反撃すべきだという意見が出たが、砲架がない場所に大砲を据えれば城壁が崩れ、敵の侵入を招くという反対があり実行されなかった。やむなく湖南提督鮑起豹が代わりに城の南楼に据えたのは城隍廟の神像であったという。

このように考えると、太平軍が清軍の準備不足をついて長沙を攻略する可能性は少なからずあったと見るべきだろう。ところがこの日太平軍に攻城戦を行うつもりはなく、地理も不案内だったため、城の東南隅にある高楼を城楼と勘違いし、ここに攻め寄せたが門はなかった。そこで兵を戻したがすでに南門は閉じられており、突入の機会を逸してしまった。さらに彼らは城外の住宅を占拠したが、どこを攻めれば良いかわからず、やみくもに城内へ向けて砲を打ち込むに止まった[44]。太平軍は城外の清軍を一掃したものの、情報の欠如によって千載一遇のチャンスを活かすことが出来なかったのである。

（b）蕭朝貴の死と先鋒隊の戦い

緒戦の勝利によって長沙攻略の自信を深めた太平軍は、九月十二日に再び城南に攻勢をかけた。だがこの時に不幸な事態が発生した。先鋒隊の将帥であった西王蕭朝貴の負傷である。曽水源らの報告は次のように述べている。

二十九日（九月十二日）に私たちは行って進攻しようと思い、西王にご報告申しあげたうえ、牌刀手を率いて各門へ向かって攻撃をかけました。図らずも妖兵が砲を放ったところ、西王の胸のあたりに命中して身体を貫きました。傷は大変に重く、口も目も動きません。私たちはこの悪い知らせに大変憤りました。幸いに天父の顧みがあり、［死んで復活した］天兄の物語にならうことができるかはわかりません。

この省（長沙）は大変に広く、目下聖兵たちがほしいままに攻めておりますが、いまだ守備にあたる人がおりません。そこで九千歳（東王楊秀清をさす）にお願い申し上げます。どなたか上将をいくらかの聖兵を率いて遣わされ、兵たちにはそれぞれ乾飯三斤を携行させて、来たりて共に城を攻め取ることが出来れば、すなわち万全の聖策と存じます。わが主天王がおいでになるかどうかは、御意に従うべきことなので、私たちからは敢えて申し上げることはいたしません……。ただ西王が災難に遭われ、私共の守りに頼るべきものがないため、各王千歳にとくに申し上げる次第です(45)。

ここでは十二日の戦闘で蕭朝貴が重傷を負い、援軍が必要であることが述べられている。なお蕭朝貴が負傷した時の情況について、徐広縉らは捕虜の供述から「南城の外で旗を手に指揮(46)」しているところを撃たれたと報じた。洪仁玕も「西王は敵楼の上で目立つ衣装を着、城内を伺っていたため、突然流れ弾に当たって傷つき昇天した(47)」とあるように、人目を引く格好をしていたためにねらい撃ちに遭ったと示唆している。だが崔之清氏が指摘するように、曽水源らの報告は蕭朝貴が陣頭指揮を取っていたとは述べていない。またこの日の戦闘を報じた羅繞典らの上奏（咸豊二年八月初三日）も、蕭朝貴らしき「目立つ衣装」の人物については言及していない(48)。

むしろ羅繞典らによると、この日太平軍は妙高峰から城内へ向けて発砲し、城上の清軍もこれに応戦した。また太平軍は「土を運び石を担ぎ、蟻か蜂のように群がって［妙高峰へ］登り、砲台を建設」しようとした。そこで妙高峰に相対する南城魁星楼に大砲を設置した鮑起豹が砲撃を命じると、「傷斃すること数十人、鬨然として四散した」とある。蕭朝貴が負傷したのもこの妙高峰の砲台構築を監督していた時のことと推測される(49)。

重傷を負った蕭朝貴であったが、その死の正確な日付は不明である。曽水源らの報告が出されたのが九月二十二日のことで、少なくとも十日間は生死をさまよっていたと思われる。彼の死後、遺体は長沙郊外の老龍潭に埋葬された。太平軍の退出後に清朝側が墓を暴いたところ、「顔はいまだ腐っておらず、識別が可能であった。胸には弾丸で出来た傷があり、黄色い緞子の馬褂をまとっていて、血痕もなお新しかった」という。

蕭朝貴の戦死は、南王馮雲山の死に続く太平天国の重大な損失であった。清朝にとっても前軍主将として「戦いにあっては先陣をつとめ、匪党は均しくその指揮を聞いた(50)」蕭朝貴の存在は脅威であり、蓑衣渡の戦いで蕭朝貴死亡の誤報が伝えられたのも無理からぬことであった(51)。また天兄キリストの下凡を通じて会衆を統率していた彼の死が、もう一人のシャーマンであった楊秀清にとって「その死を隠す(52)」ほどの痛手であったこと、それは洪秀全と楊秀清の間をつなぐパイプを失わせ、永安州時代から顕著となりつつあった楊秀清の独裁に拍車をかけることになった点は否定できない。

さて蕭朝貴の負傷後、先鋒隊はいかなる戦いを展開したのであろうか。九月十三日から数日間、彼らは「連日妙高峰、雩壇坪に土を盛り石を重ね、砲台を築いて昼夜砲撃した。また火箭、火弾を放つなど、勢いは激しかった(53)」とあるように、妙高峰の砲台から城内へ向けて砲撃を加えた。またその一部は「南門外の金雞橋、瀏陽門外の校場に集まり、時に小鳥門などにも出没して、人数はたいへん多く、昼夜環攻して、余力を残さなかった」「碧湘街、鼓楼門、西湖橋、金谿橋一帯の民家は均しく賊に占拠され、党羽は甚だ多かった(54)」とあるように、城南の広い範囲で城壁近くの民家に立てこもり、城上の清兵に発砲しながら城内突入の機会を窺った。

十六日に曽水源らは「死を冒して城を攻める」一方で、数十名の将兵を南門の下に潜ませ、錐で城門に穴を空けさせた。これに気づいた清軍は彼らを攻撃しようとしたが間に合わなかった。この時羅繞典は霹靂桶（火桶）を彼らに向かって投げ込み、「数十人が立ちどころに斃れ、一人として逃れた者はなかった」[55]とあるように計画は失敗した。するとの曽水源らは城外で毒煙を焚き、城上の兵勇がひるむ隙に城壁を登ろうとした。だが北風が吹き、煙が太平軍陣地へ流れたために作戦は成功しなかった[56]。

続く十七日に太平軍は郴州で組織された土営（工兵部隊）に「金鶏橋の水道に穴を掘らせ、城壁を傾け壊そう」と試みた。だが羅繞典らは「あらかじめ火桶をすえつけておいたため、数人を爆死[57]」させた。また太平軍は南門でも「地道を掘り、火薬を装着」したが、再び清軍に発見されてトンネルは破壊された。すると十八日に曽水源らは大砲で城内へ激しい砲撃を加え、南門の城垣が数メートルほど崩落した。太平軍は「いよいよ多く来たりて、次第に近くに迫った」とあるように城内への突入を試みたが、たまたま賽尚阿らが救援に派遣した雲南楚雄協副将鄧紹良の率いる鎮筸兵九百名が長沙へ到着し、城の内外から反撃して太平軍を城外の民家まで押し戻した[58]。

この間、城内の清軍は「ほとんど計の出ずるところなし」と防戦に追われたが、その中で目立った働きを見せたのは新任の布政使である潘鐸だった。太平軍の攻撃が始まる直前の九月十日に長沙へ到着した彼は、「街市を歩いて商人たちに普段通り店を開くように諭し、紳士たちに接見して防衛について相談した。また兵勇たちに衣服や食糧を存分に与え、高い褒美を出したため、にわかに兵民の意気は上がり、喜んで戦うようになった」とあるように、城内の人々の動揺を抑えつつ士気の鼓舞につとめた。また長沙の紳士である陳本欽（道光年間進士）、黄冕、湘陰県の李星漁、善化県の唐際盛（生員）らが潘鐸の呼びかけに応え、食糧や壮丁を出して警備に努めたという[59]。

さらに戦局の変化に大きな影響があったのは、各地からの援軍が続々と長沙へ到着したことだった。まず九月十九日に鳳凰廳同知賈亨晋の率いる土兵（苗族兵）一千名が姿を見せ、鄧紹良の指揮のもと二十日の戦闘に参加した。[60]また永綏協副将瞿騰龍は「精鋭の苗兵」数十名を率いて長沙城へ入り、[61]二十三日に鄧紹良と共に南門外の太平軍陣地に攻勢をかけた。続いて二十四日に河北鎮総兵王家琳が河南兵一千名を率いて入城し、翌二十五日に出撃して太平軍兵士が立てこもっていた民家を焼き払った。[62]さらに二十六日には広西から太平軍を追撃してきた綏靖鎮総兵和春、鎮遠鎮総兵秦定三の率いる湖南、貴州兵二千名が到着し、衡州から派遣された都統銜頭等侍衛開隆阿の広東兵七百名、候補知県江忠源の率いる楚勇一五〇〇名と共に長沙城の東側、北側などに布陣した。[63]

このように九月下旬に長沙へ到着した清朝側の援軍は七、八千名にのぼり、城内の守備隊と合わせてその兵力は一万五千名に及んだ。江忠源が「城内をあまねく歩いたところ、防禦は全てが理にかなっているとは言えないが、賊の人数がなお少ないため、攻撃もそれほど緊急ではなかった」[64]と述べたように、太平軍が早期に長沙を陥落させる可能性は失われた。むしろ清軍の反攻によって形勢は逆転し始めた。

この時に羅繞典らが立てた作戦は、砲台を壊すことにより太平軍の攻撃力を奪い、民家を焼いて彼らの拠点を失わせた後に殲滅するというものだった。まず九月十九日から鄧紹良が湖南兵、四川兵、鳳凰土兵を率いて妙高峰などの太平軍砲台を攻撃した。[65]二十三日からは瞿騰龍も加わって南門外の民家と歩哨の詰め所を焼き払おうと試みた。[66]

さらに二十八日からは和春、江忠源の軍が中心となって、城の東南隅にある天心閣一帯で太平軍と戦った。とくに焦点となったのは天心閣の南側に位置する蔡公墳の争奪戦で、二十九日に清軍は「蔡公墳に営塁を築いて攻撃すること数時間、楚兵、楚勇が賊牆を奪い、民家二軒を焼いた。ついで逆匪は妙高峰寺の右側から百余人が現れて様子を窺ったが、貴州兵勇が迎撃して賊数人を斃すと、撤退して陣地から出てこなくなった」[67]とあるように、この地から太平軍を排除して彼らの勢力範囲が城の東側へ伸びるのを防ごうとした。同じことは城の西側である湘江沿岸でも進められ、太平軍が船を集めて渡河を図っていると知った羅繞典は、鳳凰土兵を「河西に移駐」させて防備を固めたという。

これら一連の戦いによって、曽水源らは兵力不足から戦線を南門外の狭い範囲に縮小せざるを得なくなった。また「賊はついに再び出てこなくなり、ただ周囲に高く牆塁を築いた。わが兵が進攻すると、賊は牆眼から鎗炮を施したため、得手することが出来なかった(68)」とあるように、太平軍は守勢に回って戦況は膠着状態に入った。さらに十月二日に広西提督向栄が長沙へ到着した。戦闘を避けたとの理由で一度は新疆送りを命じられていた向栄は、咸豊帝の信頼を回復するべく翌三日に早速太平軍陣地へ攻勢をかけたが、互いに死者を出しただけで決着はつかなかった(69)。やむなく彼も「一歩一歩陣地を築き、まずは地勢を謀る(70)」戦略に同意し、呉三桂時代に使用した大砲を城南に設置して妙高峰を砲撃したという(71)。

（c）　郴州の戦いと洪秀全らの北進

さて長沙城外で先鋒隊と清軍のあいだで戦闘が行われていた間、郴州の太平軍本隊はどうしていたのであろうか。初め太平軍を追撃してきた和春は郴州郊外の塘昌埠に陣をしき、河北鎮総兵常禄や副将瞿騰龍、鄧紹良らに「賊前にまわ」って永興県に駐屯させ、和春と「腹背夾攻（はさみうち）」させる予定でいた(72)。だが八月二十九日に「郴州の賊の仲間で続いて永興へ至る者が数千人」とあるように、先鋒隊が占領していた永興県城に太平軍の後続部隊が入り、やむなく常禄は平山冲に陣を構えて城内の太平軍とにらみ合った。

二十九日から九月二日にかけて、和春は郴州の太平軍に攻撃をかけた。だが太平軍は「わずかに賊営の牆内から発砲して反撃した」「敗北して巣に戻ると、再び隠れて出てこなかった」「攻撃すること長時間にわたったが、賊は隠れたまま出てこないので、わが軍に命じてゆっくり引き上げさせた」とあるように、太平軍は守りを固めて誘いに乗らなかった。和春も太平軍の北進を防ぐため、郴州西南の獅子嶺から東北の陳家楼へ陣地を移した(73)。

太平軍の長沙攻撃が始まると、咸豊帝は賽尚阿にくり返し救援軍を派遣するように命じた。九月十一日には賽尚阿からの報告が半月以上も届かないことを理由に「頂戴を摘去[74]」し、翌日には彼が「遷延して散渙」な各軍を統率出来ていないと叱責して、みずから長沙へ向かうように命じた[75]。だが賽尚阿は鄧紹良、瞿騰龍、王家琳などの兵四千名を長沙へ派遣したものの、「広東仁化県の匪徒がすでに楽昌県城を犯しているが、実に宜章、郴州と近いため、あえて彼らにすぐに全て動くように命じることは出来ない。賊の後衛部隊が隙をついて不意打ちをかけてくれば、さらに戦局は収拾がつかなくなる[76]」と述べ、一万五千人いた郴州一帯の清軍を全て長沙へ向かわせることには消極的だった。なぜ賽尚阿は長沙救援に多くの兵を送らなかったのだろうか？　これは洪秀全らの主力がなぜすぐに北上せず、郴州、永興県に留まったのかという問いと密接に関係している。

第一に考えられるのは、それまでの戦いで苦杯をなめた賽尚阿が太平軍との決戦を避け、羅繞典ら籠城していた漢人官僚の功績が大きくなる長沙の防衛に協力することを望まなかった可能性である。じじつ彼の行動はそのように受けとめられ、十月十四日には「身は統帥でありながら調度が適切でなかった。およそ号令に厳しさを欠き、賞罰が適当でなかったために、軍を疲れさせ兵糧を浪費させた[77]」と非難されて革職拏問の処分を受けた。そしてこの前提に立てば、王慶成氏が言うように太平軍の本隊が郴州で一ヶ月近くも逗留する必要はなかった。清軍の多くは「動員した兵が揃わない、あるいは敵に臨んで雨にたたられた[78]」などの口実を作っては模様眺めをしていたからである。

その後北京に送られて取調べを受けた賽尚阿は「自らの無能を認め、殺人をするに忍びず、大股の賊匪を迅速に殲滅出来なかった罪は実に逃れがたい[79]」と供述した。だが一方で彼は「賊が分かれて省城へ向かった時、賽尚阿はすでに提督鮑起豹を長沙へ急行させて守備に当たらせており、また兵を分けて援軍を送った。さらに向栄に桂林から湖南省城へ行き、賊を撃って自ら罪を贖わせるように求めた[80]」と述べており、二人の提督とくに向栄を派遣すれば長沙の防衛は可能と考えていたことがわかる。また当時賽尚阿は病気に苦しんでいたといい[81]、少なくとも湖広総督程矞采が「初めに賊警を聞くや、にわかに長沙へ戻り……、次いで衡州を守るだけで、一つの計略も進展させなかった[82]」という失態ゆえに解任されたのとは同列に論じられないように思われる。

第二に考えられるのは、太平軍の本隊が清軍を牽制する意図を持って郴州一帯に止まり、敵の兵力を分散させることで先鋒隊の長沙攻撃を支援した可能性である。この説を唱えたのは崔之清氏で、元々先鋒隊の任務は奇襲にあり、長沙の防備が固められてしまえば成功の見込みは低かった。むしろ全軍が速やかに北進すれば、追撃の清軍と長沙近郊で対峙することになり、桂林の場合と同じく内外からの攻撃を受けて苦戦を強いられたに違いない。さらに女性や子供、老人を含んだ一万人を清軍の攻撃を防ぎつつ三百キロも移動させ、長沙到着後も安全な場所に駐屯させるのは至難の業であっただろう。少なくとも洪秀全らがすぐに北上せず、郴州に留まったのは必ずしも失策とは言えないというのである(83)。

その後の郴州一帯の戦いを見る限り、崔之清氏の説はそれなりの説得力を持っている。郴州城内の紳士から「逆首洪秀泉は城内の州衙に住み、楊秀清は科挙試験場にいて、それぞれ衛兵数百が護衛している」との情報を得た和春は、陳家楼から朱木山へ軍を進めた。すると九月九日に太平軍三千名が出撃し、城北の陣地を強化しながら清軍の攻撃をしりぞけた。このため九月十七日に和春は郴州における指揮を天津鎮総兵李瑞に引き継いで長沙へ出発したが、彼と秦定三、江忠源が率いた兵力は三五〇〇名に過ぎず、八千名が郴州戦線に残された。同じことは永興県についても当てはまり、三、四千名の太平軍守備隊は新たに戦線へ到着した張国樑らの潮州勇四千名を釘付けにしたという(84)。

だが「逆もまた真なり」で、筆者は清軍の布陣が太平軍の作戦に与えた影響も小さくなかったと考える。ここで言う「清軍」とは長沙や郴州のそれではなく、両者の中間に位置する衡州に駐屯していた程矞采の率いる兵四千名であった。元々清朝は衡州を「賊をしてあえて北竄させない」ための「水陸の要隘(85)」と位置づけ、太平軍が道州にいた五月にも二千名の兵を置いていた(86)。その後賽尚阿が永州から衡州へ移動すると、衡州は湖南における清軍の総司令部となり、長沙の救援が命じられた時も「いまだ敢えて軽々しく動かさない(87)」とあるように、初めのうち衡州からは援軍を送らなかった。

いっぽう郴州の太平軍にとって見れば、多くの輜重や家族をかかえた本隊の移動は水路を使うことが望ましかった。じじつ平南県大旺墟から永安州へ進撃した時には、洪秀全の本隊は大同江、濛江を経て永安州へ向かった[88]。郴州も耒水を下れば衡州で湘江と合流し、長沙へ進出することが可能となる。加えて郴州付近の「河面は船隻が甚だ多」く、程矞采がその多くを撤去させたものの、船の入手はある程度可能であっただろう[89]。

ところが衡州の賽尚阿は咸豊帝の再三の催促にもかかわらず、決して長沙へ向かおうとしなかった[90]。やむなく洪秀全は九月二十三日に陸路郴州を出発し、李瑞、常禄、張国樑の追撃を振り切りつつ十月十三日に全軍が長沙へ到達した。だが賽尚阿は「私たちはただ静鎮し、厳しく準備をして、諸軍を催促して進剿[91]」させると主張し、彼が長沙へ到着したのは欽差大臣を解任された後の十月二十一日のことだった。これに対して咸豊帝は「賽尚阿と程矞采は現在衡州にいるが、攸県、安仁などの地からは目と鼻の先である。どうして賊匪が逃げていくのを坐視するのか」「賊匪が全て衡州を過ぎて北進し、勢いが燎原の如くになったら、誰がその咎を負うのか[92]？」と厳しく叱責している。

つまり賽尚阿と程矞采は咸豊帝の命令を無視し、かなりの兵力を擁したまま衡州に留まることで太平軍本隊の水路による北進を阻んだ。それは彼らが意図して手に入れた戦果ではなかったかも知れない。だが長沙を急襲した蕭朝貴軍の第二の目的が衡州に駐屯する清軍を引きつけることにあったとすれば、賽尚阿らの「無能」ぶりは郴州で出発のチャンスを窺っていた太平天国首脳の予想を上回るものであったと言えよう。

二、長沙における攻防戦と太平軍の撤退

（a）長沙城外における攻防戦と太平軍の地雷攻撃

郴州を出発した太平軍の本隊は十月五日にまず三、四千名が長沙へ到着し、十月十一日には洪秀全、楊秀清も城南の先鋒隊陣地へ入った。これに勇気づけられた曽水源らは五日、七日の二度にわたり蔡公墳一帯の清軍陣地に攻勢をかけた。だが長沙の清軍は「探報によれば賊は郴州より大夥を竄出させ、すでに醴陵から省に来たった」[93]とあるように、太平軍本隊の接近について情報をつかんでいた。このため総兵和春の湖南兵は蔡公墳に布陣して守りを固め、その南側の白沙井、仰天湖に進出した総兵秦定三の貴州兵、江忠源の楚勇と共に妙高峰の太平軍を迎え撃った。また六日に広西提督向栄は南門の天心閣に砲台を築き、五千斤の大型砲をここに運んで太平軍陣地に砲撃を加えた。さらに太平軍は「忽然と賊千余人を分けて東路からわが軍の後方を襲った」とあるように後方から挟み撃ちにしようとしたが、秦定三らが反撃したために太平軍は退却した。[94]

また十月七日には新任湖南巡撫の張亮基が兵二千名を連れて長沙に到着し、羅繞典らに代わって清軍の指揮にあたることになった。[95]張亮基は経世学派の知識人で兵法にも通じた挙人の左宗棠（湖南湘陰県人）を幕僚に迎えており、ここに長沙攻防戦は新たな局面を迎えることになった。

さて張亮基は長沙到着後まもない十月十八日に清軍が採るべき戦略について上奏した。それによると太平軍は城南に布陣しているが、まず注意を払うべきは湘江を通じて南北に進出する可能性であり、船の通行を禁止して中洲である水陸洲の西に障害物を沈めるなどの措置を講じた。次に警戒すべきは東あるいは南へ進出する危険であり、これまでは兵力不足のため瞿騰龍、鄧紹良、江忠源らを醴陵陂、蔡公墳、小呉門、校場一帯に駐屯させていたに過ぎなかっ

た。だが張亮基は向栄や湖南提督鮑起豹、前任巡撫駱秉章と「再四商議」のうえ、省城から五キロほど離れた金盆嶺、黄土嶺、阿彌嶺、広済橋に新たに兵を派遣し、城外の清軍と「互いに犄角」させることにした。

続いて城の北側については、駐屯していた総兵王家琳の河南兵一千名に増援を送った。また湘江の対岸である江濼湾、魚湾市には守備兵がおらず、「賊が必要な油や塩、米穀などは往往にしてここで取っている」とあるように太平軍が交易を行っていた。そこで貴州安義鎮総兵の常存を貴州兵、土兵一四〇〇名と共に派遣し、「賊の接済を断つ」と共に太平軍が西進する道を阻もうとした。さらに省城内の食糧、軍需物資については「なお充分に余裕がある」としたうえで、みずから常徳で準備した火薬二万斤、弾丸二万斤を長沙へ運んだため「轟撃に資するに足る」と報じている。

この張亮基の戦略からは、城の防衛に汲々としていた九月中旬までの清軍の姿を窺うことはできない。むしろ太平軍の周囲にゆるやかな包囲網を形成することで、他地区への進出を防ごうと考えていたことがわかる。さらに張亮基は次のように述べている。

賊匪は広西で蜂起し、湖南で蔓延したが、至ったところはみな高い山々であった。いま省城を攻撃してようやく平地に入り、身を隠すことのできる山中の洞窟もなければ、伏兵を置くだけの辺鄙な小道もなくなった。山越えという彼らの得意技は使えなくなり、狼や虎が穴ぐらを失い、魚やエビが水を失ったのと同じである……。賊匪の大隊が侵攻してきたが、本当の長髪賊は数千人に過ぎず、残りはみな短髪の賊でやはり数千人、合計しても一万人余りに過ぎない。彼らは百戦錬磨で、異常なまでに凶悪かつ狡猾であるが、仲間を率いてことごとく投げた網にかかった。賊はわが軍を囲もうとしていたが、かえってわが軍に包囲されたのであり、もし四方から方法を講じて討伐すれば、おのずから一撃で殲滅することができる……。

賊は省城を攻撃して以来、しばしば戦っては毎日のように死傷者を出しており、その心はすでに怯えている。

わが兵は勇気百倍であり、乗ずべき好機である(96)。

ここで彼が太平軍の兵力を一万人余りとしたのは、本隊の人数を含めなかったためと考えられるが、その戦略的特徴が山地を利用した神出鬼没の行動力にあり、平野での戦闘には慣れていないと分析した。そして城の攻撃によって太平軍が戦力を消耗し、清軍が包囲網を形成した今こそ殲滅のチャンスであると述べている。

はたして十月十四日に太平軍六、七千名が城の東側にある瀏陽門外の校場に攻撃をかけると、江忠源、秦定三、侍衛開隆阿らの軍との間に激しい戦闘が発生した。はじめ太平軍は優勢であったが、和春が救援に駆けつけて挟み撃ちにすると、「賊匪は省城を囲んで以来、いまだこれほど大きな傷を受けたことはなかった(97)」とあるように損害を出して敗退した。続く十月二十日には戦線に到着した総兵常禄の兵が城南の金盆嶺に陣地を構築しようと図り、これを阻もうとした太平軍と交戦した(98)。太平軍は伏兵を置いて清軍を誘ったが成功せず、逆に井湾、洞井鋪に進出していた清軍に夾撃されて数百名の死者を出した。その結果清軍の「軍威は大いに振るった(99)」という。

二度の敗北を前に太平軍は湘江の西岸に進出して食糧獲得のルートを確保し、新たな戦場を切り開くことで攻城部隊にかかる重圧を軽減しようと試みた。すでに彼らは「米と塩が欠乏し、時折小舟で人気のない場所から河港の郷村へ密かに渡り、新米を奪おうと図っている。また榔梨市に至って船や品物を略奪しようとしている(100)」とあるように西岸の各郷に姿を見せていた。十月十七日に翼王石達開の軍二、三千名は南湖港、朱張渡から渡河し、勒江河、市鋪屋を占領して浮き橋を作った。翌十八日には象鼻垻、龍廻潭に進出して洋湖一帯の晩稲を刈り取り、十九日には岳麓、金牛嶺および灤湾市を襲った(101)。これを知った賽尚阿は知府朱啓仁の率いる潮州勇三千名を平塘へ向かわせ、二十日に太平軍との間に戦闘が始まった。また向栄も総兵馬龍率いる四川兵を西岸へ派遣した(102)。

いっぽう城南の攻城部隊は地下のトンネルと地雷による城壁の爆破を試みた。「楊秀清は賊党を遣わし、昼夜力を注いで地道を掘ることすでに数ヶ所にのぼる」「掘った地道は……、わが軍によって数ヶ所を破壊されたものの、手分けをして掘り進めている。木の板や杉の枝の間に草を詰め、地道の中に支柱を作って、多くの道を掘り揃えて城の足下が穴だらけになったところで、火を放って木の板などを焼き、城壁を崩壊させようというのである[103]」とあるように、城壁の下にトンネルを掘って地盤を弱めさせ、城壁を崩落させる作戦を取った。この工事を担当した土営は郴州、桂陽州の炭坑、鉱山で働いていた「礦夫」で、「険悪な場所を掘り進めることに慣れ、地底深くでも恐れなかった[104]」とある。

これに対して清軍は城外に深い溝を掘り、トンネルを探し当てては破壊した。「城西の魁星閣から、東は天心閣から南門外へ掘った横溝は、急いでさらに深く広く掘らせ、将校たちに兵を率いて城内に通じた賊の地道を警戒させた。また土や木、石などを準備しておき、捕虜の賊を城上に登らせ、賊が新たに掘った地道の場所を聞き出してはすぐに穴を掘った[105]」とあるように、城外の南側に深い溝を東西に掘ってトンネルを露出させると共に、捕虜の供述から新しいトンネルをつきとめては使用不能にした。このため太平軍は数十日で十数ヶ所のトンネルを掘ったが、その多くは火薬で撃退されるか落盤、浸水のために失敗し、わずかに三ヶ所が城壁に到達したに過ぎなかったという[106]。

ちなみに太平軍によるトンネル攻撃の様子は、ロンドンの国立公文書館に残された長沙攻防戦図（図11）にも明確に示されている。それによると妙高嶺に「土城」を築いた太平軍は、城南へ向かって二本の「地龍を開き掘って城を攻」めた。これに対抗する清軍は、妙高嶺の真向かいに「和大人営（和春の陣地）」が置かれ、白馬廟から東南へ向かって湖南、貴州、湖北、河南、江西の各兵勇が築いた「兵勇壕坑」が伸びていた。また金盆嶺付近には江忠源が布陣し、さらに南側には「張家祥」すなわち永興県から太平軍本隊を追って長沙へ到達した張国樑の軍も姿を見せている[107]。

地雷を用いた最初の攻撃は十月三十日に行われたとする説もあるが[108]、詳細な記録が残っているのは十一月十日の戦いからである。この日太平軍は魁星楼一帯の城壁を爆破して城内への突入を試みた。張亮基らの上奏は次のように報じている。

二十九日（十一月十日）に各軍が兵を陣地に引き上げさせて間もなく、賊は南城の西隅でひそかに地雷を放った。賊の陣地に近い城壁はレンガが飛び散り、城は四丈余りにわたって崩落した。すると賊の陣地では法螺貝が鳴り響き、該匪が約二、三千人勢いに乗って叫び声をあげ、蜂擁として前進してきた。

私たちは先にあらかじめ副将鄧紹良に鎮筸兵八百名を率いて入城させ、遊撃部隊として策応に役立てていた。このとき鄧紹良は大声で叫んで城壁の崩れた場所から躍り出ると、手ずから数人の賊を斬った。彼は右臂を撃ち抜かれて負傷したが、なお立ちはだかって退かなかった……。賊目は手に大きな黄旗を持って人々を率いて真っ直ぐに登り、千総の趙継宗が頭に傷を受けて戦死した。だが将兵たちは勇気をふるって前へ進み、立ちどころに賊目を斬り、「太平先鋒」と記された大黄旗を捕獲した。さらに勢いに乗って攻めくだり、一斉に槍炮を放って長髪の賊匪を百数十名、短髪の賊匪を約三百余名も殺した。残りの賊は慌てて敗走した[109]。

また光緒『善化県志』によれば、この日城壁が爆破されて太平軍が殺到すると「城内の居民はことごとく北城に向かい、縄で城壁を越えて外へ逃げようとした。女たちは井戸へ身を投げたり、首をくったりと、その勢いは沸き立つが如きであった。その時各地の兵勇もみな戦闘服を脱ぎ、北城へ向かって奔走した」とあるように、城内ではパニックが発生した。だが救援に駆けつけた和春が負傷した鄧紹良に代わって太平軍の進攻をしりぞけた。また張亮基、潘鐸も自ら指揮して「木板、土嚢を取って城外を塞ぎ、たちまち壁が出来上がった。内側は街石を積み上げて堅固にしたため、人心はやや定まった」とあるように応急措置を施して混乱を収拾した。県志は鄧紹良の奮戦がなければ「省城数十万の生命は危ういところだった[110]」と讃えている。

十一月十三日に太平軍は南城外で再び地雷を爆発させた。この時は城壁の強度を増すために外側へ張り出した部分を破壊したに過ぎなかったが、太平軍は「南城はすでに地雷によって破られた」と思いこみ、二、三千人が突入を試みた。だが発生した火事の炎が風にあおられ、多くの太平軍将兵が煙に苦しんだところを和春の兵に狙撃された。ま

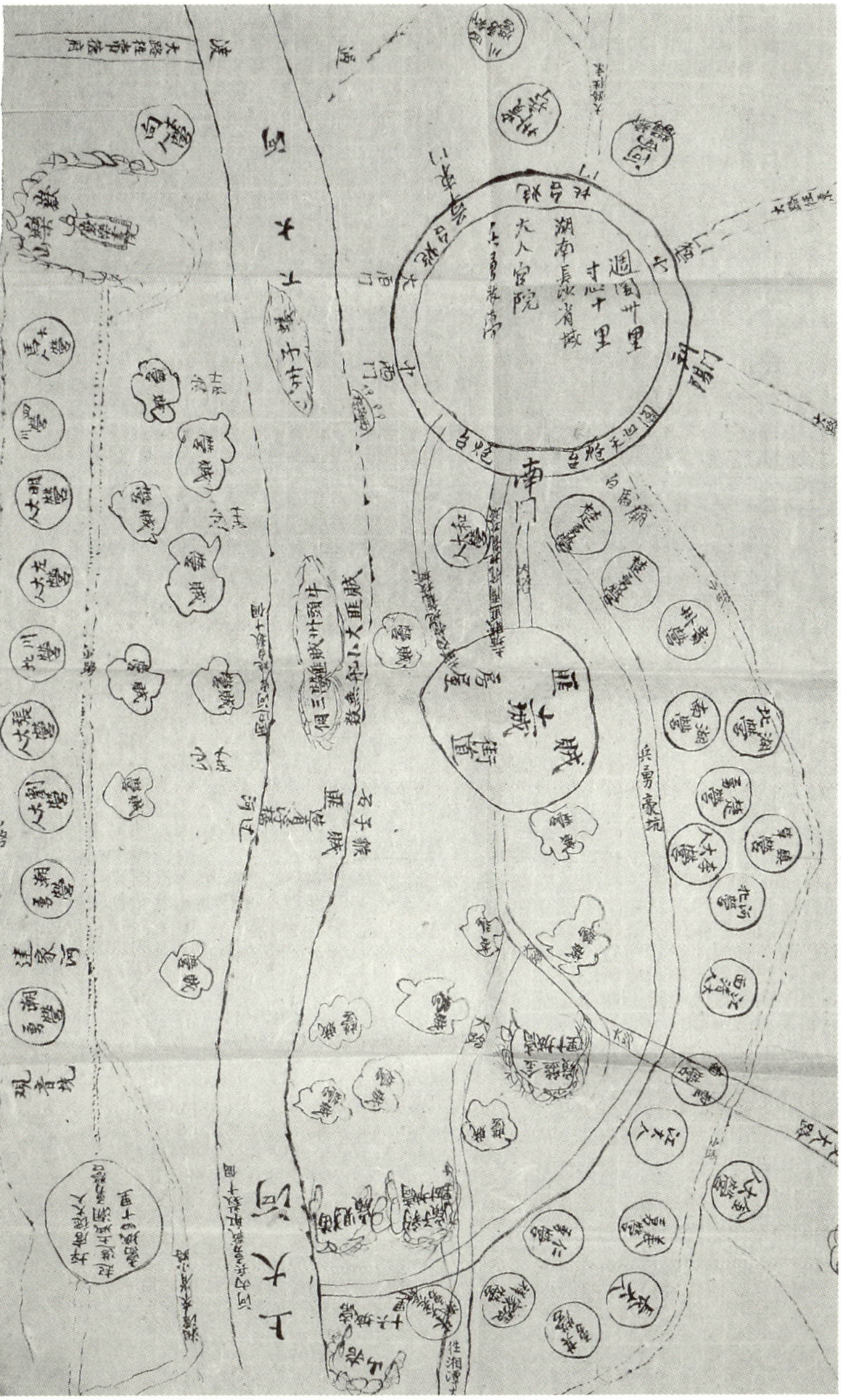

図11　長沙攻防戦図（F.O.931 1906）

写真10　長沙の城壁

写真11　長沙天心閣

た江忠源も救援に駆けつけ、太平軍は「偽先鋒の曽自南」を初めとする三百名余りが戦死した[111]。

その後太平軍は十一月二十九日にも城南の魁星楼一帯を爆破し、丞相秦日綱の率いる決死隊が数十本の「長梯（長ハシゴ）」用いて城壁をよじ登ろうと試みた。だが瞿騰龍の率いる兵勇がこれを迎え撃ち、太平軍は三百名余りの死傷者を出して敗退した。

結局太平軍の地雷攻撃は失敗に終わり、「仲間の精鋭は半ばがすでに死傷した[112]」とあるように多くの犠牲者を出した。その原因について『賊情彙纂』は「長沙を与しやすいと考え、これを軽んじて攻撃したために、死者の数は他に比べて多かった[113]」とあるように、太平軍首脳部が清軍の力を侮ったことに求めている。実際のところ湖南南部の諸城が陥落したのは清軍が守備を放棄した結果であり、頑強な抵抗を屈服させるだけの実力は当時の太平軍になかった。ましてや長沙の城壁は桂林と比べても堅固であった。

李秀成は「天王と東王は長沙に陣をうつし、数十日力戦したが成功しなかった。いくつかトンネルを掘って長沙の城壁を爆破したが、わが将兵は進むことができず、清の向栄、張国樑の大軍に外側をとり囲まれていた……。それからも城壁を壊したが、相変わらず敵は降参しなかった。わが軍には食糧はあっても油や塩がなく、将兵の士気は盛んだったが力が出なかった。このため長沙城の攻撃は成功しなかったのである[114]」と述べている。省城の占領にこだわり、城を包囲出来なかったばかりか、かえって清軍の包囲を受けつつトンネル攻撃を続けた太平軍にとって、その代価は高かったというべきであろう。

（b）湘江西岸における戦いと太平軍の長沙撤退

さて十月二十一日に長沙へ到着した賽尚阿は、湘江西岸へ進出した太平軍について「河東から渡った賊が新たに陣地を数ヶ所作り、調べたところ見家河から嶽麓のふもとに至るまで、賊営の置かれた範囲は十数里の長きに及んだ」

と報告している。これは図11からも窺うことができ、川岸に近い沙洲に「賊営」すなわち太平軍の陣地が点在していることが確認される。

太平軍の西岸進出に危機感を持った向栄は、みずから渡河して岳麓山のふもとに陣をしき、十月二十四日から鄧紹良の湖南兵、馬龍の四川兵、常存の貴州兵および潮州勇を率いて太平軍と戦った。彼が軍前で「もし一歩でも後退する者がいれば斬る」と申し渡して将兵を叱咤すると、清軍の突撃を受けた太平軍は魚網洲を占領できずに後退した(115)。翌二十五日に向栄は北側から攻勢をかけ、太平軍の陣地となっていた村々を焼き払った。南側に布陣した潮州勇と委員張宏邦率いる「砲船」も見家河の太平軍を攻め、「(見家河)北岸の田中にある賊営一ヶ所を焼き燬したため、賊はすでに全員が大河に面した三つの賊営へ逃れた」とあるように、太平軍の陣地を焼いてその占領地が拡大するのを防いだ。

続く十月二十七日にも向栄は長沙城南の和春と連携を取り、それぞれ太平軍陣地に攻撃をかけた。石達開は陣地の周囲に尖った竹片を張り巡らせ、清軍将兵に砲撃を加えたため、「わが兵の槍炮は撃ち進むことができず、鏖戦すること久しきにわたったが、攻め入ることができなかった」とあるように、清軍は見家河の太平軍陣地を陥落させることが出来なかった。そこで向栄は二十八日に四川兵、広西兵の支援のもと、敵陣近くに「営塁」を築かせて包囲網を形成しようとした。また三十日には北側にある漁網市、唐家洲、黒石頭の太平軍陣地を攻撃したが、やはり攻め破ることは出来なかった(116)。

この数日間の結果をみる限り、戦況は清軍の優位で動いているように見えた。だが清軍は内部に多くの問題点を抱えていた。張亮基は次のように述べている。

訓練の方法が久しく講じられず、将兵が戦う時もただ槍炮に頼るばかりで、少しでもうまく行かないと、すぐに逃げ出してしまい、それぞれ互いに顧みようとしない。兵士たちの間では軍令が行き届かず、好き勝手をするために、戦いに勝てないばかりか、守りを固めることも出来ない。

私は赴任以来、『戦守要略』を印刷して各陣地に配り、彼らにおおよその規律を教えた。それは「城の防衛が切迫している時に持ち場を離れた者は斬る」「命令なく城を乗り越えた者は斬る」といった普通の軍令であった。だが昨夜城を巡回してみると、沅州営の兵二名が大胆にも城外から壁をよじ登って入ろうとしたため、私はすぐこの二名を殺してさらし首とし、人々への戒めにした。だが中には私がやり過ぎたという者もおり、ここから腐敗がすでに進んでおり、整頓は容易でないことがわかる[117]。

ここからは清軍の規律が相変わらず悪く、命令が守られないために勝利を収められなかった様子が窺われる。また太平軍が城壁を爆破した時、多くの兵士が戦闘服を脱いで逃亡を図ったが、日頃から訓練に姿を見せなかった副将清徳はみずから頂戴を取り、民家に隠れて笑いものとなった[118]。張亮基はこうした「退縮の将領」を処罰しなければ、将兵が「法を畏れず、賊を畏れる」ようになると指摘したうえで、指揮官同士の連携がないために「急場に間に合わず、事機を逸した例は十の六、七に及ぶ[119]」と嘆いている。

さらに長沙の住民に深刻な被害をもたらしたのは兵勇の略奪と暴行だった。とくに張国樑の率いる潮州勇、捷勇、仁勇は「豚や牛を殺し、民家を壊したため、郷民は逃げて無人となった」「郷間で略奪と姦淫を働き……、米穀や銀銭、食物は上下二十里にわたって洗うがごとくなった」とあるように、その無軌道ぶりは群を抜いていた。これは太平軍が「安民を仮言し、一人たりとも婦女を犯さなかった[120]」のと比べて対照的で、「はじめ賊が醴陵を過ぎた時は、店はなお元の通りだった。潮勇が至るや、略奪によって全てが失われた。ゆえに当時は『兵は賊に如かず』という言葉がはやった[121]」と言われた。

十月三十日夜、石達開は湘江の中洲である水陸洲を勢力下に収めるために牛頭洲へ兵を送った。これを見た向栄は西岸の太平軍を殲滅するチャンスと考え、三十一日に兵三千名を率いて牛頭洲の北側に渡った。はじめ馬龍の四川兵が南側の太平軍を攻撃すると、太平軍は「抵抗することが出来ず、林の中へ逃げ込んだ」[122]と敗走した。王家琳の河南兵が勢いに乗って追撃すると、林の脇から太平軍の伏兵が姿を見せ、「疾走すること旋風の如く」に後方へまわりこんで清軍を分断した。さらに後退していた太平軍も向きを変えて突撃したため、清軍は「驚き潰え」[123]て参将蕭峰春など約一千名の死者を出した。向栄らは「賊が多く兵が少なく、勢いはすでにかなわない」と見て急ぎ軍を西岸に引き上げさせたが、渡河の途中に「誤って深みにはまり」溺死した者も少なくなかったという。

長沙城上でこの戦いを見ていた賽尚阿と張亮基は、「洲上の賊は初めわが兵によって撃ち破られたが、まさに追撃していると、忽然と後方から多くの賊が現れた。わが兵は支えられなくなり、洲の後側から圧倒された。心は焦ること焚くが如くであった」[124]と報告している。その結果湘江西岸における戦闘の主導権は太平軍へ移り、清軍は「みな賊を畏れて戦おうとしなかった」[125]とあるように戦意を喪失した。

牛頭洲の敗戦後、向栄は張亮基の要請を受けて太平軍が設けた浮橋の破壊を試みた。十一月七日に朱啓仁、張国樑の率いる潮州勇、捷勇、仁勇は浮橋を攻めたが、遠くから鉄砲を放つだけで、浮橋に近づこうとはしなかった。九日に向栄と張国樑は河西の太平軍陣地に夜襲をかけたが、四時間以上の攻撃にもかかわらず「賊は堅く伏せて出てこなかった」と効果はなかった。さらに十一日に向栄は四川兵、広西兵を率いて浮橋を攻撃したが、「河岸の賊は数多くやってきて、しかも浮橋の両側は鎖を鉤《かぎ》で固く結んでおり、急には壊せなかったため、撤退して陣地へ戻った」[126]とあるように、すでに浮橋は補強されていて破壊出来なかった。

十一月十二日に新たに欽差大臣となった署湖広総督徐広縉が衡州へ到着した[127]。張亮基らは彼が一刻も早く長沙へ来ることを望んだが、徐広縉はこれに応じなかった。代わりに派遣された新任広西提督福興、高廉道沈棣輝も「衡州から湘潭まで行軍するのに七日、湘潭から平塘まで行くのに五日」とあるように遅々として進まなかった。この間向栄も攻勢をかけず、西岸の太平軍に新たな行動を起こす余裕を与えてしまった。

三回目の地雷攻撃が行われた翌日の十一月三十日夜、太平軍は長沙から撤退して西北の寧郷県へ向かった。すでに張亮基は西岸の龍回潭が寧郷県方面へつながる戦略上の要地であると考え、福興にここへ駐屯するように要請した。だが福興はこれを無視し、向栄も兵力不足を理由に龍回潭へ兵を送らなかった。また三十日に劉姓なる太平軍の頭目が向栄の陣営を訪ね、太平軍が天心閣の真下にトンネルを掘っているというニセの情報を流した。向栄がすぐに張亮基へ警戒するように書簡を送ると、劉姓の男は姿をくらませたが、それが太平軍の計略であるとは誰も気づかなかった。(128)

太平軍の長沙撤退について、張亮基らの報告は「十九日（十一月三十日）夜、該匪は追剿が緊急なため、風雨と暗闇に乗じて河東の賊が西岸に渡り、小路から山を越えて四散して逃げた」(129)とあるように簡略である。また光緒『善化県志』は「十九日にわが軍がまさに会剿しようとしていると、夜の三更（午後十一時から午前一時）になって忽然と城外でほら貝が鳴り響くのが聞こえ、大河の東西両岸が真っ赤に燃え上がるのが見えた。そこで城外の官兵が調べたところ、賊の大股はすでに全部が河西の小路からひそかに逃れたとのことだった」(130)と述べており、清軍が全く裏をかかれたことを伝えている。事実を知った文武官僚たちは「みな驚きかつ恐れ、あえて祝いの言葉を述べる者はいなかった」(131)とあるようにショックを隠せなかったという。

太平軍退出の知らせを受けた徐広縉は「匪徒たちが今回逃げ出したのは、実に塩と米がほとんど尽きたためであり、大軍の包囲が厳しくなったのを見て勢いを失い、捨てばちになった」(132)と報じた。確かに李秀成が述べたように、太平軍は塩と油の不足に苦しんだ。だが太平軍の進路について「断じて北へ行くことはない」(133)と述べ、南進の危険を強調してきた徐広縉の予想は全く外れた。むろん北進を懸念する声がなかった訳ではないが、太平軍も一部の軍を南へ向かわせて陽動作戦を取ったため、十二月一日に向栄、和春は追撃の兵を湘潭県へ向かわせ、結果として太平軍を捕捉できなかった。(134)やむなく彼らは張国樑や朱啓仁の潮州勇、長沙近郊の団練が太平軍の後衛部隊を襲い、追撃の軍が

「偽翼王の石大剴（石達開をさす）[135]」を殺害したという「戦果」を報じざるを得なかった。

こうして八十一日間に及んだ太平天国の長沙攻撃は終わった。駱秉章はその年譜の中でみずから次のように述べている。

この夜四更に南城外で炎の明かりが見え、賊が北へ遁れたことを知った。以前から賊は省河に船を用いて浮橋を作り、行き来しては食糧を奪っていた。賊はこの浮橋から西へ渡ったのであるが、河西にはもともと一万人以上の官兵がおり、向軍門［栄］もいた。どうしてその北竄を防ぐことが出来なかったのか、理由はわからない。両広総督の徐［広縉］は広西から兵を率いて湖南へ入ったが、あえて長沙へ来ようとせず、湘潭に留まったのはまことに笑い草である。賽中堂［尚阿］はすでに解任されて取り調べを命じられていたため、思うように指揮が出来なかった。

この戦役たるや、長沙で賊と戦った城内、外および東河、西河の兵勇は全部で六、七万人いた。城中には欽差大臣が一人、巡撫が三人、提督や総兵が十一、二名おり、城外にも総督が二人いたのに、賊を滅ぼすことができず、彼らを北竄させてしまった。これもまた悔やむべきである[136]。

ここからは清軍が太平軍をはるかに上回る兵力を擁し、包囲網を形成しておきながら、総司令官である徐広縉、賽尚阿が臆病あるいは無能だったために指揮系統を確立できず、太平軍を殲滅できなかったことに憤慨している様子が窺われる。むろん蕭朝貴が長沙を急襲した当初、落城の危険もあったことを考えれば、羅繞典らが「昼夜厳しく防衛し、内外から挟撃して、しばしば賊鋒をくじき、城垣を保衛[137]」した功績は小さくなかったと考えられる。また和春や江忠源が蔡公墳を死守して太平軍の城東進出を許さず、張亮基と協力して「前後三回にわたる轟城[138]」攻撃をしりぞけたことも戦局を大きく左右した。

だが長沙攻防戦において一見目立たないが、実は重要だった清軍の戦果として、太平軍に呼応しようとする各地の反体制勢力の動きを抑え、軍勢の拡大を防いだという点が挙げられる。本隊が長沙へ到着した後の太平軍は「長髪の賊匪が男女老幼を合わせても四、五千人に過ぎず、その万余を超える衆は多く土匪である」[139]とあるように、二万人強から多く見積もっても三万人程度の兵力であった。しかも新兵の多くは行軍途中の「茶［陵］、醴［陵］、安［仁］、攸［県］および郴［州］、桂［陽州］の各地で脅されて従った者たち」[140]であり、長沙到達後に大量の参加者があった様子は窺われない。

張亮基の上奏によると、太平軍が省城を攻撃していた間、長沙府属だけでも瀏陽、醴陵、益陽、寧郷各県で「土匪」が「結党横行し、郷里を劫掠」[141]していた。とくに瀏陽県東郷の周国虞が率いた徴義堂には「粤奸」即ち太平軍の工作員が派遣され、「粤匪が長沙を陥落させるのを待って、まさに大挙を図らんとしていた」[142]とあるように呼応する姿勢を見せていた。だが長沙へ到着した張亮基は長沙付近の橋口で店舗を襲撃していた劉為善らを捕らえるなど、これら反体制勢力の活動を抑え込んだ[143]。また太平軍内に湖南各地で参加した新兵が多いことを知ると、解散を勧める告示を出したり、「招降」と記した旗を掲げて彼らに投降を呼びかけた[144]。さらに太平軍の周囲に包囲網を形成することで、長沙近くの呼応勢力が合流するチャンスを失わせた。

これらは勝敗を大きく左右するような功績ではなかったが、少なくとも長沙において太平軍が急速に勢力を拡大することを防いだ。太平軍は消耗戦の様相を呈したこの戦いで、人的な損失を補うことなく長沙を後にしたのである。

小　結

太平天国の長沙攻撃は一八五二年九月に西王蕭朝貴の率いる先鋒隊が三千余名の兵力で長沙を急襲したことに始まった。それは戦闘可能な兵力が一万人に満たなかった当時の太平軍の戦力を考えれば決して少ない数とは言えないが、地理に疎かったために城内突入のチャンスを逸し、蕭朝貴が戦死して奇襲作戦は失敗した。また各地から救援の清軍部隊が集まると、形勢は逆転して先鋒隊は防戦に追われるようになった。

いっぽう郴州にいた洪秀全の本隊は、九月下旬になってようやく北上を開始した。それは清軍を牽制して兵力を分散させ、非戦闘員の安全を確保するための行動であったが、同時に下流の衡州に駐屯する欽差大臣賽尚阿、総督程矞采の軍が長沙へ移動するのを待ち、水路で長沙へ向かうチャンスを窺っていたためでもあった。結局賽尚阿は咸豊帝の命令にもかかわらず衡州を動かず、解任のうえ処罰を命じられたが、結果的に太平軍本隊は危険な陸路で北上せざるを得なかった。それは彼らが意図しなかった戦果であった。

本隊が長沙に到達すると、太平軍は城南の清軍に攻勢をかけたが失敗し、張亮基が太平軍陣地の周囲に包囲網を形成するなど、戦況は清軍の方が優位に立っていた。そこで太平軍はトンネルを掘り進め、三度にわたり地雷攻撃を試みたが、城内へ突入することは出来なかった。

いっぽう攻城部隊にかかる圧力を軽減するべく湘江西岸へ渡河した石達開の軍は、向栄の清軍としばしば戦闘を交えた。ここでも清軍は優勢であったが、水陸洲の戦いで太平軍の伏兵攻撃を受けて大敗すると、彼らは戦意を喪失した。また彼らを支援すべく送られた張国樑の潮州勇は略奪に明け暮れ、欽差大臣徐広縉と共に到着する筈の福興の援軍はいっこうに姿を見せなかった。

太平軍の長沙撤退は、これら清軍の厭戦気分を巧みに突いた行動であった。清軍は事前に太平軍の動きを察知出来なかったばかりか、その行き先についても判断を誤った。そして追撃を振り切った太平軍は岳州で新たな発展のきっかけをつかむことになる。

結局のところ太平軍の長沙攻撃は失敗に終わった。許祥光が「咸豊二年（一八五二）に粤賊が長沙を攻めて破れなかったのは、天がこれを留めて東南を恢復する基としたのである」[145]と述べたように、後に湖南で組織された湘軍が太平天国鎮圧において果たした役割を考えれば、その影響は少なくなかった。だが奇襲作戦に失敗し、水路を用いた本隊の迅速な北上もかなわず、長沙到着後も包囲網に阻まれて新たな参加者を獲得できなかった情況を考えれば、劣勢な兵力にもかかわらず健闘したと見るべきだろう。また後に太常寺少卿の雷以諴（湖北咸寧県人）が「羅繞典、張亮基はただ長沙を固守することにこだわり、全体の戦局について計画をたてようとしなかった[146]」と告発したように、太平軍が多くの清軍を長沙へ引きつけた結果、その後の岳州および湖北への進出が容易になったという側面も見逃せない。いずれにせよ彼らが省都クラスの城郭を占領できる力を持つためには、なお多くの経験と軍の拡大が必要だったのである。

【註】

（1）菊池秀明『広西移民社会と太平天国』【本文編】【史料編】、風響社、一九九八年。
（2）菊池秀明『清代中国南部の社会変容と太平天国』汲古書院、二〇〇八年。
（3）本書第一章、第二章。
（4）本書第三章、第四章。
（5）本書第五章。
（6）本書第六章。
（7）簡又文『太平天国全史』上冊、香港猛進書屋、一九六二年。またJ・スペンス氏も簡又文氏の研究に依拠しながら自身の見解を述べている（Jonathan Spence, God's Chinese Son: The Taiping Heavenly Kingdom of Hong Xiuquan. New York: W. W. Norton 1996. 佐藤公彦訳『神の子・洪秀全——その太平天国の建設と滅亡』慶応義塾大学出版会、二〇一一年、二二三頁）。
（8）鍾文典『太平天国開国史』広西人民出版社、一九九二年。

(9) 王慶成「壬子二年太平軍進攻長沙之役」『太平天国的歴史和思想』中華書局、一九八五年、一六四頁。
(10) 崔之清主編『太平天国戦争全史』一、太平軍興（一八五〇―一八五三）、南京大学出版社、二〇〇二年。
(11) 菊池秀明「イギリス国立公文書館所蔵の太平天国史料について」中国文史哲研究会編『集刊東洋学』一〇二号、二〇〇九年。
(12) 中国第一歴史檔案館編『清政府鎮圧太平天国檔案史料』一〜二六、光明日報出版社および中国社会科学文献出版社、一九九〇年〜二〇〇一年（以下『鎮圧』と略記）。
(13) 郭廷以『太平天国史事日誌』商務印書館、一九四六年（上海書店再版、一九八六年、上冊）一八六頁は蕭朝貴の出発を八月二十六日としており、王慶成氏もこれに従っている。だが崔之清氏は光緒『郴州直隷州郷土志』巻上、兵事に「（太平軍）陥郴州、踞城三日、分偽西王蕭朝貴一股由永興犯長沙」とあることを理由に、先鋒隊が進発したのは郴州陥落から四日後の二十一日であると主張した（崔之清主編『太平天国戦争全史』一、五〇九頁）。後述の如く永興県は八月二十三日に陥落しており、蕭朝貴が二十六日に出発したというのは事実に合わない。ここでは崔之清氏の説に従う。
(14) 賽尚阿等奏、咸豊二年八月初一日『鎮圧』三、四八七頁。また同治『安仁県志』巻十六、事紀、兵変によると、「土匪」李光徳が太平軍に呼応して蜂起したが失敗した（楊奕青等編『湖南地方志中的太平天国史料』岳麓書社、一九八三年、七〇七頁）。
(15) 羅繞典等奏、咸豊二年七月二十九日『鎮圧』三、四八一頁。
(16) 本書第五章。
(17) 賽尚阿等奏、咸豊二年八月初一日『鎮圧』三、四八七頁。
(18) 王慶成「壬子二年太平軍進攻長沙之役」。
(19) 張徳堅『賊情彙纂』巻十一、賊数、老賊および新賊（中国近代史資料叢刊『太平天国』三、神州国光社、一九五二年、二九一・二九四頁）。
(20) 賽尚阿等奏、咸豊二年八月初一日『鎮圧』三、四八七頁。

(21) 賽尚阿等奏、咸豊二年八月十四日『鎮圧』三、五三六頁。
(22) 羅繞典奏、咸豊二年七月二十九日『鎮圧』三、四八一頁。
(23) 佚名『粤匪犯湖南紀略』（太平天国歴史博物館編『太平天国史料叢編簡輯』一、中華書局、一九六二年、六三頁）。また江忠源「答劉霞仙書」には「賊衆雖称万人、其実能打仗者不過二、三千人」とある（『江忠烈公遺集』巻一）。
(24) 張徳堅『賊情彙纂』巻十一、賊数、老賊（『太平天国』三、二九〇頁）。
(25) 李秀成の供述書（並木頼壽等編『新編　原典中国近現代思想史』一、開国と社会変容、岩波書店、二〇一〇年、二二〇頁。また羅爾綱『増補本李秀成自述原稿注』中国社会科学出版社、一九九五年、一二二頁）。
(26) 本書第五章を参照のこと
(27) 江忠源「答劉霞仙書」『江忠烈公遺集』巻一。
(28) 張徳堅『賊情彙纂』巻十一、賊数、老賊（『太平天国』三、二九〇頁）。
(29) 姚瑩「請速進兵議」『中復堂遺稿続編』巻一。
(30) 張徳堅『賊情彙纂』巻十一、賊数、新賊（『太平天国』三、二九四頁）。
(31) 駱秉章奏、咸豊二年四月二十二日『鎮圧』三、二一〇頁。
(32) 駱秉章自注『駱公年譜』。
(33) 羅繞典奏、咸豊二年七月初八日『鎮圧』三、四四二頁。
(34) 光緒『善化県志』巻十五、兵防、険要附。
(35) 佚名『粤匪犯湖南紀略』『太平天国史料叢編簡輯』一、六三頁。
(36) 曽水源等稟、太平天国壬子二年八月初九日、F.O.九三一　一三五〇、英国国立公文書館蔵。また羅爾綱・王慶成主編、中国近代史資料叢刊続編『太平天国』三、広西師範大学出版社、二〇〇四年、一頁（以下続編『太平天国』）。
(37) 王闓運『湘軍志』湖南防守篇第一、岳麓書社、一九八三年、三頁。
(38) 王定安『湘軍記』巻一、粤湘戦守篇、岳麓書社、一九八三年、七頁。

(39) 駱秉章奏、咸豊二年六月十八日『鎮圧』三、三九七頁。また王葆生については光緒『善化県志』巻十八、名宦、黄冕については同治『長沙県志』巻二四、人物二にそれぞれ伝がある。

(40) 王闓運『湘軍志』湖南防守篇第一。また光緒『善化県志』巻三三、兵難附にも「時省城設有偵探、不敢直報、確者転戮其揺衆」とあり、斥候たちが民心を動揺させた罪で処罰されるのを恐れて事実を報告しなかったとある。

(41) 光緒『善化県志』巻三三、祥異、兵難附。

(42) 佚名『粤匪犯湖南紀略』『太平天国史料叢編簡輯』一、六三頁。

(43) 曽水源等稟、太平天国壬子二年八月初九日、F.O. 九三一　一三五〇号。

(44) 王闓運『湘軍志』湖南防守篇第一。

(45) 曽水源等稟、太平天国壬子二年八月初九日、F.O. 九三一　一三五〇号。

(46) 徐広縉等奏、咸豊二年十二月二十二日『鎮圧』四、二七四頁。また同じ内容の上奏が張亮基『張大司馬奏稿』巻二に収録されている。

(47) 洪仁玕の供述書、同治三年九月二十七日、続編『太平天国』二、四一〇頁。また『新編　原典中国近現代思想史』一、二四七頁。

(48) 羅繞典等奏、咸豊二年八月初三日『鎮圧』三、四九八頁。なお光緒『善化県志』は蕭朝貴の負傷について、太平軍の使用していた「銅砲が炸裂」したためと述べている(巻三三、祥異、兵難附)。また賽尚阿等奏、咸豊二年八月二十四日には「(九月二十六日)偽西王所踞馬姓民房、時有張黄傘賊数十人在於屋後土山砌築営盤、経我兵砲撃十余人、並將馬姓楼房撃去屋頂」「探得賊信、係賊偽西王在省身受砲傷」とあり、蕭朝貴の負傷に気づいたのは九月下旬であった(『鎮圧』三、五六三頁)。

(49) 羅繞典等奏、咸豊二年八月初三日『鎮圧』三、四九八頁。また同奏、咸豊二年九月初三日には「訊據生擒賊匪供称、偽西王於二十二日(十月五日)出探地勢、被我兵砲撃左肩、傷重未癒」とある(『鎮圧』三、五八七頁)。

(50) 徐広縉等奏、咸豊二年十二月二十二日『鎮圧』四、二七四頁。

(51) 本書第五章。
(52) 張徳堅『賊情彙纂』巻一、劇賊姓名上、首逆事実（『太平天国』三、四七頁）。
(53) 光緒『善化県志』巻三三、祥異、兵難附。
(54) 羅繞典等奏、咸豊二年八月初三日・八月十一日『鎮圧』三、四九八・五二五頁。また同奏、同年八月初六日には「該匪等連日用槍炮轟撃西南城角一帯」とある（同書五一〇頁）。
(55) 同治『安化県志』巻二三、人物、先達、羅繞典。
(56) 光緒『善化県志』巻三三、祥異、兵難附。
(57) 羅繞典等奏、咸豊二年八月初六日『鎮圧』三、五一〇頁。
(58) 羅繞典等奏、咸豊二年八月初九日『鎮圧』三、五一七頁。
(59) 光緒『善化県志』巻三三、祥異、兵難附。なお潘鐸については光緒『湖南通志』巻一〇八、名宦志十七、国朝六に記載がある。また陳本欽については同治『長沙県志』巻二四、人物二、唐際盛については光緒『湖南通志』巻一七六、人物志十七、長沙府、善化県にそれぞれ伝がある。
(60) 羅繞典等奏、咸豊二年八月初九日・八月十一日『鎮圧』三、五一七頁・五二五頁。
(61) 賽尚阿等奏、咸豊二年八月十四日『鎮圧』三、五三七頁。
(62) 羅繞典等奏、咸豊二年八月二十日『鎮圧』三、五五五頁。
(63) 賽尚阿等奏、咸豊二年八月二十四日『鎮圧』三、五六三頁。また江忠源「答劉霞仙書」『江忠烈公遺集』巻一にも「十三日（九月二六日）申刻抵省、軍於小呉門外、次早縋城而入」とある。
(64) 江忠源「答劉霞仙書」『江忠烈公遺集』巻一。
(65) 羅繞典等奏、咸豊二年八月十一日『鎮圧』三、五二五頁。賽尚阿等奏、咸豊二年八月十四日、同書五三七頁。
(66) 羅繞典等奏、咸豊二年八月二十日『鎮圧』三、五五五頁。
(67) 賽尚阿等奏、咸豊二年八月二十四日『鎮圧』三、五六三頁。

(68) 江忠源「答劉霞仙書」『江忠烈公遺集』巻一。
(69) 羅繞典等奏、咸豊二年八月二十五日『鎮圧』三、五六九頁。なお同史料には「此次三次攻巣、斃賊四百余人」とあるが、江忠源は「斃賊数十、百人」と述べている（江忠源「答劉霞仙書」）。
(70) 羅繞典等奏、咸豊二年八月二十日『鎮圧』三、五五五頁。
(71) 佚名『粤匪犯湖南紀略』『太平天国史料叢編簡輯』一、六三頁。
(72) 程矞采奏、咸豊二年八月二十日『鎮圧』三、四五九頁。
(73) 賽尚阿等奏、咸豊二年八月初一日『鎮圧』三、四八七頁。
(74) 諭内閣、咸豊二年八月十一日『鎮圧』三、五二二頁。
(75) 軍機大臣、咸豊二年八月十二日『鎮圧』三、五二九頁。諭内閣、同年八月十二日、同書五三〇頁。
(76) 賽尚阿奏、咸豊二年八月初一日『鎮圧』三、四九四頁。
(77) 諭内閣、咸豊二年九月初二日『鎮圧』三、五八六頁。
(78) 軍機大臣、咸豊二年九月初二日『鎮圧』三、五二九頁。
(79) 裕誠等奏、咸豊三年正月二十二日『鎮圧』四、五二八頁。
(80) 賽尚阿親供、咸豊三年正月二十二日、軍機処檔案〇八八六五三号、国立故宮博物院蔵。
(81) 黎吉雲奏、咸豊三年七月二十五日『鎮圧』三、四七四頁。
(82) 諭内閣、咸豊二年九月初二日『鎮圧』三、五八六頁。また程矞采が太平軍の攻撃を避けて長沙へ退き、また衡州へ逃れたために人々の恨みを買ったと告発された点については本書第六章を参照のこと。
(83) 崔之清主編『太平天国戦争全史』一、五三七頁。
(84) 賽尚阿等奏、咸豊二年八月十四日『鎮圧』三、五三六頁。
(85) 軍機大臣、咸豊二年七月十九日『鎮圧』三、四六二頁。
(86) 程矞采奏、咸豊二年五月二十五日『鎮圧』三、三三八頁。

(87) 賽尚阿奏、咸豊二年八月初一日『鎮圧』三、四九四頁。
(88) 本書第二章を参照のこと。
(89) 賽尚阿等奏、咸豊二年七月十四日『鎮圧』三、四四九頁。
(90) 論内閣、咸豊二年八月二十三日『鎮圧』三、五六〇頁。なお清朝は賽尚阿に長沙へ急行して羅繞典らと「協同剿辦」し、程矞采には衡州で「督兵防守」するように命じていた（軍機大臣、咸豊二年八月二十三日『鎮圧』三、五六一頁）。
(91) 賽尚阿等奏、咸豊二年八月二十四日『鎮圧』三、五六三頁。
(92) 軍機大臣、咸豊二年八月二十九日・同二十六日『鎮圧』三、五七六・五七四頁。
(93) 賽尚阿等奏、咸豊二年九月初一日『鎮圧』三、五七九頁。
(94) 羅繞典等奏、咸豊二年八月二十五日『鎮圧』三、五六九頁。
(95) 張亮基奏、咸豊二年八月二十六日『宮中檔咸豊朝奏摺』五、六二六頁。また張亮基『張大司馬奏稿』巻一。
(96) 張亮基奏、咸豊二年九月初六日、軍機処檔案〇八六三四六号。また張亮基『張大司馬奏稿』巻一。
(97) 羅繞典等奏、咸豊二年九月初六日『鎮圧』三、五九六頁。
(98) 賽尚阿等奏、咸豊二年九月十四日『鎮圧』四、一頁。佚名『粤匪犯湖南紀略』『太平天国史料叢編簡輯』一、六五頁。
(99) 光緒『善化県志』巻三三、祥異、兵難附。この金盆嶺・洞井鋪の戦いについては王慶成氏、崔之清氏共に瀏陽門外の戦いとは別の戦闘であるとしたうえで、太平軍の伏兵部隊が清軍の位置を充分に把握せずに布陣したことが敗北の原因であったと述べている（王慶成「壬子二年太平軍進攻長沙之役」および崔之清主編『太平天国戦争全史』一、五五三頁）。
(100) 賽尚阿等奏、咸豊二年九月十四日『鎮圧』四、一頁。
(101) 光緒『善化県志』巻三三、祥異、兵難附。
(102) 賽尚阿奏、咸豊二年九月初十日『鎮圧』三、六〇九頁。
(103) 賽尚阿等奏、咸豊二年九月十四日・九月二十二日『鎮圧』四、一・一四頁。
(104) 羅繞典等奏、咸豊二年十月初六日『鎮圧』四、三〇頁。張徳堅『賊情彙纂』巻十一、賊数、新賊（『太平天国』三、二九四頁）。
(105) 賽尚阿等奏、咸豊二年九月二十二日『鎮圧』四、一四頁。
(106) 佚名『粤匪犯湖南紀略』『太平天国史料叢編簡輯』一、六五頁。
(107) F.O.九三一　一九〇六、咸豊二年十月。なお羅繞典等奏、咸豊二年十月初六日『宮中檔咸豊朝奏摺』六、七八頁には「所有官兵防剿及賊匪紮營處所理合繪圖、恭呈御覧」とあり、この図が十一月中旬の戦況を描いたものであることがわかる。
(108) 曽国藩奏、咸豊三年六月十二日『曽国藩全集』奏稿一、岳麓書社、一九八七年、六〇頁。
(109) 羅繞典等奏、咸豊二年十月初六日『鎮圧』四、三〇頁。
(110) 光緒『善化県志』巻三三、祥異、兵難附。
(111) 羅繞典等奏、咸豊二年十月初六日『鎮圧』四、三〇頁。光緒『善化県志』巻三三、祥異、兵難附。
(112) 羅繞典等奏、咸豊二年十月二十三日『鎮圧』四、五〇頁。
(113) 張徳堅『賊情彙纂』巻十一、賊数、老賊（『太平天国』三、二九一頁）。
(114) 李秀成の供述書（並木頼壽等編『新編　原典中国近現代思想史』一、開国と社会変容、二二一頁。また羅爾綱『増補本李秀成自述原稿注』中国社会科学出版社、一九九五年、一二二頁）。
(115) 賽尚阿等奏、咸豊二年九月十四日『鎮圧』四、一頁。また図11には岳麓山のふもとに向栄が、その西に馬龍が駐屯している様子が示されている。
(116) 賽尚阿等奏、咸豊二年九月二十二日『鎮圧』四、一四頁。
(117) 張亮基奏、咸豊二年九月初六日、軍機処檔案〇八六三四六号。また『張大司馬奏稿』巻一。
(118) 曽国藩奏、咸豊三年六月十二日『曽国藩全集』奏稿一、六〇頁。
(119) 張亮基奏、咸豊二年九月初六日、軍機処檔案〇八六三四六号。また『張大司馬奏稿』巻一。
(120) 光緒『善化県志』巻三三、祥異、兵難附。
(121) 同治『醴陵県志』巻六、武備、兵事。

(122) 賽尚阿等奏、咸豊二年九月二十二日『鎮圧』四、一八頁。
(123) 『江忠烈公行状』。また佚名『粤匪犯湖南紀略』によると、太平軍の伏兵攻撃によって清軍は「截為両段」と分断され、多くが河辺へ逃げて溺死した。また河南兵六百名以上、将校四七名が戦死して「大損軍威」という（『太平天国史料叢編簡輯』一、六五頁）
(124) 賽尚阿等奏、咸豊二年九月二十二日『鎮圧』四、一八頁。
(125) 『江忠烈公行状』。
(126) 羅繞典等奏、咸豊二年十月初六日『鎮圧』四、三〇頁。
(127) 徐広縉奏、咸豊二年十月初二日『鎮圧』四、二四頁。
(128) 『江忠烈公行状』。
(129) 羅繞典等奏、咸豊二年十月二十三日『鎮圧』四、五〇頁。
(130) 光緒『善化県志』巻三三、祥異、兵難附。
(131) 王闓運『湘軍志』湖南防守篇第一（岳麓書社版四頁）。
(132) 徐広縉奏、咸豊二年十月二十六日『鎮圧』四、五四頁。
(133) 郭振墉『湘軍志平議』湖南防守篇第一、岳麓書社、一九八三年、一九七頁。
(134) 『江忠烈公行状』。なお郭振墉『湘軍志平議』湖南防守篇第一によると、張亮基は太平軍が洞庭湖へ進出すれば「不復可制矣」と危機感を持ったが、欽差大臣の徐広縉が駐屯する湘潭へ援軍を送らざるを得なかったという（岳麓書社版一九七頁）。
(135) 羅繞典等奏、咸豊二年十月二十三日『鎮圧』四、五二頁。徐広縉奏、咸豊二年十月二十六日、同書四、五四頁。
(136) 駱秉章自注『駱公年譜』。
(137) 論内閣、咸豊二年十一月初三日『鎮圧』四、七一頁。
(138) 軍機大臣、咸豊二年十一月初三日『鎮圧』四、七一頁。
(139) 徐広縉奏、咸豊二年十月十七日『鎮圧』四、四六頁。

(140) 賽尚阿等奏、咸豊二年九月二十二日『鎮圧』四、一四頁。
(141) 張亮基奏、咸豊二年十一月十九日『宮中檔咸豊朝奏摺』六、三〇二頁。また『張大司馬奏稿』巻一。
(142) 鄒焌杰奏、咸豊二年十一月十七日、軍機処檔案〇八七五七七号。なおこの時瀏陽県に派遣された工作員は唐理雲、李亨道の二名で、東郷団長で廩生の王応蘋に捕らえられたが、周国虞らは王応蘋を殺害して計画が発覚するのを防いだという。また張亮基等奏、咸豊二年十二月二十二日『張大司馬奏稿』巻一。
(143) 張亮基奏、咸豊二年八月二十六日、軍機処檔案〇八六一八九号。また『張大司馬奏稿』巻一。
(144) 賽尚阿等奏、咸豊二年九月初一日・九月二十二日『鎮圧』三、五七九頁・同書四、一六頁。
(145) 許瑤光『談浙』巻一（『太平天国』六、五六九頁）。
(146) 雷以諴奏、咸豊二年十一月二十九日、軍機処檔案〇八七八二二号。

第八章　太平天国の武昌占領とその影響

はじめに

筆者は別著において太平天国の生まれた原因が広西移民社会のリーダーシップを握った科挙エリートと非エリートの対立にあり[1]、清朝の統治が行きづまる中で人々は「理想なき時代」を乗りこえる処方箋を熱望していたと述べた[2]。また本書第一部では上帝会が慎重に準備を進め、各地の会員を糾合して金田団営を成功させたこと[3]、永安州時代の太平天国は楊秀清のイニシアティブを強化しながら王朝体制のひな形を整え、広東信宜県の凌十八はその慎重な行動ゆえに太平軍と合流できなかったことを指摘した[4]。

さらに本書は広西北部、湖南南部を転戦した太平天国が強い宗教性を帯びており、工作員を派遣するなど積極的な動員工作によって各地の反政府勢力を糾合したことを明らかにした[5]。また一八五二年九月から八十一日間にわたった太平軍の長沙攻撃は失敗したが、清軍も一度は太平軍を逆包囲しながら勝利を得ることは出来ず、指揮が統一されなかったためにその北進を許したことを指摘した[6]。

本章は長沙を撤退した太平軍が岳州を占領し、一八五三年一月に揚子江中流域の重鎮である武昌を陥落させた過程を考察する。この時期における戦局の変化は、太平天国が南京へ進出して全国的な運動へ発展するうえで決定的な影響を与えた。また岳州と武昌の陥落は多くの体制派知識人に衝撃を与え、反乱拡大の原因とその鎮圧方法をめぐる多くの議論を生み出した。さらに武昌で太平天国が試みた様々な措置は、南京進出後に実施された社会制度のひな形となるものだった。

しかし太平天国史において重要なこの時期に関する先行研究としては、簡又文氏[7]、鍾文典氏[8]の通史的研究および崔之清氏[9]の軍事史研究などが数えられるに過ぎない。その最大の原因は当該時期の档案史料が宮中档、軍機処档共に台湾に所蔵され、大陸の研究者が活用する条件がなかったことに求められる。そこで筆者は一九九九年から台湾の国立故宮博物院を訪問し、同図書文献館所蔵の档案史料を系統的に整理、分析した。また二〇〇八年、二〇〇九年にはイギリスの国立公文書館（National Archives）でいくつかの新史料を発見した[10]。さらに中国第一歴史档案館編『軍機処奏摺録副・農民運動類』および同館編『清政府鎮圧太平天国档案史料』[11]を併せ用いることで、この時期の太平天国の歴史を出来る限り具体的に描き出してみたい。それは太平天国の歴史を「革命の先駆者」あるいは「破壊者」といった従来の評価を越えて、十九世紀中国の社会変容という視点からとらえ直す作業になると思われる。

一、太平軍の洞庭湖進出と岳州占領

（a）　太平軍の北上戦略と洞庭湖進出

十一月三十日に長沙を撤退した太平軍は北西に進路を取り、翌十二月一日に寧郷県を占領した[12]。三日に先鋒隊は益陽県を陥落させ、後衛部隊は寧郷県近くで追撃してきた向栄の清軍と遭遇した。四日に向栄が蒼水鋪に到着すると、益陽県城の資江沿岸にはすでに太平軍が浮き橋を作って防禦を固めていた。向栄は対岸の陸賈山に陣を敷いて太平軍と戦ったが、副将紀冠軍など数百名の死者を出して敗北した[13]。七日に太平軍の先鋒隊は洞庭湖への入口にあたる臨資口（林子口）に到達した。同じく七日に主力は蘭溪市で向栄の派遣した総兵郭仁布の軍を破り、翌八日に西林港へ向かった[14]。

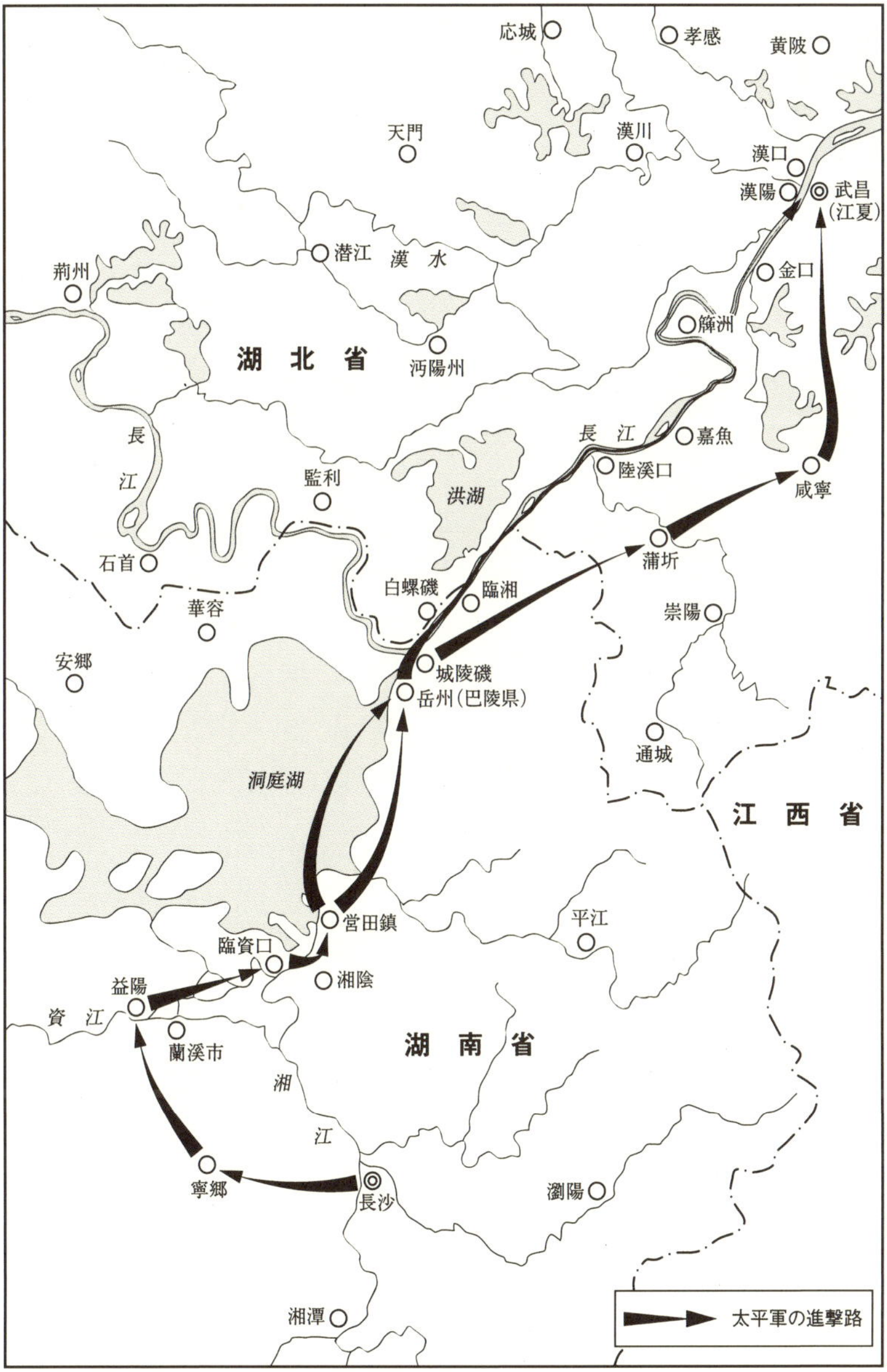

図12　太平天国の岳州・武昌進出図
郭毅生主編『太平天国歴史地図集』中国地図出版社、1988年より作成。

わずか数日の戦いであったが、局面は大きく変化していた。その最大の理由は太平軍が益陽県で数百隻の船を獲得し、水路を用いて洞庭湖へ進出する可能性が開けたことにあった。元々清朝は長沙の太平軍が南北へ進出することを防ぐために、往来する船舶を臨資口、湘陰県の土星港などに停泊させていた。益陽県でも船が「雲集」し、これを「駆遣しようにも地なし」[15]すなわち撤去できない状態だった。そして太平軍が益陽県に到達すると、「河内の船隻はおよそ数百艘、知県があらかじめ移動させていなかったために、ことごとく賊に奪われた」[16]とあるように全て太平軍の手中に落ちた。また蘭溪市でも「沿岸で多くの空船を奪い、水陸に分かれて行軍」[17]したという。

大量の船を獲得したことは、太平軍の進撃方向を変えさせた。李秀成によると、長沙を撤退した当初の太平軍は「益陽県から洞庭湖の沿岸を常徳へ向かい、河南を取って家となす」[18]とあるように、洞庭湖西岸を経由して北上する戦略を持っていたという。これは徐広縉の上奏からも確認でき、「逆匪はすでに寧郷に至ったが、捕らえた犯人の供述によれば、常徳へ向かおうとしているという」[19]とある。だが水路による行軍が可能になったことで、洞庭湖から東北へ進出する可能性が一気に開けた。この時の太平天国首脳による方針変更の様子を、李濱『中興別記』は次のように描いている。

はじめ賊が長沙から西へ向かった時、寧郷から洞庭［湖］を廻ってしばらく常徳を取って根拠地にしようと考えた。船舶があまり備わっていなかったため、なお軽々しく湖を渡ろうとはしなかったのである。だが官軍が益陽、湘陰県を守るために、川や港で商民の船が航行するのを止めると、それらはことごとく賊の所有となった。するとと楊秀清は大いに喜び、洪秀全らに「これは天父の賜ったものだ。天に逆らうことは不吉である。まさに進撃方向を変えて洞庭湖に向かい、岳州をめざすべきだ」と言った。これにより賊は水陸で助け合うようになり、益々抑えることが出来なくなった。[20]

李濱の記載が何を根拠としたものかは不明である。だが『天情道理書』は長沙攻撃が失敗した理由を天父の暗黙の導きによるとしたうえで、「もし長沙に長く留まっていたら、益陽などの河川の船戸は妖魔の脅しによって遠くへ遁れていただろう。そうなったらわが百万の雄師はどうやって船を獲得し、流れに沿って武昌を破ることが出来ただろうか」[21]と述べている。ここから見る限り進撃ルートの変更は、天父下凡を行った東王楊秀清のイニシアティブによって決定されたと見るべきだろう。

それでは戦局を大きく変えたこの時期に、清軍はなぜ適切な措置を取ることが出来なかったのだろうか。すでに八月二十七日に湖北巡撫常大淳はみずから岳州を視察し、洞庭湖対岸の湘陰県から「順風に帆をあげれば半日で［岳州］郡城へ到達」出来ることを知った。そこで彼は巴陵県の紳士である呉士邁に漁勇二千名、漁船五百隻を組織させ、訓練を行わせた[22]。また洞庭湖口、土星港、臨資口などに関所を設け、川底に石を積んだ船を沈めたり、杭を打ち込んでバリケードを築かせた[23]。

つぎに新任の提督双福と交代で北京へ向かう予定だった湖北提督博勒恭武（満洲正白旗人）は、前塩法武昌道の王東槐と共に兵一六〇〇名を率いて岳州を防衛するように命じられた[24]。また太平軍が湖北荊州に進出しようとしているとの情報が入ると、岳州の対岸に近い監利県の白螺磯に駐屯していた荊州将軍の台湧は長江上流の沙市に移って洞庭湖西北の守りを強化した[25]。さらに湖南で舥子船に乗った「盗匪」が横行しているとの告発がなされると[26]、湖南巡撫駱秉章は実態の調査を行った[27]。寧郷県知県の斉徳五も太平軍の長沙攻撃中に蠢動した「土匪」を弾圧し、団練を動員して不穏分子を粛清したという[28]。

ところが太平軍が接近すると、益陽県の城外に駐屯していた清軍はいち早く逃亡し、知県陳応台もその後に続いた[29]。臨資口に築かれたバリケードも十二月九日に太平軍が「民人を脅逼して幫拆[30]」即ち人々を動員して撤去してしまい、土星港に駐屯していた呉士邁の漁勇は「人情が固くなかったために、賊が至ると軍は潰えた[31]」とあるように戦わずして敗走した。さらに太平軍は湘陰県城を攻めたが、外委楊載福（即ち楊岳斌、後に曽国藩の推薦によって福建陸路提督となり、湘軍を率いた）の抵抗に遭い、総兵常禄と都司張国樑の援軍が到着したために攻略をあきらめた。そして十二月十一日に営田鎮から水陸両軍に分かれて岳州へ向かったという。(32)

（b）　太平軍の岳州占領と清軍の敗因について

いっぽう岳州では迎撃体制が全く整っていなかった。常大淳の上奏によると、博勒恭武は十二月十三日未明に太平軍が府城から十五キロに接近したことを知り、兵八百名を率いて五里排に向かったところ、太平軍二千人余りと遭遇した。戦いが始まると、東門から火の手が上がり、太平軍の騎兵、歩兵が後方から突撃してきた。挟み撃ちとなった清軍は「抵抗出来なくなり、ついに潰え散じた(33)」とあるように総崩れとなり、博勒恭武も負傷して武昌へ撤退した。

また徐広縉の上奏によれば、十三日に大荊に到着した向栄は太平軍が岳州へ向かったことを知り、博勒恭武に「冷静に厳しく防衛に努められたい。一、二日持ちこたえられれば大軍が到着する。くれぐれも為すところを知らずに驚き慌てることのなきように望む」という書簡を送った。しかし十四日に岳州の新口鋪に到着して見ると、府城はすでに陥落していた。また巴陵県から脱出した者の供述によれば、「岳州の官員は初二日（十二月十二日）にすでに城を出ており、初三日（十二月十三日）には［巴陵］知県もまた城を出た。昼時になって賊匪が三股に分かれて湧くように現れると、官兵は全て潰え散じた。城門は大きく開かれ、守る人間がいなかったため、賊匪は城内へ進駐した。城内の火薬、大砲および備蓄された食糧など一切はみなすでに賊のものとなった(34)」という。

岳州陥落の知らせを受けた清朝は、博勒恭武が挟み撃ちに遭ったのは「匪徒が府城へ入り込み、賊のために内応したためであり、岳州府知府廉昌、巴陵県知県胡方穀、参将阿克東阿らが警戒を怠っていたことを叱責した(35)。また徐広縉の上奏が届いた十二月二十七日の上諭では、廉昌ら三人について「平日は毫も準備がなく、事変にあっては城を棄てて逃げるなど、この良心の失いぶりは実に情理の外である(36)」と非難して調査を命じた。そして徐広縉が「これらの文武官員は賊がいまだ至らぬうちに先に潰えたのであり、実にいまだ兵を率いて迎撃したという話を聞かない[37]」と報告すると、廉昌と胡方穀は「［城を］固守せずに棄て去った」罪によって死刑を命じられた[38]。また阿克東阿については武昌陥落後に湖広総督となった張亮基によって一度は戦死と報じられたが、その後負傷して江蘇海州に潜伏していたことがわかり、自首したところを殺された[39]。

さらに咸豊帝は博勒恭武についても、その負傷が「虚捏」ではないかと疑って調査を命じた[40]。すると徐広縉は彼が十二日に太平軍の岳州接近を知るとすぐに城を出たという証言をもとに、他の官吏と同じく逃亡したのは「すでに疑義のない[41]」ことであると報じた。武昌到達後に漢川県および江蘇で傷の治療をしていた博勒恭武は、徐広縉の上奏に怒った咸豊帝が彼の処刑を命じたことを知り、満洲旗人の名誉を傷つけた汚名をそそぐため密かに北京へ戻ったところを捕らえられた。彼は十二月十三日の戦いについて「もし戦っていないと言うなら、死んだ賊や亡くなった兵三百余名は誰に殺されたというのか」とあるように冤罪を主張した。また彼は「まさに進攻しようとした時に、郷勇が城を献げてしまい、東門から数万人の賊匪が一斉にくり出して背後を襲った[42]」と述べており、岳州城内で晏仲武（巴陵県人）らによる内応工作があったことを示唆している。

結局のところ岳州陥落の責任は守備を担当していた文武官員に負わされたが、清軍の実際の敗因はどこにあったのだろうか。そこで手がかりとなるのは十二月二十二日に出された陝西道監察御史王茂蔭（安徽歙県人）の上奏である。彼は次のように述べている

湖南の賊匪は十月十九日（十一月三十日）の夜に紛れて奔走し、寧郷県へ逃れたという話であったが、署総督の徐広縉は将兵を派遣して常徳、宝慶へ入るのを防ごうとした。常徳は商人が集まる場所であり、彼らが羨む可能性は否定できないが、宝慶は広西へ退く路線に当たり、広西から来た彼らがその地の富がすでに尽きていることを知らない筈はない。私は彼らが寧郷から沅江に迫り、洞庭湖へ進出して岳州を窺うのは間違いないと考えた。

徐広縉が張国樑らに兵四千名を率いて長沙の西北へ向かわせたのは、賊匪に突破させないためであった。しかし私の聞くところでは岳州の守備兵力は僅か二千名であり、しかも湖南にいる総督、巡撫などの大官は決して岳州が重要とは考えていない。彼らは湖北提督の博勒恭武が岳州に駐屯したのも厄介なことだと感じており、湘陰県で発生した土匪の騒ぎを博勒恭武が鎮圧した時も、湖南の文武官員は誰一人として手助けをしなかった。

しかも捕らえられた土匪の供述によると、彼らの頭目である晏五、別名晏和尚は有名なアヘン商人であり、会匪と息の通じた人物である。八月に彼は長沙にあった賊の陣地を訪ね、偽旗や銀を与えられて、湘陰県で賊を出迎え、食糧や火薬を強奪しようと図った。このため岳州府城では人々がことごとく逃げ出したのであり、もし湖北の兵勇が弾圧しなかったら、岳州はどうなったかはわからない。数十万の兵糧と火薬が奪われたばかりか、現在賊匪は北へ向かっており、岳州の守りが手薄だと知って侵入すれば、東は武昌、西は荊州へ行くことが可能となる……。しかも武昌の守備兵はたったの数百名であり、大変憂慮すべきである。もし岳州が失われれば、湖北は必ずや激震となる。さらに彼らが長江を下ることになれば、水師も兵糧もないのである。(43)

ここで王茂蔭は太平軍の北進を予想し、その南下に備えた徐広縉の措置が誤りだったと述べている。また湖南の文武各官が長沙の防衛を優先したために、湖北の入り口となる岳州については無警戒であったこと、湖北提督の博勒恭武が岳州に駐屯したことにも冷淡な反応を見せ、「晏五」すなわち晏忠武が太平天国に呼応する動きを見せても真剣に対応していないと批判した。そして岳州が陥落すれば、武昌の守りは更に手薄であり、太平軍が長江を東へ向かえば事態は収拾がつかなくなると警鐘を発している。

こうした危機感は長江流域出身の知識人に共通して見られた。前任刑部主事の王柏心（湖北監利県人）は「南楚の将吏には賊をほしいままに東下させたいという意がある」とあるように、湖南の地方長官たちが太平軍の長江流域への進出もやむなしと考えていると指摘した。また彼は水陸の要衝である岳州に二、三万人の兵力を置くべきであると述べたうえで、「岳州を守れなかったら、武昌は嬰城となって自ら固めることになるが、これは坐困であってよい方策とは言えない[44]」とあるように、岳州が陥落すれば武昌は孤立して籠城せざるを得ないと指摘した。

さらに実際に岳州が陥落すると、咸豊帝は「岳州、湘陰一帯は南北両省の要隘であり、朕は早くから賊匪が追いつめられれば、必ずこの道を通って逃げるだろうと考えた。そして九月以来しばしば諭旨を降して該大臣らに精鋭を派遣し、協力して防衛するように命じていた。先の徐広縉の上奏にも派兵して賊が北進する道を防ぐとあったのに、どうして博勒恭武が賊と戦った時に、湖南からの追撃の官兵が前後から挟み撃ちにしなかったのか[45]」とあるように、太平軍の北進を予防せず、追撃の兵も送らなかったとして徐広縉を叱責した。そして十二月十八日の上諭で彼を革職留任の処分とした[46]。

これらの批判に対して徐広縉は、太平軍を追って東へ向かう筈の綏靖鎮総兵和春、鎮遠鎮総兵秦定三らが彼の命令に待たずに南進し、岳州の救援についても「故意に遅延して、賊を北へ逃れさせた」と告発している。また彼は「向栄だけはなお愧奮を知り、回り道をして前進したが、その他の将校たちは均しく遅延と観望を免れなかった。もっとも恨むべきは福興の率いた広東兵であり、さきに強力と言われていたが、この提督が率いるようになってからは悪習に染まり、あれこれ理由をつけては前に進もうとしなかった」とあるように、徐広縉自身が起用した新広西提督福興率いる広東兵も役に立たなかったと弁明した。そして彼は自分の「威望が乏しく」、部下が従わない現状では「束手無策」にならざるを得ないと認めると共に、代わりの「重臣」を派遣するように求めた[47]。

だが岳州の陥落に関する限り、その主たる原因は清朝政府の判断の甘さにあった。太平軍が長沙を囲んでいた九月二十四日に、咸豊帝は「長沙に少しでも疎虞があれば、湖北はさらに防堵し難い[48]」と述べて岳州の博勒恭武に長沙の救援を命じた。十月二日に博勒恭武は先遣隊五二〇名を進発させたが、その直後に湖北巡撫羅繞典から「現在賊匪数百が船隻を擄掠し、真っ直ぐに下游に下って岳州を攻めるという説があり、厳密に防衛されたい[49]」という知らせが届き、長沙への移動は中止となった。しかしこの上諭を知った元兵部主事王家璧（湖北武昌県人）は、手紙の中で「憂うべきは岳州が北省の咽喉であり、提督の博勒恭武は現在長沙の救援を命じられたが、もし賊が隙に乗じて来襲すれば、事態はどうなるかわからない。もし岳州を失えば、彼らが北は荊州へ、東は夏口へ向かうのは必然である。わが省は現在防禦に努めていると言うが、いまだ力を発揮できるかどうかはわからない」[50]と述べている。彼は清朝が岳州の重要性を理解しておらず、湖北の防衛もおぼつかないと考えていたことが窺われる。

いっぽう常大淳が湖北防衛のために派遣を求めた安徽兵一千名は、江西の守りが手薄であることを危ぶむ両江総督陸建瀛の意向もあって出発が遅れた。また十月中旬に常大淳は、岳州で捕らえられた太平軍の密偵から「逆匪は現在長沙に二万の衆がおり、三股に分かれて湖北を攻めようとしている」という供述を得た。そして「逆匪はややもすれば数万と称しており、もし彼らがこれらの地へやって来たら、実のところ千や二千の兵を要所に配置しても防げるものではない」とあるように、深刻な兵力不足を指摘した。そして武昌へ到着した安徽兵四百名を岳州へ派遣すると共に、長沙の清軍から二千名を割いて岳州へ向かわせるように要請した[51]。

このように考えると清軍が岳州を失った第一の原因は、中央政府が戦局の変化に振り回され、長期的な展望に基づく戦略を打ち出せなかったことに求められよう。一八五三年一月に清朝は「遅延観望」の罪で福興を革職、和春らを革職留任の処分にした[52]。また陸建瀛と元協辦大学士・陝甘総督の琦善に欽差大臣の関防を与え、長江下流域と河南方面の防衛に当たらせた[53]。さらに咸豊帝は一月四日の上諭で「朕は即位して三年、いまだ四方を安んじてわが民を楽に暮らさせることが出来ない。宮中深くにあって自ら省みるや、どうして寝食が落ち着かないだけで止まろうか[54]」と告白している。若き皇帝にとってこれらの難局に的確な指示を出すことは荷が重かったと言うべきかも知れない。

二、太平軍の武昌攻撃と清軍

（a）　太平軍の漢陽進出と清軍の防衛体制

十二月十三日に岳州を占領した太平軍は、すぐさま次の作戦にとりかかった。まず十六日に水軍は臨湘県の城陵磯を奪い、同日中に陸路の軍も岳州を出発した(55)。その後水軍は長江を下って湖北嘉魚県の陸溪口に入り、武昌から三十キロの江夏県金口鎮に到達した(56)。また陸路軍も湖北省内に入り、十九日に蒲圻県を、二十一日には咸寧県を占領した(57)。これらの動きについて常大淳は「客商の米油などを運ぶ船を奪い、湖南臨湘県の城陵磯から陸続と湖南へ向かった。監利県の楊林磯、嘉魚県の瀘溪口、筝洲から流れに順って真っ直ぐに下ったが、およそ船は四、五百隻、賊衆は数万いた」と述べている。この時太平軍の兵力は「土匪を勾結し、平民を裹脅(58)」することで増加していたと考えられる。また陸路の軍も数千人の規模で、「馬匹が甚だ多かった」ために行動は迅速であった。

これに対して清軍の動きは相変わらず緩慢だった。十二月十五日に向栄は岳州郊外に到着したが、味方の到着を待ったために太平軍退出後の十七日にようやく府城を奪回した。また太平軍の水軍が出発したことに焦った向栄は、十六日に河北鎮総兵常禄、鄖陽鎮総兵王錦繡の率いる湖北兵、雲貴兵三二〇〇名を「賊の前方に回り込むことを期」して武昌に向かって進発させた(59)。だが彼らは「もとより力のある勇将ではなかった」ために、途中太平軍と遭遇して敗北し、二十一日に武昌に到着した時には一千名余りに減っていた(60)。また革職処分を受けた福興らの広東兵は後方にあり、四川提督蘇布通阿の軍はさらに遅れていた。徐広縉は太平軍が船を奪ったために、清軍は徒歩で行軍せざるを得なくなり、「度々厳しく催促したものの、およそいまだ迅速に進むことが出来ない」と報告している。

さらに追撃する清軍の行く手を阻んだのは、晏仲武らによる攪乱工作だった。十二月二十六日に「土匪晏仲武は長髪の逆賊と通じ合い、二千余人を招いて沿途劫掠し、兵の糧道を阻もうとした」[61]とあるように、軍事物資の強奪を図って副将巴図らの輸送部隊を岳州郊外の新牆に囲んだ。徐広縉は副将鄧紹良らの兵一千名と候補知県江忠源の楚勇を派遣し、十二月三十日に両軍は新牆で交戦した。敗北した晏仲武らは間もなく捕らえられ、一八四八年に「上帝会」（青蓮教などの他組織と思われる）に入ったこと、彼が太平軍の長沙攻撃中に「洪逆の偽職」を受け、土星港で呉士邁の漁勇から銅砲と船を奪って太平軍を迎えたことが明らかになった[62]。だがこうした呼応勢力の弾圧に追われた清軍は、追撃のスピードを上げることが出来なかったのである。

いっぽう武昌を守る清軍の動きはどうであろうか。一八五二年六月に武昌城内で「天徳王」による反清の告示が発見されると、八月に湖北巡撫龔裕は防堵総局を設けて紳士たちに団練一四〇〇名を組織させた[63]。だが二十万両の巨費を投じた軍備強化は「有名無実」であったため、岳州陥落後にこの事実を知った常大淳は担当者であった候補同知の周祖賢を更迭した[64]。また武昌省城の周囲は十キロに及んだが、正規兵は陝西巡撫張祥阿らが派遣した援軍を合わせても三千名に過ぎなかった。常大淳が「城壁を守るのにも足りず、どうして弾圧に備えられよう」[65]と指摘したように、兵力は明らかに不足していた。

このため提督双福は「主客の兵は僅か五千しかおらず、兵が少なければ密集させるべきである。外地の防衛を撤してことごとく城内に住まわせ、かつその逃亡を防ぐ」[66]と主張して、各要所に配置されていた兵を呼び戻して省城の防衛に専念する戦術を取った。また常禄と王錦繍の兵が到着すると、湖北按察使の瑞元は彼らを城南の要地である長虹橋、城東の双鳳山に駐屯させるように求めた。だが双福はこの提案をしりぞけて彼らを入城させたため、結果として漢陽と漢口は無防備な状態に置かれたという[67]。

この双福の決断については、当時から「河岸の防衛を撤して専ら城を閉ざして守ろうとしたため、城外はみな賊となった」[68]とあるようにその弱腰を批判する声があった。また簡又文氏は向栄の援軍が到着しても呼応する兵がおらず、内外の連絡が絶たれたために武昌は陥落したと述べており、城外に守備兵を残さなかったことが敗因だったと見なしている[69]。これに対して崔之清氏は全軍をあげて籠城することは軍事的な常識から見れば確かに誤りだが、この時太平軍と清軍守備隊の兵力には大きな隔たりがあり、清軍将兵の戦意が乏しかった現実からすればやむを得ない選択だったと主張している[70]。

じじつ武昌陥落後に湖北撫轅巡捕廖慶謀らが提出した会稟によれば、常禄らの軍は「帳房器械を全て失[71]」って武昌へ着いており、独立した一軍として行動できる状態ではなかった。また岳州の城陵磯、監利県の楊林山などの要所に配置されていた清軍は「賊船が一たび至るや、すぐさま潰え散じた[72]」とあるように太平軍の接近と共に壊滅しており、兵の逃亡を防ぐことは先決問題であった。さらに廖慶謀らは次のように述べている。

十一月初五日（十二月十五日）に岳州府城が初三日（十二月十三日）午刻に失陥したと聞くと、巡撫（常大淳）と提督（双福）はこの日兵勇を集めて城壁に登って守備につかせた。また総局に命じて武勝門外の塘角にいた石炭、米の運搬船を全て停止させ、物資を購入して城へ運ばせようとした。

初六日（十二月十六日）辰刻に斥候の者が「賊匪はすでに城から六十里の金口大金山に至り、放火して民家を焼き払っている」と報じた。私はすぐに巡撫の命令を受けて城上へ赴き、九つの門を閉めさせた。巳刻に壮勇を率いた委員である武昌府経歴の黄達、漢陽府経歴の呉経采が金口より戻った。そこで彼らに尋ねたところ、命令を受けて南勇四百名を率いて武昌へ撤退したが、出発時に火を放ったのであり、賊匪が民家を焼いたのではないことを初めて知った。

巡撫はすぐに九つの門を開かせたが、この日住民が次々と脱出しようとした。巡撫は避難禁止の命令を出し、荷物を持って城を出ることを許さなかった。だが城門は出入りする人々でごった返し、踏み倒されてケガをする者も少なくなかった。また委員を派遣して城壁の外側にある民家を一丈分ほど壊させた。初七、八日（十二月十七日、十八日）になっても民家は壊し終わらなかったが、米五百石を城に運び込んだ。
初九日（十二月十九日）寅時に斥候が戻り、賊匪の船はすでに嘉魚県の箏洲に至ったと報じた。巡撫と提督は共に保安門に登り、土で九つの門を全て塞ぐように命令した。また城外の家屋を全て焼き払わせた。この日漢陽府城と漢口鎮の住民、客商は避難してほとんど尽きた(73)。

ここからは太平軍の接近について誤った情報が伝わり、城外へ脱出しようとする人々が殺到してパニックが発生した様子が窺われる。十九日に城門が全て塞がれると、今度は「城外の老弱丁壮で賊を避けて入り、共に城を守ろうと願う者が、城を囲んで叫び声を上げたが、ついにこれを聞き入れなかった(74)」とあるように、城内へ逃げ込もうとする避難民が閉め出された。また常大淳らは長沙攻防戦で太平軍が城壁に隣接する民家を拠点にしたことを知り、これを破壊しようとしたが、作業が進まないうちに太平軍接近の知らせが伝わり、城外の民家を全て焼き払うことになった。だが「城外のあちこちで火事の光が起きると、煙や炎が勢いよく立ち上り、太陽も赤く染まった。男も女も号泣し、川や湖に身を投げて死ぬ者もいた(75)」とあるように、この措置はかえって人々の動揺を煽ることになった。しかも武昌の商人たちは城外の店舗や住居を破壊から守るべく、寄付を募って土城を築き、ほぼ完成させていた。双福の判断はこれら住民の努力をないがしろにするものであったため、「民はみな深く恨み、賊が隙に乗じて彼らを誘ったり、脅したりしたために、その勢いは益々盛んとなった(76)」とあるように、太平軍に協力する者も出たという。

城外の火災は数日間にわたって続いたが、十二月十九日に常大淳は壮勇二千名を新たに募り、紳士たちの統率のもと城壁の守備に当たらせた。また城内のどの家でも夜中門外に灯籠をかかげ、夜通し警戒に務めさせた。だが人々の間では「城内の城壁に近い民家も壊される」という噂が広まり、「衆情は洶洶となり、勢いはかつ激変(77)」とあるように一触即発の状態になったという。つまり武昌の清軍は準備不足もさることながら、官民間の信頼関係を構築出来ないまま太平軍の進攻に対処せざるを得なかったのである。

はたして十二月二十一日夜に検点黄玉崑、指揮李開芳、林鳳祥、羅大綱らが率いる水路の軍は「三、四千隻」で漢陽の鸚鵡洲に到着し、翌二十二日に漢陽府城を攻撃した。大別山に駐屯していた河南兵四百名はたちまち敗走し、太平軍は三方面から城を攻めた。そして「城内の兵勇は元々少なく、戦いになるとすぐに散じたため、賊はついに入城した」とあるように漢陽は占領された。この日漢陽水師営の船十隻が鸚鵡洲の太平軍に反撃を試みたが、しばらくすると退却して姿を消した[78]。勢いに乗った太平軍は「百貨が山積」といわれた漢口鎮も占領して「商民の金銭、繒帛、米塩などを尽く奪った[79]」という。

十二月二十三日に武昌省城の南にある長虹橋に陸路の軍「六、七千人」が姿を見せ、城東の洪山に陣地を構築した。その一部は長虹橋に砲台数ヶ所を設け、清軍の救援部隊を阻む構えを見せた。また太平軍は長江に浮き橋を作り始め、二十六日に浮橋は完成した。「賊匪は紛々と米や火薬、火砲を運搬し、洪山の賊営を助けた」とあるように、水路軍の運んだ物資が洪山の陣地に運び込まれて攻撃の準備が整えられた。さらに太平軍は洪山よりも省城の城壁に近い雙峯山、小亀山、紫金山に数十ヶ所の砲台を築いた[80]。

（b）太平軍の勢力拡大と武昌攻撃の開始

こうして太平軍は圧倒的な優勢のもとで武昌城外へ進出したが、彼らが勢力を拡大した原因は言うまでもなく船の獲得による機動力にあった。常大淳は次のように述べている。

長沙の賊匪が逃げ出した後、四川、湖南両路の商貨の米船は大挙して一斉に下り、共に岳州で逆匪によって奪われた。現在省城の上流十余里に停泊しているのは約数百隻で、みな砲位を備えている。川幅は広く城上から砲撃しても届かない。新しく作った砲船二隻も抵抗できず、火攻めしようにも近づくことができない。その撃沈されたものは多くが小さな船である。搭載してある兵器や食糧は甚だ充足しており、両岸に橋を架けたので応援も便利である。わが兵は水路、陸路共に分断され、食糧の輸送も出来ない。必ず先に大小の賊船をやっつけてこそ、勝利を収めることができる(81)。

ここからは太平軍が船舶を入手すると同時に、船に積まれていた多くの物資を獲得し、豊富な武器と食糧を擁していたことが窺われる。李秀成は「岳州を破ると呉三桂の器械を得て、これを船に乗せて真っ直ぐに湖北へ向かった(82)」と述べており、船に搭載された砲の多くは清初に呉三桂軍が使用したものであったという。このことは『鏡山野史』からも確認することができ、「初七日（十二月十七日）に呉王の砲と火薬を掘り出し、岳州を出発した。千の船に勇将が乗り、両岸に雄兵が歩を進めた。鞭や太鼓、銅鑼の音が鳴り響き、道には凱歌の声が響いた」と記している。またこの時湖南の客商たちは多くが漢口から帰ろうとしていたが、その途中で太平軍によって船もろとも捕らえられ、「千百の総官となった者が少なくなかった(83)」とある。武昌で正式に編制された水営の総司令官である唐正財（湖南祁陽県人）もこうした「船戸」の一人で、漢陽と武昌をつなぐ浮き橋を作った功績を認められて指揮（南京到達後は殿前丞相）に抜擢されたという(84)。

だが同時に忘れてならないのは、勢力拡大の過程でも厳しく統率された太平軍将兵の行動だった。太常寺少卿の雷以諴は次のように指摘している。

この賊はもっぱら誘い脅すことに長けている。まさに一城に至り、一村鎮を通過するに度に、先に偽示を出して人々を安堵させる。もし食物を買う必要があれば、余分に金を払い、また住民の姓名を掲示して、銀銭や財産を差し出させる。だが厳密に勘定する訳ではなく、ただ与えさえすれば騒ぎを起こさない。もし土匪で機に乗じて住民から略奪し、賊兵でニワトリなどを盗む者がいれば、賊はかえってこれを斬首して見せしめとする。このため進軍先でわが兵が食物を買おうとしても誰も出てこないが、賊は逆に満腹して去る。

また各地で壮勇を招いて入隊させ、その家を記録しておく。小偽示の張られた場所では、兵があえて問わないばかりか、土匪も手出しをしない。その最も憎むべきは、賊は一つの場所に至るたび、専らアヘンを没収して、これを倍の値段で売り出すことだ。わが兵の中でアヘンを買いたい者がいると、その姓名を書かせて人を通じて送り届け、金は取らない。このため賊に誘い脅される者が日々増えて勢いは強くなり、わが兵は恐れてますます勢いがなくなる……。ついに主客が転倒して、人々は兵を仇と見なし、賊に恩を感じるようになるのである。(85)

ここからは太平軍が厳格な規律を持ち、略奪を働いた兵士や呼応勢力を厳罰に処すことで占領地の秩序回復を図り、住民の信頼を獲得していった様子が窺われる。これは清軍とりわけ潮州勇との際立った差異であり、光緒『咸寧県志』も「粤匪が過境するや、東西関の廟宇はことごとく焼かれたが、幸い追っ手の兵が後方にいたため、いまだひどく害を受けなかった。だが十五、六日（十二月二十五日、二十六日）に潮勇が至るや、蹂躙すること耐え難いほどで、一ヶ月余りも駐屯してようやく去った(86)」と述べている。

次に注目すべきは地域の有力者に対して、「進貢」すなわち告示を出して一定の富を供出するように求めた点である。洞庭湖周辺の豊かな穀倉地帯へ進出したことで、以前のように徹底した財産没収をする必要がなくなったためと考えられるが、それは「騒ぎを起こさない」ことを期待して支持を表明する富裕層を生み出した。例えば岳州に住む捐納員外郎の張姓は「富は一郡に甲たり」という富豪であったが、太平軍が到着する前に使いを送って銀物、米穀を献げたという(87)。また史料からは壮勇の中からも太平軍に加わる者が増えたことが窺われる。岳州で呉士邁が組織した漁勇はその例で、「巴陵の悪賢い者はひそかに晏氏［仲武］の党に入り、その善良な者も賊を憚って、［呉］士邁が募集をかけたと聞いてもひるんでしまい、あえて応じる者はいなかった。雇われたのは多くが湘陰の人で、巴陵の人で至った者は多くが賊に用いられた(88)」とあるように、ひそかに太平軍と気脈を通じた者が少なくなかったという。

さらに興味深いのは、こうした情勢の変化につれて人々の間に「兵を仇と見なし、賊に恩を感じるようになる」傾向が強くなったという点である。同じ時期に出された貴州道監察御史王之斌の上奏も「賊は遍く偽示を張り、秋毫も犯さず、人心を収拾するはかりごとをなしている。さきに湖南の州県を犯した時、民は土匪と官兵の掻擾に苦しんだ。ひとたび賊が至ると聞けば、みな門を開いてうやうやしく礼をする。たとえ略奪があっても、居民のうける害はなお浅い。だが土匪が賊の到着前に、あるいは潮勇が賊の撤退後に行った略奪は、ほとんど生きた人間を残さないほどだ。だから人々は兵勇と土匪を恐れるが、正賊を畏れないのである」[89]とあるように、太平軍が行く先々で人心の掌握に努めた結果、住民たちは略奪の激しい清軍や地元の反乱勢力を忌み嫌い、太平軍に対して好意を寄せるようになったと指摘している。しかもこの種の現象は太平軍の通過した地域に限られなかった。一八五二年十一月に江西瑞州にいたカトリック宣教師デラプレース（Dr. L. G. Delaplace）は、反乱軍鎮圧のために動員された清軍将兵の暴行や高額な税に憤った人々が太平天国の到来を待ち望んでいると報告している[90]。清朝の強引な統治手法に失望した人々が太平軍に協力したのは、武昌だけの現象ではなかったことがわかる。

十二月二十七日早朝に太平軍は深い霧に乗じて、省城の七つの門に一斉に攻撃をかけた。彼らはそれぞれの門に雲梯を数十架ずつかけたが、城上の清軍によって数百名の死者を出して撃退された。この勝利に喜んだ常大淳らは、兵勇一人につき銀一両の褒美を与えた。またこの日向栄の援軍が到着し、長虹橋の南で太平軍に攻撃をかけたが、すでに太平軍は武昌城外に残された土城を活用して防禦陣地を構築しており、「官兵は武力を用いることが難しかった」[91]という。かくして武昌攻防戦の幕は切って落とされたのである。

三、武昌攻防戦の推移と太平軍、清軍

（a）武昌省城の攻防と向栄の洪山陣地攻略

十二月二十七日から始まった武昌の攻防戦について、檔案史料に残された記載は多くない。その理由は常大淳らの

上奏が十二月二十二日を最後に途絶え、城外の白木嶺に陣をしいた向栄や岳州にいた徐広縉の報告からは城内の戦況を窺うことが出来ないためである。だが筆者が国立故宮博物院およびロンドンの国立公文書館で発見した稟（報告）は、武昌陥落の経緯について比較的詳しく語っている。そこで本節ではこれらの新史料と同時代人の筆記をもとに、この戦いの実態について検討することにしたい。

まず廖慶謀らの会稟によれば、十二月二十八日に常大淳は小東門に登り、紫金山にある太平軍陣地の守りが疎かであると見て取った。そこで廖慶謀に命じて兵勇四百名を率い、城壁を降りて紫金山を攻撃させた。廖慶謀らが太平軍の守備兵一百名ほどを撃退して陣地を破壊すると、翌二十九日に太平軍は小亀山の陣地が同様の攻撃を受けないように、ふもとの鮎魚隄を破壊して新たに砲台を築いた。この日長虹橋でも向栄の部隊が太平軍と交戦したが、「水を隔てて銃砲を放ったため、官兵はいまだ得手できなかった(92)」とあるように、太平軍陣地に接近出来なかったために戦果はあがらなかった。

この戦いについては『武昌紀事』にも記載があり、四川勇が城壁を下りて紫金山の「屯賊」を襲い、大砲を破壊したとある。この時常大淳らは「勇気をふるって城を出て、賊を殺した者には、功績の大小を見て褒美を与える」とあるように、城外への出撃を奨励していた。とくに目標とされたのは武昌と漢陽を結ぶ浮き橋で、一つを破壊したら五千両、二つとも壊せば一万両を出すと約束していた。だが清軍将兵は浮橋に接近できず、常禄が城内の黄鵠山に設置した大砲も太平軍の軍船を破壊出来なかったという(93)。

最初の攻撃に失敗した太平軍は、城西南の文昌門、城北の観漢楼一帯でトンネルを掘り始めた。城内の清軍も「地洞を掘る音」に気づき、候補道林恩熙が巡勇数十名に城壁を下りて様子を窺わせたところ、太平軍兵士と遭遇して戦闘になった。この時双方の損害は軽微であったが、以後双福は「兵勇が負傷するのを恐れて、兵勇が城を下りることを許さなかった」とあるように兵士が城壁の外へ出ることを禁止し、出撃を志願する者がいても認めなかった。その

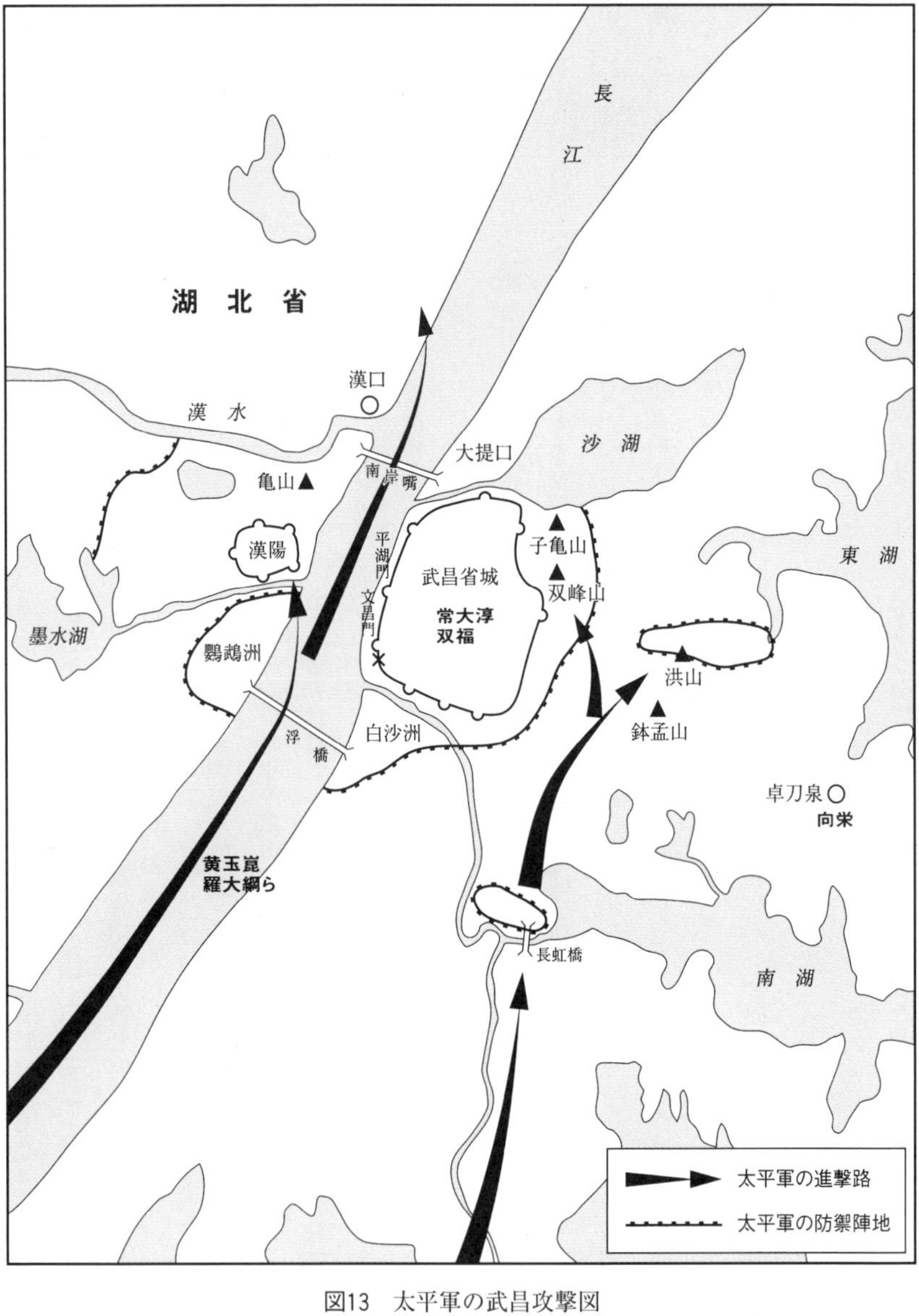

図13　太平軍の武昌攻撃図
郭毅生主編『太平天国歴史地図集』中国地図出版社、1988年より作成。

結果「ついに城外では濠や溝を掘ることができず、禍の根本は実にここに始まった。人々は互いに様子を眺めていたが、トンネルを破る方法はなく、ただ城内で濠溝を掘るか、月城を築くだけだった[94]」と廖慶謀は述べている。

太平軍によるトンネル工事が地雷攻撃の準備であったことは、長沙攻防戦の経験からも明らかであった。通説では常大淳が太平軍の地雷攻撃を恐れ、九つの門の近くで深い穴を掘っては盲目の者に坑道を探させたと言われている[95]。しかし実際のところ彼は「この城は漢代に造られたもので、下には密椿があるから断じて入ることは出来ない」と述べ、長沙に倣って城外に溝を掘り、トンネルを破壊する戦法に同意しなかった[96]。また常大淳はトンネル内に水を流し込む作戦にも賛成しなかったといい[97]、彼が地雷攻撃への対処法を充分に認識していなかったことが窺われる。

ところで双福が城外への出撃を一転して禁じたことは、同治『江夏県志』が「兵士たちは勇気をふるって賊を殺したいと志願したが、褒美を惜しんでこれを行わず、人心はバラバラとなった[98]」と述べたように、人々に出費を惜しんでいると受けとめられた。もともと布政使梁星源は太平軍の接近に備え、十二月十四日に銀二万両以上を支出して米や油、塩を備蓄し、城内の貢院に糧台を設立した。だが一八五三年一月三日には早くも油、塩が不足し始め、六日には「百物が昂貴」した。これに対して武昌府知府明善と軍需総局は家ごとの購入額を制限し、商人に「公平な交易」を呼びかけて事態の沈静化を図った[99]。しかし桂林や長沙と異なって外からの補給路が断たれていた武昌の場合、籠城に伴う人々の苦痛は大きかった。国立公文書館に残された報告も「梁方伯（星源）は城を守る兵勇に篤い褒美を与えることを敢えてしなかった。城は大きく兵は少なく、城壁一段ごとにただ兵と壮勇が一人ずつ置かれたが、毎夜ロウソクが三本支給されただけで、雨風をしのぐ小屋も作られなかった。このため人心は渙散となった[100]」とあるように、兵士たちの待遇が悪かったために士気が上がらなかったと伝えている。

さて十二月三十一日から常大淳らは連日使者を派遣し、長虹橋の向栄と連絡をつけようと試みたが成功しなかった。一月四日に常禄がいま一度部下を派遣すると、はたしてこの日洪山の太平軍陣地で砲声が盛んと響いた。翌五日には使者が向栄からの手紙を持ち帰り、援軍が城東の魯家巷から卓刀泉へ陣地を移したことを知らされた(101)。

この向栄の陣地移動は徐広縉の上奏にも言及されており、戦線へ到着した蘇布通阿の四川兵、福興の広東兵と共に一月二日に卓刀泉から洪山へ進攻したとある。この時太平軍は陣地に立てこもって応戦せず、清軍も「勇敢な者と怯えた者が混じっていた(102)」ために足並みが揃わなかった。だが常大淳が「賊と転戦して連戦連勝」と記された向栄の手紙を紹介すると、守備側は元気を取り戻した。五日に太平軍は雨に乗じて夜襲をかけたが、按察使瑞元は「あまねく城上を巡」って将兵を叱咤し、攻撃を防いだという(103)。

一月七日に向栄は洪山の太平軍陣地に攻勢をかけ、激戦の末にこれを占領した。この戦闘の様子を廖慶謀は次のように報じている。

二十八日（一月七日）に向提督は隊を二十に分け、洪山の賊陣地に向かって進攻した。賊の陣地十余ヶ所を続けざまに焼き、賊匪千余名を殺して、賊の馬一百余頭、餉銀二鞘と器械を数え切れないほど奪った。賊匪はこのために肝をつぶし、軍興以来これほどの大勝利はいまだなかった。後に聞いたところでは、今回の勝利で賊匪は恐れること甚だしく、薙髪して逃げ出す者が数百人いたという。もし引き続いて勝利を収めれば、近いうちに成功することも難しくないように思われた(104)。

また国立公文書館の報告も「大兵が路を分けて囲み、賊の陣地十五ヶ所を次々と破った。殺し捕らえ、焼き殺した数は二千余りにのぼり、奪った砲や武器、火薬、馬は大変多かった。まったくの大勝利だった(105)」と述べている。実のところ、この日向栄は各部隊から勇敢な兵三六〇〇名を選び、みずから檄を飛ばして彼らを先頭に全軍を突撃させた。和春と秦定三の率いる湖南、貴州兵は洪山を占領し、さらに東の城壁から五百メートル余りの双鳳山まで攻め込んだ。だが馬龍の率いる四川兵は田家園で太平軍の抵抗にぶつかり、なかなか前進できなかった。和春と秦定三が戦果をあげつつあるのを知った馬龍は「心の中で嫉妬し、ついに伝令して部隊を撤退させることを請うた」とあるように彼らの功績となることを嫌い、武昌城壁まであと一歩というところで兵を引きあげさせた(106)。また一説では四川兵が太平軍の残した「財物」を略奪し始めると、湖南、貴州兵もこれに倣ったため、やむなく向栄は全軍に攻撃の中止を命じたという(107)。

このように清軍は目前の勝利を手中にすることが出来なかったが、和春の幕僚だった蕭盛遠は「わが軍はすでに城下に至ったが、もし城内の官兵が両面から挟み撃ちにしていれば、厚い包囲も立ちどころに解けたことだろう(108)」とあるように、その原因の一端を城内の守備隊が呼応しなかったことに求めた。だが廖慶謀によると「援兵の勝利」を見た常大淳は、大東門と城壁の北隅から兵勇を外へ下ろして双鳳山、長春観と小亀山を攻撃させた。もっとも双鳳山へ向かった一隊は「如何せん賊匪は牆内に隠れ、開けた穴から銃を撃ったため、兵勇は進むことが難しかった(109)」とあるように、太平軍の狙撃を受けて前進できなかった。また小亀山へ向かった一隊も鮎魚隄を越えることができず、太平軍陣地を破壊するには至らなかった。しかし守備隊の出撃については『武昌紀事』にも記載があり、常大淳が「持重(110)」する余りチャンスを逃したのではなかったことがわかる。

一月九日に向栄は再び各軍に命じて、洪山、東嶽廟、白魚山から沙子嶺、長春観、濂溪へ向けて攻撃をかけさせた。この戦いには都司張国樑の軍も加わったが、「勝負はいまだ分けず、おのおの撤退した」とあるように決着はつかなかった。この晩城内に向栄の手紙が届き、「城内の兵力が不足であれば、今後援軍が戦闘する時に城内は必ずしも呼応しなくてよい(111)」と記されていたという。

つまり元々兵力不足だった武昌の清軍が守備に専念し、目立った出撃を行わなかったのは、城外の総司令官であった向栄との合意に基づくものであった。国立公文書館の報告は武昌陥落の原因について「二十八日（一月七日）の大勝利によって、城外の援軍が驕り、城内の兵は守備を怠ったためであった(112)」と語っている。勝利がもたらした油断は、向栄の戦局判断にも当てはまる清軍の過失であったと言えよう。

（b）　武昌省城の陥落と太平軍

一月十二日早朝、太平軍は文昌門一帯の城壁を地雷によって爆破し、城内へ突入して武昌省城を占領した。国立故宮博物院に残された徐広縉の上奏は次のように述べている。

向栄の報告によると、わが軍は二十八日（一月七日）に匪を攻めて勝利した後、連日出撃して賊の陣地を攻め、陣地を移して城下に進駐しようとした。だが如何せん城外にはなお賊の陣地が八ヶ所あり、およそ城に通じる路には賊の陣地があって防禦しており、屢々攻めても前進出来なかった。大兵は現在東側にいるが、平湖、文昌各門はみな西側にあって、長江に面しているために、わが兵は越えることが出来なかった。

初四日（一月十二日）の朝は深い霧が立ちこめていたが、突然武昌城が賊の地雷によって攻め破られたとの知らせが届いた。驚いた向栄はすぐに総兵たちを従え、手分けして長春観、田家園などの賊の陣地へ向かった。力の限り槍炮を放って、一刻も早く城下へたどり着こうとしたが、逆匪は陣地を出て抵抗しようとはせず、壁の向こうから発砲するばかりだった。こうして戦っているうちに、城上の官兵が多く城壁をつたって逃げてきた。

彼らの話によると、逆匪は文昌門、平湖門一帯でトンネルを二十数ヶ所も掘り、明け方に地雷を爆発させた。文昌門付近の城壁は四ヶ所が崩落し、逆匪は裂け目から勢いに乗って攻め入った。城上の兵は抵抗することが出来ず、みな潰え散じたとのことだった。これを知った向栄らは兵たちをせき立てて攻撃し、わが兵は幾度か賊の陣地に接近したが、逆匪の槍炮や火罐によって次々と撃退され、負傷者は多数にのぼった。やむなく軍を撤退させ、別に攻撃を計画せざるをえなかった。

ここからは太平軍の攻撃が全くの予想外であったこと、城壁が爆破されて太平軍が突入すると、清軍守備隊は抵抗出来なかったことが窺われる。この上奏を受けた咸豊帝は「焦急の至りである。いったいどうするつもりか?!」[113]との硃批を記し、一月二十六日の上諭では「先の奏報ではなお武昌の包囲はおのずから解けると言っていたのに、数日も経たぬうちに陥落の知らせを送るとは何事だ。軍情の緩急をただ文書に頼り、夢見心地でいたのではないのか」[114]とあるように徐広縉と向栄を激しく叱責した。

この日の戦いについて廖慶謀は次のように述べている。元々常大淳は十二日に城の内外から攻撃することを向栄に提案していたが、朝早くに城は陥落した。後に太平軍兵士から聞いたところでは、彼らは文昌門、平湖門のトンネル内に二、三千斤の火薬を装着し、開龍口と名づけた。十二日の午前七時頃、文昌門北側で地雷が爆発し、十数メートルにわたって城壁が崩落した。太平軍はここから城内へ突入し、清軍が抵抗しようとすると、再び地雷が爆発して多くの兵が傷ついた。常禄は四川勇を率いて奮戦したが、太平軍は益々多くなり、ついに抵抗出来なくなった。太平軍が城上に登って「乱殺」すると、観漢楼でも地雷が爆発した。清軍将兵が「号衣を脱ぎ、武器を捨てて」城壁を下り、東へ向かって逃走すると、「街上の百姓」もこれに続いた。城内へ入った太平軍は「人に逢えばすぐ殺」し、とくに大小の東門では多くの者が殺された。また太平軍は東門外にあらかじめ一万人の伏兵を置いており、二、三千名の兵勇が城壁を越えて清軍陣地へ逃げようとしたところを殺された。この日兵勇の死者は一万名余り、民間人の死者もほぼ同数だったという[115]。

これに対して国立公文書館の報告はいささか様相が異なっている。それによれば、一月七日の勝利後、武昌一帯は雨と雪で冷え込み、積雪もあって軍事行動は制約を受けた。十二日の寅刻（午前三時頃）に突然文昌門で地雷が爆発して城壁が崩落したが、この時城内へ侵入した太平軍将兵は数百人に過ぎなかった。しかし城内の清軍は「黄旗を一目見ると決して戦わず、紛々と城壁を飛び越えて逃げ」出した。続いてトンネルから数百名の太平軍兵士が姿を見せると「城内をあげて慌て乱れた」[116]と述べている。

まず城内の抵抗について、『武昌紀事』『武昌兵燹紀略』は太平軍が城壁を爆破した時、守備兵の多くは寝ているか、持ち場を離れて買い物をしており、城壁が崩落すると「ちりぢりに城をつたって逃げた[117]」と記している。また『粤匪紀略』によれば、この時双福は公館にいたために指揮を執ることができず、常禄と副将の春栄は「兵を率いて巷戦[118]」して戦死したものの、少なくとも組織的な抵抗は行われなかったようである。

次に城外の清軍陣地へ逃げようとした将兵や民間人が、待ち伏せしていた太平軍に殺され、城内へ乱入した太平軍によって無差別な殺戮が行われた点については、『武昌兵燹紀略』にも同様の記述がある。だが城内の守備兵が五千名程度だったという前提に立てば、廖慶謀の挙げた二万人は多すぎるかも知れない。「兵勇を追殺し、街中に突撃すると、市井の婦人であれ会えば殺された。殺戮された者は八千を数えた」とあるように、一万人弱という数字が妥当なところと考えられる。なお将兵の死者は多くが河南、安徽、四川、雲南、貴州から動員された兵で、武昌出身の兵は「自宅の中に隠れ、賊の渠魁が入城するとみな降伏したため、死んだのはわずか十の二、三であった[119]」という。

むしろ城内の死者で多かったのは、この日夜に驚きと恐怖の中で自殺した清朝官員や有力者とその家族であった。廖慶謀によれば「城中で服毒して自殺した者が少なくない。多くは家中の男女、大小が命を捨て、その数は数万人を下らない[120]」とある。国立公文書館のもう一つの報告も「常中丞（大淳）はその場で殺され、眷属で連れ去られた者が七、八人いたが、現在行方不明である。梁藩司（星源）および武昌、漢陽の両知府は共に殺され、その死体は長江に投げ捨てられた。瑞臬司（元）はまず家族に自害させ、自ら幼子に手を下した後に殉死した。その他に道府以下の文武官員で殺されたのは三十余名にのぼる[121]」と報告している。

さらに武昌のエリート家族でも自殺したケースは多く見られた。呉楽清（道光年間挙人）はその一例で、後に清朝官員だった息子が提出した報告によれば、「賊に従うことを敢えてせず、一家をあげて死のうとしたが、召使いたちに止められた。そこで夜中に隙に乗じて、家中がみずから首をくくって殉難した[122]」という。結局太平軍が武昌を退出した後に地元の紳士が調べたところ、収容した遺体は六万五千人にのぼった[123]。それは厳しい軍規によって清軍よりも略奪や暴行が少なかった太平軍の姿とは矛盾するが、清朝官員とその支持者を「妖魔」と見なして排撃し、徹底的な殺戮を厭わなかった太平天国の宗教性がもたらした一つの結末であった。

四、武昌占領後の諸政策と清朝の反応

（a）武昌占領後の諸政策と都市住民

さて入城した太平軍は「官兵は留めず、百姓は傷つけるなかれ[124]」という命令を出し、一月十三日から家々に対する捜索を行った。廖慶謀はその様子について「賊匪は門ごとに衣物、銭米を捜索し、兵勇を探すのだと言った。もし刀や鉄砲を惜しんだり、おのれの身を守ろうとすれば、むごたらしく殺された。城内の街々は探し尽くされ……、初六日（一月十四日）も引き続き家捜しが行われて、僅かな穀物や布も留めることを許さなかった」と述べている。十五日には「安民の偽示」が出されて殺戮は止んだが、人々はみな食物がなく、城内には死体が山のように残された。そこで十六日には家々から二名を出すように命令が下り、遺体の処理と街道の清掃を行わせたという。

一月十七日に洪秀全を初めとする諸王が次々と入城し、洪秀全は巡撫衙門に、楊秀清は布政使、北王韋昌輝は按察使、翼王石達開は学政の役所にそれぞれ居を構えた。またこの日楊秀清は「城内の全ての男女は上帝を拝んで入会せよ。わずかでも違う者はこれを許さぬ[125]」との命令を出した。そして十九日には閲馬廠で上帝教の宣伝活動である「講道理」が行われた。『武昌紀事』によると、講道理に先立って高台が設けられ、紅のラシャ帽をかぶった四十歳余りの男が扇を手に上座に座った。そして人々を近くへ招いて説教を始めたが、「言うところは荒唐無稽で、みな愚民を煽惑する言葉」だった。そして聴衆の中から反論する者が現れると男は怒り、この者を五馬分屍の刑にしたとある[126]。

いっぽう武昌占領後の行動の中で、最も特徴的だったのは住民を男館、女館に収容して軍へ編入する社会制度であっ

た。国立公文書館に残された報告は「もし官吏や兵勇でなく、紅帽をかぶっていない者は、均しく男女を別にして二十五人を一館とし、仲間を派遣して管理させた」[127]と述べている。金田団営以来の男営、女営を都市住民に敷衍したこの制度は、南京到達後に太平天国の社会制度として定着することになった。武昌の事例はその先がけと言うべきもので、一月十四日に殺戮が止むと「上帝を拝め」という命令が出され、登記所が設けられて「氏名と年齢、籍貫を報告し、記録簿に書き込まれた。登録が終わると一ヶ所に集められ、初めは十人を一館、ついで二十五人を一館として、みな頭目に統率させた」とあるように住民の登録と組織化が始まった。また女性は別に収容が進められ、「数姓の者を一家に併せて住まわせ、また二十五人を基準とした」という。

この男館、女館は太平天国のもう一つの社会制度である聖庫制と並行して実施された。占領当初の太平軍は「進貢公所」を設け、人々に金銀、銭米、ニワトリやアヒル、茶葉などの物品の献上を求めた。また「進貢をした者はおのおの本業に戻ってよい」と言ったため、人々は「上帝を拝む」ことは兵になること、「進貢する」ことは民のままでいられることだと解釈し、兵役を忌避するために争って貢ぎ物を献げた。さらに「埋蔵した金銀が発覚したら、家中を斬首する」という命令が伝わり、怯えた人々は家中の財産を差し出して公所へ持ち込んだという。

ところが一月二十日に太平軍は、進貢を行った者を含む武昌城内の全住民に貢院で点呼を受けるように命じた。翌日には人々に城外へ分駐せよとの命令が出され、漢陽に移った人間についても四、五十人を一隊として組織化が図られた。さらに二十二日には「城外に駐屯してすでに入隊した者は、おおむね軽装となって号布とつけよ」という命令が出た。人々は前後左右中の十軍に分かれた太平軍の各部隊に振り分けられ、前に「太平某軍」、後に「聖兵」と記された布をつけるように命じられた。ここに至って人々は進貢が財産を没収するための口実であることを悟ったが、すでに後の祭りだったとある。

ここに記された太平軍の人々に対する部隊編入と財産没収の手段は巧妙であり、男女だけでなく壮年の者を「正牌」、老人や子供を「牌尾」に分け、病人や障害者を「能人館」「老疾館」に収容して治療を施すなど、振り分けの方法も系統的であった。また「僻巷の人家」に至るまで住民を捜索し、「百姓で城中に住むことを得たのは十に二、三もなかった」[128]とあるように政策実行の度合いは徹底していた。

これが可能となったのは、何といっても漢口に代表される商業中心地の豊かな富によって、急増した兵員を養うだけの物資を獲得できたことに求められる。また道州や郴州、岳州一帯で参加した反乱勢力の組織を解体し、その能力に応じて土営、水営を編制するなど、参加者の軍への編入について経験を積んでいたことも見逃せない。さらに注目すべきは「この時はけだし専ら城市から奪い、郷民を乱さなかった」[129]とあるように、財産没収や強制的な入隊が都市住民をターゲットに進められたという点である。

すでに検討したように、蜂起当初の太平軍は上帝会員以外の者に必ずしも参加を強要しなかった[130]。この傾向は湖南進出後にも見ることが出来、だからこそ人々は「賊に恩を感じる」ようになった。ところが長沙や武昌など都市の攻略が日程に上ってから、太平軍の行動には変化が現れた。『賊情彙纂』は次のように述べている。

逆党は長沙から武漢を陥落させると、略奪のやり方は屢々変わった。初めは専ら城市から奪い、郷民から略奪しないばかりか、進撃先で奪った衣服や品物を貧しい者に分け与え、「将来租税を三年間免除する」といったデマを流した。村人たちはこれを徳と見なし、富める者は城内が困守しているのを坐視し、一銭も援助しようとしなかった。また貧しい者は賊がやってくれれば自分の利益になるから幸いだと考えた。

ここからは都市に蓄積された富を奪って農村に分配し、また農村の負担軽減を約束することで人々の支持を取り付け、都市を孤立させて攻略を容易にしようとする意図が窺われる。こうした戦略は「愚かな民はついに賊に買収され、甚だしい場合は賊が至るや争ってこれを迎え、官軍が到着するとみな店を閉めた。こうした不届きな情形はどこでも同じだったが、とくに湖北がひどかった」[131]とあるように、太平軍が湖北一帯を進撃するうえで効果を上げた。だがそれは占領された都市住民に大きな犠牲を強いるものだった。

武昌に進駐した当初、太平軍は郊外の「郷民」がニワトリや豚、魚や餅などを売りに来ると、城内の人々が城を出てこれを買うことを認めた。だがその隙に脱走する住民が相次ぐと「盤査は厳密」となり、見つかって殺される者も出た(132)。また太平軍が進貢公所を開いた当初、貢ぎ物を献げる者は殆ど現れなかった。これに怒った太平軍は「ついに戸ごとに捜括を行った(133)」とあるように、強制的に財産の没収を始めた。いっぽう武昌の知識人は貧困な辺境からやって来た太平軍将兵を蔑み、とくに纏足をしていない女性兵士を「大脚に高い髻」などと悪意をこめて描写した。戦闘で民間人の犠牲が多かったこともあり、双方が異質な相手に対する不信感と敵意をつのらせた様子が窺われる。

こうした齟齬は入隊後の都市住民に対する苛酷な待遇となって現れた。「およそ賊に擄せられた者は、多くが商人や農民で、武芸に秀でておらず、鉄砲を撃たせても命中しなかった」とあるように、すぐに戦力となる者は少なかった。また「賊は日夜脅されて従った人々を使役して各倉の穀米を船に積ませたが、力が弱くて耐えられない者が途中少しでも休むと、すぐに鞭打たれた。その屈辱に耐えかね、みずから水に身を投げる者もいた」と言われたように、重労働や不当な扱いに抗議して自殺する者も出た。さらに女館に収容された女性は多くが「弓足」すなわち纏足をしており、「みずから荷物を担ぎ、息子を抱き娘を連れざるを得ず、絡繹として街中を進んだ」とあるように移動には大きな苦痛が伴った。しかし女館を統率する「賊婦」は彼女たちへの苛立ちを隠さず、「服装が華美だったり、かんざしや腕輪をしていると、すぐに賊婦に奪われた(134)」という。

これら都市に対する収奪を最もよく示すのは、太平天国の暦で大晦日に当たる二月二日に行われた「選妃」であった。この日洪秀全（楊秀清ともいう）は閲馬廠に集まった若い娘たちから六十名を選んで後宮へ入れ、命令に従わない者は親子共に処刑すると厳命した。父母たちは娘にみすぼらしい格好をさせ、選に漏れることを願ったが、準備された水で顔の汚れを落とされてしまい、逃げることが出来なかったという。また天王に貢ぎ物を献げる男性幹部に混じって、館内の美しい娘を献上する女性幹部もいた[135]。

一八五三年二月三日に太平天国癸好三年の正月が盛大に祝われた。将校たちはそれぞれの上官に新年の挨拶を行ったが、「みな梨園の衣甲で身をつつみ、鐘や太鼓の音が鳴り響くなど、武昌城内はあたかも一大劇場と化した」とある。また爆竹の音は雷のように轟き、地上に積もった燃えかすは一寸余りにもなったという[136]。汪士鐸は太平軍将兵の故郷であった広西の貧困ぶりについて「太平天国の者たちが言うには、湖南省へ入って初めてこの世に銀貨というものがあることを知ったとのこと。その貧苦は察するに余りある[137]」と指摘している。それまでおよそ富とは無縁だった辺境の下層移民にとって、都市の祝祭空間こそは小天堂の到来をイメージさせるものだったと言えよう。

（b）清朝の対応と武昌近辺の攻防戦

さて武昌の陥落という現実を前に、清朝はどのような対応をしたのだろうか。第一報を受けた咸豊帝が徐広縉らを叱責すると、彼らの責任を追及する上奏が多く出された。そこでは徐広縉が太平軍の進撃を食い止める努力をせず、「岳州が失われたのに、なお迅速に前進して弾圧を計画せず、湘陰に駐屯して賊の回竄を防ぐと言いながら、実際には賊を避けている[138]」などと、後方に留まっていることに非難が集中した。また「逆匪が流れに順って下り、武昌を窺ったのに、なお巴陵の土匪を剿辦することを名目に、兵を擁して自衛し、省会の危急を座視して救わなかった」「武昌が囲まれ、省城の兵は多くなく……、救いを待ち望む者は一日千秋の思いであったのに、該大臣は十万の衆を擁しながら、兵を駐屯させて進まなかった。省城が失われたのは、誰の罪というのか[139]」とあるように、武昌陥落の原因を徐広縉の臆病と無能に帰する告発が相次いだ。そして彼の罪は賽尚阿よりも重く、咸豊帝が与えた遏必隆刀で自害を命じるように求める意見さえあった[140]。

その後出された徐広縉の供述によると、彼は太平軍を追撃するにあたって一千名の兵を率いていたに過ぎず、晏仲武の反乱軍が「餉銀」三万両を奪うと、補給ルートを確保するまで湘陰県に留まらざるを得なかった。また一月十三日に岳州に到着したところ、武昌が陥落したとの知らせが届き、「岳州の人心が惶惑しただけでなく、長沙の士民も紛々と遷徙」するなど動揺が広がったために、湖南提督鮑起豹が岳州に到着するのを二月三日まで待った。さらに向栄から砲船を送るように要請されたが、長沙では調達出来ず、岳州で新たに漁船を募っているうちに時間を浪費してしまったと述べている[141]。

結局徐広縉は一月二十四日の上奏で「暫く岳州に留まり」「該逆の回竄を阻む[142]」と報じたことが咸豊帝の怒りを招き、二月三日の上諭で「岳郡をもって蔵身の固となし、重兵を擁して自衛の謀をなした」罪によって革職拏問の処分を受けた。そしていち早く武昌へかけつけた向栄を欽差大臣に任命し、「軍営の文武は全てその統制に帰する[143]」ように指示した。さらに湖南巡撫張亮基を後任の湖広総督とし、急ぎ武昌へ向かうように命じた[144]。

次に問題となったのは太平軍の進路であった。李秀成の供述によると、はじめ洪秀全は「中原」の地である河南に都を置こうとする考えを持っていた。だが湖南の老水夫に「河南は河が小さく食糧もなく、敵に囲まれたら救いようがない」「河南は中州の地ではあるが、堅固さという点では実のところ江南に及ばない」と説得された楊秀清は、「帝王の家」である南京をめざすことにしたという[145]。

確かに清朝は琦善を欽差大臣に任命した時点で、太平軍の河南進出にそれなりの対策を立てていた。琦善には陝甘兵、西安兵三千名を与えて河南、湖北省境へ赴かせ、直隷提督陳金綬にも兵三千名を率いて河南の救援に向かうように命じた[146]。また琦善は「驍健」で知られた吉林、黒龍江の騎兵など八千名を新たに動員するように求め[147]、陝西巡撫張祥河も兵三八〇〇名を河南へ送った[148]。むろん「風聞では琦善は保定に稽留すること累日[149]」と言われたように、その行動は必ずしも迅速とは言えなかったが、二月一日に琦善は河南の信陽州に到着して兵力を展開させ始めた[150]。ここから見る限り、清朝は首都北京にとって脅威となる北進への備えについては真剣に取り組んだと言えよう。

いっぽう東進についてはどうであろうか？　清朝が太平軍に揚子江下流へ向かう意図があるとの情報を摑んだのは比較的早く、常大淳は十二月二十四日の上奏で「該逆は早くから南京へ直竄するとの説がある」[151]と報じている。また章京の林映棠は「該逆の偽示には早くから金陵に定都するとの語があり、近日の軍報にもこの説がある。現在武昌下游における沿岸の防備は最も緊要である」[152]と述べており、太平天国が出した告示にも南京に都を置くことを宣言した内容があったことが窺われる。

だが清朝官員の中で太平軍が東進する危険性を最も明確に指摘したのは、後に北伐軍と対決することになる候補四品京堂の勝保であった。彼は次のように述べている

逆賊は楚北をさかんと乱し、毒焔は日に盛んとなっている……。漢陽、武昌一帯は四面に敵を受けているが、長江に囲まれているため防禦は難しく、賊はきっとここを守ろうとはしないだろう。わたくしが賊の向かうところを挙げるとすれば、第一に金陵であり、次が荊州と四川である。荊州、四川がやられてもそれほどの被害は出ないが、金陵がねらわれれば災いは速やかで大きくなる。

現在陸建瀛は命令を受けて九江へ向かっており、金陵の守備はさらに手薄である。駐防の将軍たちが防禦に努めているが、恐らくは湖南、湖北の時と情況はさして変わらない。もしあらかじめ計画を立てておかなければ、万一逆賊が流れに順って東へ向かい、真っ直ぐに金陵を犯した時に、人心は動揺するだろう。戦うことも、守ることも出来ず、必ずや敵の勢いにおじけて戦わずして潰滅するに違いない。

金陵に危急があれば、江蘇、浙江の数千里がみな震動する。また糧食の運送が滞れば、京師は坐困することになり、関係するところは少なくない。いわんや淮河、滁州などには飢民が数十万人おり、不逞の輩が多くいて、もし密かに結んで内外で互いに応じれば、蔓延の勢いとなって江淮の災いがすぐにも生まれるのである。[153]

ここで勝保は太平軍の南京進出を予想し、防備が手薄な現状では守りきれないであろうこと、彼らが南京を占領す

れば江蘇、浙江に大きな影響を与えるばかりか、淮河流域も混乱に陥るだろうと指摘した。はたして事態は捻軍の蜂起を含めて勝保の予想通りに展開し、彼の炯眼ぶりが窺われる。この上奏を受けた清朝は陸建瀛と署江西巡撫張芾に九江の、安徽巡撫蔣文慶に安慶および省境地帯の防衛をそれぞれ命じた[154]。また二月初めには琦善と向栄に「精兵を選んで九江および安徽一帯に赴かせ、陸建瀛と会合して堵截せよ[155]」と命じたが、勝保が南京の文武官員では力不足として求めた「大員」の派遣は実現しなかった[156]。清朝は徐広縉解任の前日にも太平軍が「東竄を意図」していると明言し、「東路の陸建瀛らは兵力が甚だ少ない[157]」こともよく認識していたが、その主たる関心はあくまで北進の阻止にあったことを物語る事実と言えよう。

最後に武昌占領後の両軍の動きについて見ておきたい。一月十九日に太平軍は揚子江下流の黄州府城と武昌県へ兵を送り、これらの地を占領した。その目的は軍事物資の獲得にあり、「該逆が至ると、百姓は紛々と迎え入れ、銀銭や什物、穀米を奪った。そして船百余隻を用いて十三日（一月二十一日）、十四日（一月二十二日）に省城へ運び戻った」とあるように獲得した物資を武昌へ運ぶと共に、黄州に二千名、武昌県に一千名の兵を置いて新たな進撃の足がかりをつかんだ。

いっぽう解任された徐広縉に代わって軍の統率を任された向栄は、一月二十六日から一万六千名の兵力で城外の太平軍陣地に攻撃をかけた。この日和春の軍が放った火箭がたまたま「賊営内の火薬」に引火すると、清軍はチャンスと見て出撃したが、新南門まで進んだところで太平軍の抵抗を受けて撤退した[158]。一月二十九日に清軍は二手に分かれ、一隊は四川提督蘇布通阿の統率のもと長春観、小亀山へ、もう一隊は和春に率いられて新南門を攻めた。だが「長春観の外側には長牆と深濠が築かれ、中には賊営が五、六座ある。新南門外にも城壁に沿って土城が築かれており、賊営が四座あって、均しく城上の賊と互いに呼応している。大砲も極めて多く、防備は甚だ固い[159]」とあるように、太平軍が強固な陣地を構築したために清軍の攻撃は成功しなかった。

とくに水軍を欠いていたことは清軍の最大の弱点であり、向栄は「該匪は船隻が極めて多く、往来は思うがままである。大営の兵勇は長江や湖によって阻まれ、渡ることが出来る船もないので深く焦っている。わたくしは再三にわたり考えてみたが、今のところ彼らを殲滅するには先ず賊船を焼き、賊橋を壊して、彼らに互いに助け合えないようにしたうえで、手段を講じて〔武昌を〕奪回するのが最も容易であろうと思われる(160)」とあるように、地上軍だけでは武昌の奪回もおぼつかないことを告白せざるを得なかった。

ちなみに向栄も上奏の中で、太平軍が「城内の百姓を二十五人ずつ一つの館に編じ、一人ずつ紅または黄布の腰牌を与えて、一人の賊が管理している。婦女も二十五人ずつ、賊女一人が管理している。城内の百姓は食糧が不足し、逃れ出る者もまた少なくない(161)」とあるように、男館、女館制度を実施したことを伝えている。また興味深いのは王茂蔭の上奏で、占領後の漢口について次のように述べている。

賊は至るところ、専らいつわりの仁義を示している。彼らが漢口につくと、まず人々を安撫させ、市場も従来通り売買させて、店を閉めることを許さなかった。その取引も普段の値段通り、少しも不払いはなかったので、市場の者たちは安心した。ところが官兵が至るや、かえって酷い殺害が多かった。近くは直隷や山東でも官兵の騒擾事件が起きている。

およそ民は国のもといである。賊が略奪しないことでわが民を誘い、兵が騒擾をもってわが民に迫っているのは、民心を駆り立てて賊へ向かわせているようなものだ。民心が去ってしまったら、天下はまさに誰が共に守るというのか(162)。

ここでは漢口に進駐した太平軍が「いつわりの仁義」によって安撫政策を取り、商人たちに従来通りの営業を行わせたと指摘している。これは武昌で行われた都市住民に対する厳しい統制や収奪とは矛盾するが、太平軍の武昌退出後に出された報告も「漢口の居民で逃げた者は少なく、決して害を受けなかった。あらゆる尋常の店舗は、すでに十分の三、四まで回復した。ただ綢緞などの店はいまだ開かず、富戸や富商は早くから逃げ出したが、開泰薬行はつぶれなかった。わずかに同知衙門およびその付近の民家が数十家焼かれたが、その他は決して蹂躪を受けなかった[163]」と述べている。太平軍が進撃先できちんと代価を払い、商人が店を閉めなかったという記録は他にも多く残されており、その実どちらも事実であったと思われる。

また王茂蔭の上奏で槍玉に挙がった清軍の略奪行為は、武昌一帯においても健在であった。とくに深刻だったのは命令に従わないために長沙で解散させられた潮州勇一千名で、故郷へ戻らずに「郷へ入って食を奪い、ほしいままに略奪」を行った。向栄は六十名余りを捕らえて処罰したが効き目がなく、やむなく「これまで通り招募[164]」することを要請したという。また敗残兵の収容や兵糧の不足も頭の痛い問題であった。徐広縉は「大営にはなお数万の兵がいるのに、糧台にはすでに一月分の食糧もない。もし食い違いがあれば兵が潰散してしまう恐れがある[165]」と指摘している。

小　結

一八五二年十一月末に長沙を撤退した太平軍は、益陽県で船を入手して進撃方向を変え、水路の軍は洞庭湖を渡って岳州へ向かった。岳州はあっけなく陥落し、清朝は守備を担当していた湖北提督博勒恭武らを敵前逃亡の罪で厳罰に処した。だが実際の敗因は湖南の地方長官たちと清朝中央が長沙の防衛を優先する余り、岳州の戦略的重要性を認識していなかった点にあった。二千名程度だった岳州の守備兵力では勢いを盛り返した太平軍を防ぎ止めることは出来なかった。

同じことは湖北巡撫常大淳らが防衛を任された武昌についても当てはまった。岳州が陥落した時、武昌の兵力は五千名に過ぎず、なお移動途中の部隊も多かった。新提督双福は全軍を武昌城内に籠城させる戦略を取り、後に弱腰と非難されたが、太平軍との戦力差を考えれば兵の逃亡を防ぐためのやむを得ない選択であった。だが清軍は防禦体制を固める過程で住民との信頼関係を構築できず、城外の民家を焼き払ったことで人々の怒りを招いた。それは厳しい軍規によって「賊に恩を感じるようになる」と人々の心をつかんだ太平軍との顕著な差異であった。

次に本章は太平軍の武昌占領とその後の政策、清朝側の反応について検討した。通説では武昌の清軍守備隊は太平軍の地雷攻撃に怯え、常大淳の吝嗇ゆえに士気が上がらなかったと言われるが、むしろ敗因は太平軍のトンネル工事を防ぐ方法についての認識不足にあった。また双福が兵の損失を惜しんだのは事実だが、城外の清軍と呼応しなかった訳ではなく、むしろ無理な出撃を諫めたのは向栄の方であったことも確認された。そして十二月十一日の地雷攻撃は清軍の隙を完全につくものであり、守備隊は殆ど組織的な抵抗が出来ず、民間人を含めて多くの犠牲者を出したことが明らかになった。

武昌へ入城した太平軍は敗残兵の掃蕩と清朝官員の殺害を行った後、安撫政策を行って初めての都市支配に取り組んだ。その中心的な政策は男館、女館の設立と聖庫制度であり、人々は巧妙な手段で財産を没収され、二十五人を単位とする太平天国の軍事組織の中に組み込まれた。その手法は農作業に不慣れな住民たちに重労働を課したり、纏足した女性に移動を強要するなど甚だ強圧的であった。また武昌の人々も貧しい辺境からやって来た太平軍将兵に対する嫌悪感を隠さなかった。

都市と農村の格差は現代の中国社会においても深刻な問題であるが、その根の深さを改めて実感させられる。漢口では略奪を行わず、普段通りの商業活動を行わせた太平軍であった――その点では略奪のやまなかった清軍よりははるかにましであった――が、彼らが戦闘上の必要から武昌の人々を厳しい統制下に置き、収奪したのも事実であった。毛沢東の中国革命にも当てはまることだが、太平天国の都市住民政策が虐げられた農村の都市に対する報復という側面を帯びていたことは否定できない。抑圧された民の救済論であったヘブライズムは辺境の貧しい民であった客家の屈折した自己主張に正当性を与え、彼らの都市住民に対する怨嗟を後押ししてしまったと考えられる。

揚子江流域に進出した太平天国が、「帝王の都」である下流の南京に向かってどのような行動を起こすのかは、次章において詳述することにしたい。

【註】

（1）菊池秀明『広西移民社会と太平天国』【本文編】【史料編】、風響社、一九九八年。
（2）菊池秀明『清代中国南部の社会変容と太平天国』汲古書院、二〇〇八年。
（3）本書第一章、第二章を参照。
（4）本書第三章、第四章を参照。
（5）本書第五章、第六章を参照。
（6）本書第七章を参照。
（7）簡又文『太平天国全史』上冊、香港猛進書屋、一九六二年。
（8）鍾文典『太平天国開国史』広西人民出版社、一九九二年。
（9）崔之清主編『太平天国戦争全史』一、太平軍興（一八五〇―一八五三）、南京大学出版社、二〇〇二年。
（10）菊池秀明「イギリス国立公文書館所蔵の太平天国史料について」東北大学中国文史哲研究会編『集刊東洋学』一〇二号、二〇〇九年。
（11）中国第一歴史檔案館編『清政府鎮圧太平天国檔案史料』一～二六、光明日報出版社および中国社会科学文献出版社、一九九〇年～二〇〇一年（以下『鎮圧』と略記）。
（12）同治『寧郷県志』巻二三、職官五、兵防附団練。なお太平軍は「越宿走益陽」とあるように一泊しただけで益陽県へ向かった。また太平軍は「無焚殺之事」すなわち略奪を行わなかったが、二日後に到着した潮州勇は「奸淫擄掠、民団切歯、格殺其尤、逐出境、居民始復業」とあるように略奪が激しく、怒った団練に追い出されたという（同書巻二三および民国『寧郷県志』故事編第六、兵備録上）。

(13) 徐広縉等奏、咸豊二年十一月初七日『鎮圧』四、八一頁。なお同治『益陽県志』巻十一、武備によると、初め向栄軍は優勢であったが、太平軍が陸賈山に近い棉花崙を奪って砲撃を加えると「官兵不能支、遂潰」という。また太平軍は敗走する清軍を追撃し、「約斃官兵七、八百名」とある。

(14) 常大淳等奏、咸豊二年十一月初五日『鎮圧』四、七六頁。徐広縉等奏、咸豊二年十一月初七日、同書八一頁。それによると「賊匪於二十六日（十二月七日）屯住林子口」とあり、先遣隊をさすと思われる。また同じく七日に郭仁布は蘭溪市で「四五千人」の太平軍と交戦しており、これが本隊と考えられる。なお八日に向栄は蘭溪市を攻めたが、「賊匪已於初更時全股逃竄……、向西林港前竄」という。

(15) 同治『益陽県志』巻十一、武備。なお同書には「岳州之土星港」とあるが、土星港は湘潭県の北三十キロにあった（光緒『湘陰県図志』巻二八、兵事志）。

(16) 常大淳等奏、咸豊二年十一月初五日『鎮圧』四、七六頁。

(17) 徐広縉等奏、咸豊二年十一月初七日『鎮圧』四、八一頁。

(18) 李秀成の供述書（並木頼壽等編『新編　原典中国近現代思想史』一、開国と社会変容、岩波書店、二〇一〇年、二二一頁。また羅爾綱『増補本李秀成自述原稿注』中国社会科学出版社、一九九五年、一三一頁）。

(19) 徐広縉等奏、咸豊二年十月二十六日『鎮圧』四、五四頁。

(20) 李濱『中興別記』巻四、太平天国歴史博物館編『太平天国資料匯編』第二冊上、中華書局、一九七九年、六二頁。

(21) 『天条道理書』（中国近代史資料叢刊『太平天国』一、神州国光社、一九五二年、三六八頁）。

(22) 常大淳奏、咸豊二年七月二十日『鎮圧』三、四六五頁。また張銘謙奏、咸豊二年八月初五日、同書五〇三頁も漁船、水勇を召募するように訴えた。

(23) 常大淳等奏、咸豊二年十一月初五日『鎮圧』四、七六頁。張曜孫『楚寇紀略』（太平天国歴史博物館編『太平天国史料叢編簡輯』一、中華書局、一九六一年、七二頁）。

(24) 龔裕奏、咸豊二年六月十八日『鎮圧』三、四〇一頁。なお陳徽言『武昌紀事』によると、王東槐が岳州へ向かったのは九月のことだった（『太平天国』四、五八三頁）。

(25) 常大淳奏、咸豊二年七月二十日『鎮圧』三、四六七頁。また台湧奏、咸豊二年五月十三日、軍機処檔案〇八四六九一号。同奏、咸豊二年八月二十八日『宮中檔咸豊朝奏摺』六、六四一頁。共に国立故宮博物院蔵。

(26) 周有貴奏、咸豊二年四月十九日、軍機処檔案〇八四一三六–一号。

(27) 駱秉章奏、咸豊二年五月十六日、軍機処檔案〇八四九二八号。同奏、咸豊二年七月二十一日『宮中檔咸豊朝奏摺』六、三一四頁。

(28) 同治『寧郷県志』巻二三、職官五、兵防附団練。

(29) 同治『益陽県志』巻十一、武備。

(30) 常大淳等奏、咸豊二年十一月初五日『鎮圧』四、七六頁。

(31) 光緒『巴陵県志』巻三五、人物志八、呉士邁。

(32) 徐広縉等奏、咸豊二年十一月初七日『鎮圧』四、八一頁。また光緒『湘陰県図志』巻二八、兵事志。

(33) 常大淳等奏、咸豊二年十一月初六日『鎮圧』四、七九頁。

(34) 徐広縉等奏、咸豊二年十一月初九日『鎮圧』四、八五頁。

(35) 軍機大臣、咸豊二年十一月十一日『鎮圧』四、八六頁。

(36) 諭内閣、咸豊二年十一月十七日『鎮圧』四、一〇八頁。

(37) 徐広縉等奏、咸豊二年十一月十九日『鎮圧』四、一二八頁。

(38) 阿霊阿等奏、咸豊二年十二月初三日『鎮圧』四、一八四頁および諭内閣、同日『鎮圧』四、一八五頁。

(39) 楊以増奏、咸豊三年五月十八日『鎮圧』七、二三〇頁および阿克東阿供（同書二三一頁）。

(40) 軍機大臣、咸豊二年十一月十一日『鎮圧』四、八六頁。

(41) 徐広縉等奏、咸豊二年十一月十九日『鎮圧』四、一二八頁。なお阿克東阿は「博提督又将紮岳州迤南扼要処所之兵、一併撤回東門迤北駐紮、東阿武弁言軽不能阻止」「賊匪於十一月初三日由南而至……、不意博提督不与賊戦、将兵折回湖北」とあるように、博勒恭武が兵を府城の東北に移動させるなど岳州を死守する意志がなく、太平軍が進攻すると戦わずに撤退したと証言している（阿克東阿供、咸豊三年五月十八日『鎮圧』七、二三一頁）。また光緒『巴陵県志』巻二一、政典九、武備下、兵事下も彼が戦わずに逃げたと述べている。

(42) 阿霊阿等奏、咸豊三年四月十五日『鎮圧』六、四一〇頁および博勒恭武供（同書四一二頁）。結局博勒恭武が戦わずに逃亡したかは不明であるが、張曜孫『楚寇紀略』は「博提督軽佻不諳軍務、標兵又孱弱、不可令居要地、請易他兵」とあるように、彼の部隊が元々戦力にならなかったことを示唆している（『太平天国史料叢編簡輯』一、七二頁）。また陳徽言『武昌紀事』は博勒恭武が「賊至望風先潰」であったと述べたうえで、彼が武昌に戻ると怒った常大淳は入城を許さなかったとしている（『太平天国』四、五八五頁）。

(43) 王茂蔭奏、咸豊二年十一月十二日、軍機処檔案〇八七四四六号（王茂蔭撰、張新旭等点校『王侍郎奏議』黄山書社、一九九一年、二八頁）。

(44) 王柏心『百柱堂全集』巻一六、与夏宗山中書書。また同書巻首の国史本伝によれば、彼は道光年間進士で、一八五二年に団練の結成に取り組んで翌年張亮基の幕友になり、曽国藩や胡林翼に献策を行った。また左宗棠とも多くの書簡を交わすなど交流が深かった。

(45) 諭内閣、咸豊二年十一月十五日『鎮圧』四、九九頁。なお軍機大臣、咸豊二年九月初六日には「如長沙賊匪被我兵攻剿、意図北竄、務須先期探明、密派将弁帯兵繞出賊前、迎頭截撃」とある（『鎮圧』三、五九六頁）。

(46) 諭内閣、咸豊二年十一月十七日『鎮圧』四、一〇八頁。

(47) 徐広縉奏、咸豊二年十一月二十四日『鎮圧』三頁。

(48) 軍機大臣、咸豊二年八月十一日『鎮圧』三、五二二頁。

(49) 博勒恭武奏、咸豊二年八月十九日『宮中檔咸豊朝奏摺』五、五四九頁・五五〇頁。

(50) 王家璧「上家大人書」、咸豊二年八月十八日（皮明麻等編『出自敵対営塁的太平天国史料――曽国藩幕僚鄂城王家璧文稿輯録』湖北人民出版社、一九八六年、一〇頁）。

(51) 常大淳奏、咸豊二年九月初六日『鎮圧』三、五九八頁。また安徽兵の出発が遅れた点については軍機大臣、咸豊二年八月初十日、同書五一九頁。

(52) 諭内閣、咸豊二年十二月初四日『鎮圧』四、一八九頁。

(53) 諭内閣、咸豊二年十二月初四日『鎮圧』四、一九〇頁。

(54) 諭内閣、咸豊二年十一月二十五日『鎮圧』四、一四九頁。

(55) 光緒『巴陵県志』巻二一、政典九、武備下、兵事下に「初六日（十二月十六日）賊至城陵磯、復奪民舟五千余、東下」とある。また蕭盛遠『粤匪紀略』賊陥岳州直撲鄂城には「初六日賊由岳州水陸並下、郡城已空」とある（『太平天国史料叢編簡輯』一、一二八頁）。

(56) 常大淳等奏、咸豊二年十一月十二日『鎮圧』四、九二頁。

(57) 徐広縉奏、咸豊二年十一月十九日『鎮圧』四、一二八頁。光緒『咸寧県志』巻六、雑記、兵防記。なお蒲圻県知県周祥和らは兵四百名を率いて交戦したが戦死した（同治『蒲圻県志』巻三、祥異）。

(58) 常大淳等奏、咸豊二年十一月十二日『鎮圧』四、九二頁。この時期の太平軍の総数については、常大淳等奏、咸豊二年十一月十二日、軍機処檔案〇八七五六〇号も「匪衆数万、此時官兵尚止五千有余、断難制敵。惟望徐広縉大兵速来、以救危急」とあるだけで、具体的な数字は挙げていない。張徳堅『賊情彙纂』巻十一、賊数、新賊は「西竄寧益一帯、未幾東出湘岳、復得前数、尽擄商民船隻近十五万人矣」と述べているが、これは長沙到達時の兵力を十万人とする前提で書かれており、鵜呑みには出来ない。むしろ長沙攻撃時の人数まで回復したというニュアンスにこそ注目すべきかも知れない。さらに佚名『武昌兵燹紀略』は「初賊入武昌、粤東西匪二万余、湖広匪四万余、粤西女賊万余」（『太平天国』四、五七二頁）と述べており、この方が実数に近いと思われる。なお崔之清氏は佚名『粤匪犯湖南紀略』の「及至長沙而上、四府土匪附洪者数万人」（『太平天国史料叢編簡輯』一、六六頁）という記載をもとに、五万人前後であろうと推測している（崔之清主編『太平天国戦争全史』一、五八九頁）。
(59) 徐広縉奏、咸豊二年十一月十九日『鎮圧』四、一二八頁。
(60) 蕭盛遠『粤匪紀略』賊陥岳州直撲鄂城（『太平天国史料叢編簡輯』一、一二八頁）。
(61) 徐広縉奏、咸豊二年十一月十九日『鎮圧』四、一二八頁。
(62) 徐広縉奏、咸豊二年十一月二十八日『鎮圧』四、一六六頁。また光緒『巴陵県志』巻二一、政典九、武備下、兵事下には「道光二十八年（一八四八）有粤人杜姓、某姓三人者駅路硃砂橋買地作屋、云将往来過宿地、邑人駆之不果。有晏仲武者族大而人頑、与之通、従至広西授（受の誤り）其教、郷人多知之。及賊至長沙、或以変常事告知胡方穀、不問。而晏仲武走長沙請賊速下。[晏]仲武旋聚衆劫餉於路、戕運官解役徒衆皆尽」とある。ここで一八四八年に晏仲武が接触したのが上帝会であったのか、青蓮教などの他組織であったかは明確ではなく、筆者は後者の可能性が高いと考える。ただし一八五二年の長沙攻撃にあたり、太平軍の方から動員工作があったのは確実で、晏仲武が「偽提督之職」を受けたのもこの時であろうと考えられる。
(63) 程矞采奏、咸豊二年四月三十日『鎮圧』三、五九八頁。龔裕奏、咸豊二年六月十八日、同書五九頁。
(64) 佚名『武昌兵燹紀略』（『太平天国』四、五六七頁）。なお同書はこの時に双福が「湖南多険、且阻洞庭、粤匪不下長沙、能飛渡焉」と語ったため、常大淳は油断して防備の強化を怠ったと述べている。張曜孫『楚寇紀略』も張曜孫が岳州と湖口の防備を強化するように求めたところ、常大淳はこれを聞き入れなかったとしている（『太平天国史料叢編簡輯』一、七二頁）。武昌失陥の原因を常大淳と双福の無能と臆病さに求める議論は多いが、少なくとも守備隊の兵力不足は清朝の防衛計画の不手際によるものであり、彼ら個人にその責めを負わせることは出来ないだろう。
(65) 常大淳等奏、咸豊二年十一月十二日『鎮圧』四、九二頁。また同奏、咸豊二年十一月初六日、同書七九頁は「現在省城内外存兵止及二千、陝甘官兵僅到四百余名、其余二千数百名尚未據報入境、情形甚為緊急」と述べている。なおこの時陝西から派遣された援軍の総兵力は三千名で、十二月初旬までに数回に分かれて湖北省内へ入った（舒興阿奏、咸豊二年九月二十四日、軍機処檔案〇八六八二四号および張祥阿奏、咸豊二年十一月初六日、同〇八七五五三号）。

(66) 李濱『中興別記』巻四（『太平天国資料匯編』第二冊上、六四頁）。
(67) 佚名『武昌兵燹紀略』（『太平天国』四、五六八頁）。
(68) 陳徽言『武昌紀事』咸豊七年五月呉嘉賓序（『太平天国』四、五八〇頁）。
(69) 簡又文『太平天国全史』上冊、四四一頁。
(70) 崔之清主編『太平天国戦争全史』一、六〇〇頁。
(71) 廖慶謨等会稟、咸豊二年十二月二十日、軍機処檔案〇八八三八五号。この稟は同日に出された河南巡撫陸応穀の上奏（『鎮圧』四、二四九頁）の附件で、署孝感県知県李殿華と連名で提出された。
(72) 徐広縉奏、咸豊二年十一月二十四日『鎮圧』四、一四三頁。
(73) 廖慶謨等会稟、咸豊二年十二月二十日、軍機処檔案〇八八三八五号。
(74) 佚名『武昌兵燹紀略』（『太平天国』四、五六八頁）。
(75) 陳徽言『武昌紀事』（『太平天国』四、五八五頁）。
(76) 張曜孫『楚寇紀略』（『太平天国史料叢編簡輯』一、七二頁）。
(77) 陳徽言『武昌紀事』（『太平天国』四、五八六頁）。
(78) 廖慶謨等会稟、咸豊二年十二月二十日、軍機処檔案〇八八三八五号。また漢陽を攻撃した太平軍指揮官については郭廷以『太平天国史事日誌』商務印書館、一九四六年（上海書店再版、一九八六年、上冊）一九八頁。張徳堅『賊情彙纂』巻二、劇賊姓名下、黄玉崑（『太平天国』三、五一頁）。
(79) 民国『夏口県志』巻八、兵事志、歴代兵事。佚名『武昌兵燹紀略』（『太平天国』四、五六八頁）。
(80) 廖慶謨等会稟、咸豊二年十二月二十日、軍機処檔案〇八八三八五号。
(81) 常大淳奏、咸豊二年十一月十四日『鎮圧』四、九五頁。
(82) 李秀成の供述書（『新編　原典中国近現代思想史』一、二二一頁。また羅爾綱『増補本李秀成自述原稿注』一三一頁）。
(83) 李汝昭『鏡山野史』（『太平天国』三、五頁）。

(84)　張徳堅『賊情彙纂』巻五、偽軍制下、水営（『太平天国』三、一四一頁）。また同書巻二、劇賊姓名下、唐正財によると、彼は木客と米商人を兼ね、一八五二年夏に下流へ「貿易」に出かけたが、岳州で太平軍に捕らえられた。楊秀清が「好言」をもって彼を典水匠に封じると「甘心従賊」となり、武昌、漢陽間の浮橋作りで活躍したという（『太平天国』三、六九頁）。

(85)　雷以諴奏、咸豊二年十一月二十九日、軍機処檔案〇八七八二二号。

(86)　光緒『咸寧県志』巻六、雑記、兵防紀。

(87)　汪堃『盾鼻随聞録』巻二、楚寇紀略（『太平天国』四、三六五頁）。

(88)　同治『巴陵県志』巻十、武備下、兵事。

(89)　王之斌奏、咸豊二年十一月十九日、軍機処檔案〇八七五七八号。ちなみに王之斌は太平軍の「声東撃西之計」が成功するのは、略奪が抑制されているために被害の報告が届かない結果であり、岳州が陥落したのはその証拠だと述べている。また清軍将兵のアヘン吸引について指摘し、彼らを帰郷させて少人数による強力な部隊へ再編しない限り勝利はおぼつかないと述べている。

(90)　A Letter by the French Lazarist missionary Dr. L. G. Delaplace, Annals of the Propagation of the Faith, Vol.14 (1853), pp.215–18 (Prescott Clarke and J. S. Gregory, Western Reports on Taiping, The University Press of Hawaii, Honolulu, 1992, pp.24).

(91)　廖慶謀等会稟、咸豊二年十二月二十日、軍機処檔案〇八八三八五号。なお太平軍の武昌攻撃が始まった期日は史料によって異なり、『武昌紀事』は二五日夜、『武昌兵燹紀略』は二六日とする。ここでは廖慶謀等会稟の期日に従う。また双福は全軍を城内に撤退させるに当たり、「所設砲台、営塁均不拆毀」であったため、太平軍に利用されたという（『太平天国史料叢編簡輯』一、七二頁）。

(92)　廖慶謀等会稟、咸豊二年十二月二十日、軍機処檔案〇八八三八五号。

(93)　陳徽言『武昌紀事』（『太平天国』四、五八九頁）。

(94)　廖慶謀等会稟、咸豊二年十二月二十日、軍機処檔案〇八八三八五号。

(95) 陳徽言『武昌紀事』（『太平天国』四、五八七頁）。
(96) 稟報武昌失陥詳細情形、咸豊二年十二月、F.O.九三一　一三八六、英国国立公文書館蔵。
(97) 民国『湖北通志』巻七一、武備志九、兵事五、粤匪。
(98) 同治『江夏県志』巻五、兵備志、兵事紀略。
(99) 陳徽言『武昌紀事』（『太平天国』四、五八九頁）。
(100) 稟報武昌失陥詳細情形、咸豊二年十二月、F.O.九三一　一三八六。
(101) 廖慶謀等会稟、咸豊二年十二月二十日、軍機処檔案〇八八三八五号。
(102) 徐広縉奏、咸豊二年十二月初五日『鎮圧』四、一九六頁。
(103) 陳徽言『武昌紀事』（『太平天国』四、五八九頁）。
(104) 廖慶謀等会稟、咸豊二年十二月二十日、軍機処檔案〇八八三八五号。
(105) 稟報武昌失陥詳細情形、咸豊二年十二月、F.O.九三一　一三八六。
(106) 蕭盛遠『粤匪紀略』賊陥岳州直撲鄂城（『太平天国史料叢編簡輯』一、二九頁）。
(107) 佚名『武昌兵燹紀略』（『太平天国』四、五七〇頁）。
(108) 蕭盛遠『粤匪紀略』賊陥岳州直撲鄂城（『太平天国史料叢編簡輯』一、二九頁）。
(109) 廖慶謀等会稟、咸豊二年十二月二十日、軍機処檔案〇八八三八五号。
(110) 陳徽言『武昌紀事』（『太平天国』四、五八九頁）。民国『湖北通志』巻七一、武備志九、兵事五、粤匪。
(111) 廖慶謀等会稟、咸豊二年十二月二十日、軍機処檔案〇八八三八五号。
(112) 稟報武昌失陥詳細情形、咸豊二年十二月、F.O.九三一　一三八六。
(113) 徐広縉奏、咸豊二年十二月初九日、軍機処檔案〇八八二二六号。なおこの上奏は『清政府鎮圧太平天国檔案史料』には収められていない。
(114) 諭内閣、咸豊二年十二月十八日『鎮圧』四、二三六頁。

(115) 廖慶謀等会稟、咸豊二年十二月二十日、軍機処檔案〇八八三八五号。
(116) 稟報武昌失陥詳細情形、咸豊二年十二月、F.O.九三一　一三八六。
(117) 陳徽言『武昌紀事』(『太平天国』四、五九〇頁)。佚名『武昌兵燹紀略』(『太平天国』四、五七一頁)。
(118) 蕭盛遠『粤匪紀略』賊陥岳州直撲鄂城(『太平天国史料叢編簡輯』一、一二九頁)。
(119) 佚名『武昌兵燹紀略』(『太平天国』四、五七一頁)。
(120) 廖慶謀等会稟、咸豊二年十二月二十日、軍機処檔案〇八八三八五号。
(121) 稟報武昌失陥情形、咸豊三年正月、F.O.九三一　一三八一。
(122) 稟報挙人呉楽清闔門尽節情由、咸豊三年四月、F.O.九三一　一三九〇。
(123) 稟報武昌失陥情形、咸豊三年正月、F.O.九三一　一三八一。
(124) 陳徽言『武昌紀事』(『太平天国』四、五九二頁)。
(125) 廖慶謀等会稟、咸豊二年十二月二十日、軍機処檔案〇八八三八五号。また各王府が置かれた場所については陳徽言『武昌紀事』(『太平天国』四、五九四頁)。
(126) 陳徽言『武昌紀事』(『太平天国』四、五九五頁)。また張徳堅『賊情彙纂』巻十二、雑載によれば、この時反論を試みたのは漢陽出身の馬姓なる生員であった(『太平天国』三、三一二頁)。
(127) 稟報武昌失陥情形、咸豊三年正月、F.O.九三一　一三八一。
(128) 陳徽言『武昌紀事』(『太平天国』四、五九三〜五九六頁)。
(129) 張徳堅『賊情彙纂』巻十、賊糧、貢献(『太平天国』三、二七〇頁)。
(130) 本書第一章参照。また金田禾寮村「呉氏祠堂碑記」の解題部分(菊池秀明『広西移民社会と太平天国』【史料編】二八一頁)を参照のこと。
(131) 張徳堅『賊情彙纂』巻十、賊糧、虜劫(『太平天国』三、二七一頁)。
(132) 陳徽言『武昌紀事』(『太平天国』四、五九四頁)。

(133) 張徳堅『賊情彙纂』巻十、賊糧、貢献（『太平天国』三、二七〇頁）。
(134) 陳徽言『武昌紀事』（『太平天国』四、五九四〜六〇二頁）。
(135) 陳徽言『武昌紀事』（『太平天国』四、五九七頁）。労光泰「鄂城表忠詩」（簡又文『太平天国全史』上、四五四頁）。
(136) 陳徽言『武昌紀事』（『太平天国』四、五九七頁）。また汪堃『盾鼻随聞録』巻二、楚寇紀略にはこの時太平軍が漢口の戯班を招いて「連日演唱」させたとある（『太平天国』四、三六七頁）。
(137) 汪士鐸『乙丙日記』（『新版　原典中国近代思想史』一、二五八頁）。
(138) 何璟奏、咸豊二年十二月二十三日、軍機処檔案〇八八三八四号。何璟は広東香山県人で翰林院編修。
(139) 馮誉驥奏、咸豊二年十二月二十四日『鎮圧』四、二八六頁。袁希祖奏、咸豊二年十二月二十四日、同書二八四頁。
(140) 毛鴻賓奏、咸豊二年十二月二十二日『鎮圧』四、二六五頁。また富興阿奏、咸豊二年十二月二十二日『鎮圧』四、二六七頁も「徐広縉之罪実浮於賽尚阿不止倍蓰」と述べたうえで、彼と向栄を処罰するように求めている。
(141) 徐広縉親供一、咸豊三年三月十二日『鎮圧』四、五五七頁。
(142) 徐広縉奏、咸豊二年十二月十六日『鎮圧』四、二二九頁。
(143) 諭内閣、咸豊二年十二月二十六日『鎮圧』四、三〇四頁。
(144) 軍機大臣、咸豊二年十二月二十六日『鎮圧』四、三〇六頁。
(145) 李秀成の供述書（『新編　原典中国近現代思想史』一、二二一頁。また羅爾綱『増補本李秀成自述原稿注』一三五）。
(146) 諭内閣、咸豊二年十一月十七日『鎮圧』四、一〇六頁。
(147) 琦善奏、咸豊二年十一月十九日『鎮圧』四、一一一頁。
(148) 張祥河奏、咸豊二年十一月二十七日、軍機処檔案〇八七九六〇号。同奏、咸豊二年十二月二十七日『鎮圧』四、三〇九頁。
(149) 何璟奏、咸豊二年十二月二十三日、軍機処檔案〇八八三八四号。また軍機大臣、咸豊二年十二月十二日『鎮圧』二、二一四頁は「該大臣（琦善）自上月二十七日出京、本月初五日始由保定起程、似此按轡徐行、将何日始抵豫省耶？」とあるように、その緩慢な動きを叱責している。

(150) 琦善奏、咸豊二年十二月二十六日『宮中檔咸豊朝奏摺』六、七五九頁。
(151) 常大淳奏、咸豊二年十一月十四日『鎮圧』四、九五頁。
(152) 林映棠稟、咸豊二年十一月二十三日、軍機処檔案〇八七〇六〇号。
(153) 勝保奏、咸豊二年十二月初六日、軍機処檔案〇八七八五二号。
(154) 陸建瀛が欽差大臣に任命された当初、清朝は彼に長江上游に赴いて武昌を応援するように命じた（軍機大臣、咸豊二年十二月初三日および諭内閣、同年十二月初四日、同書一八六・一九二頁）。だが武昌の戦いが始まると、咸豊帝は陸建瀛に急ぎ九江へ向かい、張芾と協議して防備を固めるように指示した。また蔣文慶が安徽の兵力不足を報告すると、省城および湖北と隣接する各県の防衛を強化するように命じた（軍機大臣、咸豊二年十二月十一日、同書二一一・二一二頁）。
(155) 軍機大臣、咸豊二年十二月二十八日『鎮圧』四、三一二頁。
(156) 勝保奏、咸豊二年十二月初六日、軍機処檔案〇八七八五二号。ここで勝保は「金陵一帯為南北咽喉、勢更重於武昌。現在賊已披猖、其注意金陵、亦必甚於他省。若僅責成該省文武等守禦、恐未足深恃。此奴才所以日夜図維、不能自已。願我皇上速簡大員、馳往督辦、庶可弭乱於未然也」と述べている。
(157) 軍機大臣、咸豊二年十二月二十五日『鎮圧』四、二九七頁。
(158) 向栄奏、咸豊二年十二月二十一日『宮中檔咸豊朝奏摺』六、七一一頁および『向栄奏稿』巻一（『太平天国』七、一五頁）。この上奏は『鎮圧』四、二五七頁にも収められているが、「百姓紛紛迎入」という部分を「百姓紛紛、匪入」と誤ったうえ、日付も十二月二十四日と誤っている。
(159) 向栄奏、咸豊二年十二月三十日『鎮圧』四、三三五頁。
(160) 向栄奏、咸豊二年十二月二十一日『宮中檔咸豊朝奏摺』六、七一一頁。
(161) 向栄奏、咸豊二年十二月三十日『鎮圧』四、三三五頁。また彼は洪秀全が漢陽に、楊秀清が武昌にいると述べたうえで、「其羅大綱、石達開往来行走、尚無定処」となるように、羅大綱と石達開が機敏な作戦活動を行っていたことを伝えている。
(162) 王茂蔭奏、咸豊二年十二月三十日、軍機処檔〇八八四〇四号。

(163) 稟報武昌失陥情形、咸豊三年正月、F.O.九三一　一三八一。
(164) 向栄奏、咸豊二年十二月二十五日『鎮圧』四、二九七頁。
(165) 徐広縉奏、咸豊三年正月初六日『鎮圧』四、三五三頁。また張亮基も湖北、湖南へ送られる予定だった軍餉二一七万両のうち、武昌で太平軍に奪われるか、いまだ送られていないために、現在湖南に残されたのは四、五万両に過ぎず、「現在武昌城外兵勇二月口糧即已無款支給、実有停兵待餉之意」と述べている（張亮基奏、咸豊三年正月初六日、同書三五七頁）。

第九章　太平天国の長江進撃と南京攻略

はじめに

かつて筆者は太平天国の生まれた原因が広西移民社会のリーダーシップを握った科挙エリートと非エリートの対立にあり[1]、清朝の統治が行きづまる中で人々は「理想なき時代」を乗りこえる処方箋を熱望していたと述べた[2]。また本書は上帝会が慎重に準備を進めて金田団営を成功させたこと、永安州で太平天国は王朝体制のひな形を整え、広東信宜県の凌十八はその慎重な行動ゆえに太平軍と合流できなかったことを指摘した[3]。続いて本書は太平天国が不寛容な宗教性を帯びながら、積極的な動員工作によって湖南南部の反政府勢力を糾合したこと[4]、太平軍による長沙への奇襲攻撃は失敗したが、清軍も勝利を得ることは出来ず、太平軍の北進を許したことを明らかにした[5]。

　さらに前章において筆者は、長沙撤退後に船を獲得した太平軍が洞庭湖へ進出し、岳州を陥落させて戦局を一変させたが、清朝は大局的な戦略を欠いていたために後手に回ったことを指摘した。同じことは武昌についても当てはまり、少ない兵力で城内の守備に専念した常大淳らの戦略はやむを得ない選択であったが、彼らは太平軍の地雷攻撃を防ぐ措置を取らず、それが武昌陥落の原因になったと述べた。また武昌を占領した太平軍は男館、女館や聖庫制度によって都市支配に取り組み、強圧的な手法で住民の反発を買ったが、それは貧しい辺境の農村出身だった太平天国の将兵にとって見れば、富を独占してきた都市住民に対する羨望と怨嗟の現れだったことを指摘した[6]。

　本章は武昌を出発した太平軍が長江を下り、一八五三年三月に南京を陥落させるまでの過程を考察する。一八四八年の天父、天兄下凡から始まった太平天国の武装蜂起にとって、南京の占領は一つの終着点であり、太平天国の歴史においても重要な転換期であった。だがこの時期の歴史に関する先行研究としては簡又文氏[7]、鍾文典氏[8]の通史的研究および崔之清氏[9]の軍事史研究があるに過ぎない。そこで筆者は一九九九年から台湾の国立故宮博物院を訪問し、同図書文献館所蔵の檔案史料を系統的に整理、分析した。また中国第一歴史檔案館編『軍機処奏摺録副・農民運動類』および同館編『清政府鎮圧太平天国檔案史料[10]』を併せ用いることで、この時期の太平天国の歴史を出来る限り具体的に描き出してみたい。それは太平天国の歴史を「革命の先駆者」あるいは「破壊者」といった従来の評価を越えて、十九世紀中国の社会変容という視点からとらえ直す作業になると思われる。

一、太平軍の長江進撃と九江、安慶占領

（a）　太平軍の武昌進発と九江占領

一八五三年二月三日に新年を祝った太平軍は、武昌を撤退する準備に取りかかった。まず四日に布政使衙門などにあった銀一百万両を船に積み込み、翌五日には銅砲を船に載せた。また六日には「おのおの一月分の食糧と鋤鍬などの農具を備えよ」との命令が出され、八日には女たちから乗船が始まった。

二月九日に幹部たちは洪秀全を訪ねて出発の辞を述べ、次いで東王府へ行って楊秀清の指揮のもと次々と船に乗り込んだ。やがて洪秀全が黄色の轎に乗って武昌城を離れると、城外の将兵も浮橋を渡って漢口へ向かい、後衛部隊が渡河すると浮橋を焼いた[11]。その夜城内の保安門、大東門などで火の手が上がり、清軍は太平軍が武昌を撤退したことを知った。欽差大臣向栄は将兵たちに攻撃を命じたが、すでに太平軍の船千数百隻は漢陽側に移動しており、水軍のない清軍はこれを阻むことが出来なかった。

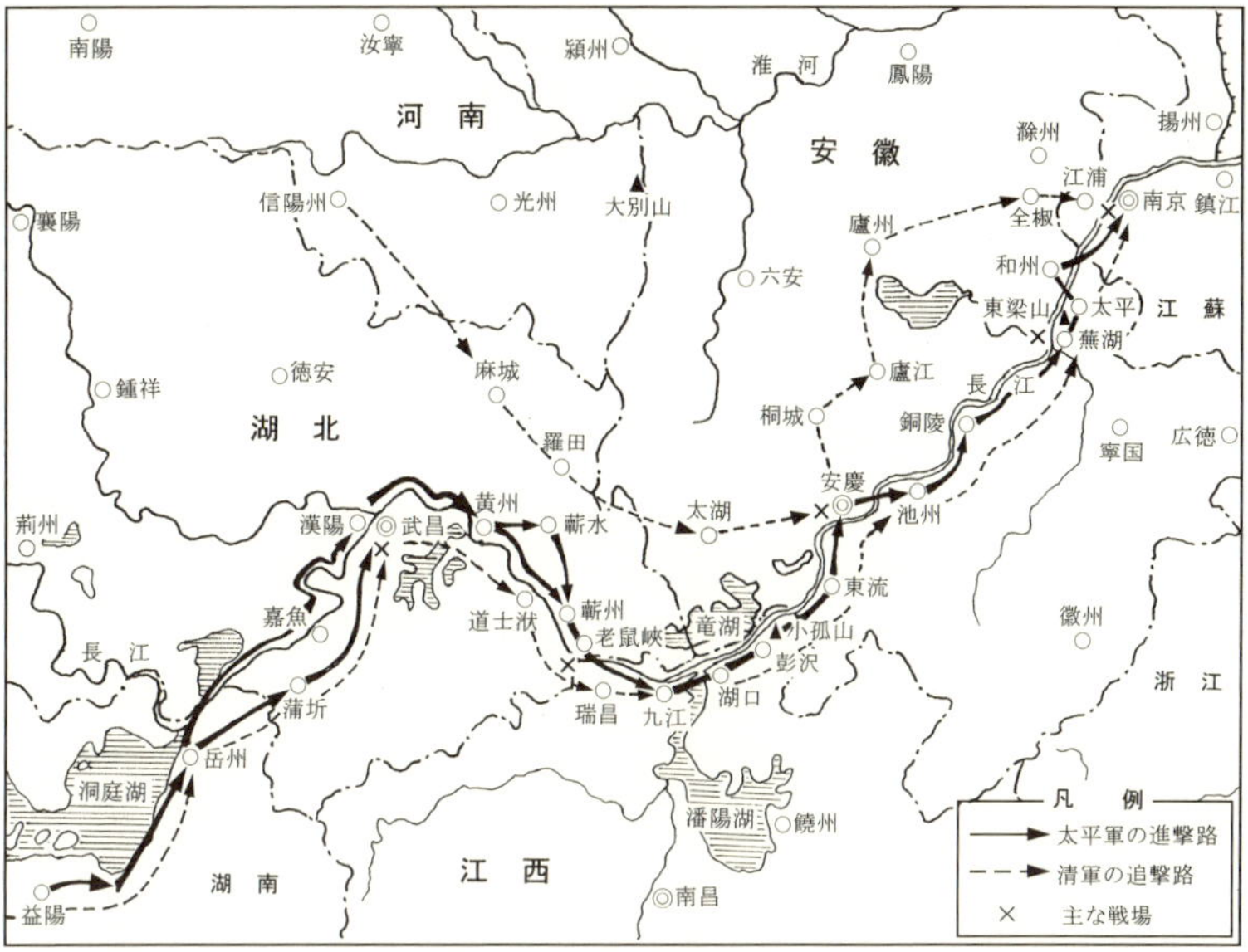

図14　太平軍の長江進撃図
郭毅生主編『太平天国歴史地図集』中国地図出版社、1988年より作成。

また向栄によると、清軍は武昌城を脱出した住民の話から、近く太平軍が長沙へ向かうとの情報を得ていた。続いて「賊船二百余隻が上流に向かい、漢陽から三十里余りの転口地方に達した。その後方にも賊船が陸続として帆を揚げて遡っている」といった報告も届いた。だが向栄はこれが太平軍の陽動作戦であると見抜き、総兵玉山、参将劉開泰の率いる広東兵勇二一〇〇名を長江下流の道士洑に派遣した。実際に太平軍は東への移動を始め、先頭の船は九日のうちに武昌から三十キロの陽邏洲へ到達したという[12]。

それでは武昌を出発した太平軍はどの程度の規模だったのだろうか。『賊情彙纂』は「武昌を陥落させてからは男女や老人、子供を脅して従わせ、水と陸から東へ下ったが、先の数と合わせて五十万以上いた[13]」と述べているが、五十万人という数字は明らかに誇大である。逆に河南巡撫陸応穀は「賊は岳州から下った時は僅かに五千余人であったが、岳州を破って無理に従わせた者が数千人、漢陽、武昌を破ってまた二、三万人を加えた。この時に賊は約四、五万人おり、女性や子供を除くと、戦える者はおよそ一万人近くである」[14]と報告したが、これはかなり低めに見積もった数字と考えられる。

このように数字に大きな開きが生まれた原因は、清軍が太平軍の船舶数と乗り込んだ人数を把握出来なかったことに求められる。いっぽう総兵和春の幕僚だった蕭盛遠は「初二日（二月九日）に［武昌］城内で火の手が上がったが、［向栄は］なお兵を進めず、逆匪たちに余裕を持って出発させ、長駆して下流へ向かわせてしまった。また脅されて従った男女は十数万人で、護送されて同行させられた」[15]とあるように、武昌一帯の新規参加者を十数万と報じている。また謝介鶴『金陵癸甲記事略』は南京到達後の太平軍について、広東、広西人四千人（うち女性が二五〇〇人）、湖南人が一万四百人（女性四百人）、湖北人が五万五千人（女性二万五千人）と記しており、少なくとも武昌出発時に七万人近い人数を擁していたことを窺わせる。[16]

『武昌紀事』によると、武昌の太平軍は十ヶ軍から編制されていたという。[17]太平軍の軍制によれば一ヶ軍は一万三千名余りを率いることになっており、単純計算すれば十三万人余りの将兵がいたことになる。[18]むろん一ヶ軍の実数は部隊によって異なり、全軍を十ヶ軍に分けることも金田団営後期には行われていた。[19]また「賊によって擄去された丁壮で陸続と逃げ帰った者は約三、四万人」[20]とあるように、南京への途上で逃げ戻った者も少なくなかった。さらに太平軍内部では「二千五百人を一万」[21]と数える習慣があったことを配慮すると、五十万人と言われた武昌出発時の人数が、実際には十万人台前半であったと見るのが妥当ではないかと思われる。

次に水陸に分かれた太平軍の指揮を取ったのは誰であろうか。李秀成は「そのとき胡以晄、李開芳、林鳳祥は水陸双方の兵を率い、東王、北王、翼王、天官丞相（秦日綱をさす）および羅大綱と頼漢英らは水軍を率いた」[22]と述べている。また『賊情彙纂』はこの他に土官副将軍吉文元、指揮朱錫琨などの名前を挙げている。[23]崔之清氏はこれらの事実を踏まえたうえで、長江北岸を進んだ陸路軍の総帥は春官正丞相の胡以晄であり、後に北伐軍を率いた天官副丞相林鳳祥、地官正丞相李開芳と吉文元の三人が重要な役割を果たしたこと、水路の先鋒部隊は翼王石達開が統率し、指揮羅大綱と頼漢英がその配下にあったこと、洪秀全、楊秀清らの水路軍中央を護衛したのが天官正丞相秦日綱で、北王韋昌輝が後衛部隊の指揮に当たったことを指摘している。(24) 南王馮雲山と西王蕭朝貴の死後、太平天国の指導者が一同に会したこの陣容は、彼らの新たな役割分担や序列を示している。

なおその行軍の様子は「新旧の賊が歩いたり、馬に乗って両岸を進み、ひるがえる旗は野を掩い、船の帆やマストは雲の如きであった」(25)とあるように、威風堂々としたものであった。また先に署広西巡撫として太平軍と対峙した前任漕運総督の周天爵は、漢口から逃れてきた商人の話として次のように述べている。

賊はすでに木排（筏のこと）を用いており、船が河の中央を、筏が岸辺を進んでいる。上には土盛りがなされ、鎗炮が周囲に配置され、あたかも動く城、足のある馬のようであり、陣をなして進んでいる。［清軍の］戦船はその前に出ることが出来ず、火器はその内側に届かない。また鎖で繋がれた小さな筏があり、一度敵に遭遇すればこれで包囲する。また厚く土を載せた筏や板を両岸とつなぎ、これで上流の敵船を防ぎ止めている。彼らは平然としてこれを旅人に役立てており、渡る者はみな銀銭を与えているという。(26)

ここからは太平軍が筏を用いた「無基之城（水上要塞）」を作り、また鎖で繋いだ筏で両岸をつないで長江上にバリケードを築いた様子が窺われる。後に天京の水軍や西征軍が用いた「浮筏為営（水上陣地）」あるいは「攔江船筝（水上バリケード）」が登場している点が興味深い。民国『湖北通志』は、「ゆえに江漢の兵船は越えることが出来ず、銅鉄などの船もまた格断されてしまった」(27)と述べている。また太平軍がバリケードを長江に架かる仮設橋として人々に使わせたという事実は、清軍が武昌奪回後に行った激しい「焚掠」(28)と好対照をなしていた。

二月十一日晩に太平軍が長江南岸の武昌県に到達すると、総兵郭仁布率いる福建兵二千名は「潰散」して大冶県に撤退した。(29) 十二日に北岸の黄州を再占領した太平軍は、十三日に蘄水県を陥落させ、「獄を破って囚人を放ち、三日後に去った」(30)という。これに対して清軍の動きはやはり緩慢で、十一日に葛店、十三日に武昌県へ到着した向栄は長江上の太平軍船舶を砲撃したが、「江面が広過ぎて鎗炮が及ばなかった」ために効果はなかった。そこで向栄は和春の率いる軽装の兵二四〇〇名を九江へ向かわせ、「その東下の路を阻」ませようとした。また彼は江西巡撫張芾が九江から瑞昌県に移って防禦に努めていると知り、十五日に瑞昌県に到着して張芾と作戦会議を行った。

この時欽差大臣・両江総督の陸建瀛と共に九江の救援を命じられた張芾は、江西、湖北省境の巣湖とその対岸である武穴鎮の老鼠峡が「江面はなお狭く」「もし土匪であればなお抵禦できる」と考えて数百名ずつの兵を配置していた。[31]だが向栄は「防禦の一切は実にいまだ法を得ず、殊に恃みにならない」と考え、みずから巣湖に赴いて布陣を変えようと試みた。しかし途中十六日に「賊船はすでに巣湖を通り過ぎ、その地を守っていた官兵はみな潰散して、大砲や火器はことごとく敵の手中に落ちた。督臣陸建瀛もまた九江に引き返した」という知らせが届き、彼は急ぎ瑞昌県に戻って和春らと共に九江へ向かった。[32]

張芾の上奏によると、彼は安徽、江西兵一九〇〇名を巣湖の増援に派遣したが、「兵力はいまだ集まらず、水師の戦船も到着せず、木筏も完成せず、河面の布置はいまだ手についていなかった」とあるように迎撃態勢は整っていなかった。二月十五日夜に石達開の水路先鋒軍が姿を見せ、清軍が発砲すると「賊船が続々と集」まった。上陸した太平軍が山の裏手に回り込んで攻撃をかけると、清軍は抵抗できずに敗走した。[33]

また二月十日に九江へ到着した陸建瀛は、寿春鎮総兵の恩長を翼長として兵二千名を率いて武穴鎮へ向かわせ、みずからも兵千数百名と共にその後に続いた。[34]十五日夜に「難民」を装った太平軍が武穴鎮に至り、清軍が油断していると、後方から一千隻余りの軍船が現れた。[35]太平軍は空船三十余隻を突っ込ませ、清軍がこれに応戦して疲れるのを待って攻勢をかけた。はたして清軍は総崩れとなり、絶望した恩長は長江に身を投げて死んだ。[36]また陸建瀛は南京を出発する時に、「賊の攻撃は鋭いので、みだりに立ち向かわない方がいい」という忠告を受けたが、これを気にとめなかった。だが敗走した兵士の報告を受けると全軍みな蒼白となり、慌てて九江へ引き返したという。[37]

さて瑞昌県から九江へ向かった向栄の軍は、連日の大雨と湿地のぬかるみに阻まれて思うように前進できなかった。太平軍が九江から十五キロの廬家集に到達したと聞いた向栄は、数十名の斥候を九江へ派遣した。すると二月十七日に復命した彼らは「城内の人々は避難して一空となり、防城の器具は何一つ備わっていない。ただ大砲と火薬は極めて多いが、守る兵がいない。督臣の陸建瀛は九江から引き返して下流へ去り、どこに停泊しているかわからない」[38]と報告した。焦った向栄はなお前進を続けたが、十七日に太平軍の先遣隊が九江に到着し、翌十八日には府城を占領して廟や衙門、税廠を焼いたという[39]。

その後出された上奏によると、九江には九江鎮総兵清保、九江府知府陳景曽らの率いる二千名の兵がいた[40]。だが彼らは「嬰城を固守して援軍を待とうとは思わず、ただ敵の勢いに怯えるばかりだった。いささか警報が届くと、文武の官員は城を捨てて遠く遁れ、兵勇も噂を聞いてちりぢりになった。水陸共に全く阻むものはなく、賊は長駆して真っ直ぐ下った」[41]とあるように、抵抗をあきらめて早々と逃亡した。もっとも戦線を離脱したのは彼らを統率すべき地方長官も同じで、陸建瀛は南京へ、張芾も南昌へそれぞれ撤退して先行革職、革職留任の処分を受けた[42]。また巣湖、九江守備隊の不甲斐ない戦いぶりに「救援に赴いたが間に合わず、徒労して無益に終わったのは全く憤懣やるかたない」と報じた向栄であったが、彼の部隊も行軍途中で落後者が続出し、九江に到着した時には太平軍と正面から戦うだけの力は残っていなかった[43]。

さらに向栄は清軍将兵の置かれた現実を次のように報じている。

大兵は賊を追撃して以来、二ヶ月も食糧を受けとっていない者もいれば、四、五十日間受けとっていない者もいる。行営の総局は長沙から賊を追って以来、武昌に至るまで追いついて来なかった。今また武昌から九江へ至ったが、糧台は陣地を離れることさらに遠くなり、兵勇は食糧が不足している。賊匪が通過した地方は遠近の人々が早くから逃げてしまい、九江城内も誰一人としていなかった。兵勇はここに来ても米を買うことが出来ないばかりか、油、塩、野菜も買う場所がない。すでに餉銀がないうえに、兵糧もなくては、勢い腹を空かせて武器を背負うことは難しい。しかも連日風や雪に見舞われ、実に寒さと飢えに苦しむ恐れがある。

ここからは急な追撃によって兵站基地との距離が遠のき、武昌でも表面化していた食糧不足が深刻化した様子が窺われる。また清軍の規律の悪さを嫌った住民たちが逃亡したために、兵士たちは食糧を購入できなかったことがわかる。また向栄は「恨むべきは長江の上は少しも準備がなく、下巣湖両岸の兵は四、五千人もいたのに、いまだ深い溝や高い土塁を築いて陣地を守らなかったばかりか、水路に樁を打ち込んで船の航行を止めなかった(44)」とあるように、守備隊が迎撃に不可欠な陣地の構築を行っていなかったと指摘している。これでは太平軍の進撃を食い止めることは出来なかっただろう。

さらに向栄は二月十一日に把総姚大典を派遣し、巣湖の守備兵に「九江へ戻り、力を合わせて守ることで、兵を分散させない」ように命じたが、彼らはこの指示に従わなかった。また彼は「経過した地方の州県は全く防禦を考えず、あらかじめ退避する計画を立てている(45)」とあるように、地方官が浮き足立ったことが太平軍の快進撃を可能にしたと訴えた。これら補給ルートの未整備や陣地構築に見られた準備不足、命令無視や職務放棄といった現実は、清軍の敗戦が構造的な問題であったことを教えている。

なお向栄は九江を占領した太平軍について「擄掠するところがなく」「十二、十三両日（二月十九日、二十日）に陸続と出航して下流に向かった」と述べている。一説によると九江はわずか五名の童子兵によって占領され、本隊は上陸しなかった。その理由について向栄は「武昌で脅された百姓で途中逃げ出す者が少なくないため、逆匪は逃散するのではと疑って、経過する地方で多くの場合［船を］岸につけない(46)」と報じている。

（b）　太平軍の安慶占領と南京郊外への進出

九江を突破した太平軍が次の目標としたのは安徽省の省都安慶であった。安徽巡撫の蔣文慶は太平軍が長沙を攻撃していた一八五二年九月に、江北の鳳陽、穎州、廬州で募集した壮勇二千名を安慶および湖北、江西との省境地帯の防衛に役立てようとした[47]。また十一月に陝西道監察御史王茂蔭が宿松県の小孤山を「安［徽］省の扼塞であるのみならず、実に全江［南］の鎖鑰[48]」と力説すると、清朝はこの地の守りを固めるように命じた[49]。

だが事態はそれほど容易ではなかった。十二月下旬に蔣文慶は「皖蘇の咽喉」である小孤山の防備が重要なのは確かだが、安慶の守備兵は数百名に過ぎず、安徽省内から派遣可能な兵力は二千名に満たないと報告した[50]。また陸建瀛は小孤山が「鏖戦」できる地ではなく、蔣文慶は両岸に大砲を設けたが、水軍の進攻に対しては無力であると分析した[51]。結局清朝は「［陸建瀛の］長江を守禦するには、ただ上游を力争する法があるのみだという所見は極めて正しい」と判断し、九江上流とくに湖北黄州の道士洑で太平軍を防ぎ止めるように指示した[52]。言いかえると清朝は太平軍に九江を通過されてしまえば、安慶を守るための方策を初めから持っていなかった。

一月初旬に漢陽陥落の知らせが伝わると、安慶では「百姓はみな城内に兵がいないと知り、人心は動揺して紛々と遷徙し、すでに十のうち五、六が去った」とあるように人々の避難が始まった。蔣文慶は広西や湖北に派遣した兵を安徽へ撤退させるよりも、江蘇から水陸の兵三千名を増援として送るように求めた[53]。また一月十四日に蔣文慶は予定されている各地からの援軍七千名のうち到着したのは浙江兵一千名だけであり、安慶および「財賦の区」である江南を失えば「兵は疲れ餉は尽き、なんぞ持久できようか」とあるように国家財政へのダメージが大きいと指摘した[54]。さらに二月六日、十七日にも小孤山の兵力が六百名と少ないため、移動途中の兵二四〇〇名を急がせるように求めた[55]。

これに対して清朝は二月三日に欽差大臣琦善と直隷提督陳金綬に安徽救援軍を派遣するように命じた[56]。また二月十七日には琦善に「［河南の］信陽州を株守して、専ら兵がいまだ到着していないことを口実にしてはならぬ」と述べて、即刻兵を率いて安慶へ向かうように重ねて命じた[57]。だが結局のところ彼らは戦線には姿を見せず、琦善が信陽州を出発したのは安慶陥落後の二月二十六日のことだった(58)。

また二月五日に安慶へ到着した陸建瀛は、恩長を九江派遣軍の翼長として引き抜き、代わって福山鎮総兵王鵬飛に安慶の守備を委ねた。その結果「客将をもって新兵を率いさせたため、安慶の勢いは益々危険となった(59)」とあるように、指揮が混乱して安慶の防衛は難しくなった。また陸建瀛は安慶の下流にある東西梁山などの防衛について、蔣文慶と安徽布政使李本仁が「兵がないことを言い訳にしており」「定見がない」と酷評し、彼らが家族を先に避難させたために住民のパニックを招いたと告発した(60)。さらに武穴鎮で恩長が戦死すると、敗走した陸建瀛は二月二十三日に安慶を素通りしようとした。蔣文慶は上陸を促したが、陸建瀛はこれを聞き入れず、「賊はすでに至った。諸公はよく計をなされたい。私はすでに陛下に報告した通り金陵へ戻る(61)」と言い残して下流へ去ったという。

いっぽう二月二十一日に九江城外に到着した向栄は、安慶の救援に向かうことが出来なかった。長江の南岸は九江を過ぎると鄱陽湖に阻まれ、船で北岸へ渡河する必要があったが、「河下の船隻は全くない(62)」とあるように船を確保出来なかったためである。陸路の行軍では太平軍に追いつけないと痛感した向栄は、張芾に大型船数百隻と補給物資の調達を依頼した(63)。だが張芾も二百隻余りの船を集めたものの、漕ぎ手の不足や船の重み、風向きなどの理由で急ぎ船を送ることが出来なかった(64)。やむなく向栄は軍を水陸二手に分けて追撃することにし、三月二日に総兵李瑞が呉城、姑塘で集めた船一百余隻に貴州、広東兵を乗せて先発させた。また三月六日からは後続部隊の乗船が始まり、向栄も三月十一日になってようやく九江を出発した(65)。

つまり安慶は孤立無援の状態に置かれていた。二月二十三日に蔣文慶が送った上奏は「九江の賊匪は全て東へ下り、すでに小孤山に到達した」「私は安慶にいる将兵並びに官員を激励して勇気を持って城壁に登らせ、嬰城を固守するつもりだが、城は弱く兵は少なく、どうしてこの凶焔に当たることが出来ようか?(66)」と苦悩する胸中を語っている。唯一彼に積極的なアドバイスを送ったのが、二月初めに蔣文慶と協力して団練防剿事宜を行うように命じられた周天爵であった[67]。彼は蔣文慶に宛てた手紙の中で、安慶は「万が一にも守ることは無理」であり、いま必要なのは軍事物資を廬州へ避難させて太平軍に奪われることを防ぎ、また正陽関に軍を撤退させて兵力を温存し、今後の反攻に備えることだと力説した[68]。だがこれを知った清朝は「該撫（蔣文慶）はまさに藩司（李本仁）と省にあって極力防守すべきであり、いささかも疎虞があってはならぬ[69]」とあるように、安慶の防衛にこだわって彼らの退却を許可しなかった。

二月二十三日に石達開の武将曽発春が率いる水軍の先鋒隊が安慶に近い東流県の五里塔に到達し、退避途中だった陸建瀛の護衛船と交戦した[70]。翌二十四日に「紅旗を立てた」太平軍の軍船が安慶の河面に出現し、「官兵が鎗炮を放つと、賊もまた応戦した」とあるように戦闘が始まった。蔣文慶が城壁に登って戦況を窺うと、迎撃していたのは一部の兵だけで、「その他の南北両路の将兵は紛々と城を捨てて逃げ出し、城外に駐屯していた江南官兵もまたすでに逃散」した。死期を悟った蔣文慶は巡撫衙門へ戻って「遺摺」を書き始めたが、完成しないうちに「賊匪が城壁を登っている」との知らせが入り、奏稿を家丁に託して毒を仰ぎ自殺を図った。その後彼は親兵に付き添われて衙門を出たが、西囲牆の巷口で太平軍兵士に取り囲まれ、「乱砍されて殺[71]」された。後に向栄が調べたところでは、頭部に数ヶ所の刀傷があったという[72]。

結局のところ安慶は数千名の兵勇を擁しながら、一日と持ちこたえることが出来なかった。王鵬飛は城外の陣地を捨てて兵と共に逃亡し、安慶府知府傅継勲と李本仁は「兵糧の輸送にかこつけて城を出た」「服を着替え住民の中に紛れて逃げた」とあるように一早く城外へ脱出した。『草茅一得』は「その他大小の官吏百余人の中で、殉死した者は僅かであり、死んだ数人もみな逃げ切ることが出来なかった者であった[73]」と語っている。崔之清氏は安慶陥落の過程を清軍の自己崩壊であったと評したが、それは南京の運命を予感させる結末だったと言えよう[74]。なお向栄によると、太平軍は安慶で布政使衙門の餉銀三十万両、総局の餉銀四万両、銭四百万文、米三万石および大砲一百門以上を獲得した[75]。

さて太平軍の水軍先鋒隊は二月二十五日に安慶を出発し、二十六日に池州府城を占領した(76)。また二十八日には銅陵県を奪取し、三月三日には水陸の先鋒隊が蕪湖県に到達した(77)。それでは太平軍がこのように順調に進撃できた理由はどこにあったのだろうか。蔣文慶の死後、署理安徽巡撫に任命された周天爵は次のように語っている

逆匪が長江に入り、続けざまに湖北、安徽省城を破って、真っ直ぐに江寧を攻めたのは、無人の境を行くが如きであった。何故だろうか？　賊は上流に陣取り、水陸から並び進み、長江を蔽《おお》って下っている。わが兵は下流でこれに相対しているが、これは兵家が水戦で忌むところであり、立ちどころに破られない筈がない。これは地勢の誤りである。

次に戦法について論ずれば、陸路は車馬を用い、水路は舟楫を用いる。洞庭湖や長江にあった筏や船は全て賊のものとなり、漢口に停泊して多くの匪徒を載せ、数十万と言いふらして満を持して出発している。わが兵は全軍併せても数万に過ぎず、もし一ヶ所に集めて全力で迎撃しても、すでに勝利を得るのは難しい。しかも黄州から金陵まで、沿岸の千余里には要害の地が数十ヶ所あるが、筏も戦船もなく、ただ陸路の兵が各要所を千余名、数百名ずつ守っているに過ぎない。バラバラに展開しているのは児戯に等しく、一度賊の大軍がやって来れば、風が落ち葉を掃くように蹴散らされてしまう。これは対策の誤りである。私が思うにわが王朝の戦いのなかで、これほど地勢が不利で対策を間違い、誤りに誤りを重ねた例は見たことがない(78)。

ここで周天爵は長江上流の武昌から下流に向かって攻める太平軍が有利であり、下流でこれを防ぐ清軍は劣勢にならざるを得ないとの認識を示している。これは後の天京の防衛をめぐる太平軍と湘軍の戦いについても当てはまり、洪仁玕は長江を蛇に喩えて、頭や胴体にあたる湖北、安徽を失えば、尻尾にあたる江南は生きながらえることが出来ないと指摘した(79)。また周天爵は清軍がただでさえ少ない兵力を集中させず、陸上の要所に分散して配置したために、水軍を擁する太平軍に個別に撃破されたことを戦略上の誤りとしているが、これも否定出来ない事実であろうと考え

られる。

次に周天爵が指摘しなかった事実として、要所に置かれた守備兵の準備不足や士気の低さが挙げられる。たまたま曹藍田（銅陵県人）は北京で会試に応じるべく、二月十九日に船に乗って下流へ向かった。県西の小磯頭には安徽救援の浙江兵二千名が停泊していたが、知県に金を出すように要求して「逗留して進まな」かった。また曹藍田は陸建瀛が安徽下流の重要拠点として位置づけ、兵二千名を置いた荻港へ到着した。だが「さぞ陣地を築いて防禦を固めていると思っていたが、行ってみると蓆《むしろ》で作った小屋が数十間、風雪の中に建っており、大砲数門が川岸に横たわっていた。兵士たちは散開して遊びに興じていた」という。さらに彼が梁山へ行くと、「江岸に兵船二隻が泊まっていたが、船体は脆く薄い作りだった[80]」と述べている。この時すでに九江は突破されていたが、兵士たちは何も知らされておらず、戦闘の準備は一切なされていなかったことがわかる。

続いて指摘すべきは太平軍の破竹の勝利と巧みな宣伝工作に、多くの下層民が期待を寄せ、清朝側の地方官や各地の有力者も事態を静観する構えを見せた点である。すでに太平天国は「偽示を張り出し、蓄髪すれば租税を免じると言ってわが民を煽誘した[81]」とあるように、天下平定後に租税を免除し、科挙を実施して人材を登用するなどの宣伝を行っていた[82]。『粤氛紀事詩』はこうした宣伝の効果について次のように述べている。

> 賊が九江から東へ下ると、安徽省の各地では紛々として偽詔が伝えられた。官府の告示も短い書付を用い、咸豊の年号を書かずに、賊のことを西兵、西騎と記すようになった。甚だしい場合は紳士が彼らを脅してあらかじめ戸籍の帳簿を作らせ、賊が至るのを待って、三十里先まで迎えに出て、跪いて帳簿と印鑑を献げようとした。また家の門に「順」と記した黄色い紙を貼る者がいれば、米や食べ物を贈る者もいた。ある地方では贈り物が少なく、生姜と山芋を一つの桶に入れて、黄紙を貼って包装をしたが、賊は喜んでこれを受け取ったという[83]。

ここからは地方政府の告示が清朝の年号を用いず、太平軍を「西兵、西騎」と呼ぶなど、王朝の交代を前提に中立の立場を取ろうとしている様子が窺われる、また地方のエリートたちも太平天国の支配を積極的に受け入れ、わざわざ軍を迎えに出て戸籍や印鑑を献げる者も現れた。すでに見たように太平軍は進撃先で農村部の有力者層に対して比較的寛大な措置を取り、彼らの支持を取り付けることで都市を孤立させ、城郭攻撃を容易にしようとする戦略を取っていた(84)。また周天爵によると、安徽北部では太平軍が鳳陽に来たら、明王室の陵墓を詣でるという「謡言偽示」が飛び交ったという。彼は「賊は大きな題目によって人心を買おうとしている(85)」と分析したが、それは人々が太平天国を明朝につながる正統な漢人王朝として承認しようとしていたことを示している。また太平軍に呼応する動きも広がり、一八五二年十二月に江西崇仁県で李運紅の率いる辺銭会が(86)、安徽では安慶の獄中にいたところを太平軍に釈放された定南県の「土匪」陸遐齢が「天に従う大王は百戦百勝」という旗を掲げてそれぞれ蜂起した(87)。

三月四日に太平軍は水陸共に蕪湖県を出発し、安徽下流のもう一つの要所である東、西梁山に攻勢をかけた。このとき陸建瀛は安徽の清軍を梁山に集中させていたが(88)、五日に太平軍の陸路軍が姿を見せると、彼らは「多くが驚き逃げた」とあるように戦わずして敗走した。福山鎮総兵陳勝元は九隻の船で蕪湖へ迎撃に向かったが、一千隻余りの太平軍戦船と遭遇して四合山で戦死した。残りの清軍兵船も「いかり綱を切断して水夫と共に小舟に乗り換え逃走した(89)」と四散して、最早太平軍の進撃を阻むものはなくなった。

三月六日に江蘇省内の江寧鎮を占領した李開芳率いる陸路先鋒隊は、七日に南京郊外の窰湾で郷勇を撃破して聚宝門（南門）の外へ到達した(90)。また水路軍は長江北岸に上陸して江浦県の石磧鎮を占領した(91)。八日に水路軍は新洲から七里洲に至る長江の水面を制圧し(92)、陸路軍は九日に雨花台を占領して報恩寺塔に司令部を置いた(93)。さらに別の一隊は南京城西南の善橋に陣取り、合わせて二十四ヶ所の陣地を構築した(94)。かくして太平軍による南京攻略の準備は整ったのである。

二、太平軍の南京城攻撃と旗人虐殺

（a）太平軍の南京城攻撃と清軍の防衛体制

南京（金陵、江寧）は六朝時代以来、いくつかの王朝が都を置いた江南の重要都市で、明初に大規模な城郭建設が行われた。城壁は周囲四十八キロ、城門も十三を数え、城内は満洲人を中心とする八旗が駐屯する内城と漢人地区の外城に分かれていた。また城南にある雨花台、東側に位置する鍾山は共に南京周辺の重要な防衛拠点であった(95)。

清朝が南京の防衛に取り組んだのは一八五三年一月に入ってからだった。一月十日に清朝は候補四品京堂勝保の上奏を受け、江寧将軍祥厚（清朝宗室）、陸建瀛、江蘇巡撫楊文定、江寧副都統霍隆武らに将兵の訓練と上流の要所における警備強化、スパイの摘発、紳士による団練の結成を行うように命じた(96)。また二月一日には江南提督福珠洪阿に兵を率いて南京へ向かい、城外の要所に布陣して呼応すべきこと、桂林で太平軍と戦った経験を持つ前任広西巡撫鄒鳴鶴に「幫同籌辦」することを命じた(97)。

祥厚らの上奏によると、南京には八旗兵三千名、城守営の緑営兵一九〇〇名のほか、水陸の官兵一八〇〇名、上海、江寧の水勇二二〇〇名などがいた(98)。だが城の防衛には七、八万人が必要であり、陸建瀛が三千名を率いて九江へ向かったため、楊文定が動員可能な兵力は一八〇〇名に過ぎなかった。また安徽の蕪湖や東、西梁山に守備兵を派遣したため、鍾山や雨花台に配置できる兵は一、二百名程度であった(99)。

兵力の不足を補うべく、江蘇布政使祁宿藻は一八五二年末に保衛総局を設立し、城内の「紳董」に義勇二千名余りを組織させようとした。これはアヘン戦争時に効果を上げた手法に倣ったものであったが、「省民は頗る踴躍ならず」とあるように人々の反応は冷淡で、「董事も多くは賭博、飲酒に耽り、さもなくば食事の時だけ姿を見せ、食事が終わると去った」と言われたように実効はあがらなかった。

武昌陥落の知らせが伝わると、地方長官たちは「郷勇八、九千人を添募して城守の計をなそう」と試みた。一八五三年二月に上元県知県劉同纓は「諸生」に郷勇を統率させることにしたが、募集にあたって「用いて城を守るに止め、城を出る必要はない」と宣言したため、応募した者は多くが失業者や「無頼游手の徒」で、武芸の検分も替え玉を使って地方官の目をごまかした[100]。加えて二月十九日に南京へ到着した福珠洪阿の軍は「どれもこれもアヘン中毒者ばかり」「兵士は女のように臆病で弱々しいものばかり、何の役に立つのであろうか」と言われた程に弱体であった。

二月二十六日に陸建瀛が南京へ逃げ戻り、清軍が敗北したことが伝わると、「人々ははじめて事態が容易でないことを知った[101]」とあるように南京の緊張は一気に高まった。紳董たちは急ぎ荷物をまとめ、家族を連れて城外へ脱出する者が続出した[102]。慌てた祥厚は向栄と琦善、陳金綬に急ぎ南京救援に向かうように要請したが[103]、このとき南京の地方長官たちの間に内紛が発生した。祥厚は三月二日の上奏で次のように述べている。

二ヶ月以来、［私は］急いで城垣を補修し、火薬や弾丸を造り、米を買いつけ、壮勇を召募し、防禦のためのあらゆる武器を整備するなどの措置を行った。また告示を出して民を安心させたため、地方はなお安静だった。ところが督臣の陸建瀛は前営の総兵恩長が武穴で賊に敗れると、舟に乗って東へ下り、「下流である江寧が大変だ、急ぎ戻って手配をしなければならない」と言って途中の要所に立ち止まろうとしなかった。江西、安徽両省を顧みず、さらに上流の軍船、火砲を一律に撤回させ、もっぱら水路の東、西梁山を守らせた。蕪湖は陸路で江蘇へ入る門戸であったが、また同じく守りを解いた。

十八日（二月二十五日）夜半に舟で南京へ到着した彼は、十九日（二月二十六日）の明け方に城内へ入り、ついに城中の紳民が驚いて紛々と逃げ出すありさまとなった。告示を出して避難を禁止したが、押さえることは出来なかった。また私は督臣陸建瀛へ手紙を送り、上流に駐屯して防勦する大臣に任命されたからには、急ぎ水軍を

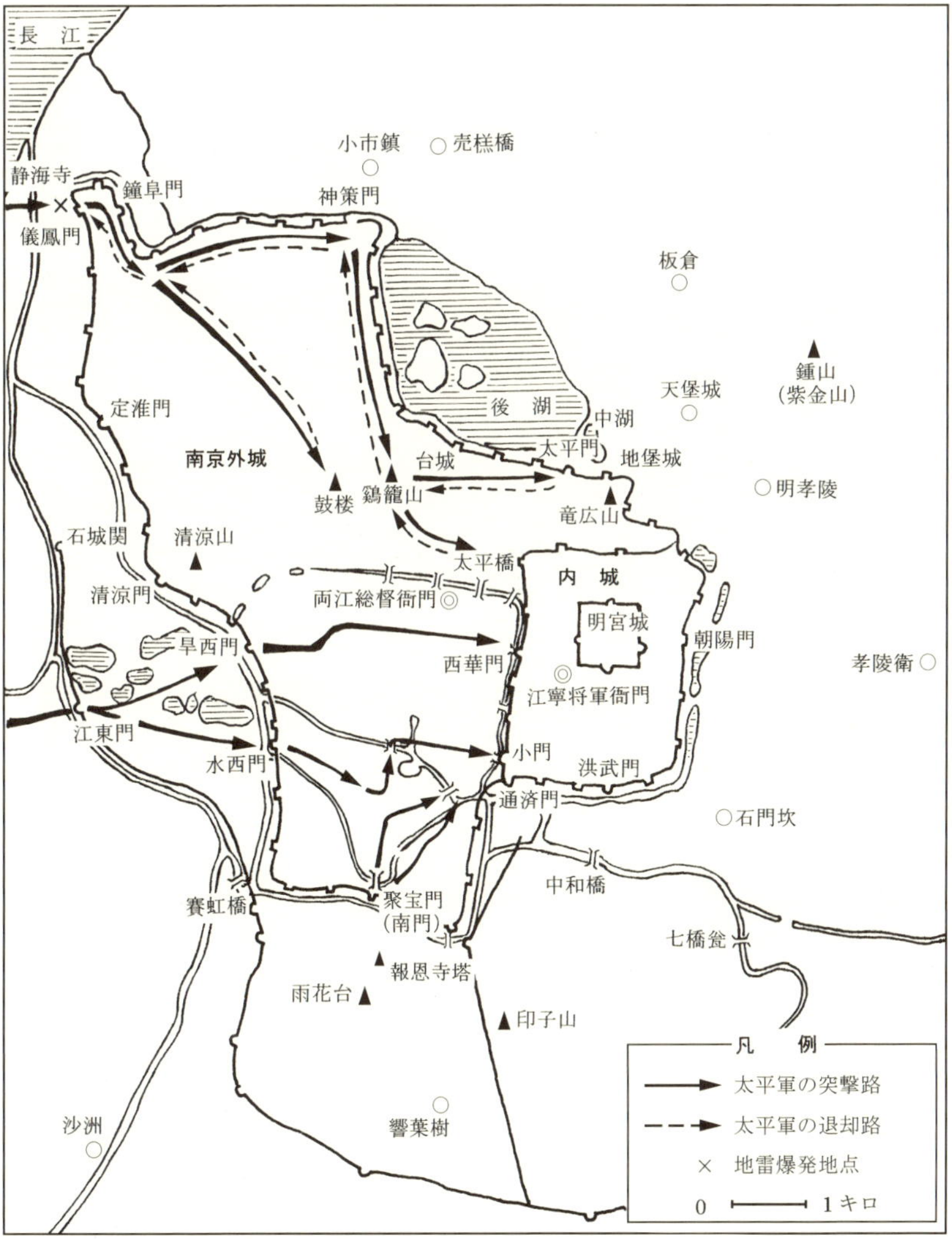

図15　太平軍南京攻略図（1853年3月19日）
郭毅生主編『太平天国歴史地図集』中国地図出版社、1988年より作成。

写真12　南京城の城壁（儀鳳門付近）

写真13　城壁の上部（儀鳳門付近）

率いて上流に行って迎撃すべきであり、そうしてこそ［江南の］入口を顧み、人心を定めることが出来ると訴えた。しかし督臣は衙門の宿舎に閉じこもること三日、その間全く返信がなく、焦りは深まるばかりであった。

これに加えて撫臣の楊文定は口実を作って鎮江へ移り、みだりに省城を出ようと考えた。私たちは再三力を尽くして行かないように説得し、藩司の祁宿藻は引き止めた後に密かに涙を流した。だが撫臣楊文定は本月二十二日（三月一日）朝に国家の安危を顧みず、防衛の重責に関心を寄せずに、これを他人任せにしたまま去った。人々の驚きは倍増し、逃げ出す者はさらに増えた(104)。

ここで祥厚はまず陸建瀛が武穴鎮で敗北後、長江上流の防衛という任務を放棄して南京へ逃げ戻ったことを非難している。このうち蕪湖上流の荻港にいた守備兵を梁山へ退かせた件について、陸建瀛自身は「兵一千名を派遣して攻剿しても、実に力を得難い」と述べたうえで、福山鎮総兵陳勝元らと相談して取った措置であると報告した(105)。確かに太平軍の圧倒的な兵力を前に、兵を分散して配置したのは清軍の戦略的な誤りであったが、楊文定も「いま慌てて撤回したのでは、恐らく上游では震驚を免れない。東、西梁山も配置を周到にすることは難しいが、大局はすでに動いており、如何とも出来ない(106)」とあるように、陸建瀛の過失を強調している。

続いて祥厚は楊文定が南京を脱出し、鎮江へ移動したことを職務放棄と告発した。その実南京からの逃亡を図ったのは楊文定一人ではなく、候補知県藍翎の張衍疇は東、西梁山に大砲を安置するための銀五百両を輸送途中に逐電し、崇明県県丞徐承恩、巡検童復らも「陸建瀛が省［城］へ到着後に秘かに城を出た(107)」と言われた。その後鎮江に到着した楊文定は、城を出たのは陸建瀛に迫られた結果であると弁明した。それによると陸建瀛は「権謀術数で人を御するや、私に比べて機転がさらに利」き、長江の防衛をめぐって意見の異なる楊文定が本来の任地である鎮江へ戻らず、南京に留まっているのは「総督の空席を待っている」「位を貪り禄を慕う小人(108)」だと非難したというのである。

こうした地方長官同士の内紛は、太平軍の到着を目前にして南京の迎撃体制が整っていなかったことを物語る。三月六日に咸豊帝は「陸建瀛は引き返して以後、衙門に晏坐すること三日、決して城内の文武と防守事宜について相談しなかったというのは、実に情理の外」「陸建瀛がもし江寧省城へ戻らなければ、楊文定はどうして口実を作って鎮江の守備に出かけ、城中の紳民が紛々として驚き移ることが起きたであろうか[109]」と述べ、陸建瀛を革職拏問、楊文定を革職留任の処分にした。そして欽差大臣と両江総督の職務は祥厚が引き継ぐことになったが、この時点で清軍は勝保の「敵の勢いにおじけて戦わずして潰滅するに違いない[110]」という預言通り、戦わずして敗れていたと言えよう。

さて三月八日に始まった太平軍の南京外城攻撃について、祥厚は次のように報じている

賊勢は猖獗さを益々増し、調べによれば本月二十八日（三月七日）に大胆にも水陸両路に分かれ、真っ直ぐに江寧省城を犯した。臣祥厚、臣陸建瀛らはすぐさま城壁に登って防衛を指揮した。二十九日（三月八日）黎明に、陸路の一股がまず至り、南城の聚宝門を攻めた。また分かれて水西、漢西、儀鳳、太平、洪武、通済などの門に攻め寄せて鎗炮を激しく放ち、朝から夕まで狂悖する様は名状しがたい程だった。わが兵は八旗、緑営合わせて一万人に満たないが、幸いにもみな死を誓って各城を固守し、賊匪を撃斃すること千余名、ようやくこれを撃退した。

ところが三十日（三月九日）には逆匪の水路一軍が突然姿を見せ、太平、儀鳳両門は形勢が危うくなった……。「陛先に動員した山東［兵］二千名は音信がなく、要請した向栄、琦善らの援軍も出発したとの知らせがない。「陛下の」の恩旨を奉じて速やかに軍を進めるように促さなければ、金陵の要地は明日をも知れない運命である[111]。

ここからは援軍が到着しないまま、太平軍を迎え撃つことになった南京守備隊の焦燥感が読み取れる。また上奏によると清軍は八日の戦いで、祥厚と陸建瀛の指揮のもと太平軍に大きな打撃を与えたことになっている。だが実際に清軍の砲火に斃れたのは、祁宿藻が生員張継庚に組織させた練勇であった[112]。この日練勇たちは城上の清軍に武器と兵の増援を求め、祁宿藻と八旗兵はこれに応じようとした。ところが陸建瀛は「詐りを恐れて、力の限り阻んで行わせ

なかった」とあるように、それが太平軍の計略ではないかと疑って許可しなかった。さらに陸建瀛は彼らに向かって発砲を命じ、五百名余りが死んだ(113)。この有様を見た祁宿藻は憤りの余り吐血し、数日後に死亡したという(114)。

また上奏では太平軍が西南、東南、東北の各城門を攻撃したとあるが、実際に「鎗炮を激しく放」ったのは清軍の方だった。このとき兵たちは「城上からはいまだ一人の賊も見えないのに、大小の砲を屢々放って止まず、一日で火薬数千斤を費やした。年伯（祁宿藻をさす）は自ら城壁に登り、兵たちに必ず賊を見てから発砲せよと命じたが、兵たちは従わなかった」とあるように、恐怖のため砲を乱射して火薬を浪費した。その結果三月十日には「なお砲を放って止まなかったが、突然火薬がすでになくなったとの連絡が来た(115)」とあるように火薬を使い果たしてしまったという。

実のところ太平軍の南京城攻撃で効果をあげたのは、三月九日に雨花台に置かれた大砲の威力だった。これは元々清軍が倉聖廟に備えていた大砲で、太平軍の城外到達と共に遺棄され、太平軍はこれを「報恩寺の第三層に置き、城に向けて轟撃(116)」した。その結果「全城内に砲弾が落下し、損傷する民がおびただしかった(117)」という。また上奏の中で「逆匪の水路一軍が突然姿を見せ、太平、儀鳳両門は形勢が危うくなった」とあるのは、すでに長江の河面を制圧していた水軍本隊を指している。下関に停泊した彼らは儀鳳門から二五〇メートル余りの静海寺に進出し、「ここに周囲五十里余りの省城を賊は二日間ですでに包囲した」とあるように南京城の包囲をほぼ完成させた。

ここまでの戦況を見る限り、太平軍が南京城に対して総攻撃をかけた様子は窺われない。むしろ数十人の小部隊があちこちの城門に「三五窺探」「驚擾してやまず」と姿を見せ、守備隊の発砲を誘って清軍将兵を攪乱させる戦術を展開していた(118)。これと並んで行われたのが地雷攻撃の準備で、静海寺、天后宮から儀鳳門へ向かってトンネルが掘り進められた(119)。この計画は清軍の察知するところとなり、祥厚も三月十二日の上奏で「城外の天后宮、静海寺などに盤踞して身を隠す場所にしている」と報じている。

しかし清軍が長沙で採った城壁の外側でトンネルを発見し破壊する戦法は、「江寧は城が大きく兵が少なく、いまだ能く兵を分けて出撃することが出来ない[120]」という理由で行われなかった。代わって採用されたのは盲人に工事の音を探知させる方法だったが、儀鳳門一帯は地形が起伏に富み、連日大雨が降ったために発見することが出来なかった[121]。さらに太平軍は静海寺の左山門から城壁へ向かって土塁を築き、トンネルを保護すると共に清軍が出撃するのを防いだ。このため「城内［の人々］はわずかに閉じて守ることしか出来なかった[122]」という。

三月十七日に最後の上奏を行った祥厚らは、鄒鳴鶴と協議のうえ「本城の勇壮一万余人を募って協同して守禦させた。兵と民は一心となってすでに経過すること十日、撃斃した逆匪も二、三千人を下らない[123]」と報告した。だが汪士鐸によると、郷勇たちは落城の時に真っ先に武器を井戸に投げ込んで四散した。また彼は清軍と太平軍の陣地を比較して、「わが軍は城を守るとき、城内は昼間のように明々と灯火をつけていた。まったく噴飯物だった」「城を守った当初は砲声を聞くと、人を雇って喊声をあげさせた。あるいは木の柱を立てて、上にはねつるべを仕掛け、一方に石をつめた箱をつないで、これを発射して賊を撃とうとした【全くの笑い話である――原注】。また城外の家屋を一、二棟取り壊して馬道と称した。当時は実戦を経験していなかったので、それが役に立つかどうかわからなかった」とあるように、清軍の経験不足を指摘している。さらに汪士鐸は籌防局を主宰した鄒鳴鶴について、次のような手厳しい批判を加えている。

しかし鄒鳴鶴は広西で賊軍とほとんど一年近く矛を交えていた。それでいながらこうした事が判らなかったのは、全く愚かな男だ。しかるにわが軍は彼を用いて籌防局を主宰させたのである。だがこうなったのにはそれなりの訳がある。

およそ当時役人たちはみな、賊は本省にはやってこないだろうと考えた。そして省城防衛の名目で利益を得られるうえ、事件が終われば自分の功績になると思っていた。陸建瀛は巡撫を罷免された鄒鳴鶴のために、平定後に取りなしをすれば復職できるかも知れないと読んだのである。彼らは目先の利益のために徒党を組んだのであり、その技倆たるやかくの如きであった[124]。

南京陥落後の一八五四年に向栄らが出した上奏によると、確かに鄒鳴鶴は陸建瀛が「賊情を詢訪」するべく起用した。その後鄒鳴鶴は病気に苦しみ、陸建瀛は帰郷を勧めたが、彼は敢然としてこれを拒否したとある[125]。だが反乱軍の攻撃を目前にして、彼らが局外に身を置いて利益と昇進を図り、互いに庇い合っていたという告発は当時の中国官界がかかえた問題点をよく示している。祥厚は三月十七日の上奏で「援軍は到着せず、連絡の道は断たれ、向栄、琦善、陳金綬からは均しく救援に向かったという知らせがない。撫臣（楊文定）が要請した山東兗、沂、曹州の兵二千名も江蘇省内へ入ったとの報告がない。私たちの死は惜しむに足りないが、東南の疆土にいる民の命は如何せん[126]」と述べている。咸豊帝の再三にわたる催促にもかかわらず、追撃のスピードを上げなかった欽差大臣や提督と比べた場合、南京の地方長官たちはまだしも真剣さを失っていなかったと言えよう。

（b）　南京城の陥落と太平軍の旗人虐殺

三月十九日に太平軍は儀鳳門で城壁を爆破し、南京外城に攻め入ってこれを占領した。すでに太平軍は僧侶に扮した工作員を多数城内に潜伏させ[127]、城北にある家々の門に暗号を書き込んで城内突入に備えた[128]。また十七日には「十日（十九日）を選んで城を破る。住民は門を閉じて隠れていよ[129]」と記した矢文が城内へ投げ込まれた。事態を重く見た劉同纓は張継庚と共に陸建瀛を訪ね、儀鳳門の内側に深い溝を掘って防備を固めるか、都統あるいは提督クラスの司令官を指揮に当たらせるように求めたが、いずれも却下された。失望した劉同纓は「この城は断じて守ることは出来ない[130]」と嘆いたという。

この日の攻撃について、檔案史料は「江寧省城は十一日（三月二十日）に賊によって地道を偸《ぬす》み掘られ、密かに地雷を用いて儀鳳門を轟開して入られた。一説には城内で漢奸が放火したのを合図に、賊は火の起きた場所から縄バシゴで城壁をよじ登って入り、省城は失守した」[131]とあるものの、総じて内容は簡略である。だが当時南京城内にいた胡恩燮『患難一家言』は次のように語っている。

十日（三月十九日）の未明、私が仮眠を取っていると、突如天地が崩れんばかりの音がして、家や瓦が震えた。私は異変があったと思い、急ぎ服を着て門を開いて様子を見に出かけた……。崇仁街まで来たところで、一人の者が慌てて走ってくるのに出会った。彼は「儀鳳門が地雷で吹き飛ばされたぞ」と言ったので、私は急いで家に戻った。家中が驚いて起き出し、避難しようと片づけを始めたが、この時城内にはなお賊の姿はなかった……。

にわかに城を守っていた民たちが、紛々と武器を手にして城北へ走っていくのが見えた。彼らは「保甲局から指令があり、儀鳳門は破られたが、すでに修理は終わった。闖入した千人余りの賊は、みな木の生い茂った場所に隠れている。住民で賊一人を殺せば、褒美として五十両をもらえる」云々と言った。私はまずいことになったと思い、万竹園の城垣を登って様子を窺うことにした。登ってみると煙が立ち上り、群賊が城壁をつたって続々と集まっているのが見えた。駐防の兵たちは紛々と軍服を脱ぎ捨て、賊は彼らを追って「城を」下りてきた。私は人々と共に慌てて家のある街角に戻り、急いで柵の門を閉めた……。

私が兄弟と門を閉じて「隣人の」店の中に座っていると、角笛の音が聞こえ、賊の一隊二十人余りが「殺せ！」と叫びながら突撃して行った。途中一人の男と出くわすと、「三山門はどこだ？」と問いかけ、ついで男を殺した。彼らが去った後、住民たちは息をひそめ、固唾をのんでいた。夜になると「殺せ！」という叫び声が絶え間なく聞こえ、駐防の城一帯は炎の明かりが天を照らした。

これに続けて胡恩燮は「賊が城を破ったのは、九日の五更（十九日の午前五時）のことであり、儀鳳門で地雷が爆発し、城壁が崩れて賊が侵入した」[132]と述べている。実際に林鳳祥の率いる先鋒隊は「地道と砲が並び発した」とあるように、地雷と砲撃を併用して城壁に穴を空けた。この時に城内へ入った兵は四百人程度で、鼓楼および金川門、神策門へ手分けして向かった。また神策門へ到達した一隊は南下して鶏籠山を占領し、ここから「旗を挙げ武器を持って山を下り、三々五々成賢街から小営へ入り、満城へ迫ろうとした」とあるように内城をめざした。さらに数十名の兵士が太平門へ向かったとある。

ただしこの時突入した兵力は少なく、後続もなかったため、太平門で八旗兵一百名余りが「火鎗を用いて迎撃」すると、彼らは鶏籠山へ退却した。また小営へ向かった兵士も鶏籠山に戻り、追撃の旗兵と戦ったが、近隣の住民が旗兵に加勢すると支えきれなくなり、「（城壁の）崩れた部分から城を出た」とあるように城外へ退却した。胡恩燮が「儀鳳門は破られたが、すでに修理は終わった」と知らされたのはこの時のことで、麻袋に土を詰めて城壁の穴を塞ぎ、「官民は互いに喜び慰め合った」という。

ところがここで意外な事件が発生した。清朝側（保衛総局か）が城内に残った太平軍兵士の捜索を命じると、「賊一人を殺せば、褒美として五十両をもらえる」という話に勇んだ郷勇たちが城北へ殺到した。その姿に不安を感じた胡恩燮が城壁の様子を見に行くと、防備が手薄となった南門、水西門、旱西門で李開芳、総制黄益芸の部隊が雲梯を使って城壁に登り、城内へ進撃し始めた(133)。当時やはり南京にいた孫亦恬も「匪一人を捕らえれば、銀十両を褒美に与えるという命令が官から出た。このため城上の兵勇が賞金と聞いて先を争って［城を］下り、防守は転じて疎かになったため、大股の賊匪がついに隙をついて城壁を乗り越え進んだ(134)」と述べている。清軍の防備体制が一度は敵の撃退に成功した結果かえって混乱し、太平軍の再突入を可能にしたことが窺われる。

この点について『金陵省難紀略』は異なる説明をしている。太平軍が儀鳳門から進入した時に、小営へ向かった一隊が陸建瀛を乗せた輿と遭遇した。護衛の壮勇は逃散し、陸建瀛は武巡捕の千総仏爾国春と共に太平軍によって殺された。午後になって「城は破られ総督が殺された」という話が城南に伝わると、動揺した兵たちは持ち場を捨てて逃走した。そして太平軍は無人となった城壁を越えて城内へ進入したというのである(135)。

太平軍の南京占領後に陸建瀛は太平軍の捕虜となったと誣告され、咸豊帝の命令で調査が行われた。[136]その結果「二月初十日（三月十九日）に儀鳳門が破られ、総督は知らせを聞くと将軍、都統と面会して賊の撲滅について話し合うために出かけた。十廟で馬を換えようとしたところ、教場の演武庁にある右側の路地に数十人の賊がおり、突然進み寄って［陸建瀛の］頭に刀で三ヶ所傷を負わせた。彼は馬から落ちて即死し、督標千総の仏爾国春も庇おうとしたところを斬り殺された」[137]とあるように、この日路上で太平軍と遭遇して殺されたのは間違いないとされた。もっとも陸建瀛の死と城門爆破の知らせが清軍将兵に伝わり、彼らの動揺を引き起こしたのはあり得ない話ではない。

さらに南京の陥落を報じた向栄の上奏（三月二十九日発）は次のように述べている。

初四日（三月十三日）以後、［太平軍は］水西、旱西、儀鳳門などに至り、昼夜となく四方から攻め立てた。攻城の賊は城内の砲火によって多くが殺されたが、ただ城内に駐防していた満兵と緑営の兵勇は時に不和があった。初十日（三月十九日）に逆匪はまず儀鳳門外で攻めること甚だ急となり、城内の兵勇がみな一ヶ所に集まって堵禦した。すると逆匪は水西、旱西、南門の三ヶ所で兵勇が少ないのを見て、ついに木のハシゴをつなぎ城壁をよじ登って入った。四つの門が同時に陥落すると、賊はついに大隊となって進んだ。聞くところでは旗兵は必死になって死闘を演じ、殺した賊衆は三、四千人を下らなかった。[138]

ここではまず太平軍の再突入が成功したのは、西南各門で清軍の守りが手薄になった結果であったことが確認されるが、注目すべきは「城内に駐防していた満兵と緑営の兵勇は時に不和があった」という部分である。これが具体的に何を意味するのかは不明で、八旗兵と山東青州兵のあいだで抗争があったという説もある。[139]また張継庚は「聞くところでは制軍（陸建瀛）は満城に逃げ込もうとしたが、祥将軍（厚）は『我々は内城を守るので手一杯だ。大人は速やかに外へ出て、百姓を招集して戦いを助けさせよ』と言った。制軍がついに小門から出て小営まで行くと、満洲兵が追いかけてきて『漢奸』と罵り、ついに殺された」[140]とあるように、内城へ避難しようとした陸建瀛を祥厚が追い返し、さらに八旗兵を派遣して陸建瀛を殺したと語っている。

むろんこれは事実とは考えにくいが、陸建瀛、祥厚を初めとする地方長官たちの間で深刻な意見の対立があったことはすでに検討した。内閣学士許乃釗は「金陵の陥落がかくも早かったのは、半ばは指揮が統一されず、満漢の兵勇が不和となって、賊がついに隙に乗じて入ったためである」[141]と述べている。少なくとも司令官同士の反目が指揮の不統一を生み、バランスを欠いた命令によって太平軍に城内突入のチャンスを与えてしまったことは間違いない。なおこの戦いで南門の守備隊を率いていた福珠洪阿が戦死した[142]。

さて南京城内に突入した太平軍は外城を制圧し、十九日夜から旗人居住区である内城の攻撃に取りかかった。その結果発生したのが旗人官吏、兵士とその家族に対する虐殺である。太平天国の滅亡した一八六四年に両江総督曽国藩は「賊が江寧を陥落させた時に、旗営の三万余人は殆ど同じく一燼となった。被害の悲惨さは京口よりも甚だしく、殉節の烈しさは天下に甲たるものがあった」[143]と報じた。また虐殺の噂は当時からあったが、E. G. フィッシュボーンは「叛乱軍は韃靼人とその家族を殺し、その数は二万人から二万五千人に及んだと言われるが、私はこうした説を信じない……。実際のところ、叛乱軍が迫った時に、大部分の韃靼人はあらゆる人々と同じく、恐ろしさの余り皆逃げ出して幾らも残っていなかった」[144]と反論している。

すでに見たように一八五三年当時の南京には八旗兵三千名がおり、別に「精壮の閑散」と呼ばれる予備役の旗人九百余名も動員された[145]。また陸建瀛が南京に逃げ戻ると、城外へ脱出する者が続出した事実も指摘した。だが同治『上元江寧両県志』によると、アヘン戦争時に郊外へ避難した南京の住民は「郷人の魚肉」を受け、帰還後も疫病に倒れる者が多かった。これを後悔した人々は太平軍の接近時も多くが南京に留まり、近郊の農村から城内へ避難する者を合わせるとその数は九十万人になったという[146]。汪士鐸もこうした住民の一人で、彼は日記の中で「私が危うい城に留まって移らなかったのは、外に頼むべき知人がいなかったからだ」[147]と述べている。駐防八旗とその家族も条件は同じで、実際にはかなりの人数が南京内城にいたと考えられる。

南京の攻防戦が始まると、祥厚は八旗とその予備役、招募された漢人壮勇四千名を内城に配置した[148]。三月十九日に指揮朱錫琨の率いる一隊が朝陽門（大東門）を攻め、翌二十日からは城壁の低い西側で総攻撃が行われた。この時清軍は「旗兵は鎗炮を兼ね施し、三度淮清橋まで撃退して、賊を傷つけること数千人」とあるように必死で抵抗し、城壁の下に太平軍将兵の死体が積み重なる程だった。また「満洲の婦女は鎗箭が上手で、共に城に登って守備を助けた[149]」「八旗の婦女はあるいは城上で防堵し、門ごとに飯を届けて巡回した[150]」とあるように、旗人女性も防衛および後方支援の任務に加わった。

しかし翌二十一日になると「賊は増えることはあっても減ることはなく、官兵は力尽き、また連日食うことが出来なかったために抵禦し難かった[151]」とあるように、圧倒的な戦力差を前に守備隊は疲労して抵抗力を失った。また東王楊秀清の名で「旗人の降伏を許す」という伝令が伝わると、安心した清軍はやや戦意を喪失した。だがこの時城上に置かれた火薬に火がつくと、太平軍はこの隙を突いて攻勢をかけた。祥厚と霍隆武は内城の小門で兵を率いて奮戦したが、「申の刻（午後三時）になると、旗兵は殆ど残っていなかった[152]」。そして祥厚は「手ずから数人の賊を斬ったが、賊に馬の足を折られて倒れたところを数十ヶ所の傷を受けた。その殺された様子は壮烈であり、家中が全滅した」と報じられた。霍隆武も鉤で馬から引きずり下ろされ殺されたという[153]。

結局この戦いで、太平軍の包囲を破って脱出した八旗兵は四百名余りに過ぎなかった。また「婦人や子供もみな賊と戦い、多くの賊を殺したが、死んだ者もまた多かった。生き残った満洲の婦人数千人を、賊はことごとく朝陽門の外へ駆り立てて、囲んでこれを焼き殺した[154]」とあるように、捕虜となった旗人女性に対する虐殺が行われた。汪士鐸によれば、「城外で韃婆《だつば》（旗人女性を指す）を殺」したのは三月二十三日のことであった[155]。また『養拙軒筆記』も高新周なる人物の目撃証言として「賊は満洲の婦女五、六百人を川辺に駆りたてて殺し、泣き叫ぶ声は天地を震わせた[156]」

と記しており、虐殺の事実は否定できないと思われる。

さらに夏燮によると、アヘン戦争時に旗人女性は「旗装」を脱ぎ、「大脚片」と呼ばれる召使いの漢人女性が用いる靴を履いてイギリス軍の暴行を逃れた。これを知った太平軍は「ついに旗、漢を論ぜず、大脚片を履いている者を見れば悉くこれを斬った[157]」といい、漢人女性で誤って殺される者が続出した。このエピソードは太平軍による旗人女性の殺害が意図的に行われたことを窺わせる。一八五三年四月二十三日のノース・チャイナ・ヘラルドは南京で旗兵三千名が死亡し、旗人女性も城外のあばら屋に閉じこめられ焼き殺されたと報じたうえで、「これはヨーロッパ人に反感を抱かせるが、激情にかられた中国人は報復をやりすぎたとは決して思っていない。彼らの刑罰の方法が極度に残酷なことで知られているからだ[158]」と述べている。それは清軍敗北の原因を「満漢の不和」に求めた議論と並んで、太平天国の提起した「排満」主義の言説が、当時の中国社会に少なからぬ影響を与えていたことを示している。

小　結

一八五三年二月に太平軍は水陸の両軍に分かれて武昌を出発し、一路南京へ向かった。その兵力は十数万人で、水路軍は水上陣地やバリケードを擁するなど堂々たる行軍ぶりであった。これに対して欽差大臣向栄率いる清軍は船を欠いていたために追撃のスピードが鈍く、補給が追いつかず飢えに苦しんだ。代わって太平軍の矢面に立った江西巡撫張芾、欽差大臣陸建瀛の部隊は陣地構築を怠るなど迎撃態勢が整っておらず、巣湖、老鼠峡、武穴鎮などの要害に小部隊を分散して配置したために、太平軍の圧倒的な兵力を前にもろくも壊滅した。無人となった江西の重鎮九江は太平軍に占領され、陸建瀛と張芾はそれぞれ南京、南昌へ後退して咸豊帝の叱責を浴びた。

次に太平軍がめざしたのは安徽省の省都である安慶だった。安徽巡撫蔣文慶は兵力の不足を訴えたが、各地からの援軍はなかなか姿を見せなかった。とくに安慶救援を命じられた欽差大臣琦善、直隷提督陳金綬が移動を始めたのは安慶陥落後のことであり、九江の向栄も長江を渡河して安慶へ向かうことが出来なかった。孤立無援となった蔣文慶は撤退も許されずに数千の兵力で太平軍を迎え撃ったが、将兵や官吏の多くが四散して一日も持ちこたえられずに安慶は陥落した。そもそも長江の上流から下流に向かって進撃する太平軍は有利であり、清軍は上流の湖北、江西で防ぎ止める戦略だったため、九江を通過されてしまえば清軍に太平軍を防ぎ止める術はなかった。

こうして安慶を奪取した太平軍は、南京へ向かってさらなる進撃を続けた。途中の蕪湖や東、西梁山では福山鎮総兵陳勝元による捨て身の抵抗など一部の例外を除けば、清軍の抵抗は殆どなかった。むしろ租税の減免や科挙の実施を約束した太平軍の「偽示」が伝えられると、清朝の地方官や有力者の間にも中立の態度を取り、明朝につらなる新たな漢人王朝としてその正統性を承認する動きが現れた。そして三月初めについに太平軍は南京城外へ到達し、陣地を構築して攻城戦の準備を整えたのである。

さて南京の清軍守備隊が本格的な防衛措置に取りかかったのは一八五三年一月以後で、陸建瀛が兵を連れて九江へ向かったために兵力は五千名程度と不足していた。また太平軍が長江下流域へ進出することへの危機感も薄く、籌防局を任された元広西巡撫の鄒鳴鶴を含めて実戦の経験は殆どなかった。二月末に九江上流で敗北した陸建瀛が南京へ逃げ戻ると、人々の緊張はにわかに高まったが、防衛の戦略をめぐって陸建瀛と祥厚、楊文定の内紛が表面化した。それは南京の迎撃体制が整っていなかった事実をよく示しており、三月八日に太平軍の外城攻撃が始まると、清軍は城外から応援を求めた張継庚らの練勇に発砲して多くを殺害した。また恐怖心から大砲や銃をやみくもに乱射し、最初の数日で火薬を使い果たしてしまった。

太平軍が城北の儀鳳門外でトンネルを掘り進めて地雷攻撃を準備すると、清軍は長沙や武昌の経験に学ぶことなく、地形や天候も災いして工事箇所を発見することが出来なかった。三月十九日に林鳳祥の先鋒隊四百名は城壁を爆破して外城内へ突入したが、八旗兵や壮勇の抵抗にあって退却を余儀なくされた。ところがこの時「賊一人を殺せば、褒美として五十両」という命令に勇んだ郷勇たちが持ち場を離れて城北へ殺到すると、防備が手薄となった西南三門から李開芳らの部隊が城内へ攻め込んだ。陸建瀛と福珠洪阿を失った清軍は総崩れとなり、祥厚は八旗兵およびその家族と共に内城に立てこもった。

三月十九日から二十一日にかけて行われた太平軍の南京内城攻撃は、八旗兵の激しい抵抗にぶつかった。また旗人女性も防衛および後方支援に加わり、太平軍は多くの戦死者を出した。だが疲労した清軍は長く持ちこたえることは出来ず、内城もついに破られて祥厚、霍隆武は戦死した。また旗人官吏やその家族に対する徹底した殺戮が行われ、生き残った旗人女性を一ヶ所に集めて虐殺する事件も発生した。

光緒『江寧府志』はこの時殺された旗人の長大なリストを掲載しているが、それらは「江寧協領壮愍公伊伯訥、妻常氏、子果勒敏額、果仁額、媳余氏」「休致佐領順保、子松亮、孫春恵、西林、栄、媳関佳氏、孫女四口」とあるように、家族もろとも犠牲となっている点が特徴的である。また将兵の名前だけが記された場合も「家中が殉難したが、家族の氏名はわからない」(159)などと註記されている。正確な死者数は不明だが、二、三万人という数字は決して誇張ではなく、金田蜂起からの太平天国史を検討してきた我々にとって、この血塗られた結果は余りに重すぎると言えるだろう。

なぜこうした結末がもたらされたのだろうか？　簡又文氏は太平天国が「倒満興漢」の民族主義を掲げ、また頑強な抵抗に遭って無数の戦士が犠牲となったのだから、いったん城が陥落すれば虐殺が起きるのは「自然な人情」だと指摘したうえで、「残酷にして人道なき暴行は、上古、中古の時代に行われた戦争の特徴であって、現代文明においては許されざることである」(160)と述べている。また鍾文典氏は南京城攻略という「金田起義以来の空前の大勝利」が「空前の残酷な大虐殺」をもたらしたことを率直に批判しながら、「その原因を突き詰めれば、太平天国指導者の民族関係に対する偏狭な認識が関わっているが、清王朝が長期にわたって採ってきた民族差別や抑圧的な政策もまたその咎を免れることは出来ない[161]」と主張している。

だがいっぽうで我々は、近現代の戦争がしばしば異なる人種、民族間で発生した「容赦なき戦争（War without Mercy）[162]」であった事実を知っている。また国民国家の誕生がナショナリズムの成立と不可分の関係にあったことを考えれば、太平天国の「客家」ナショナリズム――それは異民族統治のもとで抑制されていた漢民族による「小中華」思想のローカルな表現であった――を前近代的な王朝体制下の産物と切り捨てることは出来ないだろう[163]。

すでに本書でくり返し指摘したように、上帝会は一神教であるユダヤ・キリスト教の排他的な能動性に強い影響を受けた。そこで皇上帝（ヤーヴェ）は教えに背いた者に対しては滅びをもたらす裁く神であった。洪秀全が好んで引用した『旧約聖書』の前半五書の一つである「民数記」第三十一章は、モーセ率いるイスラエル軍のミディアン人に対する報復について語っている。そこでは男だけでなく、捕らえられた子供や既婚女性も皆殺しにされた。太平天国は清朝官吏、兵士とその家族を偶像崇拝者と見なして排撃したが、旧約の記載が太平軍の旗人虐殺に根拠を与えたのだとすれば、その「異教徒（他民族）」に対する非妥協的な攻撃性がもたらした結果は破壊的であったと言わねばならない。

また南京を攻略した太平軍は満洲人だけでなく、漢人の官僚や将兵に対しても激しい敵意を向けた。籌防局を主宰していた鄒鳴鶴はその例で、三月十九日に彼は儀鳳門爆破の知らせを聞いて救援に向かうところを三山街で太平軍の一隊と遭遇した。太平軍の将兵は籠に鄒鳴鶴の名前を発見すると、「これは桂林を守ってわが兄弟を傷つけた鄒妖だ！」と叫び、彼を罵ったうえ「衆刃が交々加わり、ついに四肢をバラバラにした[164]」という。蔣文慶や陸建瀛も太平軍によって惨殺されており、その宗教的情熱に裏打ちされた憎悪は報復の暴力を生みだしたのである。

さらに興味深いのは、南京で活動していたカトリックに対する太平軍の態度である。南京教区の司教であったマレスカの報告によれば、三月二十一日に南京城内を制圧した太平軍は教会堂に姿を見せた。ちょうど教会では受難週の祈りがささげられていたが、兵士たちは信者が跪いて祈ることを許さず、「天父」を敬うように命令した。信者が自分たちはカトリック教徒であり、他の宗教は知らないと答えると、太平軍兵士は「三日以内に言うことに従わなければ、全員首を切る」と申し渡して去った。

はたして三月二十五日に信者たちが十字架を拝んでいると、とつぜん大勢の太平軍兵士が教会堂に乱入し、大声で威嚇しながらキリストの像を打ち壊し、祭壇をひっくり返した。続いて太平軍は自分たちの祈禱書を配って信者たちに読むように命令した。一人の伝道師が十戒を解釈した書物を将校に手渡すと、彼は注意深くこれを読んだ後、本を返して「君たちの宗教は良い。我々の宗教はとても比較にならない。だが新皇帝はすでに命令を下しており、服従しなければならない。逆らえば命はない」と言った。その後太平軍は一四〇名余りの信者を連行して死刑を宣告した。結局信者たちの抵抗によって死刑は中止になったが、威嚇や暴行などの迫害は続いた。さらに太平軍が下流の揚州や鎮江へ進出すると、これらの地でも同様の事件が発生し、死亡した信者は五十名にのぼったという(165)。

ここで「キリストの像」を含めた一切の偶像崇拝を否定したのはプロテスタントの影響を受けた上帝教の特徴であり、南京でも寺院や廟の神像に対する徹底的な破壊が行われた(166)。また一八六〇年七月にノース・チャイナ・ヘラルドは、太平天国がキリスト教の名を騙った「異端」であるという批判に対して、ヨーロッパにおけるキリスト教の歴史も血なまぐさいものであり、太平軍がかつてのヨーロッパの正統派キリスト教徒と同じように過激な偶像破壊を行っているからと言って、これを非難するのは道理に合わないと論じている(167)。少なくともヨーロッパの宗教戦争を彷彿させるこの事件は、太平天国の宗教性の強さを浮かび上がらせており、彼らの虐殺行為も内なる他者に対して激しい攻撃性を伴うユダヤ・キリスト教の宗教的不寛容に規定されていた。そしてそれは福音主義の情熱と共に全世界へ伝えられた近代ヨーロッパ文明がかかえたもう一つの顔だったのである。

【註】

(1) 菊池秀明『広西移民社会と太平天国』【本文編】【史料編】、風響社、一九九八年。
(2) 菊池秀明『清代中国南部の社会変容と太平天国』汲古書院、二〇〇八年。
(3) 本書第一章～第四章。
(4) 本書第五章、第六章。
(5) 本書第七章。
(6) 本書第八章。
(7) 簡又文『太平天国全史』上冊、香港猛進書屋、一九六二年。
(8) 鍾文典『太平天国開国史』広西人民出版社、一九九二年。
(9) 崔之清主編『太平天国戦争全史』一、太平軍興（一八五〇―一八五三）、南京大学出版社、二〇〇二年。
(10) 中国第一歴史檔案館編『清政府鎮圧太平天国檔案史料』一～二六、光明日報出版社および中国社会科学文献出版社、一九九〇年～二〇〇一年（以下『鎮圧』と略記）。
(11) 陳徽言『武昌紀事』（中国近代史資料叢刊『太平天国』四、神州国光社、一九五二年、五九八頁）。
(12) 向栄奏、咸豊三年正月初三日『宮中檔咸豊朝奏摺』六、八二三頁（『向栄奏稿』巻一、『太平天国』七、三〇頁）。
(13) 張徳堅『賊情彙纂』巻十一、賊数、新賊（『太平天国』三、二九六頁）。
(14) 陸応穀奏、咸豊三年正月初三日『宮中檔咸豊朝奏摺』六、八二三頁。
(15) 蕭盛遠『粵匪紀略』賊陥岳州直撲鄂城（太平天国歴史博物館編『太平天国史料叢編簡輯』一、中華書局、一九六一年、三〇頁）。
(16) 謝介鶴『金陵癸甲記事略』（『太平天国』四、六五五頁）。
(17) 陳徽言『武昌紀事』（『太平天国』四、五九五頁）。ちなみに十ヶ軍とは前一、前二、後一、後二、左一、左二、右一、右二、中一、中二の各軍であった。
(18) 張徳堅『賊情彙纂』巻四、偽軍制上（『太平天国』三、一二四頁）。
(19) 菊池秀明「太平天国の北伐前期をめぐる諸問題――南京から懐慶まで」国際基督教大学社会科学研究所編『社会科学ジャーナル』五三号、二〇〇五年。また洪秀全「行営舗排詔」（太平天国元年七月十九日）には「前一軍帥、前二軍帥、左一軍帥、左二軍帥開通前路」「中一軍帥、中二軍帥及前選侍衛二十名護中」「右一軍帥、右二軍帥、後一軍帥、後二軍帥押後」とあり、全軍を十ヶ軍に分けることは早くから行われていたようである（太平天国歴史博物館編『太平天国文書彙編』中華書局、一九八一年、三二頁）。
(20) 駱秉章奏、咸豊三年正月二十二日『鎮圧』四、五三六頁。
(21) 姚憲之『粤匪南北滋擾紀略』（中国近代史資料叢刊続編『太平天国』四、広西師範大学出版社、二〇〇四年、一一六頁）。また張守常「太平天国北伐軍人数考――太平天国北伐軍軍数人数考下篇」（同『太平軍北伐叢稿』齊魯書社、一九九九年、一六五頁）を参照のこと。
(22) 李秀成の供述書（並木頼壽等編『新編　原典中国近現代思想史』一、開国と社会変容、岩波書店、二〇一〇年、二二一頁。また羅爾綱『増補本李秀成自述原稿注』中国社会科学出版社、一九九五年、一三一頁）。
(23) 張徳堅『賊情彙纂』巻二、劇賊姓名下（『太平天国』三、五三・五四頁）。
(24) 崔之清主編『太平天国戦争全史』一、六四八頁。また李濱『中興別記』巻五（太平天国歴史博物館編『太平天国資料匯編』第二冊上、中華書局、一九七九年、七四頁）。
(25) 黄鈞宰『金壺七墨』巻一、金陵被囲。
(26) 周天爵奏、咸豊三年正月十三日『鎮圧』四、四〇五頁。
(27) 民国『湖北通志』巻七一、武備志九、兵事五、粤匪。
(28) 陳徽言『武昌紀事』（『太平天国』四、六〇二頁）。
(29) 向栄奏、咸豊三年正月十三日『鎮圧』四、四〇二頁。

(30) 光緒『黄州府志』巻十、武備志、兵事。光緒『蘄水県志』巻之末、上、雑誌、兵事。また黄州、蘄水県占領の日付は郭廷以『太平天国史事日誌』商務印書館、一九四六年（上海書店再版、一九八六年、上冊）二二二頁および崔之清氏の考証による。
(31) 張芾奏、咸豊二年十二月十四日『鎮圧』四、二二三頁。
(32) 向栄奏、咸豊三年正月十三日『鎮圧』四、四〇二頁。
(33) 張芾奏、咸豊三年正月二十六日『鎮圧』四、五九六頁。
(34) 『清史稿』巻三九七、列伝一八四、陸建瀛。また彼が九江に到着した日時については張芾奏、咸豊三年正月初四日、軍機処檔案〇八八七一五号、台湾故宮博物院蔵および崔之清氏の考証による。
(35) 周振鈞『分事雑記』（『太平天国史料叢編簡輯』二、一三頁）。
(36) 諭内閣、咸豊三年正月十九日『鎮圧』四、四八〇頁。なおこの上諭の元となる「総兵剿賊捐軀一摺」は『鎮圧』、中国第一歴史檔案館編『軍機処奏摺録副・農民運動類』および国立故宮博物院の軍機処檔案共に見あたらない。また『清史』巻五四一、補編一二、洪秀全載記三によると、陸建瀛は向栄と「会剿」する約束を交わしていたが、使者が途中で太平軍に捕らえられ、進撃を促すニセの使者に騙されて恩長の軍を派遣したという。
(37) 『清史稿』巻三九七、列伝一八四、陸建瀛。
(38) 向栄奏、咸豊三年正月十三日『鎮圧』四、四〇二頁。
(39) 張芾奏、咸豊三年正月十二日『鎮圧』四、三九八頁。向栄奏、咸豊三年正月十七日、同書四三五頁。
(40) 張芾奏、咸豊三年正月二十六日『鎮圧』四、五九六頁。
(41) 向栄奏、咸豊三年正月十七日『鎮圧』四、四三五頁。なお張芾奏、咸豊三年八月三十日『鎮圧』九、五〇四頁によると、総兵清保は兵一千名余りを率いて九江城西門外の関牌夾に駐屯していた。二月十八日に彼は城内へ移ろうとしたが、太平軍が姿を見せて上陸を開始し、やむなく西門外で迎え撃った。城内の守備兵も大砲を撃って抵抗したが、太平軍は城の東側から城壁を登って進入し、九江城は占領されたという。また清保は「不行固守」の罪で絞首刑となった。

(42)　諭内閣、咸豊三年正月十九日『鎮圧』四、四八一頁。
(43)　向栄奏、咸豊三年正月十三日・正月十七日『鎮圧』四、四〇二・四三五頁。なおこの時向栄の軍は「随到者不及千人、未到者極多」とある。
(44)　向栄奏、咸豊三年正月十七日『鎮圧』四、四三五頁。
(45)　向栄奏、咸豊三年正月十三日『鎮圧』四、四〇二頁。
(46)　向栄奏、咸豊三年正月十七日『鎮圧』四、四三五頁。『清史』巻五四一、補編一二、洪秀全載記三。
(47)　蔣文慶奏、咸豊二年八月十四日『宮中檔咸豊朝奏摺』五、四九八頁。
(48)　王茂蔭奏、咸豊二年十月初九日『鎮圧』四、三六頁。
(49)　軍機大臣、咸豊二年十月初九日『鎮圧』四、三七頁。
(50)　蔣文慶奏、咸豊二年十一月十四日『鎮圧』四、三六頁。
(51)　陸建瀛奏、咸豊二年十一月十九日『鎮圧』四、一二五頁。
(52)　軍機大臣、咸豊二年十一月二十六日『鎮圧』四、一五一頁。
(53)　蔣文慶奏、咸豊二年十一月二十七日『鎮圧』四、一六〇頁。
(54)　蔣文慶奏、咸豊二年十二月初六日『鎮圧』四、一九八頁。
(55)　蔣文慶奏、咸豊二年十二月二十九日・正月十四日『鎮圧』四、三二九・四一四頁。
(56)　軍機大臣、咸豊二年十一月二十六日『鎮圧』四、三〇六頁。
(57)　軍機大臣、咸豊三年正月初十日『鎮圧』四、三八一頁。
(58)　琦善奏、咸豊三年正月十九日『鎮圧』四、四八九頁。
(59)　陸建瀛奏、咸豊二年十二月二十八日『鎮圧』四、三一四頁。『清史稿』巻三九五、列伝一八二、蔣文慶。
(60)　陸建瀛奏、咸豊二年十二月二十八日『鎮圧』四、三一六頁。
(61)　戴鈞衡『草茅一得』上巻（中国社会科学院近代史研究所編『太平天国文献史料集』中国社会科学出版社、一九八二年、三七三頁）。
(62) 向栄奏、咸豊三年正月十七日『鎮圧』四、四三五頁。
(63) 向栄奏、咸豊三年正月二十六日『鎮圧』四、五八三頁。
(64) 張芾奏、咸豊三年正月二十六日『鎮圧』四、五八九頁。
(65) 向栄奏、咸豊三年二月十二日『鎮圧』五、一六〇頁。
(66) 蔣文慶奏、咸豊三年正月十六日『鎮圧』四、四二七頁。
(67) 諭内閣、咸豊二年十二月二十五日『鎮圧』四、二九五頁。
(68) 蔣文慶奏、咸豊三年正月十七日『鎮圧』四、四三二頁。同奏附件の周天爵原信（同書四三三頁）。
(69) 軍機大臣、咸豊三年正月二十二日『鎮圧』四、五二七頁。
(70) 陸建瀛奏、咸豊三年正月二十二日『鎮圧』四、五三四頁。また曽春発については『石達開自述』（『太平天国』二、七八〇頁）にその名が見えるが、詳細は不明。
(71) 周天爵奏、咸豊三年正月二十八日『鎮圧』四、六一七頁および同奏、附件一の抄録安徽分巡鳳廬潁道奎綏稟函（同書六一八頁）、附件二の安徽巡撫蔣文慶遺摺稿（同書六一九頁）。
(72) 査明正月十七日安慶失守陣亡官員清單、咸豊三年二月十二日『鎮圧』五、一六四頁。
(73) 戴鈞衡『草茅一得』上巻。
(74) 崔之清主編『太平天国戦争全史』一、六六九頁。
(75) 向栄奏、咸豊三年二月十二日『鎮圧』五、一六三頁。
(76) 周天爵奏、咸豊三年二月初四日『鎮圧』五、五六頁。
(77) 光緒『安徽通志』巻一〇二、兵事四。李濱『中興別記』巻五（『太平天国資料匯編』第二冊上、七八頁）。
(78) 周天爵奏、咸豊三年二月初四日『鎮圧』五、五五頁。
(79) 洪仁玕の供述書（並木頼壽編『新編中国近代思想史』一、二四九頁。また続編『太平天国』二、四一二頁）。

(80) 曹藍田『癸丑会試紀行』(『太平天国史料叢編簡輯』二、三一九頁)。
(81) 但明倫奏、咸豊二年十二月二十九日、軍機処檔案〇八八五一七号。
(82) 張徳堅『賊情彙纂』巻十一、賊数、擄人(『太平天国』三、二九九頁)。李召棠『乱後記所記』(中国社会科学院近代史研究所編『近代史資料』三四、二〇〇六年、知識産権出版社再版、一八〇頁)。
(83) 海虞学釣翁『粤氛紀事詩』(『太平天国史料叢編簡輯』六、三七八頁)。
(84) 本書第八章を参照。
(85) 周天爵奏、咸豊三年二月初二日『鎮圧』五、一六頁。
(86) 張芾奏、咸豊三年正月初三日『宮中檔咸豊朝奏摺』八、二一〇頁
(87) 耕石老農『皖碧吟』其九(『太平天国史料叢編簡輯』六、四二八頁)。また徐川一『太平天国安徽省史稿』安徽人民出版社、一九九一年、三九頁。
(88) 祥厚奏、咸豊三年正月二十三日『鎮圧』四、五四五頁。
(89) 祥厚奏、咸豊三年正月二十八日『鎮圧』四、六一三頁。楊文定奏、咸豊三年二月十三日『鎮圧』五、一八三頁。
(90) 光緒『江寧府志』巻十三、兵事表。
(91) 李濱『中興別記』巻五(『太平天国資料匯編』第二冊上、七八頁)。
(92) 謝介鶴『金陵癸甲紀事略』(『太平天国』四、六四九頁)。
(93) 張汝南『金陵省難紀略』守城大略(『太平天国』四、六八九頁)。
(94) 謝介鶴『金陵癸甲紀事略』(『太平天国』四、六四九頁)。
(95) 光緒『江寧府志』巻十三、兵事表。第六章で述べたように駐防八旗には蒙古、漢人八旗が含まれ、旗人のアイデンティティも多様であったが、本書はこの問題には立ち入らないことにする。
(96) 軍機大臣、咸豊二年十二月初二日『鎮圧』四、一八二頁。
(97) 軍機大臣、咸豊二年十二月二十四日『鎮圧』四、二八三頁。

(98) 祥厚等奏、咸豊二年十二月二十八日『鎮圧』四、三一七頁。
(99) 楊文定奏、咸豊二年十二月二十八日『鎮圧』四、三一九頁。
(100) 張汝南『金陵省難紀略』保衛大略・守城大略（『太平天国』四、六八七・六八八頁）。
(101) 汪士鐸『汪悔翁乙丙日記』巻一（明斎叢刻之一、一九三六年。また松枝茂夫、今村与志雄編『中国古典文学全集』三二、歴代随筆集、平凡社、一九五九年、四五五頁）。
(102) 張汝南『金陵省難紀略』守城大略（『太平天国』四、六八九頁）。
(103) 祥厚等奏、咸豊三年正月十九日『鎮圧』四、四九一頁。
(104) 祥厚等奏、咸豊三年正月二十三日『鎮圧』四、五四五頁。
(105) 陸建瀛奏、咸豊三年正月二十二日『鎮圧』四、五三四頁。
(106) 楊文定奏、咸豊三年正月十九日『鎮圧』四、四九三頁。
(107) 祁宿藻奏、咸豊三年正月二十三日『鎮圧』四、五四六頁。
(108) 楊文定奏、咸豊三年二月初三日『鎮圧』五、三一頁。
(109) 軍機大臣、咸豊三年正月二十七日『鎮圧』四、六〇四頁。諭内閣、咸豊三年正月二十七日、同書六〇二頁。
(110) 勝保奏、咸豊二年十二月初六日、軍機処檔案〇八七八五二号。
(111) 祥厚等奏、咸豊三年正月三十日『鎮圧』四、六四九頁。
(112) 『張継庚遺稿』（『太平天国』四、七五八頁）。張継庚は上元県人で、廩生から湖南布政使潘鐸の幕僚となって長沙攻防戦に参加した。彼の組織した練勇は南門外の筲行人夫で「敢死卒」であった。また張継庚は太平軍の南京占領後も度々内応を図り、一八五四年に捕らえられて殺された（光緒『興寧府志』巻十四之十上、人物、忠義貞烈）。
(113) 張汝南『金陵省難紀略』守城大略（『太平天国』四、六九〇頁）。また佚名『粤逆紀略』によれば、この時練勇たちは「賊不過二、三百人、我等但得利刃数百柄、益以官兵数百人、以為声援、賊雖強、可一鼓而殲焉」と呼びかけたが、城上の兵は応じなかったという（『太平天国史料叢編簡輯』二、三〇頁）。

(114)　『張継庚遺稿』（『太平天国』四、七五八頁）。なお祁宿藻の死亡した日付については諸説ある。
(115)　『張継庚遺稿』（『太平天国』四、七五八頁）。
(116)　張汝南『金陵省難紀略』守城大略（『太平天国』四、六九〇頁）。
(117)　汪士鐸『汪悔翁乙丙日記』巻一（『中国古典文学全集』三二、四五五頁）。
(118)　張汝南『金陵省難紀略』守城大略（『太平天国』四、六九〇頁）。
(119)　王永年『紫蘋館詩鈔』（『太平天国史料叢編簡輯』六、三九一頁）。
(120)　祥厚等奏、咸豊三年二月初三日『鎮圧』五、三六頁。
(121)　張汝南『金陵省難紀略』守城大略（『太平天国』四、六九一頁）。
(122)　王永年『紫蘋館詩鈔』（『太平天国史料叢編簡輯』六、三九一頁）。
(123)　祥厚等奏、咸豊三年二月初八日『鎮圧』五、一二二頁。
(124)　汪士鐸『汪悔翁乙丙日記』巻一（『中国古典文学全集』三二、四六〇～四六二頁）。なお訳文は一部原典に当たったうえで変更してある。
(125)　向栄等奏、咸豊四年二月二十六日『鎮圧』十四、一四九頁。
(126)　祥厚等奏、咸豊三年二月初八日『鎮圧』五、一二二頁。
(127)　夏燮『粤氛紀事』巻四、長江挺険（続編『太平天国』四、一四四頁）。
(128)　張汝南『金陵省難紀略』守城大略（『太平天国』四、六九二頁）。
(129)　胡恩燮『患難一家言』上（『太平天国史料叢編簡輯』二、三三〇頁）。
(130)　『張継庚遺稿』（『太平天国』四、七五九頁）。
(131)　楊文定奏、咸豊三年二月十三日『鎮圧』五、一八五頁。また琦善奏、咸豊三年二月十九日は「探聞江寧省城於本月十一日自寅至午、砲声不絶、随後城内火光燭天、賊即由火起処穿城而進、省垣業已失守」とある（同書二八五頁）。
(132)　胡恩燮『患難一家言』上（『太平天国史料叢編簡輯』二、三三〇頁）。

(133) 張汝南『金陵省難紀略』城破大略（『太平天国』四、六九二〜三頁）。なおこの時先鋒隊を林鳳祥、再突入隊を李開芳、黄益芸が率いていた事実は張徳堅『賊情彙纂』巻二、劇賊姓名下（『太平天国』三、五二、五三頁）。
(134) 孫亦恬『金陵被難記』（『太平天国史料叢編簡輯』五、七六頁）。
(135) 張汝南『金陵省難紀略』城破大略（『太平天国』四、六九三頁）。
(136) 発端となったのは陸建瀛と太平府知府潘鍔基が「同謀不軌」したという安徽守備汪大成の告発で、彼は「風聞茶館之人有言陸制台現在賊営、首戴黄冠、黄袍、並未遇害之語」「因陸制台与潘牧不能報効皇上、心中不平之気、故有夾単」と供述した（怡良奏、咸豊三年六月二十二日『鎮圧』八、一四八頁および守備汪大成親供、同書一五二頁）。また陸建瀛を「喪師辱国」の張本人として「即行就地正法」せよという議論もあった（呉廷溥奏、咸豊三年二月初四日『鎮圧』五、四八頁）。
(137) 怡良奏、咸豊三年六月二十二日『鎮圧』八、一五一頁。
(138) 向栄奏、咸豊三年二月二十日『鎮圧』五、二九八頁。
(139) 簡又文『太平天国全史』上冊、第八章、順流東下取江南、五、攻克「小天堂」、四八九頁
(140)『張継庚遺稿』（『太平天国』四、七五九頁）。また沈梓『養拙軒筆記』も南京陥落後に楊秀清が陸建瀛の遺体を探したが見つからず、「賊中諱伝為将軍祥厚所殺」と記している（『太平天国史料叢編簡輯』二、二六六頁）。
(141) 許乃釗奏、咸豊三年二月二十二日『鎮圧』五、三二三頁。
(142) 向栄等奏、咸豊四年二月二十六日『鎮圧』十四、一四八頁。
(143) 曽国藩奏、同治三年八月十三日『鎮圧』二六、一〇三頁。また一八六七年にも曽国藩は南京の昭忠祠に祀るべき犠牲者を調査し、「一曰咸豊三年金陵城陥、満漢文武殉節之員」「六曰金陵満、漢婦女不屈而死者、応別立貞烈祠祀之」と述べている（同治六年十二月初三日『曽国藩全集』奏稿九、岳麓書社、一九九一年、五八〇二頁）。
(144) E. G. Fishbourne, Impressions of China and Present Revolution: Its Progress and Prospects (London, 1855), pp.177.
(145) 祥厚等奏、咸豊三年正月二十日『鎮圧』四、五一四頁。また都統文芸によると、この九百名は「実止老弱」であったという（同奏、咸豊三年正月十九日、同書四八九頁）。

(146) 同治『上元江寧両県志』巻十八、譜、咸豊三年以来兵事月日。
(147) 汪士鐸『汪悔翁乙丙日記』巻一（『中国古典文学全集』三二はこの部分を訳出していない）。
(148) 『山曲寄人題壁』攻駐防城に「八千子弟歎難逃（駐防兵数四千有零、祥将軍以募卒団練成兵、得加倍之多）」とあり、内城の総兵力が八千名だったことがわかる（『太平天国史料叢編簡輯』六、三八四頁）。また江寧駐防前鋒校松柏等供詞（咸豊三年三月十六日）によると、「共計満洲官兵以及小甲間散人等四千八百有奇、外有泰州営兵一百五十名、洪湖営兵五十名、此外別無救兵」とある（『鎮圧』六、九頁）。
(149) 張汝南『金陵省難紀略』賊城破後大略（『太平天国』四、六九四頁）。
(150) 花沙納等奏、咸豊三年三月十六日『鎮圧』六、八頁。
(151) 謝介鶴『金陵癸甲紀事略』（『太平天国』四、六五一頁）。
(152) 佚名『粤逆紀略』（『太平天国史料叢編簡輯』一、二三頁）。
(153) 江南省城殉難文武各員清単、咸豊三年四月初四日『鎮圧』六、二八二頁。
(154) 張汝南『金陵省難紀略』賊城破後大略（『太平天国』四、六九四頁）。
(155) 汪士鐸『汪悔翁乙丙日記』巻一（『中国古典文学全集』三二、四五八頁）。
(156) 沈梓『養拙軒筆記』（『太平天国史料叢編簡輯』二、二六六頁）。
(157) 夏燮『粤氛紀事』巻四、附記江寧揚州軼事（続編『太平天国』四、一四九頁）。
(158) North China Herald, No.143, 23 April, 1853.
(159) 光緒『江寧府志』巻十四之十中、人物、忠義貞烈、駐防。
(160) 簡又文『太平天国全史』上冊、四九一頁。
(161) 鍾文典『太平天国開国史』三六九頁。なお崔之清氏はこの問題については言及していない。
(162) ジョン、W・ダワー著、猿谷要監修、齋藤元一訳『容赦なき戦争――太平洋戦争における人種差別』平凡社ライブラリー、二〇〇一年。

(163) 菊池秀明「太平天国の客家正統論と「中国」ナショナリズム」（瀬川昌久編『近現代中国における民族認識の人類学』昭和堂、二〇一二年、二二七頁）。

(164) 向栄等奏、咸豊四年二月二十六日『鎮圧』十四、一四九頁。

(165) A letter by Mgr F X Maresca, Catholic Bishop of Nanking. Prescott Clarke and J. S. Gregory, Western Reports on the Taiping; a Selection of Documents (The University Press of Hawaii, Honolulu 1982), pp.37.

(166) E. G. Fishbourne, Impressions of China and Present Revolution: Its Progress and Prospects, pp.175-6. また太平軍の南京における寺院、廟の偶像破壊については「賊遇廟宇悉謂之妖、無不焚毀」とあり、白雲寺を初めとする城内外の著名な寺院、廟はみな破壊された（佚名『粤逆紀略』『太平天国史料叢編簡輯』二、三二頁）。だが汪士鐸『汪悔翁乙丙日記』は太平天国が「鬼神祭祀吉礼」を否定したことについて、「この功徳は禹に劣らない、だから賊匪は数年間も久しく余命を保った」「後世にきっと真価を知る人があるだろう」とあるように積極的に評価している（『中国古典文学全集』三二、四七二頁）。

(167) North China Herald, No.522, 28 July, 1860. なおこの史料の存在については倉田明子氏の教示を受けた。記して感謝したい。

結論

本書は上帝会が偶像破壊運動によって既存の社会秩序と対立し、楊秀清と蕭朝貴のシャーマニズムが始まった一八四七、八年から、太平軍が南京を占領した一八五三年三月までの歴史について檔案史料を中心に検討を加えた。その内容を要約すれば以下のようになる。

第一部「広西における太平天国の蜂起」は上帝会の偶像破壊運動から金田団営、永安州における活動と凌十八蜂起について検討した。

一八四七年に広西紫荊山を訪ねて上帝会の発展を知った洪秀全は、十月に偶像破壊運動を開始した。その背景には彼の『旧約聖書』に偏った聖書理解があり、キリスト教こそが「文明」であり、異文化に生きる人々を「野蛮」とみなしてその教化をめざす福音主義運動の影響を受けて、偶像崇拝の否定を神仏像の破壊という行動に結びつけた。またこの運動は神々の庇護を得られなかった下層民の支持を集める一方で、廟信仰に結集していた有力移民の反発を買った。一八四八年に王作新は馮雲山（後の南王）を捉えて告発したが、結果は王作新の敗訴であった。

馮雲山が獄中にいた一八四八年に楊秀清（後の東王）、蕭朝貴（後の西王）のシャーマニズムである天父、天兄下凡が始まった。彼らの活動は東アジアの非エリート文化が外来宗教を包摂する過程を示しており、太平天国の歴史において大きな転機となったが、当時はエリート、非エリートの区別なく神意を問うという行為が行われていた。また天父、天兄下凡がもたらした変化として、メシア待望論と易姓革命の融合による上帝会の宗教結社から政治結社への変質があった。太平天国期の広東では科挙エリートによる抗官事件が続発していた。シャーマニズムは地方政府への不満をつのらせていた知識人に清朝支配の正当性について疑問を抱かせ、体制内に止まることの必然性を相対化させたのである。

次に本書は上帝会の武装蜂起にむけての準備と、その過程で発生した様々な政治勢力との対立を取りあげた。後発移民と少数民族、早期移民間の地域紛争である来土械闘については、後発移民の客家がチワン族の耕地を奪取したのは事実だが、客家も成功を収められなかった人々であり、両者の対立は下層民の生き残りをかけた競争であったことを指摘した。また民族対立の中において漢族と少数民族が融合した例として海南島の黎族を取りあげ、少数民族の上帝会参加は新しい民族的境界を生み出す過程として捉えることが出来ると述べた。

続いて上帝会と団練との衝突、天地会反乱との関係を分析し、団営即ち金田村への会員の集結が洪秀全の親族が広西へ到着した一八五〇年七月以後に段階的に進んだことを確認した。この団営は十二月に平南県思旺墟で発生した「迎主の戦い」によって一つの区切りを迎えたが、上帝会員に参加をうながす活動は蜂起後も続いた。また団営時期の上帝会において会員に対する厳しい処罰や干渉が行われ、それは「勇敢に突撃して退くことを知らない」と言われた上帝会軍の戦闘力の高さと不可分の関係にあることを指摘した。この厳格な軍規はカルヴィニズムの禁欲主義と律法を重んじた旧約聖書の影響であり、太平天国に宗教的情熱に支えられた行動力と抑圧的な体質を刻み込んだと結論づけた。

第二章は金田団営後期の太平天国の活動について検討した。上帝会は蜂起当初から新王朝建設という明確な目標をかかげ、旺盛な戦闘意欲と巧みな戦略を持っていた。清軍がこれに気づいたのは早く、二万人という規模に注目した欽差大臣李星沅は広西反乱軍の中で第一に鎮圧すべき対象として重視した。

太平軍が江口から武宣県東郷に進出すると、李星沅は速やかな反乱軍鎮圧を望んだが、容易に鎮圧出来る相手ではないと知った署広西巡撫周天爵、広西提督向栄は包囲網を形成し、太平軍を山内に追いこむ持久戦を主張して対立した。この時清軍が敗北を重ねた背景には、諸将の不和に加えて使命を明確にしないまま新欽差大臣の賽尚阿を派遣した清朝中央の曖昧な態度があった。

太平軍が象州に進出した頃、広州満洲副都統の烏蘭泰は清軍の戦いぶりを「烏合の野戦」と批判した。彼は指揮官の命令が徹底されない清軍の実態を踏まえ、兵士の再訓練による軍の改革が不可欠であると訴えた。だが周天爵が烏蘭泰の提案を拒否すると両者は反目し、烏蘭泰は周天爵が象州中坪における清軍の敗北を勝利と偽って報告したと告発した。

清軍が内紛をくりかえしていた間、太平軍は団営に間に合わなかった会員を糾合するため武宣県、象州で活動した。だが清軍の包囲が強化されると塩と食糧の不足に苦しみ、広東信宜県の凌十八軍との合流も実現しなかった。七月に半年間の戦闘で疲労した軍を立て直すべく紫荊山、金田へ戻った太平軍は、向栄と烏蘭泰による前後からの攻撃で新墟付近の山麓地帯に追いつめられた。

このとき紫荊山の拠点を失って動揺する会衆を奮い立たせたのは、洪秀全のリーダーシップであった。彼は勝利への確信に満ちた詔をくり返し発し、人々に具体的な行動の指針を与えた。足並みの揃わない清軍を尻目に包囲網を突破した太平軍は、官村の戦いで向栄の軍を打ち破り、水陸両軍に分かれて永安州に向かった。それは上帝会の活動地域から離れることを意味しており、太平天国は一年余りにおよぶ会衆動員の時期を終えたのである。

第三章は永安州時代の太平天国について考察した。一八五一年九月に永安州を陥落させた太平天国は客家居住区であった東部盆地を占領し、安定した地域経営を行って王朝体制の基礎を整えた。その内容は洪秀全と五王とくに東王楊秀清を中心とする宗教的な専制支配であり、人々は忠誠を尽くすことで地上の天国における官職の世襲を約束された。また太平天国はキリスト教の影響を受けつつも、実際の社会建設においては儒教的な色彩を強く帯びていた。その担い手は下層知識人であり、太平天国は出版事業や独自な暦の作成に取り組むなど、中国歴代の農民反乱と比べて知識人の影響が突出していた。

この頃清軍は烏蘭泰（南路軍）と向栄（北路軍）の努力によって、軍の立て直しと包囲網の形成に努めた。むろん将兵の士気の低さや規律の悪さ、敗戦を糊塗する虚偽報告、指揮官の反目といった清軍の問題点は相変わらず存在した。しかし咸豊帝の催促を受けた賽尚阿が永安州の前線に到着し、大砲による攻撃を試みると太平軍は防戦に追われた。そして一八五二年四月に洪秀全は広東の会衆との合流に見切りをつけ、永安州からの脱出作戦を発動した。この戦いで太平軍は後衛部隊が大きな損害を受けたが、清軍も総兵四名が戦死するという大打撃をこうむった。そして太平軍は東進を予想していた清軍の裏をかき、広西の省都桂林を急襲した。

ところで永安州時代の太平天国は政権の基盤作りをしただけでなく、東王楊秀清のイニシアティブを確立し、これに従わない古参会員を粛清した時期でもあった。本書は一八五一年十二月に発生した周錫能の内応未遂事件について検討し、清朝側の史料からは計画の存在を確認出来ないこと、紫荊山の大冲村曽氏などこの時期に太平天国の歴史から姿を消した人々が少なくないことを指摘した。また永安州脱出戦で清軍に捕らえられた洪大全（天徳王）についても、現状に不満を抱いていた下層知識人という視点から分析を加えた。そして洪大全が遠ざけられた理由は太平天国の宗教性とりわけ楊秀清の宗教的権威に対する彼の批判的な言説にあったことを明らかにした。

このように考えると永安州時代の太平天国は、延安時代の中国共産党と多くの類似点を持っていた。とくに指導者層のイデオロギー闘争や反主流派に対する粛清は、毛沢東の政治的権威を確立した整風運動を彷彿させた。この共通点はマルクス主義を通じて再受容されたユダヤ・キリスト教思想の攻撃性の強さがもたらした結果と考えられた。

第四章は上帝会の一翼を担いながら、太平軍本隊と合流できなかった広東信宜県の凌十八蜂起を分析した。凌十八は一定の経済的基盤をもった客家人であったが、五大姓と呼ばれる有力移民が科挙合格枠を独占したこの地で彼がエリートとして上昇する可能性はなく、成功の方途を出稼ぎに求めた凌十八は広西平南県で上帝会とめぐりあった。両者の対立は「旧図」「新図」間の土客械闘として評価するには実力差が大きすぎたが、その故にこそ上帝会の活動は政治的反乱として立ち現れた。凌十八の蜂起は「紳士が逼りて民が反す」にその本質があった。

金田の本隊よりも早く蜂起し、その統制をうけなかった凌十八の反乱軍は、太平軍とは異なる特徴を帯びていた。その第一は女性の活躍であり、大頭目の陳葉氏をはじめ多くの女性頭目が存在し、女館の兵士を率いて戦闘に参加した。また洪秀全ら儒教知識人の影響が及ばなかった凌十八軍では、道士や和尚、裸体の女性など中国民衆反乱の原初的な伝統が色濃く現れた。さらに太平軍と凌十八軍の戦略上の違いとして、天地会系反乱軍との関係があった。天地会に厳しい態度で臨んだ金田の太平軍に対して、凌十八軍は兵力不足を補うために天地会軍との連携を試みたが、かえって彼らの意向に左右されて本隊との合流を果たせなかった。

いっぽう清朝の地方政府とその軍隊も多くの問題を抱えていた。地方長官は反乱発生の報告を喜ばず、彼らの意をくんだ地方官は凌十八が政治的反乱をめざしていると知りながら安撫政策で事態を糊塗しようと試みた。また清軍も戦意を欠き、指揮官の無策もあって犠牲者を増やした。さらに両広総督徐広縉と広東巡撫葉名琛の功名争いが示すように、多くの清朝官僚にとって反乱軍の平定は昇進の手段でしかなかった。

凌十八の蜂起はこうした苛酷な統治に対する異議申し立てであったが、彼らにも弱点があった。凌十八の敗北後、太平天国は彼らが「堅く耐えることができず、志が定まらなかった」と批判した。実のところ凌十八に欠けていたのは果断な行動力であり、いち早く蜂起しながら金田村へ向かうことには慎重だった。また彼らは清軍の戦力を過大評価し、天地会軍の協力なしには北進しようとしなかった。さらに凌十八軍が広東に戻った時も、自力で永安州の本隊と合流する可能性は残っていたが、彼らは羅鏡墟で籠城を続け、広西へ向かうチャンスを逸してしまった。

こうして凌十八の蜂起は失敗に終わった。だが一八五二年に作られた清朝政府の告示稿は、豊かな地域である筈の広東で「邪匪」「賊党」となる「游民」が多く、秘密結社や民間宗教に入る者も少なくないと述べている。特に「天兄天父」を唱えた凌十八の上帝会に言及し、彼らが厳しい処罰を受けたことを紹介して、これらの反乱組織に加わることの無益さを訴えた。一八五〇年代の広東において凌十八蜂起の与えた影響の大きさが窺われる。

第二部「太平天国の南京進撃」は太平軍が広西北部へ軍を進めた一八五二年四月から、南京を占領した一八五三年三月までの歴史を検討した。

まず第五章は永安州を脱出した太平軍が桂林を攻撃し、湖南省道州に進出するまでの過程を分析した。太平軍の北進を知って急ぎ桂林に到着した向栄は、広西巡撫鄒鳴鶴と防衛戦に取りかかった。だが烏蘭泰の死によって指揮官の不足に悩み、総帥である賽尚阿が陽朔県で模様眺めをしたために士気は上がらなかった。また太平軍も桂林城を完全に包囲する兵力は持ち合わせていなかった。

また桂林の紳士龍啓瑞が取り組んだ団練の結成は単なる治安維持策ではなく、団練局を中心に産業を育成して経済を活性化し、失業問題を解決しようとする地域振興策であった。しかし戦闘経験がなかった団練は太平軍に敗北し、責任者であった鄒鳴鶴は咸豊帝の叱責を受けた。また注目すべきはイスラム教徒が太平軍に参加ないし協力した事実であり、その理由は彼らが太平天国の強い宗教性とくに一神教の教義に基づく偶像崇拝批判を支持したためと考えられた。

桂林攻撃に失敗した太平軍は広西北部の全州を占領したが、通説ではこの時太平軍は南王馮雲山が負傷した報復として住民を虐殺したと言われている。だが新たに発見した太平軍兵士の供述書から、馮雲山が戦死したのは蓑衣渡の戦いであり、全州で殺されたのは清軍守備隊や団練兵士であったことが明らかになった。また太平軍は彼らを宗教的な仇敵とみなして執拗な攻撃を行ったが、こうした非妥協的な戦いぶりは当時の中国社会において理解を絶するものだったため、人々は「王が殺された報復に住民を虐殺した」というフィクションを生み出したことを指摘した。

蓑衣渡での敗北で船や軍需物資を失った太平軍は、衡州方面への進出が不可能となった。だが彼らは南下して道州を占領し、数千人の参加者を得て新たな発展のチャンスをつかんだ。それを可能としたのは湖南南部における反体制勢力の協力であったが、全州攻防戦で太平軍が見せた執拗な攻撃に、湖南提督余万清を初めとする清軍守備隊や地方官が恐怖を感じて逃亡したことも幸いしたと考えられる。

つまりこの時期の太平天国はなお強い宗教性を帯びていた。それは儒教知識人の異端的宗教に対する反発を招いたが、宗教的情熱に支えられた真摯さこそは十九世紀のプロテスタントが海外布教で伝えようとした「真理」であった。そして敵に対する虐殺を厭わない太平天国の強い攻撃性もまた、ヨーロッパ近代がもたらした影響の一つだったのである。

第六章は一八五二年夏に湖南南部で活動していた太平天国を取りあげ、その勢力が拡大した理由を地域社会の変容という視点から考察した。当時の湖南で盛んだったのは青蓮教反主流派（金丹道）であったが、彼らと太平天国の関係を考察するうえで焦点となる朱九濤問題のキーパーソンは李丹であることを指摘した。また李丹は永安州で太平軍に加わり、衡陽の左家発、郴州の劉代偉らに蜂起を促したが、天地会の首領とされた天徳王は反体制勢力の実態とは別のところで作り出された漢人中心主義の表象であることが明らかになった。

この頃道州に駐屯していた太平軍は軍の再編制と食糧の確保に取り組み、新たに加わった反乱集団から略奪物を没収し、彼らを厳しい統制下に置いた。総兵和春と楚勇の首領江忠源は太平軍を挟み撃ちにしようと試みたが、この作戦は清軍の緩慢な動きのために失敗し、道州を出発した太平軍は湖南南部の要衝である郴州を占領した。また太平軍の快進撃を可能にした要因として湖広総督程矞采らの保身と無能があったが、人材不足に悩む清朝の彼らに対する曖昧な処罰は体制派知識人の憤激を招いた。さらに太平軍の進撃先で様々な勢力が呼応した背景に、太平天国が派遣した工作員の活動があったことを指摘し、その例として東安県の蔣璸、唐元亨反乱と林二盛らのケースを取りあげた。

なお湖南における太平天国を考える場合、太平軍の参加者をアヘン販売業者（秘密結社員）とした宮崎市定氏と、農民ととらえた小島晋治氏による太平天国の性質論争が有名である。だが当時の議論は定着農耕民こそがあるべき「良民」像と考える日本人の固定観念（あるいはマルクス主義の公式）に囚われており、中国社会における流動性の高さを前提とした下層移民に対する視座が不足していたと述べた。

そして小島氏が紹介した武岡州の阻米事件、耒陽県の抗糧暴動について再検討を行い、その担い手が新興の地域リーダーであったことを明らかにした。また地方政府の硬直した統治は彼らを反政府的な行動へと追いやっただけでなく、清朝支配の正当性そのものに疑問符をつけてしまったと結論づけた。これら太平軍に呼応した人々の活動は、地方長官の腐敗を告発した体制派知識人の言説と通じる部分があり、満洲人王朝の統治こそが悪政の原因だと主張する太平天国の檄文は幅広い人々を糾合する可能性を持っていた。

つまり太平天国の湖南南部における活動は、辺境の反乱から全国的運動へと発展する転換期だったのである。

第七章は太平天国が南京に至る過程で体験した最も長い攻城戦である長沙攻撃を検討した。一八五二年九月に西王蕭朝貴の先鋒隊は三千名の兵力で長沙を急襲したが、それは戦闘可能な兵力が一万人に満たなかった太平軍の戦力を考えれば少ない数とは言えなかった。だが彼らは城内突入のチャンスを逸し、蕭朝貴が戦死して奇襲作戦は失敗した。また各地から救援の清軍部隊が集まると、形勢は逆転して先鋒隊は防戦に追われた。

郴州にいた洪秀全の本隊は九月下旬に北上を開始した。それは郴州下流の衡州に駐屯していた賽尚阿の軍が長沙救援に向かうのを待ち、水路で長沙へ向かうチャンスを窺っていたためであった。だが賽尚阿は咸豊帝の命令に反して衡州を動かず、結果的に本隊は危険な陸路で北上した。本隊が長沙に到達すると、太平軍は長沙城に攻勢をかけたが失敗し、十月に赴任した湖南巡撫張亮基が包囲網を形成するなど戦況は清軍の方が優位であった。そこで太平軍はトンネルを掘り進め、三度にわたり地雷攻撃を試みたが失敗した。

また攻城部隊にかかる圧力を軽減するべく湘江西岸へ進出した翼王石達開の軍は、向栄の軍と戦闘を交えた。ここでも清軍は優勢であったが、水陸洲の戦いで太平軍の伏兵攻撃を受けて大敗すると、彼らは戦意を喪失した。また張国樑の壮勇（投降した天地会軍）は略奪に明け暮れ、新任欽差大臣徐広縉の援軍は姿を見せなかった。十一月三十日に行われた太平軍の長沙撤退は、清軍の厭戦気分を巧みに突いた行動であった。清軍は太平軍の動きを察知出来なかったばかりか、その行き先についても判断を誤り、追撃を振り切った太平軍は岳州で発展のきっかけをつかんだ。

こうして八十一日間に及ぶ太平軍の長沙攻撃は終わった。奇襲作戦に失敗し、水路を用いた本隊の迅速な北上もかなわず、長沙到着後も包囲網に阻まれて新たな参加者を獲得できなかった情況を考えれば、劣勢な兵力にもかかわらず健闘したと考えられる。また太平軍が多くの清軍を長沙へ引きつけた結果、湖北への進出が容易になったという側面も見逃せない。

第八章は太平軍の武昌占領とその影響を考察した。長沙を撤退した太平軍は益陽県で船を入手して進撃方向を変え、洞庭湖を渡って岳州へ向かった。岳州は陥落し、清朝は湖北提督博勒恭武らを敵前逃亡の罪で処罰した。だが実際の敗因は湖南の地方長官たちが長沙の防衛を優先する余り、岳州の戦略的重要性を認識しなかったことにあった。二千名の岳州守備隊では太平軍を防ぐことは出来なかった。

同じことは湖北巡撫常大淳が防衛を任された武昌についても当てはまった。武昌の清軍兵力は五千名に過ぎず、移動途中の部隊も多かった。新湖北提督双福は全軍を城内に籠城させる作戦を取り、弱腰と非難されたが、太平軍との戦力差を考えれば兵の逃亡を防ぐためのやむを得ない措置であった。だが清軍は住民との信頼関係を構築できず、城外の民家を焼き払って人々の怒りを招いた。それは厳しい軍規によって民衆の心をつかんだ太平軍との顕著な差異であった。

また通説によると、武昌の清軍守備隊は太平軍の地雷攻撃に怯え、常大淳の吝嗇ゆえに士気が上がらなかったと言われる。だが実際の敗因は太平軍のトンネル工事を防ぐ方法についての認識不足にあった。また双福が城外の清軍と呼応しなかった訳ではなく、むしろ無理な出撃を諌めたのは向栄であった。そして一月十二日の地雷攻撃は清軍の隙をつくものであり、守備隊は組織的な抵抗が出来ず、民間人を含めて多くの犠牲者を出したことが明らかになった。

武昌へ入城した太平軍は敗残兵の掃蕩を行った後、安撫政策を行って初めての都市支配に取り組んだ。その中心は男館、女館の設立と聖庫制度の実施であり、人々は財産を没収され、二十五人を単位とする太平天国の軍事組織に組み込まれた。その手法は農作業に不慣れな住民たちに重労働を課すなど甚だ強圧的であった。漢口では略奪を行わず、普段通りの商業活動を行わせた太平軍であったが、彼らが都市住民を厳しい統制下に置き、収奪したのも事実だったのである。

第九章は太平天国の長江進撃と南京攻略を考察した。一八五三年二月に太平軍は水陸両軍に分かれて武昌を出発した。その兵力は十数万人で、水路軍は水上陣地やバリケードを擁するなど堂々たる行軍ぶりであった。これに対して向栄の清軍は追撃のスピードが鈍く、補給が追いつかず飢えに苦しんだ。また江西巡撫張芾、欽差大臣陸建瀛の軍は迎撃態勢が整っておらず、小部隊を分散配置したために太平軍の前に壊滅した。江西の重鎮九江は占領され、陸建瀛と張芾は南京、南昌へ後退して咸豊帝の叱責を浴びた。

次に太平軍がめざしたのは安徽省の省都である安慶だった。安徽巡撫蔣文慶は援軍の派遣を求めたが、救援を命じられた欽差大臣琦善、直隷提督陳金綬は咸豊帝の再三にわたる催促を受けながら出発しなかった。やむなく蔣文慶は数千の兵で太平軍を迎え撃ったが、将兵が四散して一日も持ちこたえられず敗北した。そもそも長江の上流から下流に向かって進撃する太平軍は有利であり、九江の上流で太平軍を防ぎ止める戦略だった清軍には手の打ちようがなかったのである。

安慶を奪取した太平軍は南京へ向かって進撃を続けたが、その途中清軍の抵抗は殆どなかった。むしろ租税の減免や科挙の実施を約束した太平軍の「偽示」が伝えられると、清朝の地方官や有力者のあいだに中立の態度を取り、明朝につらなる新たな漢人王朝としてその正統性を承認する動きが広がった。三月初めに太平軍は南京城外へ到達し、陣地を構築して攻城戦の準備を整えた。

南京の清軍が防禦に取り組んだのは一八五三年一月と遅く、兵力も五千名と不足していた。太平軍の進攻に対する危機感も薄く、籌防局を任された元広西巡撫の鄒鳴鶴を含めて実戦経験は殆どなかった。二月末に陸建瀛が南京へ逃げ戻ると緊張はにわかに高まったが、防衛の戦略をめぐって陸建瀛と江寧将軍祥厚、江蘇巡撫楊文定の内紛が表面化した。それは南京の迎撃体制が整っていなかった事実を示しており、三月八日に太平軍の攻撃が始まると、清軍は城外にいた張継庚の壮勇に発砲して多くを誤殺した。また恐怖心から大砲や銃を乱射し、最初の数日で火薬を使い果たした。

太平軍は城北の儀鳳門外で地雷攻撃を準備したが、長沙や武昌の経験に学ばなかった南京の清軍守備隊はトンネル工事の場所を発見出来なかった。三月十九日に太平軍の先鋒隊四百名は城壁を爆破して外城内へ突入したが、八旗兵や壮勇の抵抗にあって一度退却した。この時褒美を得ようと考えた郷勇が城北に殺到すると、防備が手薄となった西南三門から太平軍が攻め込んだ。清軍は総崩れとなり、祥厚は八旗兵およびその家族と共に内城に立てこもった。

三月十九日から始まった太平軍の南京内城攻撃は、八旗兵の激しい抵抗にぶつかった。旗人女性も防衛および後方支援に加わり、太平軍は多くの戦死者を出した。だが二十一日に内城は破られて祥厚は戦死した。また旗人官吏やその家族に対する徹底した殺戮が行われ、生き残った旗人女性を一ヶ所に集めて虐殺する事件が発生した。その死者は二万から二万五千人にのぼったという。

それでは上記の内容から如何なる議論が可能であろうか。第一に移民の存在形態と太平軍への参加状況について見ると、太平軍が長期間駐屯した広西永安州、湖南省道州、郴州などで下層移民が多数太平軍に加わった事実が確認された。うち永安州は移民の多くが客家で、上帝会は同郷のネットワークを通じて移民たちに参加を促した。また客家の中でも早期に入植し、他のエスニック・グループへの帰属意識を持った有力移民は太平軍に抵抗するなど、貧富の差や地域社会における政治的影響力の有無によって太平軍に対する態度が異なることが確認された。

また興味深いのは太平軍が進撃先に工作員を派遣し、秘密結社員に対して動員工作を行っていた事実である。林二盛らの供述書はこれを物語る新史料で、太平軍が湖南省長沙を攻撃していた一八五二年十一月に工作員が広東北部の天地会首領を訪ね、長沙へ行って加勢するように働きかけた。また天地会を動員するためのシンボルとして活用されたのが天徳王であり、太平軍には洪大全以外にも何人かの天徳王が存在した。しかし太平天国はアウトロー集団の性格が強い天地会に厳しい統制を加え、その組織を解体して他の部隊へ編入した。また太平軍の待遇の悪さに不満な元天地会員が脱走するなど、両者の連合はうまく行かなかった。

次に民族関係とくに太平天国の「滅満興漢」主義と漢人、満洲人間の関係はどうだろうか。本書は太平天国が進撃途中に引き起こした大規模な殺戮事件を取りあげた。その一つは南京における旗人の殺害であり、清朝官員、八旗兵とその家族が多数殺されたことが判明した。確かに太平天国は漢人中心主義に基づいて満洲人の排撃を唱えた。また清朝の苛酷な統治こそが虐殺発生の原因であったとする見解は当時から存在した。

だが実際の事例について見ると、一八四六年に湖北荊州で旗人と漢族住民の衝突事件が発生したのを除くと、満洲人の人口が少ない中国南部では両者の間に深刻な対立は見られなかった。それでは太平天国の排満思想はどこから生まれたのであろうか?

太平天国自身の主張に即した場合、彼らが満洲人を排撃したのは「妖魔」即ち偶像崇拝者と見なしたためであった。またユダヤ・キリスト教思想の伝統において、ヤーヴェは戒めと掟を守らない者には滅びをもたらす裁く神であった。こうした教義を受容した上帝会は、その宗教的情熱ゆえに満洲人に対する徹底的な殺戮を行ったと考えられる。

さらに十九世紀の東アジアに目を向けると、太平天国の漢人中心主義はもはや清朝が中華を代表せず、自分たちこそが華夷秩序の中心であると主張した朝鮮、日本、ヴェトナムの「小中華」ナショナリズムと多くの共通点を持っていた。清朝統治下の中国ではこの種のナショナリズムは地域や方言集団といったローカルな郷土愛（パトリオティズム）の形を取り、客家などの漢族内のサブ・グループが「自分たちこそは中国文明の正統なる後継者である」と主張する現象を生んだ。また太平天国は「中国」「中国人」という語彙を多用した王朝として知られるが、この時彼らのいう「中国語」とは客家語を指していた。ここからもローカルな郷土愛がナショナリズムの代替物として機能していたことが確認される。(1)

そして太平天国の人々が自分たちの「中華」アイデンティティを確立しようとした時、「夷狄」即ち排斥すべき他者として位置づけられたのが満洲人であった。なぜなら外国を「夷狄」と見なした歴代の中国王朝と異なり、キリスト教の影響を受けた太平天国にとってヨーロッパは同じ上帝を崇拝する「洋兄弟」であり、他者とは見なされなかったからである。この太平天国の変則的な「華夷」観念も満洲人に対する激しい排斥感情を生んだ原因と考えられる。(2)つまり太平天国の排満ナショナリズムは現実の民族関係の反映ではなく、太平天国が「天朝」即ち中国とヨーロッパにまたがる幻想の共同体を構想する過程で生まれた人為的な産物であったと言えよう。

第三に太平天国の政策に対する揚子江流域の住民および外国人宣教師の反応についてはどうだろうか。蜂起当初の太平天国が厳格な規律を持ち、進撃途上の農村で人々の支持を集めたことはよく知られている。雷以諴も太平軍が公平な取引で人々を安心させたため、人々の非難は掠奪や暴行が絶えなかった清軍や義勇軍（とくに潮州勇）に集中し、むしろ太平軍に恩義を感じるようになったと述べている。その原因はやはり太平天国の宗教性に基づく厳しい戒律にあり、掠奪禁止の命令に背いた者に対する厳罰主義にあった。李進富の供述書は毎回の戦闘後、陣地に逃げ戻った上帝会員が多く殺されたため、皆が必死で戦うようになったと述べている。ヤーヴェのくだす厳しい裁きに対する恐怖が中国の農民反乱史上まれに見る高いモラルと戦闘力を生んだことが確認される。

だが一八五三年一月に太平軍が武昌を占領すると、都市住民の財産を没収して部隊へ編入するという強圧的な政策を開始した。また土地税免除の告示を出して農村の支持を取りつける一方で、都市を孤立させて攻略を容易にするという戦略を採った。それは都市住民に大きな犠牲を強いる政策であり、入隊後の苛酷な待遇に耐えかねて自殺や逃亡を図る住民が続出した。また太平軍が女性の纏足をやめさせ、彼女たちに戸外で労働するように命じると、人々はこの措置を「暴虐」だと言って激しく反発した。

こうした齟齬が生まれた最大の原因は、現代中国においても深刻な都市と農村の格差であった。太平天国の統治下で二人の娘を失った汪士鐸（南京人）は、「水郷（江南をさす）と山郷の人は天と地のようにはっきりと分かれている」と述べたうえで、「山郷の人」であった太平軍将兵は江南の都市住民の習慣や発想を理解できず、結果として苛酷な要求をしてしまった――客家の人々は纏足の習慣を持たないため、纏足した女性の足が元に戻らないことを理解できなかった等々――と述懐している。彼はまた古代の偉大な君主はみな「性情が中庸」を得ている平原の出身者であり、水郷や山郷からは生まれないと断言して太平天国の滅亡を預言した(3)。

実際のところ太平天国は、主観的には正統な中華王朝を回復しようとしたが、彼らの主張は都市住民に受け容れられなかった。そしてキリスト教が太平天国に与えたもう一つの影響とは、序章で検討した客家の屈折したアイデンティティに正当性を与えたことであった。元々ユダヤ教は抑圧された民の救済論という性格を持っており、辺境出身の下層民であった太平軍将兵の羨望と怨嗟を後押しする役割を果たした。この太平天国の都市住民に対する収奪をよく示すのは、一八五三年の春節前に武昌で行われた妃選びであった。それまで富と無縁であった太平天国の人々は、全知全能の神のもとで都市の祝祭空間を独占的に享受することにより、失われた歴史を取り戻そうとしたのである。

ところで太平天国の排他的な宗教的情熱は、同じキリスト教の一派であるカトリックに対しても向けられた。一八五三年三月に太平軍が南京を占領すると、太平軍将兵がカトリックの教会堂に現れてキリストの像や祭壇を破壊した。

また信者たちに太平天国スタイルの礼拝を行うように強要し、命令に従わない者に迫害を加えた。

ここで「キリストの像」を含む一切の偶像を認めなかったのは、プロテスタントの影響を受けた上帝会ならではの行動であった。また太平天国がキリスト教の名を騙った「異端」であるという批判に対して、ヨーロッパにおけるキリスト教の歴史も血なまぐさいものであり、太平軍がかつてのヨーロッパの正統派キリスト教徒と同じように過激な偶像破壊を行っているからと言って、これを非難するのは道理に合わないと反論も生まれた。

ヨーロッパの宗教戦争を彷彿させるこの事件は、内なる他者に対して激しい攻撃性を帯びるユダヤ・キリスト教思想の特徴の一つを示している。一八六〇年に清朝と北京条約を締結すると、宣教師の多くは太平天国の非キリスト教的側面を非難してヨーロッパ列強の軍事的弾圧を支持した。そこで吐露されたのは洪仁玕が太平天国の宗教改革に取り組まず、多妻制を容認しているといった非難であり[4]、福音主義運動のもとで世界各地に派遣されたプロテスタント宣教師に共通して見られた不寛容な異文化認識であった[5]。

むろん全ての宣教師がそうだった訳ではなく、二十世紀初頭の台湾で活躍したイングランド長老派の宣教師ムーディーのように、異教徒の中にこそ純粋な信仰があると考えた者もいた[6]。またヨーロッパ史の文脈で見れば、十九世紀の福音主義も後千年王国の後にキリストが再臨すると想定する「穏健な福音主義」を特徴としており、人間世界における漸進的な道徳改革に楽観的な希望を抱いていたという[7]。だが一八六二年に南京を脱出して洪秀全らを「狂人」「苦力の王たち」と罵り、常勝軍の太平天国弾圧にきっかけを与えたロバーツのように、多くの宣教師にとってプロテスタンティズムの精神と密接な関わりを持った近代ヨーロッパ文明の優位は疑う余地のないものだったと思われる[8]。

つまり太平天国がキリスト教から受容した宗教的不寛容は、「文明化の使命」を自任していた近代ヨーロッパがその内部にかかえていた負の側面であった。宣教師たちが太平天国という鏡の中に見たものは「ゆがんだ自画像」に外ならなかったのである。

このように太平天国は近代ヨーロッパ社会が内包していた排他的な宗教性に影響を受けたが、この特質は太平天国自身に致命的な影響をもたらした。一八五六年に太平天国では洪秀全と東王楊秀清が対立し、楊秀清一派が殺害される天京事変が発生した。また一八五七年には石達開が洪秀全らの嫌疑を受け、多くの部下を連れて離脱する事件が発生した。これらの内部分裂は清軍と対峙していた軍事情勢を一変させ、運動そのものの衰退を招いたが、それは太平天国がユダヤ・キリスト教思想から学んだ宗教的不寛容の必然的な帰結であったと言えるかも知れない。

【註】

（1）菊池秀明「太平天国の客家正統論と中国ナショナリズム」（瀬川昌久編『近現代中国における民族認識の人類学』昭和堂、二〇一一年、二二七頁）。

（2）小島晋治「太平天国の対外観念の変化—変相の華夷思想から民族主義の萌芽へ」『太平天国運動と現代中国』研文出版、一九九四年、一八四頁。

（3）汪士鐸『汪悔翁乙丙日記』巻三。

（4）例えばフォレストは洪仁玕について「敬虔なキリスト教徒であるが、彼の信仰を彼特有の習慣と融合させてしまった」と述べ、彼の怠惰な性格が太平天国における宗教改革の前進を妨げていると評した（J. R. Forrest 'The Taipings at Home', North China Herald. 一八六一年一〇月一九日号）。また倉田明子氏は当時の洪仁玕が実権を剝奪され、太平天国の宗教改革を行う可能性はなかったとしたうえで、ヨーロッパ人の洪仁玕批判が多妻制を容認したことに向けられたと指摘している（倉田明子『十九世紀南中国におけるプロテスタント布教の発展と「開港場知識人」の誕生——洪仁玕と『資政新篇』の位置づけをめぐって』東京大学大学院総合文化研究科地域文化研究専攻博士学位論文、二〇一〇年、一四七頁）。

（5）並河葉子氏はイギリスの間接統治主義は土着の首長やイスラム勢力と協調するために現地の慣習に寛容であったのに対して、宣教師は奴隷制や一夫多妻制などに対して厳しい態度で臨んだことを指摘している（同「世紀転換期のミッションとイギリス帝国」、木村和男編『世紀転換期のイギリス帝国』イギリス帝国と二〇世紀、二、ミネルヴァ書房、二〇〇四年）。

（6）駒込武「「文明」の秩序とミッション――イングランド長老教会と一九世紀のブリテン・中国・日本」（近代日本研究会編『地域史の可能性――地域・日本・世界』年報・近代日本研究・一九、山川出版社、一九九七、一頁）。三野和恵「日本統治下台湾におけるキリスト教と反植民地主義ナショナリズム――宣教文書「山小屋」（一九三八）に見る「苦しみ」と「愛国」の問題に着目して」（日本台湾学会編『日本台湾学会報』十四、二〇一二、二四頁）。

（7）稲垣春樹「帝国と宣教――一九世紀イギリス帝国史における宗教の復権」『史学雑誌』一二一編六号、二〇一二年。また後、前二つの千年王国論については岩井淳『千年王国を夢みた革命――17世紀英米のピューリタン』講談社選書メチエ、一九九五年。

（8）一八六〇年に南京を訪問して太平天国の通事館領袖となったロバーツは、洪秀全と決裂して上海へ脱出すると上帝教を「自分はキリストと同等で、エホバの実子だとする彼の政治的宗教を広めるだけで」「無用であるばかりか有害」と非難した(North China Herald, 一八六二年二月四日)。これに対してリンドレーは、太平天国の人々がロバーツの起こした神学論争に不安を抱いたと述べたうえで、「彼らは神についてつねに喧譁している人々は、神によく仕える者ではないと思った」とあるように、ロバーツの攻撃的な姿勢に厳しい批判を加えている（リンドレー著、増井経夫・今村与志雄訳『太平天国――李秀成の幕下にありて』三、東洋文庫、平凡社、一九六四年、二六四頁）。なお菊池秀明「近代中国の二つの悲劇――宣教師ロバーツと太平天国」『歴史と地理』五七九号、山川出版社、二〇〇四年）。

あとがき

まずは私事からお話しすることをお許し頂きたい。前著『清代中国南部の社会変容と太平天国』を出版後、筆者は二人の恩師との別れを経験した。その一人は東京大学教養学部教授の並木頼壽先生であり、筆者がその訃報に接したのは二〇〇九年八月、本書で活用した史料を収集するためにロンドンを訪ねていた時のことだった。並木先生は一九八三年に筆者が小島晋治先生（東京大学名誉教授）の主催されていた史料講読の会（中国民衆史研究会）に参加して以来、常に身近にあってアドバイスを与えてくださった。また二〇〇一年から筆者は都内各大学の若手研究者と草書体の漢文史料を読む会（檔案読書会）を始めたが、ここでも並木先生にはあらゆる面でお世話になった。本書が取り組んだ「檔案史料をどのように用いて歴史研究を進めるべきか」という課題は、この読書会が問い続けたテーマであった。本書の内容も並木先生および参加者諸氏の教示によるところが多く、いま出版にあたり並木先生から頂いた学恩の大きさを痛感している。

そしてもう一人は広西師範大学歴史系教授の鍾文典先生である。鍾先生は一九八七年に筆者が中国へ留学して以来、本書の扱った太平天国初期史および華南社会史について懇切な御指導を頂いた。先生が実践された文献史料と実地調査を結びつけた歴史研究の意義については序章で詳述した通りである。鍾先生が逝去されたのは二〇一〇年十一月、筆者が一家で桂林へご挨拶に伺う直前であった。この時も日中関係は漁船衝突事件で緊張していたが、筆者は若い世代が対話を深めることを望んでおられた先生の御遺志を受け、広西師範大学で講演を行った。即ちリンドレーや音吉、鹿地亘の例を挙げながら、偏狭なナショナリズムに陥ることなく「独立思考」することの重要性を訴えたのであるが、こうした視点は抗日遊撃隊に参加した経験を持ちながら、日本人である筆者を暖かく指導して下さった鍾先生に教えられた部分が大きい。太平天国とその対抗勢力の歴史を「革命か？　邪教か？」といった二項対立の図式ではなく、複眼的な視座で捉える必要性を学んだのも、鍾先生を初めとする中国、台湾の先生、友人との交流からであった。いま本書を両先生とお世話になった方々に献げることで、少しでも御恩返しが出来ればと考えている。

このように本書は多くの方々に支えられて書かれたものであるが、今回特に取りあげるべき存在として佐藤公彦、小林一美の両氏がいる。両氏は筆者が研究を志した頃から目標としてきた先生方であり、それぞれの御著書において筆者の研究を取りあげ、厳しくも率直な評価をして下さったことに感謝の意を表したい。佐藤氏はスペンス訳書のあとがきでM. ウェーバーの太平天国論を取り上げ、小林氏も『M. ウェーバーの中国社会論の射程』でウェーバーの太平天国論について論じている。それらは比較社会史論として大変魅力的であり、多くの示唆を与えてくれる。無論疑問な点がない訳ではない。プロテスタンティズムの禁欲的倫理が「近代化のエートス」を生んだとするウェーバーの議論は、近代ヨーロッパ世界の優位を疑わなかった宣教師たちが「文明化の使命」を自任して海外伝道を進めるのを後押しする役割を果たした事実を否定できないように思われる。

また佐藤氏はスペンス訳書のあとがきで、日本の中国史研究がアメリカに遅れを取った理由として特定大学に偏った研究体制の弊害を強調している。筆者も私立大学の卒業生として、佐藤氏の言わんとすることがわからない訳ではない。だが中国近代史研究に関する限り、より深刻な影響をもたらしたのは硬直した歴史理論に依拠した党派的な研究姿勢であったように思う。また中国社会を異文化として捉える視座が不足していたことが、日本の中国史研究を生きた中国理解から遠ざけてしまった一番の理由ではなかったか。そして「内向き志向」が指摘される昨今の現状を見る限り、若い研究者に必要なのは中国社会と向かい合い続ける粘り強さではないかと筆者は考える。関連諸分野の理論的成果に学びながらも、机上の空論に陥ることなく、外国人研究者としての幅広い史料収集と緻密な史料考証に基づいた議論を組み立てることこそ、今後日本の中国史研究が世界の歴史学界に対して貢献しうる道であろう。本書もそういった試みとして読んで頂ければ幸いである。

さて本書に収録した論文の初出は以下の通りである。

序　章

第一節：書き下ろし。

第二節：「太平天国と歴史学——客家ナショナリズムの背景」、濱下武志等編『岩波講座・世界歴史』二十、アジアの近代・十九世紀、岩波書店、一九九九年。

第一章：「広西における上帝会の発展と金田団営」、国際基督教大学アジア文化研究所編『アジア文化研究』三五、二〇〇九年。

第二章：「金田団営後期の太平天国をめぐる諸問題」、高知大学史学科編『海南史学』四七号、二〇〇九年。

第三章：「永安州時代の太平天国をめぐる一考察」、国際基督教大学アジア文化研究所編『アジア文化研究』三六、二〇一〇年。

第四章：「広東凌十八蜂起とその影響について」、吉尾寛等編『民衆反乱と中華世界』汲古書院、二〇一二年。

第五章：「太平天国の広西北部・湖南南部における活動について」、国際基督教大学アジア文化研究所編『アジア文化研究』三七、二〇一一年。

第六章：「太平天国の湖南における進撃と地域社会」国際基督教大学アジア文化研究所編『アジア文化研究』三七、二〇一一年。

第七章：「太平天国の長沙攻撃について」、慶応義塾大学三田史学会『史学』八一―一・二号、二〇一一年。

第八章：「太平天国の武昌占領とその影響」、国際基督教大学アジア文化研究所編『アジア文化研究』三八、二〇一二年。
第九章：書き下ろし。
結　論：「19世紀中葉の中国における社会変容と民族・宗教――太平天国運動を中心に」、JFE21世紀財団、アジア歴史研究報告書、二〇一〇年。

金田蜂起から南京占領に至る上記の考察から、改めて明らかになったのは太平天国の濃厚な宗教性であった。従来中国では太平天国の宗教性について否定的な見方をすることが多かった。日本の研究でもその宗教的側面を正面から取りあげることは少なく、太平天国に対する理解を妨げてきたように思われる。本書は日本と中国の歴史学研究が看過してきた「近代社会における宗教」というテーマの重要性を訴えることができたと考えている。

また太平天国の特質を考えるうえで、忘れてならないのは中国文化の正統性にこだわる客家の復古主義的な傾向とナショナリズム（愛国主義）であった。太平天国の排他的な教義と「滅満興漢」の漢人中心主義は、客家のローカルな愛国主義を通じて相互依存の関係にあり、満洲人の虐殺へつながった。また太平天国の主張は江南の人々が持つ習慣や発想に対する包容力を欠いており、ユダヤ・キリスト教思想の救済論は太平軍将兵の都市住民に対する報復的な抑圧策を後押しする役割さえ果たした。

近代における宗教とナショナリズムの関係と言えば、想起されるのは内村鑑三であろう。彼はイエスと日本という「二つのJ」に対する信仰と愛着を表明したが、その実宗教とナショナリズムが相互依存的に結びつくという現象は近現代史において広く見られた。近代国民国家の形成に重要な役割を果たしたナショナリズムだが、それは宗教的情熱と密接な関係にあり、また反論の余地を許さない排他性を内包しているために紛争の原因となってきた。とくに近代に「被侵略の歴史」というネガティブな記憶をかかえるアジアの場合、ナショナリズムは暴力的な情念の発露となることが少なくない。現在の尖閣問題においても日中両国のナショナリズムは、本来の当事者であるべき琉球（沖縄）、台湾の人々を踏みつけにする形で燃え上がっている。今後我々がどのようにこれらの現実を乗りこえ、東アジア社会の共生関係を構築できるかは至急の課題であると言えよう。

むろん本書に残された課題は多く、十四年間におよぶ太平天国の歴史のうち初期の部分を解明したに過ぎない。またこの運動を通じて中国社会がどのように変容したかについては、今後もケーススタディを通じて分析を深める必要がある。とくに長江中流域の社会変化は従来の研究で手薄な分野であり、どのように新たな史料を発掘し、立体的な歴史像を描くかについては試行錯誤を続ける必要があるだろう。

なお本書のベースとなる研究は、日本学術振興会による二つの科学研究費補助金の支援を受けた。その一つは「十九世紀中葉の中国長江流域における社会変容と太平天国」（基盤研究C、課題番号二一五二〇七二六、平成二十一～二十四年度）であり、もう一つは平成二十四年度の科学研究費補助金「研究成果公開促進費」（課題番号二四五一〇五）である。また二〇〇八年度にはＪＦＥ21世紀財団、アジア歴史研究助成の交付を受けた。

いつも最後になってしまうが、今回も著書の刊行を快く引き受けて下さった汲古書院社長の石坂叡志氏、編集作業を担当して下さった小林詔子氏に感謝したい。また筆者の中国史研究を支え、多くのアドバイスを与えてくれた日本、中国、台湾の友人たちと愛する家族に感謝の言葉を贈りたいと思う。

二〇一二年十二月

菊池秀明

汲 古 叢 書

1	秦漢財政収入の研究	山田　勝芳著	本体 16505円
2	宋代税政史研究	島居　一康著	12621円
3	中国近代製糸業史の研究	曾田　三郎著	12621円
4	明清華北定期市の研究	山根　幸夫著	7282円
5	明清史論集	中山　八郎著	12621円
6	明朝専制支配の史的構造	檀 上　寛著	13592円
7	唐代両税法研究	船越　泰次著	12621円
8	中国小説史研究－水滸伝を中心として－	中鉢　雅量著	品　切
9	唐宋変革期農業社会史研究	大澤　正昭著	8500円
10	中国古代の家と集落	堀　敏 一著	品　切
11	元代江南政治社会史研究	植 松　正著	13000円
12	明代建文朝史の研究	川越　泰博著	13000円
13	司馬遷の研究	佐藤　武敏著	12000円
14	唐の北方問題と国際秩序	石見　清裕著	品　切
15	宋代兵制史の研究	小岩井弘光著	10000円
16	魏晋南北朝時代の民族問題	川本　芳昭著	品　切
17	秦漢税役体系の研究	重近　啓樹著	8000円
18	清代農業商業化の研究	田 尻　利著	9000円
19	明代異国情報の研究	川越　泰博著	5000円
20	明清江南市鎮社会史研究	川 勝　守著	15000円
21	漢魏晋史の研究	多田　狷介著	品　切
22	春秋戦国秦漢時代出土文字資料の研究	江村　治樹著	品　切
23	明王朝中央統治機構の研究	阪倉　篤秀著	7000円
24	漢帝国の成立と劉邦集団	李　開 元著	9000円
25	宋元仏教文化史研究	竺沙　雅章著	品　切
26	アヘン貿易論争－イギリスと中国－	新村　容子著	品　切
27	明末の流賊反乱と地域社会	吉 尾　寛著	10000円
28	宋代の皇帝権力と士大夫政治	王　瑞 来著	12000円
29	明代北辺防衛体制の研究	松本　隆晴著	6500円
30	中国工業合作運動史の研究	菊池　一隆著	15000円
31	漢代都市機構の研究	佐原　康夫著	13000円
32	中国近代江南の地主制研究	夏井　春喜著	20000円
33	中国古代の聚落と地方行政	池田　雄一著	15000円

34	周代国制の研究	松井　嘉徳著	9000円
35	清代財政史研究	山 本　　進著	7000円
36	明代郷村の紛争と秩序	中島　楽章著	10000円
37	明清時代華南地域史研究	松田　吉郎著	15000円
38	明清官僚制の研究	和田　正広著	22000円
39	唐末五代変革期の政治と経済	堀　　敏 一著	12000円
40	唐史論攷－氏族制と均田制－	池 田　　温著	未　刊
41	清末日中関係史の研究	菅 野　　正著	8000円
42	宋代中国の法制と社会	高橋　芳郎著	8000円
43	中華民国期農村土地行政史の研究	笹川　裕史著	8000円
44	五四運動在日本	小野　信爾著	8000円
45	清代徽州地域社会史研究	熊　　遠 報著	8500円
46	明治前期日中学術交流の研究	陳　　　　捷著	16000円
47	明代軍政史研究	奥山　憲夫著	8000円
48	隋唐王言の研究	中村　裕一著	10000円
49	建国大学の研究	山根　幸夫著	品　切
50	魏晋南北朝官僚制研究	窪添　慶文著	14000円
51	「対支文化事業」の研究	阿 部　　洋著	22000円
52	華中農村経済と近代化	弁納　才一著	9000円
53	元代知識人と地域社会	森田　憲司著	9000円
54	王権の確立と授受	大原　良通著	品　切
55	北京遷都の研究	新 宮　　学著	品　切
56	唐令逸文の研究	中村　裕一著	17000円
57	近代中国の地方自治と明治日本	黄　　東 蘭著	11000円
58	徽州商人の研究	臼井佐知子著	10000円
59	清代中日学術交流の研究	王　　宝 平著	11000円
60	漢代儒教の史的研究	福井　重雅著	12000円
61	大業雑記の研究	中村　裕一著	14000円
62	中国古代国家と郡県社会	藤田　勝久著	12000円
63	近代中国の農村経済と地主制	小島　淑男著	7000円
64	東アジア世界の形成－中国と周辺国家	堀　　敏 一著	7000円
65	蒙地奉上－「満州国」の土地政策－	広川　佐保著	8000円
66	西域出土文物の基礎的研究	張　　娜 麗著	10000円

67	宋代官僚社会史研究	衣川　強著	11000円
68	六朝江南地域史研究	中村　圭爾著	15000円
69	中国古代国家形成史論	太田　幸男著	11000円
70	宋代開封の研究	久保田和男著	10000円
71	四川省と近代中国	今井　駿著	17000円
72	近代中国の革命と秘密結社	孫　江著	15000円
73	近代中国と西洋国際社会	鈴木　智夫著	7000円
74	中国古代国家の形成と青銅兵器	下田　誠著	7500円
75	漢代の地方官吏と地域社会	髙村　武幸著	13000円
76	齊地の思想文化の展開と古代中國の形成	谷中　信一著	13500円
77	近代中国の中央と地方	金子　肇著	11000円
78	中国古代の律令と社会	池田　雄一著	15000円
79	中華世界の国家と民衆　上巻	小林　一美著	12000円
80	中華世界の国家と民衆　下巻	小林　一美著	12000円
81	近代満洲の開発と移民	荒武　達朗著	10000円
82	清代中国南部の社会変容と太平天国	菊池　秀明著	9000円
83	宋代中國科擧社會の研究	近藤　一成著	12000円
84	漢代国家統治の構造と展開	小嶋　茂稔著	10000円
85	中国古代国家と社会システム	藤田　勝久著	13000円
86	清朝支配と貨幣政策	上田　裕之著	11000円
87	清初対モンゴル政策史の研究	楠木　賢道著	8000円
88	秦漢律令研究	廣瀬　薫雄著	11000円
89	宋元郷村社会史論	伊藤　正彦著	10000円
90	清末のキリスト教と国際関係	佐藤　公彦著	12000円
91	中國古代の財政と國家	渡辺信一郎著	14000円
92	中国古代貨幣経済史研究	柿沼　陽平著	13000円
93	戦争と華僑	菊池　一隆著	12000円
94	宋代の水利政策と地域社会	小野　泰著	9000円
95	清代経済政策史の研究	黨　武彦著	11000円
96	春秋戦国時代青銅貨幣の生成と展開	江村　治樹著	15000円
97	孫文・辛亥革命と日本人	久保田文次著	20000円
98	明清食糧騒擾研究	堀地　明著	11000円
99	明清中国の経済構造	足立　啓二著	13000円

100	隋唐長安城の都市社会誌	妹尾　達彦著	未　刊
101	宋代政治構造研究	平田　茂樹著	13000円
102	青春群像－辛亥革命から五四運動へ－	小野　信爾著	13000円
103	近代中国の宗教・結社と権力	孫　　江著	12000円
104	唐令の基礎的研究	中村　裕一著	15000円
105	清朝前期のチベット仏教政策	池尻　陽子著	8000円
106	金田から南京へ－太平天国初期史研究－	菊池　秀明著	10000円
107	六朝政治社會史研究	中村　圭爾著	12000円

(表示価格は2013年２月現在の本体価格)

著者略歴

菊池　秀明（きくち　ひであき）

1961年神奈川県生まれ。

早稲田大学第一文学部卒業、東京大学大学院人文社会系研究科博士課程修了、博士（文学）。

1987年から中国広西師範大学、広西社会科学院に留学および在外研究し、帰国後に中部大学国際関係学部国際文化学科講師、助教授となる。その後国際基督教大学教養学部準教授を経て、現在同大学教授。

主な著書に『広西移民社会と太平天国』【本文編】【史料編】、風響社、1998年、『太平天国にみる異文化受容』山川世界史リブレット65、山川出版社、2003年、『ラストエンペラーと近代中国』中国の歴史10、講談社、2005年、『清代中国南部の社会変容と太平天国』、汲古書院、2008年がある。

汲古叢書106

金田から南京へ
――太平天国初期史研究――

平成二十五年二月二十日　発行

著　者　菊　池　秀　明
発行者　石　坂　叡　志
整版印刷　富　士　リ　プ　ロ　㈱

発行所　汲　古　書　院
〒102-0072　東京都千代田区飯田橋二-五-四
電　話　〇三（三二六五）九七六四
ＦＡＸ　〇三（三二二二）一八四五

ISBN978 - 4 - 7629 - 6005 - 5　C3322

索　　引

人名(太平天国・諸反乱関係)索引

人名(清朝側その他)索引

人名(研究者)索引

地名索引

事項索引

書名索引